Ablehnung — Meidung — Ausschluß

Schriftenreihe zur
Rechtssoziologie und Rechtstatsachenforschung

Herausgegeben von Ernst E. Hirsch † und Manfred Rehbinder

Band 60

Ablehnung – Meidung – Ausschluß

Multidisziplinäre Untersuchungen über die Kehrseite der Vergemeinschaftung

Herausgegeben von

Margaret Gruter und Manfred Rehbinder

DUNCKER & HUMBLOT / BERLIN

CIP-Kurztitelaufnahme der Deutschen Bibliothek

Ablehnung — Meidung — Ausschluss: multidisziplinäre Unters. über d. Kehrseite d. Vergemeinschaftung / hrsg. von Margaret Gruter u. Manfred Rehbinder. — Berlin: Duncker und Humblot, 1986.
(Schriftenreihe zur Rechtssoziologie und Rechtstatsachenforschung; Bd. 60)
ISBN 3-428-06015-6

NE: Gruter, Margaret [Hrsg.]; GT

Satz: M. Themessl, Berlin 61; Druck: A. Sayffaerth - E. L. Krohn, Berlin 61
Printed in Germany

ISBN 3-428-06015-6

INHALT

VORWORT DER HERAUSGEBER

Vergemeinschaftung als universales Phänomen im Menschen- und Tierreich hat ihre Kehrseite. Diese steckt ebenso voller Rätsel wie die Gemeinschaft selbst. Das hat niemand deutlicher gesehen als der Dichter des Absurden, Franz Kafka. In seiner Kurzgeschichte mit der Überschrift „Gemeinschaft" schildert er dies wie folgt:

„Wir sind fünf Freunde, wir sind einmal hintereinander aus einem Haus gekommen, zuerst kam der eine und stellte sich neben das Tor, dann kam oder vielmehr glitt so leicht, wie ein Quecksilberkügelchen gleitet, der zweite aus dem Tor und stellte sich unweit vom ersten auf, dann der dritte, dann der vierte, dann der fünfte. Schließlich standen wir alle in einer Reihe. Die Leute wurden auf uns aufmerksam, zeigten auf uns und sagten: Die fünf sind jetzt aus diesem Haus gekommen. Seitdem leben wir zusammen, es wäre ein friedliches Leben, wenn sich nicht immerfort ein sechster einmischen würde. Er tut uns nichts, aber er ist uns lästig, das ist genug getan; warum drängt er sich ein, wo man ihn nicht haben will. Wir kennen ihn nicht und wollen ihn nicht bei uns aufnehmen. Wir fünf haben zwar früher einander auch nicht gekannt, und wenn man will, kennen wir einander auch jetzt nicht, aber was bei uns fünf möglich ist und geduldet wird, ist bei jenem sechsten nicht möglich und wird nicht geduldet. Außerdem sind wir fünf, und wir wollen nicht sechs sein. Und was soll überhaupt dieses fortwährende Beisammensein für einen Sinn haben, auch bei uns fünf hat es keinen Sinn, aber nun sind wir schon beisammen und bleiben es, aber eine neue Vereinigung wollen wir nicht, eben auf Grund unserer Erfahrungen. Wie soll man aber das alles dem sechsten beibringen, lange Erklärungen würden schon fast eine Aufnahme in unsern Kreis bedeuten, wir erklären lieber nichts und nehmen ihn nicht auf. Mag er noch so sehr die Lippen aufwerfen, wir stoßen ihn mit dem Ellbogen weg, aber mögen wir ihn noch so sehr wegstoßen, er kommt wieder."*

Was hier beschrieben wird, wird im Amerikanischen als ostracism bezeichnet, in Ausdehnung der ursprünglichen Bedeutung der altgriechischen Bezeichnung für die Rechtseinrichtung des Scherbengerichts, die nunmehr zum Oberbegriff für Worte wie shunning, rejection usw. geworden ist. Die deutsche Sprache kennt jedoch keinen einheitlichen Ausdruck, der alle Phänomene sozialer Prozesse umfassen würde, die das Gegenteil von Vergemeinschaftung bedeuten, vom bloßen Zeigen der „kalten Schulter" bis zur Vertreibung und Existenzvernichtung. Aber gerade die Gesamtheit dieser sozialen Prozesse in ihrer Formen-

* Franz Kafka: Beschreibung eines Kampfes (Gesammelte Schriften, herausgegeben von Max Brod, Bd. 5), Prag 1936, S. 141.

vielfalt und in der Vielfalt ihrer Ursachen und Wirkungen soll in diesem Bande untersucht werden. Dabei wurde den heute sog. life sciences (auch: Soziobiologie) ein Vorrang eingeräumt.

Der Wunsch nach Behandlung dieses Themas in multidiziplinären Ansätzen und unter Betonung der life sciences tauchte im Anschluß an die erste Monterey Dunes Conference auf, die im Jahre 1980 von der Gruter Foundation in Kalifornien durchgeführt wurde und deren Ergebnisse in Band 54 dieser Schriftenreihe veröffentlicht wurden (Gruter / Rehbinder: Der Beitrag der Biologie zu Fragen von Recht und Ethik, Berlin 1983). Die im Herbst 1984 daraufhin durchgeführte zweite Monterey Dunes Conference wollte erproben, ob sich die life sciences auch an einem konkreten Thema wie dem Ostracismus bewähren und die an der Untersuchung dieses Phänomens interessierten Disziplinen befruchten könnten. Auch hier ist nur ein erstes vorläufiges Ergebnis entstanden, das aber den Beteiligten wert erschien, in eine breitere Fachöffentlichkeit getragen zu werden.

Wie bei allen multidisziplinären Unternehmungen dieser (explorativen) Art fehlte gezwungenermaßen eine von den Gesamtergebnissen her gesteuerte Struktur und Systematik in der Behandlung des Stoffes. Diese Arbeit kann erst — nach weiteren noch notwendigen Studien — zu einem späteren Zeitpunkt geleistet werden. Wir als Herausgeber der Tagungsbeiträge haben jedoch versucht, von den beteiligten Disziplinen her eine gewisse Reihenfolge einzuhalten.

Bei den Übersetzungen der englischsprachigen Beiträge mußte mangels eines deutschen Ausdruckes das Wort Ostracismus in seiner amerikanischen (umfassenden) Bedeutung in vielen Fällen stehenbleiben. Wir danken den nachstehenden Übersetzern für ihre mühevolle Arbeit: Wolfgang Tönnesmann (Beiträge Masters); Annie Reinhardt (Beitrag de Waal); Vera Johnstone (Beitrag Barner-Barry); Marion Enke (Beiträge Alexander, Bohannan und Weisberger); Uwe Pöhls (Beiträge Kling, McGuire / Raleigh und Raleigh / McGuire); Sabine Schwetz (Beiträge Alexander, Lancester, Boehm, Anawalt) sowie Herrn Prof. Dr. Heiner Flohr für deren Beratung. Die Durchführung der zweiten Monterey Dunes Conference sowie die Drucklegung dieses Bandes wurden wiederum durch die Gruter Foundation ermöglicht.

Portola Valley/Zürich, im September 1985

Margaret Gruter und Manfred Rehbinder

ERSTER TEIL

Einführung

AUSSCHLUSS UND MEIDUNG ALS RECHTLICHE UND GESELLSCHAFTLICHE SANKTIONEN

Von Reinhold Zippelius*

Das ungezogene Kind, mit dem die Mutter für einige Stunden nicht mehr spricht, der ungebärdige Schüler, der vor die Klassentür gestellt wird, der unfaire Kollege, zu dem die gesellschaftlichen Beziehungen abgebrochen werden, der rücksichtslose Leuteschinder, mit dem seine Mitbürger keinen geschäftlichen und gesellschaftlichen Verkehr mehr unterhalten und ihn dadurch möglicherweise sogar zum Verlassen des Landes zwingen, wie dies dem englischen Gutsverwalter Charles Boycott im Jahre 1880 widerfuhr: Sie alle bekommen eine der ältesten und wirksamsten Sanktionen zu fühlen, durch welche Mitmenschen auf die Nichteinhaltung der sozialen Normen des Anstandes, der gegenseitigen Rücksichtnahme, der Sitte oder auch des Rechts reagieren. Die gesellschaftliche, oft auch geschäftliche Isolierung, also das „Schneiden", Meiden und Boykottieren blieb auch in der modernen Gesellschaft die hauptsächliche Sanktion, die auf die Übertretung nichtrechtlicher Sozialnormen gesetzt ist.

Die Hochstilisierung von Ausschluß und Meidung zu rechtlichen Sanktionen finden wir vor allem auf frühen Entwicklungsstufen des Rechts, insbesondere in Gestalt der Recht- und Friedloserklärung, der Exilierung und der Exkommunikation.

1. Bei Naturvölkern, die in jüngerer Zeit Gegenstand von Untersuchungen waren, fand man tradierte Sozialnormen, die zwar noch nicht durch eine durchorganisierte Staatsgewalt, wohl aber durch gesellschaftliche Zwänge sanktioniert waren. Ihr Bruch wurde typischerweise entweder durch „geregelte" Selbsthilfe des Verletzten mit Rückendeckung der Gruppe oder aber durch die Gruppe selbst geahndet[1]. Als äußerste Sanktionen findet man neben der von der Gemeinschaft gebilligten Tötung[2] vor allem auch den Ausschluß des Einzelnen aus der Gruppe. Über die Eskimos in Labrador wird z. B. berichtet, daß ein Mädchen verbannt wurde, weil es ein grundlegendes Tabu gebrochen hatte; hier,

* Professor an der Rechtswissenschaftlichen Fakultät der Universität Erlangen/Nürnberg.

[1] E. A. Hoebel: The Law of Primitive Man, 1954, S. 276 ff. (deutsch: Das Recht der Naturvölker, 1968, S. 348 ff.).

[2] Hoebel, a.a.O., S. 88 ff., 139 (S. 114 ff., 174).

wie in ähnlichen Fällen, spielte wohl das Bestreben eine Rolle, die Folgen frevelhaften Verhaltens von der Gruppe fernzuhalten[3]. Bei den Cheyenne sollte jeder, der einen Stammesgenossen getötet hatte, unter Verlust seiner Rechte für ein bis fünf Jahre des Lagers verwiesen werden; auch wegen Abtreibung ihrer Leibesfrucht wurde eine Frau aus dem Lager verbannt[4]. Auf den Samoa-Inseln fand sich der Brauch, daß dann, wenn eine Familie die Dorfgottheit beleidigt hatte, der Rat der Familienhäupter das Eigentum der widersetzlichen Familie in Beschlag nahm und diese vertrieb[5]; auch von der Verbannung eines Ehebrechers auf eine Nachbarinsel wird berichtet[6]. Die Beispiele lassen sich vermehren[7].

Thurnwald gibt folgende zusammenfassende Beschreibung der Friedlosigkeit: Diese „besteht in der Ausschließung aus der Gemeinschaft, einem Verfahren, das auch von tierischen Gesellschaften, z. B. von Elefantenherden bekannt ist. Im primitiven menschlichen Gesellschaftsleben hat diese Maßregel darum eine so überaus verhängnisvolle Bedeutung, weil die Persönlichkeit des Einzelnen sowohl innerlich wie auch äußerlich in den Verband, in dem sie lebt, viel tiefer hineinverwoben ist als bei höheren Völkern ... Innerlich bedeutet die Ausschließung aus dem Verband den Verlust der Wechselbeziehungen mit den Lebensgefährten, die gesellschaftliche Aushungerung. Äußerlich betrachtet verliert der, welcher aus seinem Verband scheiden muß, den Rückhalt, den ihm die anderen für ihm zugefügte Kränkungen gewähren, indem sie durch Blutrache Vergeltung üben. Auf diese Weise geht er des Rechtsschutzes verlustig. Die Folge ist, daß jeder ihm ungestraft Hohn, Schaden und Verletzungen zufügen kann: Der Ausgestoßene ist ‚vogelfrei' und ‚friedlos'"[8].

2. Es überrascht nicht, daß die Rechtsgeschichte für die frühen Entwicklungsstufen höherer Rechtskulturen ähnliche Muster sozialer Reaktion zutage gefördert hat, wie die völkerkundliche Forschung sie bei den Naturvölkern der Gegenwart fand. In der griechischen Frühgeschichte führten Blutschuld, schwere sakrale Frevel, Verrat und bestimmte andere Angriffe auf wichtige Einrichtungen des Gemeinwesens zur Atimia. Diese bedeutete — jedenfalls in der Frühzeit — Recht- und Friedlosigkeit, die dem Geächteten den Schutz für Gut und Leben ent-

[3] Hoebel, a.a.O., S. 73 f., 261 (S. 96 f., 328).

[4] Hoebel, a.a.O., S. 155 ff. (S. 195 ff.).

[5] Hoebel, a.a.O., S. 320 (S. 403 f.); ähnlich R. Thurnwald, Die menschliche Gesellschaft, Bd. V, 1934, S. 125.

[6] Hoebel, a.a.O., S. 321 (S. 405).

[7] Vgl. Thurnwald, a.a.O., S. 124 ff.

[8] Thurnwald, a.a.O., S. 123.

zog und ihm nur die Flucht ins Ausland ließ. Etwa seit der solonischen Zeit gab es auch eine abgeschwächte Form der Atimia. Die Atimia trat in bestimmten Fällen ipso iure, in anderen Fällen auf Grund eines Urteilsspruchs ein[9].

In späterer Zeit wurde die Verbannung dann zunehmend auch als Mittel eingesetzt, sich einer mächtigen Clique zu entledigen[10].

Schon nicht mehr eigentlich als Sanktion gegen abweichendes Verhalten, sondern als konstitutionelle Sicherung für die athenische Demokratie stellt sich der Ostrakismos dar. Er hatte das Ziel, Persönlichkeiten, von denen man befürchtete, daß sie nach der Alleinherrschaft strebten, für zehn Jahre aus der Polis zu entfernen. Aristoteles sah in ihm nur ein Mittel, um Bürger, „die übermäßige Macht zu haben schienen (durch Reichtum, viele Freunde oder sonstigen politischen Einfluß)" für eine bestimmte Zeit aus der Polis auszuschließen, so wie man einen Sänger, der lauter und schöner singe als der ganze Chor, in diesem nicht mitsingen lasse[11]. Die durch Volksabstimmung Verbannten wurden lediglich als politisch riskante, nicht aber als kriminelle Personen betrachtet. Darum bewirkte der Ostrakismos auch keinen Verlust der bürgerlichen Rechte und des Vermögens, und nach der Rückkehr des Verbannten waren sein Eigentum und sein persönlicher Status unversehrt. Die erstmals im Jahre 488/87 v. Chr. gegen Hipparchos angewandte Maßregel wurde zunehmend zu einem Kampfmittel, das die politischen Parteien gegeneinander einsetzten, bis es durch offensichtlich gewordenen Mißbrauch so unglaubwürdig wurde, daß man es seit 418/17 v. Chr. nicht mehr anwandte[12].

3. Nach römischem Recht, wie nach vielen frühen Rechten, wandte sich die öffentliche Strafverfolgung zunächst den sakralen und den gegen die Gemeinschaft insgesamt gerichteten Verbrechen zu. Auch für diese Fälle habe, so vermutet man, die Ahndung zunächst darin bestanden, daß die Gemeinschaft den Deliquenten ausstieß; hierdurch wurde es jedem freigestellt, den Geächteten zu töten; dessen Hab und Gut nahm die Gemeinschaft in Besitz. Erst später mündete das Verfahren in eine öffentliche Hinrichtung des Täters[13]. Die Vergeltung für Angriffe auf Leben und Eigentum der Einzelnen wurde in der Frühzeit

---

[9] A. Pauly / G. Wissowa: Realencyclopädie der classischen Altertumswissenschaft, Art. Phygé; L. Grasmück, Exilium, 1978, S. 16 ff.

[10] Grasmück, a.a.O., S. 20 ff.

[11] Aristoteles, Politik, 1284 a, b.

[12] Pauly / Wissowa, a.a.O., Art. Ostrakismos; Der Kleine Pauly, 1972, Art. Ostrakismos.

[13] G. Dulckeit / F. Schwarz / W. Waldstein: Römische Rechtsgeschichte, 71981, § 12 I; Grasmück, a.a.O., S. 68 f.

der Privatrache überlassen; auf einer späteren Entwicklungsstufe wurde wahrscheinlich von Geschworenen geprüft, ob die Voraussetzungen einer Vergeltung vorlagen und, wenn dies zutraf, der Täter dem Ankläger zu privater Bestrafung überlassen[14].

Auch noch in einem späteren Entwicklungsstadium der Rechtsordnung finden wir die Einrichtung, daß ein Rechtsbrecher (aus den vornehmeren Ständen?) sich einem Strafverfahren und damit der Verurteilung durch Flucht ins Ausland entziehen konnte. Gegen Ende der Republik entwickelte sich daraus die Möglichkeit, auch erst dem Vollzug der Strafe zu entgehen. Dieses Exil war also seiner Konstruktion nach ursprünglich keine Bestrafung, sondern ein Mittel, sich der Bestrafung zu entziehen[15]. Freilich wurde das Exil gewöhnlich dadurch festgeschrieben, daß dem Täter durch Edikt des Magistrats „der Gebrauch von Wasser und Feuer untersagt" wurde (aquae et ignis interdictio). Wenn der so Verbannte gleichwohl zurückkehrte, hatte jeder das Recht, ihn zu töten. Seit der Zeit Sullas konnte das Interdikt auch schon vor der Flucht des Angeklagten verhängt werden; dem Täter wurde gestattet, nach der Verkündung des Interdikts zu entkommen. Auf diesem Wege konnte sich dann das Exil, verbunden mit der interdictio aquae et ignis und mit dem Verlust des Vermögens und des Bürgerrechts, zur selbständigen Strafe entwickeln[16].

4. Besonders eindrucksvoll begegnet uns der Ausschluß aus der Rechtsgemeinschaft als Sanktion im germanischen Recht. Bestimmte Verbrechen, durch die sich die Gemeinschaft insgesamt betroffen fühlte, vor allem Kulturdelikte, Hoch- und Landesverrat und Heeresflucht, ferner Taten, die niederträchtiger Gesinnung entsprangen, wie nächtliche Brandstiftung, Notzucht und Grenzfrevel, führten zur Friedlosigkeit des Täters, in besonders schweren Fällen zugleich zur sakralen Todesstrafe. Die Friedlosigkeit war die Ausstoßung aus dem Rechtsverband. Der Friedlose wird „rechtslos (exlex, outlaw). Alle seine rechtlichen Bande werden gelöst: Seine Frau wird Witwe, seine Kinder verwaisen, sein Gut wird herrenlos; jede menschliche Gemeinschaft wird ihm versagt; niemand darf ihn hausen oder hofen, ohne selbst friedlos zu werden ..., er wird Waldläufer, Werwolf, gerit caput lupinum. So ist die erste Wirkung der Friedlosigkeit die Ausweisung"[17].

---

[14] W. Kunkel: Untersuchungen zur Entwicklung des römischen Strafverfahrens, 1962, S. 130 ff.; Dulckeit / Schwarz / Waldstein, a.a.O.; Grasmück, a.a.O., S. 73 f.

[15] Dieses Entkommenlassen des Täters fand sich auch in den frühen germanischen Rechten. H. Brunner: Deutsche Rechtsgeschichte, Bd. II, ²1928 (bearb. v. C. v. Schwerin), S. 770 f.

[16] Th. Mommsen: Römisches Strafrecht, 1899, S. 70 ff., 964 ff.; Pauly / Wissowa, a.a.O., Art. Exilium; Der Kleine Pauly, 1972, Art. Exilium; Grasmück, a.a.O., S. 95 ff., 102 ff.

Seit der fränkischen Zeit führte das Erstarken der Staatsgewalt und der Einfluß des Christentums zu beträchtlichen Wandlungen des Strafensystems. Während bei den Nordgermanen, vor allem in Norwegen, die Friedlosigkeit weitgehend ihr altes Anwendungsgebiet behielt, wurde sie bei den Südgermanen stark zurückgedrängt, blieb hier vor allem für die Fälle des Ladungsungehorsams, des Urteilsgehorsams und der handhaften Tat bestehen, während im übrigen ihre Funktionen nun weitgehend durch Verbannung[18], Strafhaft, Strafknechtschaft, Vermögenseinziehung und andere Sanktionen erfüllt wurden[19].

Im Mittelalter wurden die Wirkungen der Acht weiter abgeschwächt. Deren persönliche Wirkungen traten nicht sofort in vollem Umfang ein. Erst nach Jahr und Tag traf den Delinquenten die Aberacht, die seine volle Friedlosigkeit herbeiführte. Aber auch die Friedlosigkeit gestattete nach manchen Rechten nur noch die Festnahme, nicht aber die Tötung des Geächteten, andere Rechte gestatteten nicht mehr jedem, sondern nur noch den Freunden des Opfers die Tötung eines Totschlägers. Andererseits kam es hier und dort aber auch zu Verschärfungen der Acht[20].

Als Milderung der Friedlosigkeit fand sich schon in der fränkischen Zeit die Verbannung, also die bloße Landesverweisung, im Mittelalter dann besonders auch die Verweisung aus der Stadt[21].

5. Der Ausschluß aus der Gemeinschaft, die „Exkommunikation" erscheint auch als die Hauptstrafe des katholischen Kirchenrechts. Schon das Neue Testament legte die Ausstoßung sündiger Gemeindeglieder nahe[22]. Demgemäß war eine der Grundlagen des kirchlichen Straf- und Bußwesens von Anfang an der Ausschluß aus der Gemeinde wegen schwerer Sünden. Der Abbruch der Beziehungen zwischen der Gemeinde und dem Exkommunizierten konnte vollständig sein oder sich auf den kirchlichen Bereich oder auch auf den Ausschluß von bestimmten kirchlichen Handlungen beschränken. Er konnte für unbestimmte Zeit gelten oder zeitlich begrenzt sein. Das Zusammentreffen des kirch-

---

17 Mitteis-Lieberich: Deutsche Rechtsgeschichte, ^{17}1985, Kap. 9 III 2; H. Brunner: Deutsche Rechtsgeschichte, Bd. I, ^{2}1906, § 23; R. His: Deutsches Strafrecht bis zur Karolina, 1928, S. 49 ff.; C. v. Schwerin / H. Thieme: Grundzüge der deutschen Rechtsgeschichte, ^{4}1950, § 12 II; H. Conrad: Deutsche Rechtsgeschichte, Bd. I, ^{2}1962, S. 50 f.; Handwörterbuch zur Deutschen Rechtsgeschichte, Bd. I, 1971, Art. „Acht".

18 Über Ähnlichkeiten mit dem römischen exilium s. o. bei FN. 15.

19 H. Brunner, a.a.O., Bd. II, § 133; His, a.a.O., S. 69, 75 ff.; v. Schwerin / Thieme, a.a.O., S. 96 f.; Mitteis / Lieberich, a.a.O., Kap. 19 I 2; Conrad, a.a.O., S. 170 f.

20 His, a.a.O., S. 79 ff.; Conrad, a.a.O., S. 439 f.

21 His, a.a.O., S. 89 f.; Conrad, a.a.O., S. 170 f., 439.

22 Matt. 18, 17; 1. Kor. 5, 13.

lichen Rechts mit der germanischen Rechtstradition führte dazu, daß die Exkommunikation in deutliche Parallele mit der germanischen Friedlosigkeit und Acht trat. Sie wurde nun auch „zu Vollstreckungszwecken aller Art" (Feine) und gegen Widerspenstige aller Art einsetzbar[23]. Seit 1220 wurde die Reichsacht förmlich mit der Exkommunikation verknüpft; sie folgte dieser nach Ablauf von sechs Wochen nach und wurde vor Lösung des Bannes nicht wieder aufgehoben[24].

Im Laufe der Jahrhunderte bildeten sich feste Differenzierungen heraus. So gab es als mildere Form den Ausschluß nur von der Abendmahlsgemeinschaft, der seit dem 12. Jahrhundert excommunicatio minor genannt wurde, ferner die Suspendierung bestimmter kirchlicher Mitgliedschaftsrechte, die später als Personalinterdikt bezeichnet wurde. Von der Constitutio „Ad evitanda" von 1418 an bis an die Schwelle des Codex Iuris Canonici von 1983 unterschied das kanonische Recht zwischen den excommunicati tolerati, denen die Teilnahme am Gottesdienst und an den Sakramenten versagt wurde, und den excommunicati vitandi, die zusätzlich (von ihrer nächsten persönlichen Umgebung abgesehen) vom bürgerlichen Verkehr ausgeschlossen wurden[25].

Die lutherische Kirche sah schon in den Schmalkaldischen Artikeln den kleinen Kirchenbann vor, mit der Folge, „daß man offenbarliche, halsstarrige Sünder nicht soll lassen zum Sakrament oder ander Gemeinschaft der Kirche kommen, bis sie sich bessern und die Sünde meiden". Verschiedentlich wurde der innerkirchlichen Maßnahme aber auch eine Verkehrssperre hinzugefügt[26]. Eine besonders extensive und strenge Handhabung des Kirchenbannes gab es im calvinistischen Bereich. Im Genf Calvins wurde der große Bann mit vollkommener Verkehrssperre und staatlicher Verbannung verbunden[27].

6. Bei den Meidungsvorschriften, die mit der Exkommunikation verbunden sind, tritt zutage, daß der Ausschluß aus der Gemeinschaft nicht immer nur eine Strafsanktion beinhaltet, sondern mitunter auch die „sanitäre" Funktion hat, „schädliche" Ideen von der Gemeinschaft fernzuhalten, diese also nicht „infizieren" zu lassen. Die Sorge für die Einheit der Weltanschauung, die Furcht vor einer weltanschaulichen Verunsicherung und Destabilisierung kann sogar ganz in den Vorder-

[23] E. Friedberg: Lehrbuch des katholischen und evangelischen Kirchenrechts, [6]1909, §§ 102 III - V, 103; H. E. Feine: Kirchliche Rechtsgeschichte, Bd. I, [4]1964, §§ 4, 13 II, 21 IV, 35 I; W. M. Plöchl: Geschichte des Kirchenrechts, Bd. I, [2]1960, S. 84 f., 99, 253 f., 423 f.; Bd. II, [2]1962, S. 389, 391 ff.

[24] Confoederatio cum principibus ecclestiasticis, c. 7.

[25] Plöchl, a.a.O., Bd. II, S. 394; E. Eichmann / K. Mörsdorf: Lehrbuch des Kirchenrechts, Bd. III, [11]1979, S. 389 ff.

[26] Friedberg, a.a.O., § 107 I, II mit Nachw.

[27] Friedberg, a.a.O., § 107 V.

grund treten. Die Wahrung der Glaubenseinheit war über lange Epochen der Geschichte nicht nur religiöses, sondern auch politisches Programm[28]. Ausschluß und Meidung wurden so zu Instrumenten, um auch die weltanschauliche Konformität zu sichern. Ein Beispiel dafür bietet die Ghettoisierung der Juden, die bis in die jüngste Vergangenheit reicht und teils selbstgewählte, teils aufgezwungene Isolierung war[29]. Ein anderes Beispiel bieten die Vertreibungen konfessioneller Minderheiten. Im Heiligen Römischen Reich deutscher Nation gab der Augsburger Religionsfriede von 1555 den Reichsständen das Recht, über ihre und ihres Landes Konfession zu bestimmen, verlieh aber zugleich solchen Untertanen, die diese Konfession nicht annehmen wollten, das „ius emigrationis“[30]. Diese Regelung wurde im Westfälischen Frieden von 1648 bestätigt[31]. Auf sie stützten sich z. B. die Vertreibung der Protestanten aus den Habsburgischen Ländern zunächst (nach 1598) durch die Reformationskommission[32] und später auf Grund der Reformationspatente von 1627, 1650 und 1652[33], im folgenden Jahrhundert dann auch die Vertreibung der Salzburgischen Protestanten auf Grund des Emigrationspatents von 1731[34]. In Frankreich verwies das Revokationsedikt von Fontainebleau im Jahre 1685 die reformierten Geistlichen des Landes.

7. Mit dem Ausbau der organisierten und institutionalisierten Rechtsgewährleistung trat die direkte Erzwingung der Rechtspflichten durch Zwangsvollstreckung in den Vordergrund. Der Ausschluß aus der Rechtsgemeinschaft wurde weitgehend durch andere Sanktionen verdrängt. Die neuzeitlichen Rechtsordnungen setzen nur hier und dort noch den Ausschluß aus einer Gemeinschaft als rechtliche Sanktion ein. Nur exemplarisch und in fast willkürlicher Auswahl der Beispiele seien im folgenden einige dieser Fälle angedeutet. Als weitestgehende Maßnahme findet sich in manchen Staaten die Aberkennung der Staatsangehörigkeit wegen schwerer Verfehlungen gegen das Gemeinwesen. Das sowjetische Staatsangehörigkeitsrecht z. B. sieht diese Maßnahme gegenüber Personen vor, die den „ehrenvollen Titel eines Staatsbürgers der UdSSR in üblen Ruf bringen und dem Ansehen oder der Staatssicherheit der UdSSR Schaden zufügen“[35]. Die Aberkennung kann mit

[28] R. Zippelius: Allgemeine Staatslehre, ^{9}1985, § 7 III 1.

[29] Meyers Enzyklopädisches Lexikon, Bd. 10, 1974, Art. Ghetto.

[30] Plöchl, a.a.O., Bd. III, ^{2}1970, S. 55 f.

[31] Instrumentum Pacis Osnabrugense, Art. V, § 1.

[32] Territorien-Ploetz, Bd. I, 1964, S. 688, 705.

[33] Territorien-Ploetz, a.a.O., S. 656, 672.

[34] Territorien-Ploetz, Bd. II, 1971, S. 53.

[35] Art. 18 des Staatsangehörigkeitsgesetzes von 1978, Jahrbuch für Ostrecht 1978, S. 267 ff.

einer Ausweisung verbunden sein. Von dieser Möglichkeit wurde in den letzten Jahren wiederholt gegenüber Dissidenten Gebrauch gemacht[36]. Daneben gibt es Ausschlüsse von sehr viel geringerer Bedeutung. Zu denken ist etwa an die Verweisung eines Schülers von der Schule oder eines Studenten von der Universität wegen grober Verletzung der Disziplin. Zu denken ist auch an den Ausschluß eines Vereinsmitgliedes aus einem Verein oder eines Gesellschafters aus einer auf persönliches Einvernehmen angewiesenen Gesellschaft wegen eines in seiner Person liegenden wichtigen Grundes[37]. Ein anderes Beispiel bietet der Ausschluß aus einer politischen Partei wegen erheblicher Pflichtverletzung[38], ein weiteres Beispiel der Ausschluß eines Abgeordneten aus dem Parlament aus schwerwiegenden Gründen, etwa wegen einer gravierenden gerichtlichen Verurteilung[39].

---

[36] M. Fincke: Handbuch der Sowjetverfassung, Bd. I, 1983, Art. 33, Rdn. 18 ff.

[37] Beispiel für die Bundesrepublik Deutschland: BGHZ 9, 161 ff.

[38] Beispiel für die Bundesrepublik Deutschland: § 10 Abs. 4 und 5 des Parteiengesetzes i. d. F. v. 15. 2. 1984.

[39] Beispiele für Großbritannien: E. W. Ridges / G. A. Forrest: Constitutional Law, [8]1950, S. 65; Beispiel für die Bundesrepublik Deutschland: §§ 15 Abs. 2 Nr. 2, 46 Abs. 1 Nr. 3 des Bundeswahlgesetzes i. d. F. v. 1. 9. 1975.

OSTRAZISMUS ALS BIOLOGISCHES UND SOZIALES PHÄNOMEN

Von Roger D. Masters*

In jüngster Zeit wurden Probleme des Sozialverhaltens und des Rechts beim Menschen immer häufiger aus evolutionsbiologischer Perspektive untersucht. Wie Alexander im nachfolgenden Beitrag zeigt, hat der Versuch, menschliches Verhalten im Lichte der Biowissenschaft zu verstehen, nicht notwendigerweise Reduktionismus oder ideologische Verzerrungen zur Folge[1]. Es gibt gute Gründe dafür, Ostrazismus und damit zusammenhängende Verhaltensweisen als ein außergewöhnlich vielversprechendes Gebiet für eine evolutionstheoretische Betrachtungsweise anzusehen. Erstens läßt sich bei vielen anderen Tierarten sowie in praktisch allen bekannten Kulturen beobachten, daß einige Individuen isoliert oder aus dem sozialen Geflecht der Gruppe ausgeschlossen werden. Es erscheint daher vernünftig anzunehmen, daß soziale Ächtung beim Menschen ein physiologisches Substrat hat oder zusätzlich zu den kulturellen, moralischen und rechtlichen Dimensionen auch biologische Funktionen erfüllt[2]. Zweitens haben ethnologische Untersuchungen des Tierverhaltens den komplexen Zusammenhang zwischen Kooperation, Konkurrenz und Ausschließung deutlich gemacht; insbesondere bei nichtmenschlichen Primaten scheinen Verhaltensweisen wie „Jemanden zum Sündenbock machen" und Meiden eine wesentliche Rolle bei der Aufrechterhaltung der sozialen Ordnung zu spielen[3]. Schließlich haben die Sozialwissenschaften diesen Erscheinungen bisher weniger Aufmerksamkeit gewidmet als anderen Aspekten menschlichen Verhaltens, und dies trotz des häufigen Vorkommens von Ostrazismus und damit zusammenhängenden Verhaltensweisen in menschlichen Gesellschaften.

---

* Prof. am Department of Government, Dartmouth College, Hanover (N. H.).

[1] Siehe auch R. D. Alexander: Darwinism and Human Affairs, Seattle 1979; N. Chagnon / W. Irons (eds.): Evolutionary Biology and Human Social Behavior, North Scituate (Mass.) 1979; E. White (ed.): Sociobiology and Human Politics, Lexington (Mass.) 1981; M. Gruter / M. Rehbinder (eds.): Der Beitrag der Biologie zu Fragen von Recht und Ethik, Berlin 1983.

[2] Siehe die Arbeiten von McGuire / Raleigh, Kling und Alexander in diesem Band.

[3] Siehe die Arbeiten von de Waal, Raleigh / McGuire und Lancaster in diesem Band.

In diesem Band wird mit dem Begriff „Ostrazismus“ der allgemeine Prozeß sozialer Zurückweisung und Ausschließung bezeichnet. Da die hier vorgestellten Untersuchungen explorativen Charakter tragen, wurde darauf verzichtet, eine einzige, für alle hier vertretenen Disziplinen gültige Definition zu entwickeln. Für mich bezeichnet Ostrazismus ein Verhaltensmuster, bei dem ein oder mehrere Individuen herausgelöst und vom Geflecht sozialer Beziehungen, an dem sie sonst teilhaben, isoliert werden. Andere verstehen unter Ostrazismus eine „sozial bedingte Ausschließung von den für das Leben und die Reproduktion notwendigen Ressourcen“[4]. Wie immer der Begriff definiert wird, viele der in diesem Band vertretenen Autoren kommen zu dem Schluß, daß es wichtig sei, sich eine Reihe von Verhaltensweisen anzusehen, die mit Zurückweisung und Isolation zu tun haben, da diese Verhaltensweisen, angefangen von informellem Meiden bis hin zur innerartlichen Tötung, vieles gemeinsam haben.

In allen in diesem Band diskutierten Fällen wird davon ausgegangen, daß einige Gruppenmitglieder, denen gewöhnlich eine Abweichung von der Gruppennorm unterstellt wird, von den anderen Gruppenmitgliedern zurückgewiesen werden. Ostrazismus erfordert daher eine gemeinsame oder koordinierte Reaktion seitens der Mitglieder einer Gruppe, die die Opfer der Ächtung ignorieren, ausschließen oder sich von ihnen entfernen. Aus der Perspektive des *geächteten* Individuums ist eine solche Ausschließung von sozialer Interaktion grundsätzlich verschieden von dem spontanen Entschluß, die Gruppe zu verlassen oder zu spalten. Freiwillige „Abwanderung“ (exit) aus der Gruppe sollte daher von Ostrazismus als einer Form „erzwungener“ oder „unfreiwilliger Abwanderung“ unterschieden werden.

Geht es um soziale Ächtung beim Menschen, so denken wir zunächst an Verhaltensweisen, die nicht auf gesetzlicher Grundlage beruhen, wie z. B. die „Meidung“ in kleinen homogenen Gruppen wie den Amish[5]. Bei Kindern können wir häufig eine informelle, aber wirksame Bestrafung von Verhalten feststellen, das als Abweichung von den Gruppennormen wahrgenommen wird[6]. Und in menschlichen Gesellschaften, die weder zentrale Regierungsinstitutionen noch Bürokratien kennen, bildet Ostrazismus — einschließlich der ansonsten untersagten Tötung innerhalb eines Clans — oft den grundlegenden Mechanismus der sozialen Kontrolle[7].

---

4 So Lancaster, ebd.

5 Siehe Gruter in diesem Band.

6 Siehe Barner-Barry in diesem Band.

7 Siehe Boehm in diesem Band.

Weil solche Praktiken in modernen industriellen Gesellschaften gewöhnlich ein Kopfschütteln hervorrufen, tun wir gut daran, uns der Tatsache zu erinnern, daß Ostrazismus in unserer Rechtstradition ebenfalls tief verankert ist[8]. So können besonders formale Strafen wie Inhaftierung (oder, wie in autoritär regierten Gesellschaften, Verbannung in einen entlegenen Landesteil) als Umwandlung traditioneller Formen der Ächtung beschrieben werden, und zwar als Sanktionen, die gesetzlich geregelt sind und durch Regierungsbürokratien verhängt werden[9]. Angesichts der Tatsache, daß es auch in modernen Gesellschaften weiterhin rassische Vorurteile, ungerechtfertigte Schuldzuweisungen und Fremdenfurcht gibt, wird man kaum behaupten können, Ostrazismus sei für das Sozialverhalten der Menschen nicht mehr von Belang[10].

Natürlich haben wir nicht die Absicht, Rassismus, Völkermord oder Unterdrückung zu rechtfertigen. Wenngleich sich verschiedene Formen der Zurückweisung bei nichtmenschlichen Primaten, in Gruppen von Vorschulkindern, in traditionellen Gesellschaften und sogar in komplexen Rechtssystemen aufzeigen lassen, so verdient jede Spielart des Ostrazismus doch ihre eigene wissenschaftliche und moralische Bewertung. Niemand sollte zu dem Schluß gelangen, Mord von und an Menschen — oder gar Krieg — sei unvermeidlich oder wünschenswert, weil einige Fälle der Tötung von Artgenossen auch bei nichtmenschlichen Primaten beobachtet worden seien. Durch das Studium der biologischen Grundlagen und Konsequenzen verschiedener Formen der sozialen Zurückweisung lassen sich vielmehr einige der Unterschiede zwischen den in verschiedenen Bereichen auftretenden Spielarten von sozialer Ächtung aufdecken. Auf diese Weise können wir hoffentlich dazu beitragen, daß besser als bisher verstanden wird, wie Verhalten, das andernorts zu Gewalt und Konflikt Anlaß gibt, durch rechtliche Institutionen in bestimmte Bahnen gelenkt und zivilisiert wird.

Es mag paradox erscheinen, daß Bestrafung durch diffuse soziale Sanktionen in demokratischen Gesellschaften als zu willkürlich angesehen wird, um als legitim zu gelten. Doch es gibt gute Gründe für unsere generelle Abneigung gegen Ostrazismus und auf Zwang beruhende soziale Zurückweisung als Formen der Bestrafung. Informelle Ächtung bedroht die Gleichheitsnorm und das „Rechtsstaatsprinzip". Im modernen Nationalstaat, wo durch Massenmedien und Propaganda die Wirkung von Stereotypen verstärkt und die öffentliche Meinung wirksam manipuliert werden kann, ist die Gefahr, daß soziale Zurückweisung zu einem Werkzeug der Unterdrückung wird, nur allzu gegenwär-

---

[8] Siehe Zippelius in diesem Band.

[9] Siehe die Arbeiten von Kort und Masters in diesem Band.

[10] Siehe Alexander, Rehbinder und Anawalt in diesem Band.

tig. Hält man sich vor Augen, wie Ächtung durch so unterschiedliche autoritäre oder totalitäre politische Systeme wie Hitlers Deutschland, Stalins Rußland oder das Uganda unter der Herrschaft Amins (um einige offensichtliche Beispiele zu nennen) eingesetzt wurde, dann verstärkt dies noch die Furcht vor willkürlicher Machtausübung.

So gesehen kommt in den heutigen Einstellungen zum Ostrazismus zum Ausdruck, wie sehr wir uns auf die gesetzlich vorgeschriebenen Verfahren für die Aufrechterhaltung der sozialen Ordnung und die Bestrafung abweichenden Verhaltens verlassen. Dies kann jedoch nur als weiterer Beleg für das oben angeführte Argument angesehen werden, daß viele Rechtsnormen unserer eigenen Gesellschaft als Umwandlung früherer Formen von Ostrazismus angesehen werden können, indem bestimmten staatlichen Instanzen — Gerichten, Polizei, Gefängnissen oder psychiatrischen Anstalten — ein Monopol für die Ausübung legitimen Ostrazismus oder legitimer ostrazismusähnlicher Ausschließung von unerwünschten, sich unüblich oder abweichend verhaltenden Personen zugestanden wurde. Daraus folgt, daß eine breitere Behandlung der biologischen Wurzeln und Funktionen von sozialer Ächtung uns nicht nur dazu verhelfen könnte, besser zu verstehen, warum ungewollte und unerwünschte Formen von Vorurteilen auftreten, sondern auch, wie rechtliche Verfahren beschaffen sein müssen, damit Ostrazismus durch Lenkung in faire und gerechte Bahnen zivilisiert wird.

Die meisten Sozialwissenschaftler gehen von der Annahme aus, daß die Gesetze und Kulturen des Menschen einen *Ersatz* des tierischen Instinkts durch menschliches Lernen darstellen; da aus dieser Sichtweise soziale Normen lediglich bestimmte, bei anderen Tieren zu beobachtende Verhaltensmechanismen ersetzen, könne Biologie zum Verständnis von Phänomenen wie Ostrazismus nichts beitragen. Die Arbeiten von Kling, McGuire und Raleigh in diesem Band zeigen uns jedoch, daß die Struktur und die Chemie des menschlichen Gehirns direkt am Zustandekommen sozialen Verhaltens beteiligt sind. Ohne die Bedeutung von Ideen und Einstellungen zu verkennen, wissen wir, daß Führungsverhalten, soziale Bindung und die Bereitschaft zu folgen auch durch den jeweiligen Zustand von Neurotransmittersystemen wie Serotonin oder durch Läsionen im Bereich der Amygdala oder des Temporallappens beeinflußt werden. Anstelle des alten „Schichtkuchen"-Modells der menschlichen Natur, das auf der Annahme beruhte, die physiologischen oder natürlichen Faktoren, die das Verhalten anderer Arten regulieren, würden im Falle des Menschen durch Kultur überformt — oder fast ganz außer Kraft gesetzt —, ist man jetzt zu der Einsicht gelangt, daß im Verhalten des Menschen fortwährend biologische und kulturelle Faktoren integriert werden.

Unter Forschern, die Ostrazismus sowohl als biologisches als auch als kulturelles Phänomen behandeln, ist man sich einig, daß es große interkulturelle und interindividuelle Verhaltensunterschiede beim Menschen gibt; daß unsere sozialen Verhaltensweisen im wesentlichen auf Lernen und Erfahrung beruhen; daß populärwissenschaftliche Darstellungen des Menschen als nur eines Tieres Risiken in sich bergen und daß sorgfältig arbeitende Wissenschaftler die Gefahr ideologischer Verzerrungen vermeiden sollten. Wenngleich einige Kritiker die Befürchtung hegen mögen, daß eine Untersuchung von Ostrazismus in den Begriffen der modernen Biologie zu ungerechtfertigten Schuldzuweisungen und zur Verbreitung von Stereotypen beitragen könnte[11], so ist es doch ebenso gefährlich, die Existenz entsprechender Arbeiten zu ignorieren: es ist kaum möglich, die Natur des Menschen zu verstehen, ohne die neuesten Arbeiten aus den Biowissenschaften zur Kenntnis zu nehmen[12]. Eine biologische Untersuchung einer sozialen Verhaltensweise wie der Ächtung ist, kurz gesagt, weit davon entfernt, menschliches Verhalten auf Gene oder Instinkte zu „reduzieren", denn auch sie muß die Besonderheiten des menschlichen Verhaltens und unserer kulturellen Systeme im Auge behalten.

Als Ergebnis der Ersten Monterey Dunes Konferenz[13] ließ sich festhalten, daß es sehr vielversprechend ist, die Entstehung der Kulturen und der rechtlichen Institutionen des Menschen aus evolutionstheoretischer Perspektive zu betrachten. Es mag paradox erscheinen, doch eine Analyse der biologischen Grundlagen menschlichen Verhaltens führt zu einem tieferen Verständnis *sowohl* der Gemeinsamkeiten *als auch* der Unterschiede zwischen Menschen und anderen Arten. Bei dieser Vorgehensweise können wir überdies die spezifisch menschlichen Eigenschaften entdecken — und hoffentlich auch besser verstehen.

Betrachten wir die unverkennbar menschlichsten Formen von Ostrazismus, nämlich gesetzliche Sanktionen wie Inhaftierung in einer rechtsstaatlich organisierten Gesellschaft, in der durch sorgfältig eingehaltene gesetzlich festgelegte Verfahren die Rechte des Angeklagten gewissenhaft geschützt werden. Nach herkömmlicher Lehrmeinung können uns die Biowissenschaften nichts über dieses Verhalten sagen, da es sich eindeutig um eine erlernte, kulturelle Verhaltensweise handelt, die von Geschichte, Tradition und den politischen Institutionen geformt wird. Doch selbst wenn man den *menschlichen* Charakter des Rechts als einer sozialen Institution einräumt, bleibt zu fragen, warum in einigen Fällen

---

[11] So Lewontin / Rose / Kamin, 1984.

[12] M. Gruter / M. Rehbinder (N 1); H. Flohr / W. Tönnesmann (Hg.): Politik und Biologie, Berlin 1983.

[13] M. Gruter / M. Rehbinder (N 1).

leidenschaftlich die Bestrafung des Täters gefordert wird, während in anderen Fällen mit ebenso großer Leidenschaft die Ungerechtigkeit des Systems angegriffen wird.

Es ist ein Leichtes zu behaupten, rechtliche Institutionen ersetzten den informellen Prozeß sozialer Ächtung (gegen den sich ein Betroffener kaum, wenn überhaupt, zur Wehr setzen könne) durch rationale und faire Verfahren. Wenn wir ehrlich sind, müssen wir jedoch zugeben, daß stammesgeschichtlich alte Verhaltensreaktionen in den Emotionen und sozialen Gewohnheiten der Bürger in „entwickelten", rechtsstaatlich organisierten Gesellschaften wie der unsrigen noch gegenwärtig sind; Zorn, Furcht und Groll — oder die Vermittlung des Gefühls von Sicherheit oder von Selbstvertrauen — werden durch das limbische System genauso beeinflußt wie durch die Ideen oder Gedanken in der Hirnrinde. Daraus ist zu schließen, daß die Biowissenschaften nicht mehr länger so total außer acht gelassen werden können, wenn wir Fragen des Rechts und der Natur des Menschen behandeln, die in der Geschichte des politischen Denkens eine so wichtige Rolle gespielt haben.

Kann uns die moderne Biologie helfen zu erklären, warum der soziale Zusammenhalt so häufig und so wirksam dadurch gefestigt werden kann, daß man einen Sündenbock im Innern der Gesellschaft findet oder sich gegen einen äußeren Feind wendet? Ist das Gefühl der Empörung gegen einen Straftäter ein ganz und gar „kulturelles" Phänomen, oder steckte nicht ein Korn Wahrheit in der traditionellen Sichtweise, daß Fairneß und Gerechtigkeit eine „natürliche" Basis haben? Funktionieren rechtliche Verfahren nur deshalb, weil durch sie eine Bestrafung „legitimiert" wird, oder wird die Ächtung von Abweichlern nicht auch dazu genutzt, die Solidarität der Gruppe zu stärken, und zwar aus Gründen, die sich aus unserer Stammesgeschichte herleiten lassen? Wie tief sind die Gemeinsamkeiten zwischen Ostrazismus als einem Mechanismus sozialer Kontrolle in Primatenhorden, in Kindergruppen, in vorindustriellen, auf Primärbeziehungen beruhenden Gesellschaften und in unseren eigenen, rechtlich strukturierten Systemen verankert?

Solche Fragen sind besonders deshalb angebracht, weil sie unsere eigenen politischen Traditionen in neuem Licht erscheinen lassen. Die Prinzipien der westlichen Demokratie werden oft bis zu politischen Theoretikern wie Hobbes, Locke, Spinoza und Rousseau zurückverfolgt, die behaupteten, alle Menschen besäßen „natürliche Rechte". In der amerikanischen Unabhängigkeitserklärung heißt es: „Wir halten folgende Wahrheiten für selbstverständlich: daß alle Menschen gleich geschaffen sind, daß sie von ihrem Schöpfer mit gewissen unveräußerlichen Rechten begabt sind, daß dazu Leben, Freiheit und das Streben nach Glückseligkeit gehören." Heute ziehen es viele vor, von „Bürgerrechten" oder von „Menschenrechten" statt von „natürlichen Rechten" zu sprechen, wie dies viele Denker des 17. und 18. Jahrhunderts taten. Ist die moderne Sichtweise genauer, oder hatten die Wegbereiter der westlichen Demokratie recht, wenn sie die grundlegenden „Rechte des Menschen" aus der Natur des Menschen ableiteten?

Wir können nicht hoffen, und wir behaupten auch nicht, daß wir diese Probleme hier lösen werden. Die Teilnehmer der zweiten Monterey Dunes Konferenz stimmten jedenfalls darin überein, daß die moderne Biologie nicht zum Auffinden eines „Naturrechts" beitragen kann, das rechtlichen und politischen Entscheidungen und Institutionen als Orientierung dienen könnte. Wenn es ein Merkmal gibt, durch das sich die Natur des Menschen auszeichnet und das von der Evolutionsbiologie bestätigt wird, so ist dies die Plastizität unseres Spezies — die sich besonders darin ausdrückt, daß wir uns ganz verschiedenen ökologischen und sozialen Umwelten anpassen können. Andere Tiere bilden eher deutlich unterscheidbare Arten, wenn sie sich in grundverschiedene Nischen ausbreiten. Im Gegensatz dazu haben die Menschen in Gebieten von der arktischen Tundra bis zu den Tropen überleben und dauerhafte soziale Systeme errichten können, ohne sich in verschiedene Arten aufgeteilt zu haben. Innerhalb jeder einzelnen Gesellschaft verhalten sich die Individuen überdies in ganz unterschiedlicher Weise, je nachdem, welchen Rang sie einnehmen oder in welcher Situation sie sich gerade befinden.

Durch Untersuchungen des menschlichen Sozialverhaltens aus biowissenschaftlicher Sicht lassen sich daher die Grenzen unseres arttypischen Verhaltens auch nicht festlegen. Daraus folgt, daß die moderne Evolutionsbiologie nicht dazu herangezogen werden kann, eine universell gültige Definition dafür zu geben, wie Menschen leben sollten: die Biowissenschaften unserer Zeit sind von ihren theoretischen Grundlagen her nicht dafür gewappnet, Basis eines „Naturrechts" zu werden, das den theologischen Doktrinen der Vergangenheit gleich käme. Andererseits erbringt die biowissenschaftliche Forschung jedoch den Nachweis, daß das Gehirn des Menschen nicht das „unbeschriebene Blatt Papier" ist, das sich Philosophen wie Hobbes und Locke darunter vorstellten; bei vielen unserer Verhaltensweisen sind vielmehr emotionale und kognitive Elemente in komplexer Weise miteinander verschränkt, ähnlich wie auch im Verhalten anderer Primaten. Daraus folgt, daß wir — vielleicht in einem Maße wie nie zuvor — mit den Mitteln der Wissenschaft Einsicht in die Natur unseres eigenen Verhaltens gewinnen können und auf diese Weise Prinzipien, die lange Zeit nur aufgrund philosophischer Überlegungen akzeptiert wurden, besser verstehen lernen.

Ein Grund dafür, daß die moderne Evolutionsbiologie wohl nicht zur Wiedererrichtung traditioneller „Naturrechtsdoktrinen" beitragen wird, ist der heute in den Biowissenschaften verwendete Artbegriff. Während die Naturrechtslehren gewöhnlich davon ausgingen, daß es ein „Wesen" oder eine unveränderliche Basis der „menschlichen Natur" gebe, hat die moderne Biologie die Vorstellung aufgegeben, jede Tierart besitze eine einzige, mehr oder weniger feste Natur; an die Stelle eines unwandelbaren Wesens ist in der modernen Biologie die Vorstellung getreten, daß es sich bei einer Tierart um eine Population handelt, die sich in Raum und Zeit verändert[14]. Nicht einmal ein einzelner Organismus hat nach heutiger Sicht eine fixe Natur, da der Geotyp (oder die genetische Ausstattung) eines Lebewesens lediglich die „Reaktionsbreite" für alle möglichen Umwelten festlegt[15].

Weil diese Sichtweise von Lebewesen in den Sozialwissenschaften nicht überall verstanden wird, sei besonders auf die Arbeit von Kling in diesem Bande hingewiesen. Er stellt dar, daß es bestimmte Bereiche im Gehirn von Affen (oder Menschen) gibt, die mit sozialen Verhaltensweisen wie Bindung (bonding) oder Fellpflege (grooming) zu tun haben. Entfernt man zum Beispiel ganz bestimmte Regionen der Amygdala, dann ist das Sozialverhalten des Tieres unmittelbar davon betroffen. Doch wie sich das betroffene Tier nach dem experimentellen Eingriff in sein Gehirn verhält, ist *unterschiedlich* und hängt von der jeweiligen Umwelt ab, in die das operierte Tier entlassen wird. Ein und derselbe physiologische Zustand kann daher ganz unterschiedliches Verhalten zur Folge haben, je nach der sozialen Umgebung und den physiologischen Bedingungen.

Durch solche Komplexität zeichnen sich alle biologischen Phänomene aus. Bestimmte Gene haben oft unterschiedliche Wirkungen, was von der Umwelt abhängt, in der sie sich „ausdrücken". Relevant ist daher nicht mehr ein irgendwie geartetes Wesen eines Tieres, sondern vielmehr, welche *Interaktionen* zwischen Tierarten und ihren Umwelten auftreten. Lancaster zeigt zum Beispiel, daß das Verhaltensrepertoire von Primaten im allgemeinen in Abhängigkeit der von ihnen bewohnten ökologischen Nische variiert. Daraus ist zu schließen, daß Biologen nur selten von einem einzigen Verhaltensmuster als dem „natürlichen" Verhalten einer Tierart sprechen — es sei denn, man könnte zeigen, daß dieses Verhalten in allen Umwelten identisch ist und daher eine Voraussetzung für das weitere Überleben darstellt.

---

[14] Ernst Mayr: Animal Species and Evolution, Cambridge (Mass.) 1963; St. J. Gould: Ontogeny and Phylogeny, Cambridge (Mass.) 1977.

[15] G. G. Simpson: The Study of Evolution, in A. Roe / G. G. Simpson: Behavior and Evolution, New Haven 1958, 7 - 26.

Der größere Teil des Sozialverhaltens beim *Homo Sapiens* ist bis zu einem bestimmten Grad variabel, je nachdem, in welcher Umwelt sich die Menschen gerade befinden. Als ein plastisches und anpassungsfähiges Lebewesen ist der Mensch dazu in der Lage, sich an eine große Fülle natürlicher und sozialer Umwelten verhaltensmäßig anzupassen. Wenngleich diese Erkenntnis den Versuchen, mit Hilfe der Biologie eine einzige, dem Menschen entsprechende „natürliche" Lebensweise zu entdecken, Grenzen setzt, werden dadurch doch die Prämissen sozialen und politischen Denkens verändert. Weil die menschliche Natur aus heutiger Sicht am besten als ein Spektrum von Verhaltensweisen beschrieben werden kann, von denen jede für eine bestimmte Umwelt charakteristisch ist, verfügen wir dank biowissenschaftlicher Einsichten nun über ein besseres empirisches *Fundament* für unser politisches Denken. Anstelle von *Antworten* können uns die Biologen bessere *Fragen* und *Antworten* an die Hand geben, während die schwierige Aufgabe, die richtigen Ergebnisse zu formulieren, uns überlassen bleibt.

Betrachten wir noch einmal Klings Befund, daß eine bestimmte Hirnläsion verschiedene Defizite im Sozialverhalten zur Folge haben kann, je nachdem, in welche Umwelt das operierte Tier gebracht wird. Während dieses Beispiel einerseits illustriert, wie sehr die Ausprägung biologischer Merkmale von der jeweiligen Umwelt abhängt, sind diese experimentell gewonnenen Einsichten andererseits auch von Bedeutung für philosophische Fragestellungen, die lange Zeit hindurch westliches politisches Denken beschäftigt haben. Seit den Vorsokratikern haben sich politische Theoretiker mit der Frage befaßt, ob die Menschen „von Natur aus" als soziale Wesen miteinander kooperieren und Gruppen bilden. Klings Daten belegen, daß einige Formen des Sozialverhaltens tatsächlich arttypisch sind, weil es dafür bestimmte Substrate im Gehirn gibt und weil diese Verhaltensweisen nicht nur Produkte der Erziehung und des Lernens sind.

Solche Forschungsergebnisse können unser Denken über Gerechtigkeit beim Menschen entscheidend beeinflussen. Im angelsächsischen Recht gibt es zum Beispiel den Grundsatz, daß ein Angeklagter bis zur Feststellung seiner Schuld als unschuldig zu gelten habe. Bestimmte Verfahrensregeln stellen einen Schutz für den Angeklagten dar; neben dem Verbot willkürlicher Verhaftung werden die Rechte, über den Gegenstand der Anklage informiert zu werden, sich einen angemessenen Rechtsbeistand zu nehmen und ein faires Verfahren zu bekommen, als Voraussetzung für eine gerechte Gesellschaft betrachtet. Diese Rechte werden dadurch klar verletzt, daß ein Angeklagter in Einzelhaft gehalten und vor dem Verfahren jeglicher Kontakt zur Außenwelt unterbunden wird, wie man dies oft in autoritären Systemen beobachten kann.

Zwar fällt es nicht schwer, diese Rechtsgarantien mit den herkömmlichen Argumenten zu rechtfertigen, doch biologische Forschungsergebnisse lassen die Folgen eines totalen Abscheidens eines Angeklagten von allen Kontakten mit der Außenwelt in neuem Licht erscheinen. Wie McGuire und Raleigh in diesem Band darstellen, treten bei einem dominanten Primatenmännchen, das daran gehindert wird, andere Männchen zu sehen, physiologische Veränderungen auf, die zu Verhaltensänderungen und zu Veränderungen im sozialen Rang des Tieres führen können. Ein längerer Aufenthalt in einem isolierten Käfig oder auch nur hinter einer nur von einer Seite durchsichtigen Scheibe, führt zu einem Absinken des Gesamtblutserotonins und, damit zusammenhängend, zu einer Zunahme submissiven Verhaltens. Wenn solche Reaktionen sowohl für Menschen als auch für nichtmenschliche Primaten charakteristisch sind, stellt sich eine interessante Frage. Für hochentwickelte Rechtssysteme läßt sich offensichtlich sagen, daß die Verhängung von Einzelhaft dem Häftling die Verteidigung erschwert, besonders dann, wenn er ziemlich uninformiert ist und rechtlichen Beistand braucht. Die von McGuire und Raleigh vorgelegten Forschungsergebnisse weisen auf die Möglichkeit hin, daß solche vor dem Gerichtsverfahren verhängten willkürlichen Haftbedingungen den Häftling — selbst wenn er über Rechte und Verfahren gut informiert ist — dadurch nötigen, daß sie die für eine wirksame Verteidigung notwendigen physiologischen Voraussetzungen schwächen.

Dieses Beispiel macht deutlich, daß derzeit laufende Untersuchungen in den Biowissenschaften unser Verständnis der oft als selbstverständlich hingenommenen rechtlichen und politischen Institutionen verbessern können. Der Schutz, den das Recht gewährt, bricht gelegentlich unter dem Druck sozialer Hysterie zusammen: man denke nur an die Beispiele von Lynchjustiz in der amerikanischen Geschichte. Durch Vereinbarung gesetzlicher Normen versucht man, die mit sozialer Ächtung verbundenen emotionalen Reaktionen zu kanalisieren, um die Wahrscheinlichkeit des Auftretens von Gewalt gegen Sündenböcke zu verringern. Doch auch bei rechtlichen Verfahren handelt es sich um, wenn auch gezügelten, Ostrazismus. Statt zu fragen, ob in zivilisierten Gesellschaften einzelne überhaupt je das Opfer von sozialer Zurückweisung und Isolierung werden können, brauchen wir ein besseres Verständnis der für die verschiedenen Formen von Ostrazismus spezifischen Konsequenzen, der stammesgeschichtlichen und physiologischen Wurzeln sozialer Isolierung und der Art und Weise, wie negative Wirkungen möglichst gering gehalten werden können.

RECHT, BIOLOGIE UND SOZIALVERHALTEN

Von Richard D. Alexander*

Ich möchte hier in meinen einleitenden Bemerkungen das allgemeinere Problem eines biologischen Ansatzes bei der Untersuchung menschlichen Verhaltens aufwerfen. Es handelt sich hierbei um ein in der wissenschaftlichen Diskussion der letzten Jahrzehnte viel beachtetes Thema, das zu einigen Mißverständnissen Anlaß gab.

Ein erster Aspekt des Problems liegt in der Bedeutung und im Gebrauch der Begriffe „Biologie" und „biologisch". Innerhalb der biologischen Disziplin beziehen sich diese Begriffe fast ausschließlich auf jene Wissenschaft oder Disziplin, welche das Leben untersucht: auf die Biologie selbst. Sie ist die Wissenschaft über das Leben — alles Leben. Außerhalb der Biologie — namentlich in der Medizin, der Philosophie, den Sozialwissenschaften, in nahezu allen Disziplinen, die sich mit dem Menschen beschäftigen — werden die Begriffe „Biologie" und „biologisch" typischerweise in der Bedeutung „physiologisch" oder „genetisch" gebraucht. Ein scheinbar harmloses Beispiel: Der „biologische" Vater bezeichnet den genetischen Vater. Ein anderes, nicht ganz so harmloses Beispiel: die Schaffung eines Gegensatzes zwischen „biologisch" und „kulturell" oder „biologisch" und „sozial". Es geht hierbei um die Frage der Verursachung: Ist die Ursache einer Verhaltensvariation biologisch oder kulturell bedingt? Oder: Ist sie biologisch oder sozial bedingt (was tatsächlich bedeutet: ist sie genetisch oder durch Umwelteinflüsse bedingt)? Dieser äußerst bedenkliche Sprachgebrauch mündet dann in eine völlig unsinnige Dichotomie und führt zu Fragestellungen wie: Ist ein *Verhalten* (und nicht: eine Verhaltens*variation*) „biologisch oder sozial bedingt"? Versteht man darunter die Frage, ob ein Verhalten „genetisch oder durch Umwelteinflüsse bedingt" ist, so könnte man ebenso gut fragen — wie einmal treffend bemerkt wurde —, ob die Fläche eines Rechtecks sich eher durch seine Länge oder eher durch seine Breite bestimmt.

Hinter solchen Dichotomien steht durchaus eine gewisse Logik. Man bedenke die enorme Ausbreitung, die im Zwanzigsten Jahrhundert jene Disziplinen erfahren haben, welche sich mit dem einen oder anderen Aspekt des menschlichen Lebens beschäftigen. Im Zuge dieser Ausbrei-

* Prof. am Museum of Zoology, University of Michigan, Ann Arbor (MI).

tung wurde die Biologie zu der Disziplin, die sich mit dem gesamten *nichtmenschlichen* Leben beschäftigt. In der biologischen Forschung werden in der Tat nur wenige Aspekte der menschlichen Existenz berücksichtigt. Lediglich in den Bereichen Physiologie und Genetik existiert — typischerweise — eine Zusammenarbeit zwischen Biologen und am Menschen orientierten Forschern. Hinzu kommt, daß die Verhaltensforschung lange Zeit fast völlig aus der biologischen Wissenschaft ausgeschlossen wurde. Ungefähr zwischen 1917 und 1950 (der Zeitraum zwischen der Einstellung des *Journal of Animal Behavior* und dem Erscheinen von Konrad Lorenz einflußreicher Veröffentlichung über „angeborene" Verhaltensmuster) waren die Entomologen nahezu die einzigen Biologen, welche überhaupt Sozialverhalten untersuchten. Die Biologen jener Zeit hatten das unterschwellige Gefühl, man könne Verhalten nicht wissenschaftlich erforschen, da es zu sehr formbar, also zu stark Umweltveränderungen unterworfen sei. Das interessante und komplexe Sozialverhalten von Insekten konnte man als angeboren, ererbt oder genetisch determiniert betrachten, und niemand kümmerte sich viel darum. Die scheinbare Unmöglichkeit der wissenschaftlichen Analyse von Verhalten lag — nebenbei bemerkt — begründet in einem folgenschweren Mangel der Theorie über die Wirkungsweise der Selektion[1]. Die Formbarkeit von Verhalten wurde fälschlicherweise als Grund für diese Schwierigkeiten angesehen.

So wurde die biologische Wissenschaft weitgehend betrachtet (1) als in der Hauptsache auf nichtmenschliche Lebensformen bezogen, (2) als beschränkt auf physiologisch oder genetisch erklärbare Phänomene (vor allem beim Menschen) und (3) als ausdrücklich nicht zuständig für diejenigen Phänomene, welche den Menschen ausmachen: Lernen, Sozialität und Kultur.

Ich denke, daß diese Dichotomien und Beschränkungen zum einen die Bemühungen der Menschen behindern, sich selbst zu verstehen, zum anderen eine Verwirrung stiften, die das Verständnis gerade solcher Publikationen wie der hier vorliegenden erschwert. Ferner scheinen mir jene Dichotomien und Beschränkungen mitverantwortlich zu sein für die Tatsache, daß in fast allen Teilen der Welt die Entwicklung der am Menschen orientierten wissenschaftlichen Disziplinen getrennt wurde oder seit jeher getrennt verlief von der Entwicklung der Biologie als der Wissenschaft vom Leben. Lediglich die Verbindung zur Medizin wurde aufrechterhalten, jedoch auch hier nur in den Bereichen Physiologie und Genetik. Die am Menschen orientierten Wissenschaftler sahen sich nicht genötigt, zumindest mit den grundlegenden Entwick-

---

[1] Siehe G. C. Williams: Adaptation and Natural Selection, NJ. Princeton Univ. 1966.

lungen in der Biologie Schritt zu halten. In den Vereinigten Staaten ist es an vielen größeren Universitäten (einschließlich meiner eigenen) durchaus möglich, über einen beliebigen Aspekt der Gesellschaftswissenschaften zu promovieren, ohne jemals auch nur eine Einführungsveranstaltung in biologische und naturwissenschaftliche Zusammenhänge besucht zu haben. Es kann hier keineswegs um Detailwissen gehen. Doch man erwartet von den am Menschen orientierten Wissenschaftlern noch nicht einmal die allgemeinsten Kenntnisse über Forschungsansätze, Lehrmeinungen oder Änderungen des Erkenntnisinteresses in der Biologie. Daraus folgt: Glauben Biologen, neue Erkenntnisse gewonnen zu haben — z. B. aufgrund von Verfeinerungen in der Theorie —, die von Bedeutung sind für die Bemühungen der Menschen, sich selbst zu verstehen, so werden diese Gedanken entweder mit unberechtigtem Mißtrauen oder aber mit übertriebenem Enthusiasmus aufgenommen. Diese Haltungen entstehen aus einer Mischung von Ignoranz und Vorurteilen, die für den Gebrauch des Begriffs „biologisch" in seiner eingeschränkten Bedeutung außerhalb der biologischen Disziplin verantwortlich ist.

Setzt man „biologisch" gleich mit „physiologisch", „genetisch" oder beidem, so erhält ein „biologischer" Ansatz zur Erforschung menschlichen Sozialverhaltens eine ganz bestimmte Bedeutung: Welche physiologischen oder genetischen Mechanismen liegen Verhalten zugrunde? Welche Bedeutung hat das Wissen um die Wirkungsweise dieser Mechanismen für praktische soziale Fragen wie die Auslegung oder die Anwendung von Rechtsgrundsätzen? Definiert man Biologie hingegen als die Wissenschaft, die das Leben untersucht, so meint dies etwas wesentlich Umfassenderes, etwas, worunter auch die Fragen fallen, inwieweit die Plastizität des Verhaltens durch den natürlichen Selektionsprozeß geformt wurde und inwieweit die Umwelt die Entwicklung oder die Äußerung des Verhaltens bei jedem Individuum formt.

Ein Ansatz im Sinne der engeren Definition von Biologie besteht in der Suche nach einem Kern von „fundamentalen" („biologischen", „ererbten", „angeborenen", „nicht formbaren", „wenig formbaren" usw.) Verhaltensattributen. Ließe sich ein solcher Kern mehr oder weniger unveränderlicher Verhaltensmuster tatsächlich finden, so würde die nächste Frage wahrscheinlich lauten: Welche Konsequenzen entstehen daraus für das Rechtswesen? Die Befürworter eines solchen Vorgehens könnten sich nun (nachdem sie entsprechendes Verhalten ausfindig gemacht hätten) auf die weitere Suche begeben (oder die Suche rechtfertigen) nach Gesetzen, die (1) nicht realisiert werden können, da sie eine Änderung nicht änderungsfähigen Verhaltens verlangen, oder nicht angewandt werden sollten, da sie Individuen oder sogar die gesamte Art unter Druck setzen, indem sie ein extremes oder „unnatürliches" Verhalten fordern.

Wie könnte man diese „fundamentalen" Verhaltensattribute erkennen oder ausfindig machen? Einige Forscher glauben, man müsse dazu aufzeigen, daß ein bestimmtes Verhaltensmuster nicht nur bei Menschen, sondern auch bei verwandten nichtmenschlichen Primaten auftritt. Diese Annahme setzt voraus, daß ein Verhaltensmuster (a) sehr alt ist, (b) sich nicht verändert hat und (c) offensichtlich nicht formbar oder irgendwie ererbt ist. Ich möchte gegen diese Annahme drei Einwände anführen: (1) Man muß sorgfältig unterscheiden zwischen Konvergenzen bzw. Parallelismen (Verhaltensmuster, die sich ähneln oder eine ähnliche Funktion haben, jedoch unabhängig voneinander entstanden sind) und Homologien (Verhaltensmuster mit gemeinsamem Ursprung). (2) Selbst in jüngerer Zeit entstandene Verhaltensmuster sind immer auch genetisch bedingt, mag dieser Vorgang noch so indirekt und komplex sein. (3) Eine evolutionäre oder genetische Prägung des Verhaltens schließt die Formbarkeit und flexible Reaktionsfähigkeit auf Umweltveränderungen keineswegs aus. Ganz im Gegenteil: *Jede* genetische Veränderung stellt ein *Potential* dar, auf das reagiert werden kann oder auch nicht reagiert werden kann. Ob eine Verhaltensreaktion stattfindet und in welcher Form dies geschieht, darüber entscheiden dann die jeweiligen Umweltbedingungen.

Ein anderer Ansatz zur Bestimmung „fundamentaler" Verhaltensattribute besteht im Aufzeigen bestimmter Arten von physiologischen Verhaltensgrundlagen, Verhaltensmechanismen bzw. Verhaltenskorrelaten. Man nimmt an, diese physiologischen Verhaltenskorrelate bewiesen aufgrund ihrer „direkteren" Beziehung zu genetischen Vorgängen, daß Verhalten über einige Aspekte der Nicht-Formbarkeit verfügt, und betrachtet die physiologischen Verhaltenskorrelate selbst als ebensolche Aspekte. Ein weiteres Argument für das Vorhandensein von nicht formbaren oder angeborenen Verhaltensattributen wäre der Nachweis ganz bestimmter physiologischer oder genetischer Korrelate eines sowohl bei Menschen als *auch* bei nichtmenschlichen Primaten beobachteten Verhaltens. Auch diesen Annahmen halte ich meine weiter oben angebrachten Einwände entgegen.

Der bisher beschriebene Ansatz verfügt auch über rechtliche Implikationen. Man kann ihn als den (oder „einen") Ansatz für die Interpretation des Rechts aus evolutionstheoretischer Sicht betrachten. Die Konzentration auf Verhaltensmuster, die Menschen und nichtmenschliche Primaten gleichermaßen zeigen, betont folgende Aspekte: (a) das hohe Alter dieser Verhaltensmuster, (b) ihr Überdauern evolutionärer Prozesse, nämlich des Zeitraums, während dessen die Primaten langfristigem evolutionärem Wandel unterworfen waren wie der Speziation. Ferner unterstützt die Herstellung dieser Verbindung zwischen bestimmten physiologischen oder genetischen Mechanismen und bestimmten Verhaltensmustern die Annahme, daß Verhalten durch die Evolution geformt wird (d. h. durch genetische Veränderungen, die hauptsächlich durch natürliche Selektion bewirkt werden). Ich habe bereits angedeutet, worin die Fehler dieses Ansatzes und dieser Annahme liegen könnten. Aber gibt es alternative „evolutionäre" bzw. „biologische" Ansätze?

Ein Ansatz, der mit Recht so bezeichnet werden kann, existiert durchaus. Er betont nicht die physiologischen oder genetischen (unmittelbaren) Verhaltensmechanismen, sondern die adaptiven oder unmittelbaren (d. h. reproduktiven) Funktionen. Dieser Ansatz geht aus von dem *allgemeinen* Prozeß der organischen Evolution und seinen (langfristig) kumulativen Auswirkungen. Einige dieser Auswirkungen lassen sich recht genau bestimmen: (1) Es gibt identifizierbare Verhaltensstrategien, die evolutionsstabil sind[2]. (2) Umweltveränderungen bewirken voraussagbare Änderungen dieser Verhaltensstrategien[3]. Man kann hier wohl zu Recht von *dem* evolutionären Ansatz der *biologischen* Disziplin überhaupt sprechen.

Evolutionsbiologen betrachten die Evolution genetisch als einen recht einfachen und singulären Prozeß, da alles Leben offenbar auf der DNS als universellem genetischem Material beruht. Der Evolutionsprozeß wird in der Hauptsache bestimmt durch natürliche Selektion[4]. Selektion wiederum wird bewirkt durch Umwelteinflüsse. Ihre Muster und zeitliche Abfolge lassen die Evolution als komplexen Prozeß erscheinen, dessen Untersuchung eine Herausforderung darstellt.

Die meisten Biologen stimmen — aus guten Gründen — in der Annahme überein, die Selektion produziere Individuen, die sich unter normalen Umständen so verhalten, daß sie die Überlebenschancen ihres

---

[2] Das wahrscheinlich erste Beispiel stammt von R. A. Fisher: The Genetical Theory of Natural Selection, 2. Aufl. New York 1958, und betrifft das Zahlenverhältnis der Geschlechter. Für das Konzept der evolutionär stabilen Strategien (ESS) siehe J. Maynard Smith / G. R. Price: The logic of animal conflict, Nature 246 (1973) 15 - 18.

[3] Neuere Veröffentlichungen zu diesem Thema sind Williams (N 1); J. Alcock: Animal Behavior, 3. Aufl. Sunderland (Mass.) 1984; R. Dawkins: The Selfish Gene, New York 1976, ders.: The Extended Phenotype: The Gene as the Unit of Selection, San Francisco 1983; J. Maynard Smith: The Evolution of Sex, Cambridge 1978; J. R. Krebs / N. B. Davies: An Introduction to Behavioral Ecology, Sunderland (Mass.) 1981, dies.: Behavioral Ecology, 2. Aufl. Sunderland (Mass.) 1984; E. L. Charnov: The Theory of Sex Allocation, New Jersey 1982; R. D. Alexander: Darwinism and Human Affairs, Seattle 1979.

[4] Zu diesem Argument siehe Alexander (N 3).

eigenen genetischen Materials maximieren. Verhalten orientiert sich also keineswegs daran, die persönlichen Überlebenschancen, die der Gruppe, der Population oder gar der Spezies allgemein zu maximieren. Genau was sich auf der Grundlage dieses Dogmas vorhersagen läßt, stellt den Ausgangspunkt einer eigenständigen, sehr komplexen und interessanten wissenschaftlichen Disziplin dar[5]. Die Annahmen dieser Disziplinen weichen oft ganz erheblich von Institution und „common sense" ab (z. B. die Theorien über die Regulation der Bevölkerungszahl, das Zahlenverhältnis der Geschlechter, das Altern, Verwandtschaftsverhältnisse und vieles mehr).

Ein Merkmal dieses evolutionären Ansatzes ist, daß er am Anfang keine Aussagen trifft über unmittelbare Verhaltensmechanismen (ererbte Anlagen, Physiologie), außer daß diese im Interesse relativen Reproduktionserfolges einer Formung unterliegen. Dabei erübrigt sich auch die Annahme, es existiere ein identifizierbarer Kern „fundamentaler" oder unveränderlicher Verhaltensattribute und bestimmte menschliche Fähigkeiten und Neigungen würden nun durch bestimmte Vorschriften unterdrückt. Die meisten Vertreter dieses Ansatzes haben auf den Menschen übertragen, was auch für alle anderen Organismen gilt: Jedes Leben verkörpert „Reproduktionsstrategien", die sich herausgebildet haben angesichts unwägbarer Umweltbedingungen[6]. Nicht exzessiver Determinismus, vielmehr die Spieltheorie hat vorrangig die Annahmen und Analysen der Evolutionsbiologie beeinflußt[7]. An dieser Stelle sollte betont werden: Das *Sozial*verhalten (wie z. B. das durch Rechtsnormen bestimmte Verhalten) eines jeden Individuums orientiert sich an der Umwelt. Bei dieser Orientierung stellen die Reproduktionsstrategien der anderen Menschen und Gruppen *den* zentralen Aspekt von Umwelt dar. Es handelt sich bei der Anwendung sozialer Strategien um eine zentrale Funktion menschlichen Lebens — wenn nicht um das zentrale Thema der menschlichen Evolution überhaupt. Insofern erscheint ein signifikanter Kern nicht formbarer Verhaltensattribute mit praktischer Anwendungsmöglichkeit im sozialen Leben als recht vage Vorstellung, die zumindest irreführend, wenn nicht gar völlig falsch ist. Es wäre die verheerendste aller Strategien: Ein Mensch setzt sich, nur mit vorprogrammierten Reaktionsmöglichkeiten ausgestattet, dem sozia-

---

[5] Siehe die bisherigen Literaturhinweise sowie D. Symons: The Evolution of Human Sexuality, New York 1979; N. Chagnon / W. Irons (eds.): Evolutionary Biology and Human Social Behavior, North Scituate (Mass.) 1979; sowie die Zeitschriften Animal Behavior, Evolution, American Naturalist, Behavioral Ecology and Sociobiology sowie Ethology and Sociobiology.

[6] Es ist z. B. offensichtlich, daß Menschen häufig einen „anstrengenderen" Weg wählen, wenn sie glauben, auf diese Weise ein bestimmtes Ziel besser erreichen zu können.

[7] z. B. Maynard Smith (N 3); Krebs / Davies (N 3) 1984; Dawkins (N 3) 1983.

len Leben mit seinen wechselnden Fällen von Konkurrenz und Kooperation aus, während seine Mitmenschen jedoch in der Lage sind, ihre Reaktionen zu ändern. Das wäre vergleichbar einem Schachspieler, der seine Züge ohne Beziehung zu denen seines Gegenspielers plant.

Robert Axelrod bemüht sich in seinem Buch *The Evolution of Cooperation* an einer Stelle, das Verhältnis zwischen seinem und dem biologischen Ansatz zu klären, und erläutert in diesem Zusammenhang sehr treffend all die von mir hier behandelten Probleme: „... dieser Ansatz unterscheidet sich von dem der Soziobiologie. Die Soziobiologie gründet auf der Annahme, wichtige Aspekte des menschlichen Verhaltens seien genetisch bestimmt (z. B. E. O. Wilson, 1975). Das mag durchaus richtig sein. Doch der hier vorgestellte Ansatz ist eher *strategisch* als *genetisch*."

Inwiefern kann nun die Evolutionsbiologie (oder die Biologie allgemein) zur Lösung juristischer Probleme beitragen? Sie kann in dreifacher Hinsicht hilfreich sein: (1) Sie kann zahlreiche Phänomene menschlichen Verhaltens erklären, die bisher zwar beobachtbar, aber eben noch nicht erklärbar waren. Darunter fällt das scheinbare Paradox der Dualität von Egoismus und Altruismus im Wesen des Menschen, das David Hume schon vor über 300 Jahren bezeichnete als „das Stückchen Taube" und „das Wolfs- und Schlangenelement", und das seitdem die Philosophie beschäftigt hat[8]. (2) Die Evolutionsbiologie kann Verhalten voraussagen, vor allem das Verhalten von solchen Personen, die sich vielleicht noch nie mit den Möglichkeiten der Evolutionstheorie beschäftigt haben. Entgegen einer weitverbreiteten Ansicht sind diese Voraussagen nicht intuitiv und können sehr wohl detailliert sein. Ich habe häufig darauf hingewiesen[9], daß Voraussagen der Biologie selbst in solchen Bereichen wie der Struktur des Rechts und der Reaktionen einzelner auf das Recht von Nutzen sein könne. Diese Voraussagen involvieren allerdings die Entwicklung einer umfassenden Theorie der Interessen, die meiner Ansicht nach[10] eine notwendige Voraussetzung für die Analyse und das Verständnis der gesamten Sozialität des Menschen ist, einschließlich Moral und Recht. (3) Letztlich eröffnet die Evolutionsbiologie dem Menschen die Möglichkeit zur bewußten Verhaltensänderung als Konsequenz eines tieferen Verständnisses seiner

---

[8] z. B. W. K. Frankena: Thinking about Morality, Ann Arbor (Mich.) 1980.

[9] R. D. Alexander: Natural Selection and societal law, in T. Engelhardt / D. Callahan: Morals, Science, and Society. Hastings-on-Hudson (N. Y.) 1978, 138 - 182; ders. (N 3); ders.: Biologie und moralische Paradoxa, in M. Gruter / M. Rehbinder: Der Beitrag der Biologie zu Fragen von Recht und Ethik, Berlin 1983, 161 - 173.

[10] Ebenso R. Pound: My philosophy of law, in: Credos of Sixteen American Scholars, Boston (Mass.) 1941.

selbst. Albert Einstein soll gesagt haben: Mit der Atomspaltung hat eine Ära begonnen, in der die Menschheit unausweichlich auf eine Katastrophe zutreibt, wenn es ihr nicht gelingt, fundamentale Veränderungen im Verständnis ihrer selbst und ihrer sozialen und politischen Interaktion herbeizuführen. Ob diese Veränderung darin liegen kann, daß wir lernen, uns selbst als ein Produkt des Evolutionsprozesses zu begreifen — das mag dahingestellt bleiben. Doch wir sollten die Chance zumindest nutzen.

ZWEITER TEIL

Die Sicht der Biologie und Primatologie

NEUROLOGISCHE KORRELATE SOZIALEN VERHALTENS

Von Arthur S. Kling*

In Zusammenarbeit mit Dr. H. D. Stecklis von der Rutgers-Universität sowie Kollegen und Studenten haben wir während der letzten zehn Jahre untersucht, ob es spezifische neurale Strukturen gibt, die für die Aufrechterhaltung sozialer Bindungen bei nichtmenschlichen Primaten unabdingbar sind. Obwohl die Daten für den Menschen weitaus lückenhafter sind, gibt es einige Beweise dafür, daß gleichartige Strukturen mit ähnlichen Funktionen bei unserer eigenen Art ebenfalls beteiligt sind. Dieses Ergebnis ist bisher noch nicht aus einer evolutionstheoretischen Perspektive heraus angegangen worden, und derzeit können wir nur dahingehend spekulieren, daß die in Frage kommenden Strukturen von den Reptilien bis zum Menschen hinsichtlich der sozialen Bindung eine ähnliche Funktion erfüllen. Die meisten meiner jetzigen Ausführungen betreffen Forschungsarbeiten über nichtmenschliche Primaten, allerdings mit einigen Bezugnahmen auf Untersuchungen am Menschen. In Ergänzung zu meinen Ausführungen über spezifische Hirnregionen werde ich auch allgemein auf die Auswirkungen eingehen, wie sich Hirnverletzungen auf soziale Bindungen sowie auf Ächtung durch normale Gruppenmitglieder auswirken, wenn Individuen mit Hirnverletzungen mit ihrer ursprünglichen oder einer fremden sozialen Gruppe zusammengebracht werden. Schließlich werde ich einige mögliche physiologische Mechanismen diskutieren, die an den in diesen Studien beobachteten Phänomenen beteiligt sein können.

Im Jahre 1976 haben Dr. Stecklis und ich die These aufgestellt, daß das Corpus amygdaloideum, der vordere Temporalpol und der frontale Kortex im Orbitabereich für die Aufrechterhaltung sozialer Bindungen und affiliativen Verhaltens bei mehreren Arten von nichtmenschlichen Primaten essentiell sind[1]. Zu diesen gehören die Bären-Makaken (Macaca arctoides), die Rhesus-Affen (Macaca mulata) und die afrikanische Grüne Meerkatze (Cercopithecus aethiops). Dabei ist zu erwähnen,

* Professor am Department of Psychiatry, School of Medicine, University of Southern California, Los Angeles.

[1] A. Kling / H. D. Steklis: A Neural Basis for Affiliative Behavior in Non-Human Primates. Brain Behav. and Evolution 13 (1976) 216 - 238; H. D. Steklis / A. Kling: Neurobiology of Affiliative Behavior in Non-human Primates, in: Martin Reite / Tiffany Field (eds.): The Biology of Social Attachment, New York 1985.

daß die Ordnung der Primaten eine beträchtliche Vielfalt sozialer Organisationen aufweist, von der nahezu solitären Lebensweise vieler kleinerer nachtaktiver Arten bis hin zu den sehr spezialisierten, monogam lebenden Affen wie den Gibbons und zu den großen heterosexuellen Gruppen der Altweltaffen wie z. B. Makaken und Paviane. Momentan beschränken wir uns in unseren Untersuchungen auf solche Primaten, die in großen heterosexuellen Gruppen mit eindeutig definierten sozialen Hierarchien leben, bei denen Verwandtschaftsbindungen für die Bestimmung der sozialen und sexuellen Rollen der verschiedenen Gruppenmitglieder wichtig sind. Für solche Spezies, die sich auf den Zusammenhalt der Gruppe stützen, um sich räuberischen Übergriffen zu widersetzen, Zugang zu Futter zu haben und sich fortpflanzen, ist es wenig wahrscheinlich, daß solitäre in ihrer natürlichen Umwelt lebende Individuen längere Zeit zu überleben in der Lage sind, selbst wenn sie über adäquate motorische und perzeptive Fähigkeiten verfügen. Die von uns soweit untersuchten Spezies weisen eine große Vielfalt auf, wie sie auf Mitglieder ihrer Gruppe reagieren, welche „abnorme“ Verhaltensweisen zeigen. Dies reicht von der erzwungenen Vertreibung wie im Fall der Rhesusaffen und der Bärenmakaken bis zu den Versuchen, sich „abnorm“ verhaltende Artgenossen in der Gruppe zu behalten, wie bei der afrikanischen Grünen Meerkatze. Auch wenn für Individuen, die eine der obengenannten Verletzungen davongetragen haben, das Ergebnis letztlich dasselbe sein mag, so können doch die Mechanismen, mit denen die Gruppe solche Individuen bekämpft, sehr verschieden sein. Faktoren, die außerdem die Auswirkungen von Läsionen beeinflussen können, sind etwa die Umwelt, in der das Verhalten vorkommt, das Alter, in welchem das Individuum verletzt wurde, das Geschlecht des Individuums und der soziale Rang im Zeitpunkt der Verletzung.

I. Anatomische Beziehungen

Das Corpus amygdaloideum, das sich beim Menschen und anderen Primaten auf der ventralen Oberfläche des Gehirns auf der Mittellinie des Temporallappens befindet, enthält eine Anzahl von einzelnen Nuklei, die im Verlauf der Evolution zu einer kleinen Ansammlung zusammengefaßt wurden, unterteilt in eine kortiko-mediale und eine baso-laterale Gruppe. Die kortiko-mediale Gruppe ist phylogenetisch älter und durch ihre darüberliegenden Pyramidenbahnen ist sie bei allen Wirbeltieren mit dem Geruchssinn verbunden. Die basolaterale Gruppe hat sich später im Zusammenhang mit der Ausdehnung der Hirnrinde entwickelt; sie erhält Signale von allen inneren und äußeren sensorischen Systemen. Die Komplexität ihrer Aufnahmeleistung ist mit der Entwicklung des Neokortex angewachsen. Obwohl phylogenetisch alt, hat sich dieser Teil des subkortikalen Vorderhirns daher weiterhin zusammen mit der enormen Ausdehnung des Frontal- und Temporallappens entwickelt, besonders bei den Primaten und dem Menschen. Seine Funktionen sind außerordentlich komplex und es wurde gezeigt, daß er mit der Regulierung der sensorischen/motorischen Funktion, mit der Stimmung und aggressivem Verhalten ebenso im Zusammenhang steht wie mit affiliativem Verhalten, endokriner und autonomer Regulierung, Sexualverhalten, Gedächtnis und Motivation[2]. Neue Befunde legen nahe, daß einzelne Neurone offensichtlich an der Auswertung komplexer visueller Stimuli beteiligt sind[3]. In neueren Untersuchungen wurde nachgewiesen, daß die elektrische Aktivität dieser Kernstruktur in bezug auf den sozialen Kontext des aktuellen Verhaltens in der unmittelbaren Umgebung äußerst sensibel ist[4].

Man nimmt an, daß es eine der Hauptfunktionen des Corpus amygdaloideums ist, den Informationen der internen oder externen Umwelt eine emotionale Richtung zu geben und durch seine Verbindungen zu Hypothalamus, Hirnstamm und zurück zur Hirnrinde ein für das Überleben der Art geeignetes Verhalten zu bewirken.

Die nächste wichtige Struktur für die Regulierung affiliativen Verhaltens ist der Temporalpol, eine Rindenstruktur, die über dem Corpus amygdaloideum liegt und mit diesem ausgedehnte anatomische Verbindungen hat. Er ist Teil des assoziativen Kortex des Temporallappens, doch ist ihm keine spezifische sensorische oder motorische Funktion zugeordnet. Wir haben durch elektro-physiologische Experimente herausgefunden, daß seine Beziehungen zum Amygdala wahrscheinlich im wesentlichen fördernder Art sind, so daß eine beidseitige Ablation dieser Struktur die „Leistung" der Amygdala reduziert, indem ihre Aktivität vermindert wird. Dieser Mechanismus erklärt wahrscheinlich das Defizit an sozialem Verhalten, welches nach einer Ablation beobachtet wird[5]. Ebenso ist von Interesse, daß visuelle Impulse, die durch den inferioren, zu dieser Struktur posterior liegenden, Temporallappen ankommen, dem anterioren Temporalkortex zugeführt werden, bevor sie

---

[2] E. Eleftheriou (ed.): The Neurobiology of the Amygdala, New York 1972; Y. Ben-Ari (ed.): The Amygdaloid Complex. Elsevier (Holland), 1981, 151 - 162.

[3] E. T. Rolls: Responses of Amygdaloid Neurons in the Primate, in: Ben-Ari (N. 2).

[4] A. S. Kling / K. Perryman / T. Parks: A Telemetry System for the Study of Cortical-Amygdala Relationships in the Squirrel Monkey (S. Sciureus), in: Modulation of Sensorimotor Activity During Alterations in Behavioral States, New York 1984, 351 - 365.

[5] A. Kling: Influence of Temporal Lobe Lesions on Radio-Telemetered Electrical Activity of Amygdala to Social Stimuli in Monkey, in: Ben-Ari (N. 2), 271 - 280.

in der Amygdala ankommen. Aus diesem Grunde sehen wir seine Bedeutung darin, einer durch das visuelle System kommenden visuellen Information eine emotionale Richtung zu ermöglichen.

Die dritte Struktur, die mit der Regulierung affiliativen Verhaltens in Zusammenhang steht, ist der posteriore mediale Kortex im Orbitabereich. Diese Struktur liegt ein wenig anterior zum Corpus amygdaloideum auf dem posterioren inferioren Teil des Frontallappens. Sie ist phylogenetisch älter als der dorsal-laterale Kortex, der besonders bei den Primaten und den Hominiden eine immense Ausdehnung durchgemacht hat. Man weiß, daß Läsionen des posterioren medialen Kortex im Orbitabereich Verhaltenshemmungen bewirken. Läsionen dieser Struktur bewirken daher bei Tieren den Mangel passiver Meidung, stärkerer Gefühle oder eines Gesichtsausdrucks fähig zu sein. Die Auswirkungen auf die soziale Organisation sind von Michael Raleigh untersucht worden[6]. Es handelt sich um eine Struktur, die auch mit dem Hypothalamus für autonome und endokrine Regulierung starke Verbindungen aufweist. Die Abtrennung von diese Struktur verbindenden Fasern von ihren thalamischen Ausstrahlungen war das Ziel der früher durchgeführten Frontallobotomien, die bei chronischen psychiatrischen Störungen in den 60er Jahren angewendet wurden. Das Verhalten von Patienten mit Frontallobotomien ist gekennzeichnet durch gefühlsmäßige Eintönigkeit, Mangel an Spontaneität sowie das Fehlen von Partizipation und Initiative im Zusammenhang mit sozialen Interaktionen.

Im Verlauf der Durchführung unserer Experimente haben wir die Auswirkungen von Läsionen anderer Gehirnregionen untersucht, und zwar den inferioren Temporalkortex in Kenntnis seiner Rolle für die visuelle Wahrnehmung, den superioren Temporalkortex mit einer ähnlichen Rolle bei der auditiven Wahrnehmung, den cingulativen Kortex und den lateralen Frontalkortex, der mit der Hemmung motorischen Verhaltens und der Regulierung des Gedächtnisses im Zusammenhang steht. Mit der beidseitigen Ablation jedes dieser Gebiete ist weder ein signifikantes Defizit affiliativen Verhaltens noch eine bedeutende Veränderung des sozialen Rangs verbunden, wenn die Individuen wieder in ihre früheren sozialen Gruppen gebracht wurden. Obwohl Affen, die solche Verletzungen erleiden, kognitive, perzeptive und motorische Defizite aufweisen können, scheint das ihr affiliatives Verhalten nicht zu beeinträchtigen. Wenn der dorsal-laterale Frontalkortex betroffen ist, weisen die Tiere zwar eine Steigerung aggressiven Verhaltens gegenüber ihren Artgenossen auf, doch scheint das ihre Fähigkeit nicht zu

[6] M. V. Raleigh / H. D. Stecklis: Effects of Orbital Frontal and Temporal Neocortical Lesions on Affiliative Behaviors in Vervet Monkeys. Exp. Neurol 73 (1981) 378 - 389.

vermindern, in der Gruppe zu leben. Wir haben daher aus den zahlreichen experimentellen Untersuchungen gefolgert, daß folgende drei Strukturen für die Aufrechterhaltung von Bindungen zu Verwandten und für affiliatives Verhalten in spezifischer Weise ursächlich sind: das Corpus amygdaloideum, der anteriore Temporalpol und der posteriore mediale Kortex im Orbitabereich; Läsionen anderer Strukturen des Temporal- oder Frontallappens hingegen berühren dieses kritische Verhalten nicht[7].

II. Der Einfluß von Umweltfaktoren auf affiliatives Verhalten

Allgemein können wir sagen: je komplexer die soziale und natürliche Umwelt ist, desto größer sind die Defizite affiliativen Verhaltens und desto größer ist auch die Tendenz zur sozialen Isolation operierter Tiere. Wenn operierte Individuen in kleinen sozialen, sich in großen Käfigen oder in Gehegen befindlichen Gruppen beobachtet werden, sind diese in der Regel zu sozialen Interaktionen mit normalen Gruppenmitgliedern gezwungen. Diese sozialen Interaktionen sind zwar eher passiver Art, doch sind die operierten Tiere bis zu einem gewissen Grad bereit, gegenseitige Pflege, Zusammenhocken und die Nähe zu normalen Individuen hinzunehmen, doch werden sie aktive soziale Fellpflege, Zusammenhocken oder Nähe nicht initiieren. Eher tendieren sie bei gegebener Gelegenheit dazu, sich zurückzuziehen, wenn entsprechende Interaktionen durch normale Gruppenmitglieder initiiert werden. Beobachtet man die Tiere in großen Gehegen — mit genügend Raum, um sich zurückzuziehen — etwa Freigehegen mit einer Fläche von einem halben Morgen, so befinden sie sich häufig in der Peripherie abseits der Kerngruppe. Müssen sie sich Nahrungsplätzen nähern, fressen sie tendenziell nach den normalen Gruppenmitgliedern, insbesondere nach den vorher untergeordneten Tieren, so daß operierte erwachsene Tiere ihre Nahrung möglicherweise erst nach den weiblichen, heranwachsenden oder auch jungen Tieren aufnehmen. Dies ist eine Stellung, die man bei Meerkatzenarten normalerweise nicht findet. Manchmal versuchen sie sich in unangemessener Konkurrenz zu normalen Gruppenmitgliedern Zugang zu Nahrungsquellen zu verschaffen. Sie werden jedoch schnell mit oder ohne physische Angriffe weggescheucht.

Bei Beobachtungen in Freilandsituationen haben wir herausgefunden, daß sich die operierten Tiere bei der afrikanischen Grünen Meerkatze von ihrer Gruppe entfernen, wenn diese einen Rastplatz aufsucht; entweder nehmen sie auf hohen Baumästen Zuflucht oder verbergen sich in dichtem Gestrüpp. Auf den normalen täglichen Wanderungen der

[7] N. 1.

Gruppe ziehen sie nicht mit und werden von der Gruppe daher schnell aus den Augen verloren und isoliert. Bei dieser entlang dem Sambesifluß in Afrika durchgeführten Untersuchung konnten wir operierte Gruppenmitglieder nach 24 Stunden nicht mehr lokalisieren und nahmen deshalb an, daß die isolierten Tiere von Raubtieren erbeutet worden waren. Kontrolltiere vereinigten sich wieder mit ihrer jeweiligen Gruppe[8].

Bei Rhesusaffen auf der Insel Cayo Santiago vor Puerto Rico beobachteten wir verschiedene Gruppen von operierten Tieren, bei denen keiner der erwachsenen Affen mit einer Läsion sich seiner früheren Gruppe wieder anschloß[9]. Da es hier keine Raubtiere gab, waren wir in der Lage, die Tiere für eine wesentlich längere Zeit zu beobachten. Ein Hauptunterschied zwischen den Rhesusaffen und den Grünen Meerkatzen bestand darin, daß die Rhesusaffen operierten Mitgliedern das Eindringen in das Gebiet ihrer Gruppe durch Vertreiben in das Territorium anderer Gruppen aktiv verwehrten, und wir nahmen an, daß sie starben, indem sie entweder nicht an die Futterplätze gelangen konnten oder daß sie ins Meer getrieben wurden.

In jedem Fall waren Läsionen entweder des Corpus amygdaloideum oder des Temporalpols oder Läsionen, die den posterioren medialen Kortex im Orbitabereich betrafen, mit dem Überleben unter natürlichen Bedingungen nicht vereinbar. Umgekehrt können solche Tiere in einer völlig geschützten Umgebung überleben und sich entwickeln, wenn sie nebst Zugang zu Nahrung und Wasser, Raum haben, um sich bei Angriffen zu entfernen. Eine andere Tendenz in geschützten Umgebungen besteht für operierte Tiere in einem Zusammenschluß zu künstlichen Kleingruppen abseits der normalen Gruppenmitglieder. Wir haben dieses Phänomen bei kleinen Käfigen ebenso wie bei großen Gruppengehegen beobachten können. Obwohl sie aber räumlich sehr eng beieinander sind, zeigen die operierten Tiere keine positiven affiliativen Verhaltensweisen wie etwa soziale Fellpflege und Zusammenhocken[10].

---

[8] A. Kling / J. Lancaster / J. Benitone: Amygdalectomy in the free-ranging vervet. J. Psychiat. Res. 7 (1970) 191 - 199.

[9] D. Dicks / R. E. Meyers / A. Kling: Effects of Uncus and Amygdala Lesions on Social Behavior in the Free-Ranging Rhesus Monkey. Science 165 (1969) 69 - 71.

[10] A. Kling / D. Dicks / E. M. Gurowitz: Amygdalectomy and Social Behavior in a Caged Group of Vervet, in. R. C. Carpenter (ed.): Proceedings of the Second International Primatological Conference, Vol. 1: Behavior, New York/ Basel 1970.

III. Auswirkungen des Alters zum Zeitpunkt der Läsion

Wir haben eine Anzahl von Experimenten durchgeführt, bei denen dem Corpus amygdaloideum und dem anterioren Temporalpol von neugeborenen Affen Läsionen zugefügt wurden. Diese Tiere wurden dann wieder den Müttern zum Aufziehen zurückgebracht. Wir entdeckten, daß die Jungtiere mindestens bis zu einem Alter von $1^1/_2$ Jahren von ihren Müttern adäquat versorgt wurden. Die Jungtiere zeigten hinreichendes Saug- und Greifverhalten und begannen, sich von der Mutter zu entfernen, zeigten Neugierverhalten und beteiligten sich am Spiel mit ihren Gleichaltrigen, wie es normale Jungtiere tun[11]. Franzch und Meyers[12] haben nachgewiesen, daß Rhesusaffen mit präfrontalen Lobektomien (einschließlich der orbitalen Oberfläche) in der Lage sind, Mutter-Kind- und Art-Bindungen bis zu einem Alter von zwei Jahren aufrechtzuerhalten.

Wenn als Jungtier operierte Affen mit Läsionen des anterioren Temporalpols in einem Alter von etwa 18 Monaten von ihrer Gruppe entfernt und in Einzelkäfigen eingesperrt wurden, konnten wir als interessantes Phänomen beobachten, daß diese Tiere anfingen, Symptome zu zeigen, die bei erwachsenen Tieren für solche Läsionen charakteristisch sind. Dies umfaßte Hyperoralität, Zahmheit und Verlust der Furcht vor normalerweise furchterregenden Objekten — all das für das Kluver-Bucy-Syndrom Typische, was man bei in Einzelkäfigen beobachteten erwachsenen Tieren findet. Brachte man die Tiere wieder in ihre soziale Gruppe, verschwanden die entsprechenden Symptome[13]. Dieses Phänomen kann nur durch die Veränderung der Einflüsse von sensorischen Inputs aus der Umwelt auf das Verhalten erklärt werden. Obwohl wir nicht über ausreichende quantitative Daten verfügen, haben wir den Eindruck, daß die heranreifenden Tiere im späten Jugend- sowie im frühen Erwachsenenalter im sozialen Verhalten einige der Defizite aufweisen, wie sie bei operierten erwachsenen Tieren beobachtet werden können.

Im allgemeinen zeigen die als Jungtiere Operierten bei allen untersuchten Umweltbedingungen tendenziell weniger Defizite als operierte erwachsene Tiere. Bei der Untersuchung in Afrika[14] machten verschiedene Jungtiere der Grünen Meerkatze den Versuch, sich mit ihrer Gruppe wiederzuvereinigen, dies im Gegensatz zu erwachsenen Tieren,

[11] A. Kling: Effects of Amygdalectomy on Social-Affective Behavior in Non-Human Primates. Brain Behav. and Evolution 1970, 13.

[12] E. A. Franzen / R. E. Meyers: Neural Control of Social Behavior: Prefrontal and Anterior Temporal Cortex. Neuropsychologia 1 (1972) 141 - 151.

[13] Stekelis / Kling (N. 1).

[14] N. 8.

die keinerlei derartige Anstrengungen unternahmen. In Käfigen und Gehegen zeigen Jungtiere beträchtlich weniger Defizite sozialen Verhaltens auf als erwachsene Tiere mit Läsionen. Das Alter zum Zeitpunkt der Operation spielt daher eine entscheidende Rolle für die offenkundige Erkennbarkeit der Beeinträchtigung durch diese Läsionen. Im Gegensatz zu perinatal operierten Jungtieren, die sich normal eingliederten und deren Mutter ausgezeichnetes mütterliches Verhalten zeigte, beobachteten wir bei erwachsenen Weibchen, die vor oder während der Trächtigkeitszeit operiert wurden und ein Kind zur Welt brachten, niemals mütterliches Verhalten. Sie benahmen sich gegenüber ihren eigenen Neugeborenen, als seien es irgendwelche fremden Körper oder Objekte. Sie schleuderten sie hin und her, weigerten sich, sie zu säugen und stießen die Neugeborenen von ihrer Brust, wenn diese Saug- oder Greifversuche unternahmen. Keines der Neugeborenen überlebte das Aufziehen durch eine Mutter, der eine Läsion entweder des Corpus amygdaloideum, des anterioren Kortex oder eine präfrontale Lobektomie einschließlich des posterioren orbitalen Kortex beigebracht worden war. Weibliche Tiere mit Läsionen des cingulativen Kortex oder des visuellen assoziativen Kortex zeigten, wie man beobachten konnte, normales mütterliches Verhalten und der Nachwuchs wurde ohne große Schwierigkeiten aufgezogen[15].

IV. Einflüsse artspezifischen Verhaltens

Es wurde vorher erwähnt, daß die von uns beobachteten afrikanischen Grünen Meerkatzen, welche von ihrer Gruppe entfernt, operiert und nach ihrer Genesung zurückgebracht worden waren, von den normalen Gruppenmitgliedern umdrängt und zur sozialen Fellpflege, zum Spiel und/oder zum Mitgehen aufgefordert wurden. Es waren keine Anzeichen von Aggression durch Stimme, Gesichtsausdruck oder Körperhaltung gegenüber den in die Gruppe gebrachten verletzten Tieren zu bemerken. Eher waren es die Operierten, die sich nicht in der Gruppe beteiligen oder mit ihr wiedervereinigt werden wollten. Im Gegensatz dazu wurde bei den Rhesusaffen und Bärenmakaken durch die Wiederzusammenführung mit den operierten Artgenossen in der Regel aggressives Verhalten gegenüber diesen Individuen hervorgerufen. Bei Untersuchungen in großen Gehegen und bei den freilebenden Gruppen auf der Insel Cayo Santiago ist dies dadurch geschehen, daß die normalen Tiere sich gegen die operierten zusammenrotteten und diese von der normalen Gruppe wegjagten. Wie wir schon bemerkten, waren es bei den Bärenmakaken die Weibchen, die aggressive Gruppen bildeten, ab-

---

[15] Eleftherion (N. 2).

norme Mitglieder wütend attackierten und ihnen schwere Bisse und Wunden zufügten. Wir entfernten die attackierten Tiere, behandelten ihre Wunden bis zur Wiederherstellung und versuchten erneut, sie in die Gruppe zurückzubringen. In der Regel wurde gleichermaßen reagiert. Wenn wir zur Kontrolle der Auswirkungen des Eingriffs fremde Artgenossen in die Gruppe brachten, kamen ähnliche Angriffe vor, doch wurde das normale fremde Tier schrittweise Teil der Gruppe und mit der Zeit konnte es in die Gruppe integriert werden[16]. Die anfängliche Xenophobie wurde also mit der Zeit abgeschwächt. Wir fanden auch heraus, daß normale Jungtiere leichter in eine Gruppe integriert werden konnten als Erwachsene, und weibliche Tiere eher als männliche. Eine andere Variable, die die Auswirkungen von Läsionen beeinflußt, ist der frühere soziale Rang des operierten Individuums. Tiere mit einem hohen Status wurden anscheinend eher und heftiger angegriffen als niederrangige Individuen, die sich für gewöhnlich eher in der Peripherie aufhalten und keine vergleichbare Bedrohung der bestehenden Hierarchie darstellen. So wurde auch bei den normalerweise toleranten Grünen Meerkatzen ein dominantes Männchen, das operiert und in die Gruppe zurückgebracht worden war, durch ein vorher untergeordnetes Tier von der Gruppe eher weggejagt, als daß es ignoriert oder mit ihm eine positive Kommunikation aufgenommen wurde, wie dies bei erwachsenen Weibchen und Jungtieren der Fall war.

Es scheint nicht so, als ob abnormes Verhalten an sich der entscheidende Faktor dafür wäre, daß ein Tier aktiv oder passiv von seiner Gruppe ausgeschlossen wird. So zeigen Tiere mit beidseitiger Ablation des dorsal-lateralen Frontalkortex typischerweise eine starke Hyperaktivität, heftige Kreisbewegungen und starke Aggressionen. In kognitiver Hinsicht weisen sie eine klassische Störung des Kurzzeitgedächtnisses auf. Diese Tiere können in ihre Gruppe reintegriert werden und trotz dieses offensichtlich störenden Verhaltens ihren früheren sozialen Rang und ihre sozialen Interaktionen wiederherstellen[17]. Ihnen gegenüber scheint es nicht zu vergleichbaren Aggressionen seitens der normalen Gruppenmitglieder zu kommen. Ein anderer interessanter Gesichtspunkt dieses Phänomens ist das beobachtete Fehlen der Defizite an sozialen Verhaltensweisen bei Läsionen des inferioren Frontalkortex[18]. Solche Läsionen rufen ein bekanntes Defizit der visuellen Unterscheidungsfähigkeit hervor, was bedeutet, daß die Tiere bei formalen Test-

---

[16] A. Kling / K. Dunne: Social-Environmental Factors Affecting Behavior and Plasma Testosterone in Normal and Amygdala Lesioned M. Speciosa. Primates 17 (1976) 23 - 42.

[17] M. H. Miller / A. Kling: Social Behavior in a Confined Group of Juvenile Macaques Sustaining Dorsolateral Frontal Lesions. Fifth Congr. Int. Primal. Soc., Nagoya (Japan) Aug. 1974.

[18] N. 6.

versuchen Objekte und Muster nicht unterscheiden können. Man könnte spekulieren, diese Tiere hätten in sozialen Situationen aufgrund derartiger Defizite Probleme beim Erkennen der richtigen sozialen Kommunikationssignale ihrer Artgenossen und hätten wegen dieser Defizite Schwierigkeiten bekommen. Dies ist aber nicht der Fall, am wenigsten in großen Gehegen. Es mag immerhin sein, daß diese Tiere unter absoluten Freilandbedingungen sozial isoliert oder von Raubtieren angegriffen werden oder sich gefährlichen Objekten nähern.

V. Physiologische Mechanismen

Analysieren wir die möglichen Ursachen für das innerhalb der drei in Frage kommenden Gehirnregionen lokalisierte Defizit sozialen Verhaltens, so können wir weder bei den kognitiven Funktionen, noch den motorischen Fähigkeiten, der perzeptiven Funktion oder der Fähigkeit, emotionale Zustände zu kommunizieren, gemeinsame koexistente Defizite finden. Der einzige gemeinsame Nenner würde das Verhältnis zum Kluver-Bucy-Syndrom sein, welches für Individuen mit amygdaloiden Läsionen charakteristisch und für solche mit anterior-temporalen und orbito-frontalen Läsionen teilweise charakteristisch ist. Das Kluver-Bucy-Syndrom wurde in den späten 30er Jahren von Heinrich Kluver und Paul Bucy[19] beschrieben. Letzterer entdeckte, daß sich bei Affen im Falle einer Entfernung des ganzen Temporallappens (Corpus amygdaloideum, Hippocampus und der darüber liegende Temporalkortex) als Merkmal eine Hyperoralität zeigte, bei welcher die Operierten in der Umgebung befindliche Objekte ableckten und statt mit den Händen mit dem Mund berührten, nicht eßbare Gegenstände in den Mund nahmen und unverdauliche Gegenstände in ihre Backentaschen stopften. Sie schienen friedfertig zu sein, griffen sie doch weder Menschen an noch zeigten sie Angst und Rückzugsabsichten als Reaktion auf jene Stimuli, welche normalerweise Angst hervorrufen. Ein anderes Merkmal des Syndroms ist Hypersexualität, bei der Individuen mit temporalen Lobektomien Männchen, andere Spezies oder leblose Gegenstände bespringen und versuchen, mit ihnen zu kopulieren. Mastrubation und Autofellatio wurden ebenso beobachtet. In den frühen 50er Jahren lokalisierten Dr. Schreiner und ich selbst[20] das Syndrom bei Katzen und Affen im Corpus amygdaloideum und wiesen nach, daß trotz Verstärkung der Verhaltensabnormalitäten durch kortikale Läsionen lediglich die Entfernung des Corpus amygdaloideum notwendig war, um das

---

[19] H. Kluver / P. Bucy: Preliminary Analysis of Functions of the Temporal Lobes in Monkeys. Arch. Neurol. Psychiat. 42 (1939) 979 - 1000.

[20] L. Schreiner / A. Kling: Behavioral Changes Following Rhinoencephalic Injury in Cats. J. Neurophysiol. 16 (1953) 643 - 659.

Syndrom hervorzurufen. Bei einer Reihe von Experimente, in denen wir uns mit den Auswirkungen von Läsionen auf soziales Verhalten befaßten, entdeckten wir bei Individuen mit Läsionen der Amygdala tatsächlich das Kluver-Bucy-Syndrom, wenn sie in Gefangenschaft, Einzelkäfigen oder Dyaden lebten. Waren sie aber in sozialen Gruppen untergebracht, die in großen Freigehegen oder unter Freilandbedingungen lebten, so wurden die Symptome nicht beobachtet. Wenn man dasselbe Individuum daher vom Käfig ins Freiland wechseln ließ, verschwand das Syndrom. Es konnte aber dadurch wieder sichtbar gemacht werden, daß das Tier aus einer komplexen Umweltsituation entfernt und wieder in einen Einzelkäfig eingesperrt wurde. Läsionen des anterior-temporalen Kortex und des Kortex im Orbitabereich weisen abgesehen von der Hypersexualität ähnliche Aspekte des Kluver-Bucy-Syndroms auf. Der gemeinsame Nenner hinsichtlich sichtbaren Verhaltens scheint also die gänzliche oder teilweise Präsenz des Kluver-Bucy-Syndroms zu sein.

Kürzlich haben wir die elektrophysiologischen Korrelate des Kluver-Bucy-Syndroms bei Meerkatzen und Totenkopfäffchen (Saimiri sciureus) untersucht. Die entsprechende Technik besteht darin, Tieren dauerhaft eine Elektrode in die Amygdala zu implantieren, um elektrische Aktivität unter Anwendung von Radiotelemetrie aufzuzeichnen und nach der Sammlung ausreichender Daten eines der in Frage kommenden neutralen Gebiete zu entfernen, ohne die Elektrode und Telemetrievorrichtung funktionsunfähig zu machen. Nach der Genesung konnten wir die Verhaltenssituation wiederherstellen, simultan aufzeichnen und die Aktivität der Amygdala während bestimmten Verhaltensweisen vor und nach der kortikalen Ablation vergleichen. Mittels einer Spektralanalyse der Daten können wir die elektrische Aktivität mit spezifischen Verhaltensweisen korrelieren.

Wir haben herausgefunden, daß bei unversehrten Tieren die elektrische Aktivität der Amygdala mit beobachteten emotionalen Zuständen im Zusammenhang steht. Der größte Energieoutput der Amygdala tritt tendenziell dann auf, wenn das Tier durch ein anderes bedroht wird, wenn sich ein anderes Tier dem betreffenden Individuum nähert oder wenn seine Genitalien von einem anderen Tier untersucht werden. Wenn das Tier mit dem Implantat entweder passiv gepflegt wird oder selbst an einem anderen Fellpflege vornimmt, ist der niedrigste Energieoutput feststellbar. Man weiß, daß soziale Fellpflege bei Primaten die Funktion eines spannungsreduzierenden Verhaltens hat und daher mit einer Aktivitätsverminderung in der Amygdala korreliert ist[21]. In

---

[21] A. Kling / H. D. Steklis / S. Deutsch: Radiotelemetered Activity from the Amygdala during Social Interactions in the Monkey, Exper. Neurology 66 (1969) 88 - 96.

späteren Untersuchungen an Totenkopfäffchen[22] entdeckten wir sowohl bei spezifischen sensorischen Reizen als auch bei sozialen Verhaltensweisen, daß visuelle ebenso wie auditive Stimuli provozierender Art gegenüber neutralen oder positiven Stimuli eine erhöhte Aktivität in der Amygdala hervorriefen. Die Unterscheidungsfähigkeit in Bezug auf einzelne Diapositive oder Tonreize variierte aber von Individuum zu Individuum beträchtlich. Einige Tiere wiesen daher erhöhte Stromstärken auf, wenn sie das Diapositiv einer Schlange oder eines Alligators (natürliche Feinde) sahen, während andere Tiere nur eine geringe oder gar keine Erhöhung zeigten. Wesentlich mehr Unterscheidungsfähigkeit ließ sich dadurch erreichen, daß wir durch Tonmitschnitte Piepslaute von Artgenossen, die bestimmte emotionale Zustände wie Gefahr, Warnrufe, „Geschnatter" und „Triller" mitteilten, als Reiz darboten. Hinsichtlich erregender Effekte korrelierten bei Totenkopfäffchen auditive Stimuli besser als visuelle Stimuli. Die Einflüsse der Umgebung auf die Reizdarbietung ist insofern von Bedeutung, als die Gesamtwirkung tendenziell beträchtlich geringer ist, wenn das Tier die „Rufe" auf einem Bändigungsstuhl sitzend hört, als wenn derselbe Stimulus dem sich frei im Käfig befindlichen Tier in Gegenwart anderer Gruppenmitglieder dargeboten wurde. Diese Gegenwart anderer Gruppenmitglieder scheint daher den amygdaloiden Output zu fördern, was eine Verstärkung der neutronalen Aktivität bewirkt, hervorgerufen durch die emotionale Wirkung der Nähe zu den Artgenossen während der Darbietung.

Durch mehrere Experimente haben wir nun gezeigt, daß die bilaterale Entfernung des Temporalpols bei allen verhaltensmäßigen Interaktionen eine signifikante und tiefgreifende Abnahme der amygdaloiden Aktivität hervorruft. Dies korreliert mit der beobachteten abgeschwächten Gemütsbewegung und dem Fehlen von Reaktionen auf soziale Kommunikation, die bei diesen Tieren vorkommt. Ebenso können wir jedoch eine erhöhte Aktivität während des Fütterns feststellen. Im Gegensatz dazu läßt sich nach einer Ablation des inferioren Temporalkortex ohne folgendes Defizit sozialen Verhaltens sowohl eine Steigerung als auch eine Verminderung der amygdaloiden Aktivität beobachten, was darauf schließen läßt, daß der inferiore Temporalkortex sowohl fördernde als auch hemmende Wirkung auf die Amygdala hat. Dennoch gibt es die klare Tendenz einer Reduktion der elektrischen Aktivität von allen Gebieten der Amygdala auf visuelle Stimuli hin. Tiere mit derartigen Läsionen neigen gelegentlich dazu, emotionaler zu sein und zeigen insbesondere in abgegrenzteren Umgebungen hyperaktives Verhalten. Die Amygdala spielt dann bei der Verarbeitung

---

22 N. 4.

visueller und auditiver Information eine wichtige Rolle, indem sie der von außen eingehenden Information eine emotionale Richtung verleiht. So würde das Sehen eines bedrohlichen Objektes wie etwa einer Schlange normalerweise die Aktivität in der Amygdala erhöhen und ein normales Tier würde sich vom gefährlichen Stimulus entfernen. Fehlt hingegen die Amygdala, so dürfte das Fehlen einer emotionalen Reaktion auf den beobachteten Stimulus oder gar eine Bewegung zur Schlange hin eher auf das Fehlen einer emotionalen Regung hinsichtlich des Stimulus als auf einen Mangel an Unterscheidung zurückzuführen sein. Wenn die emotionale Reaktion durch eine erhöhte amygdaloide Aktivität verstärkt wird, so kann es selbst bei einem ungefährlichen Objekt zu Furcht und Zurückweichen kommen.

VI. Gehirnverletzung und Ostrazismus beim Menschen

Wie bei nichtmenschlichen Primaten führt auch bei Menschen abnormes Verhalten als Folge von Gehirnverletzungen oder funktionalen Störungen im allgemeinen zur Verdrängung aus der Gruppe. Unangemessene Reaktionen auf etablierte Hierarchien, auf die Erwerbung von Ressourcen oder auf den emotionalen Kontext einer Interaktion können auf eine soziale Ächtung hinauslaufen, die darin besteht, daß die betreffende Person einen isolierten Status erhält. Im Hinblick auf bestimmte Läsionen haben wir eine Anzahl von Patienten mit Beschädigungen des Frontallappens infolge natürlicher Ursachen oder chirurgischer Eingriffe untersucht[23]. Es ist interessant, daß solche Individuen selbst dazu neigen, sich von ihren Artgenossen zu isolieren und es vorziehen, trotz adäquater kognitiver Fähigkeiten abseits zu bleiben. In einigen Fällen ist dies mit abgestuften Gefühlen verbunden, in anderen aber nicht. Bei Patienten mit einem Trauma ihres Temporalpols als Folge einer Kopfverletzung ist die Beobachtung nicht ungewöhnlich, daß sie vor dem Unfall aktive, interessierte und sozial angepaßte Individuen waren, nach der Verletzung aber dazu neigen, sozial abseits zu bleiben und soziale Interaktionen zu vermeiden. Wir bringen das in Beziehung mit den Auswirkungen anteriorer temporaler Läsionen bei nichtmenschlichen Primaten. Auch nach bedeutenden Genesungserfolgen bezüglich der kognitiven, perzeptiven oder motorischen Defizite erreichen solche Patienten ihre frühere soziale Funktionsfähigkeit nur selten. Ob sie von Gruppen sozial geächtet werden oder nicht, hängt von den besonderen soziokulturellen Gegebenheiten und den Erwartungen der Gruppe hinsichtlich konformer Verhaltensmuster ab. Ich

[23] Ph. D. Deutsh / A. Kling / H. D. Steklis: Influence of Frontal Lobe Lesions on Behavioral Interactions in Man. Res. Communications in Psychology, Psychiatry and Behavior 4 (1979) 415 - 431.

habe inhaftierte jugendliche Straftäter gesehen, die hyperaktiv waren und sehr abnorme Verhaltensweisen und Hyperagression zeigten und die trotz ihrer Belästigungen anderer Gruppenmitglieder von der sozialen Interaktion der Gruppe nicht ausgeschlossen wurden. Ausnahmen von den oben genannten Fällen kommen vor, wenn die Erwartungen an Verhaltenskonformität, wie z. B. in Schulen, keine bedeutenden Verhaltensabweichungen erlauben.

Andere die sozialen Interaktionen beeinflussende Syndrome betreffen Geisteskrankheiten, insbesondere die Alzheimersche Krankheit, bei der der Temporallappen besonders in Mitleidenschaft gezogen ist. Vor allem in den frühen Phasen neigen jene Patienten zu laufenden Stimmungswechseln, gewöhnlich bis hin zu Depressionen und abgestumpften Gefühlen; sie neigen auch dazu, sich von sozialen Interaktionen zurückzuziehen. In einigen Fällen wird dies als eine Unfähigkeit interpretiert, in Bezug auf aktuelle Interaktionen Aufmerksamkeit und Erinnerung aufrechtzuerhalten.

Operative bilaterale Läsionen der Amygdala wurden gelegentlich auch bei Menschen durchgeführt, gewöhnlich zur Unterbrechung nicht steuerbaren aggressiven Verhaltens mit vorausgehender Hemmung oder Geisteskrankheit. Solche Fälle sind für eine Untersuchung nicht sehr nützlich gewesen, da ihr Verhaltensrepertoire vor dem chirurgischen Eingriff sehr begrenzt war.

Kürzlich bekam ich eine Mitteilung von einem englischen Arzt, der den seltenen Fall eines Patienten beschrieb, der verstandesmäßig unversehrt war (und blieb). Ein Auszug aus dieser Fallbeschreibung hat folgenden Wortlaut: „Zusammen mit der erwarteten Verminderung aggressiven Verhaltens tritt eine starke Beeinträchtigung der Motivation, eine markante soziale Isolierung und außerdem ein seltsamer Zustand von großer Nähe zu einem Therapeuten ein. Das Letztere schließt einen Zustand häufig undifferenzierter Erregung ein, den der intelligente Patient manchmal Angst nennt, andere Male Sexualität oder Freude, begleitet von dem Wunsch, zu fliehen oder an seinem Platz zu bleiben. Dies ist phänomenologisch von einem Zustand der Depersonalisation verschieden[24].“

Obwohl ich nicht irgendwelche spezifischen quantitativen Daten präsentieren kann, neigen nach meinen eigenen Beobachtungen diejenigen, die zu Abgestumpftheit und Zurückgezogenheit tendieren, sowohl unter Bedingungen heimischer und familiärer Umgebung als auch beim Eingesperrtsein in Gefängnissen und Krankenanstalten dazu, sich selbst zu

---

[24] R. R. Jacobson (Institute of Psychiatry, London) Brief an A. Kling vom 28. August 1984.

isolieren, und werden auch von ihrer sozialen Gruppe ostrazisiert. Patienten hingegen, die dazu neigen, aktiv, euphorisch oder hypomanisch zu sein, werden eher akzeptiert und von ihrer Gruppe nicht ausgeschlossen. Es existiert natürlich bei Menschen eine große Bandbreite hinsichtlich der Tolerierung abnormen Verhaltens, und es wäre schwierig, von Gruppe zu Gruppe oder auch nur innerhalb derselben Gruppe unter verschiedenen Bedingungen zu verallgemeinern. Unzweifelhaft aber gibt es die Variablen, die in Hinsicht auf das Verhalten nichtmenschlicher Primaten erwähnt wurden — so Umweltbedingungen, Alter des Individuums, das Alter zum Zeitpunkt der Verletzung, Geschlecht und sozialer Rang —, welche das mögliche Ergebnis und die Reaktionen der Gruppe auf das beeinträchtigte Individuum beeinflussen können.

VERHALTENS- UND PHYSIOLOGISCHE KORRELATE VON OSTRAZISMUS

Von Michael T. McGuire und Michael J. Raleigh*

In diesem Beitrag wird Ostrazismus definiert als „der erzwungene Ausschluß von einer begehrten sozialen Gruppe". Diese Definition setzt voraus, daß Personen dazu prädisponiert sind, sich an sozialen Interaktionen zu beteiligen und daß sie nur unter ganz bestimmten Umständen (z. B. wenn sie nach Gold suchen) die soziale Zugehörigkeit zu einer begehrten Gruppe freiwillig aufgeben.

Der Beitrag hat zwei Teile. Der erste Teil entwirft ein Modell sozialer Interaktion. Das Modell ist von Ideen der Evolutions- und Verhaltensbiologie beeinflußt. Im Kontext dieses Modells konzentriert sich der zweite Teil dieser Arbeit auf ausgewählte Verhaltens- und physiologische Korrelate von Ostrazismus.

I. Ein Modell sozialer Interaktion bei Menschen

Für unser Modell sind insbesondere zwei Gedanken wichtig:

1. Menschen sind dazu prädisponiert, sich in sozialen Interaktionen zu engagieren; und
2. soziale Interaktionen beeinflussen physiologische Zustände, die wiederum die Wahrscheinlichkeit bestimmter Verhaltensweisen verändern.

Das Modell wird in der folgenden Abbildung dargestellt:

* Professoren am Department of Psychiatry and Biobehavioral Sciences, School of Medicine, University of Southern California, Los Angeles.

Abb. 1: Ketten von zweizelligen Familien und Stieffamilien

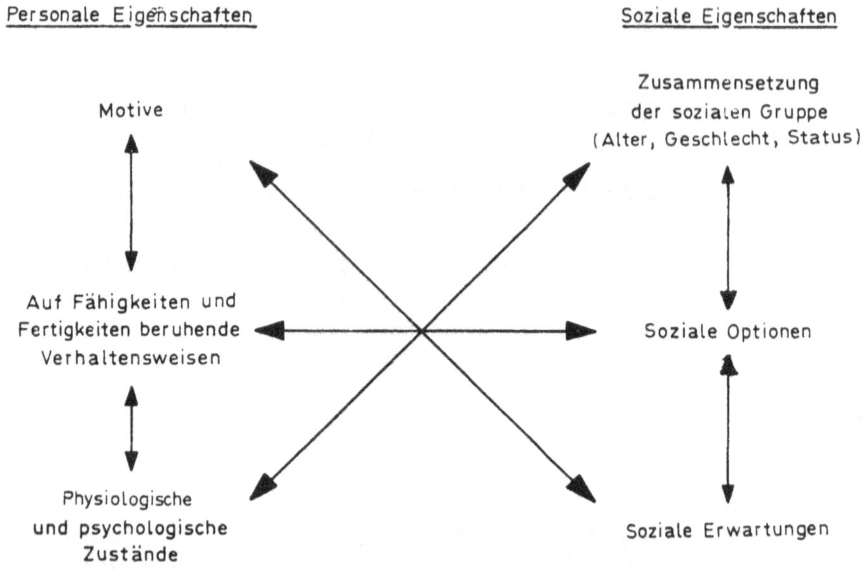

Es erfaßt sowohl interne wie externe Elemente. Die internen oder personalen Elemente umfassen Motive, auf Fähigkeiten oder Fertigkeiten beruhende Verhaltensweisen sowie physiologisch-psychologische Zustände. Motive sind die Bedürfnisse oder Wünsche, die eine Person veranlassen, zu handeln; auf Fähigkeiten oder Fertigkeiten beruhende Verhaltensweisen sind physische, kognitive und emotionale Eigenschaften, die beim Handeln angewendet werden. Physiologisch-psychologische Zustände verweisen auf die Profile dieser Variablen, die mit verschiedenen verhaltensmäßigen Wahrscheinlichkeiten verbunden sind. Die Zustände können sich im Zusammenhang mit bestimmten Verhaltensweisen und/oder als Reaktion auf das Verhalten von anderen ändern. Die externen Komponenten des Modells schließen die Sozialstruktur, soziale Optionen und soziale Rollenerwartungen ein. Die Sozialstruktur bezieht sich auf Alter, Geschlecht, sozialen und ökonomischen Status der Individuen, mit denen man in einer begehrten Gruppe sozial interagiert. Soziale Optionen bestehen aus den Möglichkeiten für soziale Beziehungen und/oder aus Ressourcen, für die eine Person die Akquisitionskontrolle hat. Soziale Rollenerwartungen sind die Erwartungen von anderen hinsichtlich des Verhaltens einer Person. Andere Variablen wie „Persönlichkeit" oder „physische Umgebung" würden in einem vollständigen Modell enthalten sein. Ihre Berücksichtigung würde aber nicht die grundlegenden, weiter unten entwickelten Gedanken ändern[1].

In der Abbildung werden sowohl vertikale wie auch horizontale Wechselwirkungen zwischen allen Elementen vorausgesetzt. Jemand kann z. B. motiviert sein, ein spezielles Ziel in einer sozialen Umgebung zu erreichen, in der es Widerstand anderer gegen die Erreichung dieses Ziels gibt. Ein typisches Beispiel ist der Versuch, Führer einer Gruppe zu werden, deren Mitglieder keinen neuen Führer wünschen. Hartnäckige Versuche, den gegenwärtigen Führer zu verdrängen, können darauf hinauslaufen, die Erwartungen einer Verhaltensänderung zu steigern. Andererseits könnte der aufstrebende Führer sich physiologisch und psychologisch ändern (z. B. Frustration, erhöhte Adrenalin- oder Norepinephrintätigkeit), und die Veränderungen könnten mit einer erhöhten Wahrscheinlichkeit aggressiver Verhaltensweisen verbunden sein. Solche Verhaltensweisen könnten Ostrazismus zur Folge haben. Das Modell läßt es also zu, daß Ereignisse außerhalb einer Person deren Verhalten ebenso beeinflussen wie in Verhalten umgesetzte physiologisch-psychologische Ereignisse innerhalb einer Person das Verhalten der sozialen Umgebung beeinflussen können.

Menschen unterscheiden sich in ihren internen Elementen. Ein Verständnis der Unterschiede zwischen einzelnen Personen ist entscheidend für die Erkenntnis möglicher Faktoren und Reaktionen, die an Ostrazismus beteiligt sind. Deshalb werden diese Unterschiede etwas detaillierter diskutiert. Zwei biologische Konzepte können für diese Diskussion als Rahmen dienen. Das erste wird als „Entwicklungskonversion" bezeichnet: Umwelteinflüsse aktivieren alternativ offene oder halboffene genetische Programme, die die Entwicklung lenken. Ein Kind beispielsweise, das während der Kindheit häufig stimuliert wurde, wird sich in anderer Art und Weise entwickeln als bei nur geringer Stimulierung. Das zweite Konzept wird als „phänotypische Modulation" bezeichnet: nicht artspezifische Variation des Phänotyps resultiert aus Umwelteinflüssen. Diese Einflüsse (z. B. Kultur, Sprache, Merkmale der direkten Umgebung, Werte der Eltern) bestimmen zwar sowohl das Ausmaß, in dem Entwicklungsprogramme „kultiviert" werden als auch (in gewissem Maß) ihre Anwendung in sozialen Situationen. Doch werden die genetischen Programme, welche die Entwicklung lenken, nicht geändert[2]. Tatsächlich können (wenn auch in Grenzen) eineiige Zwillinge, die in verschiedenen Umgebungen aufwachsen, unterschiedlich aktivierte genetische Programme haben, welche die Motive und die auf Fähigkeiten oder Fertigkeiten beruhenden Verhaltensweisen beeinflussen können. Umgekehrt können Personen mit ähnlichen genetischen Pro-

[1] Näher zu diesem Modell M. T. McGuire: A model for studying drug use and effects in dyadic interactions, in H. D. Steklis / A. S. Kling: Hormones, Drugs, and Social Dehavior, New York 1983, 321 - 351.

[2] S. J. Smith-Gill: Developmental plasticity, Amer. Zool. 23 (1983), 47 - 55.

grammen infolge phänotypischer Modulation ziemlich unterschiedlich handeln, wie z. B. eineiige Zwillinge, die zusammen aufgewachsen sind und sich ähneln, die sich aber während ihrer Adoleszenz trennen und verschiedene Lebensstile verfolgen.

Interaktionen zwischen genetischen Programmen und Modulation unterscheiden sich oft von Person zu Person, eine Tatsache, welche durch die Literatur über eineiige Zwillinge nahegelegt wird: Zwillinge, die für ein bestimmtes psychisches Leiden anfällig sind, leiden nicht gleichermaßen an dieser Erkrankung. Ereignisse in der direkten Umgebung (z. B. Verlust der Eltern) beeinträchtigen eineiige Zwillinge überdies sehr unterschiedlich. Diese Möglichkeiten stellen offensichtlich Schwierigkeiten dar, die beim Versuch bewältigt werden müssen, eine Taxonomie sozialer Ächtung zu entwickeln: dasselbe Ereignis kann bei verschiedenen Personen zu unterschiedlichen Reaktionen führen und verschiedene Ereignisse können bei unterschiedlichen Personen zu ähnlichen Reaktionen führen.

Die Aktivierung verschiedener genetischer Programme scheint tiefgreifende Verhaltenskonsequenzen zu haben. Diese Konsequenzen können sich während der Lebenszeit vergrößern. Ergebnisse von Forschungen über nichtmenschliche Primaten weisen deutlich auf diese Interpretation hin. Normale junge Rhesusaffen können z. B. von ihrer Mutter getrennt und isoliert aufgezogen werden. Solche Tiere unterscheiden sich verhaltensmäßig, physiologisch und neurochemisch, wenn man sie mit Gleichaltrigen vergleicht, die unter normalen Bedingungen aufgezogen wurden. Separierte Tiere können dann mit Gruppen normal aufgezogener Gleichaltriger zusammengebracht werden. In einem Zeitraum von sechs bis zwölf Monaten und unter sozialen Bedingungen, die frei von Streß sind, kann man dann das separierte Tier verhaltensmäßig nicht von den unter normalen Bedingungen aufgewachsenen Artgenossen unterscheiden. Wenn jedoch experimentell „unklare" oder „mit Streß verbundene" Situationen geschaffen werden, sind die vormals getrennten Tiere eingeschüchterter, eher aggressiv und sozial weniger aktiv. Ursprünglich isolierte Tiere unterscheiden sich im Vergleich zu Gleichaltrigen, die unter normalen Bedingungen aufgezogen wurden auch im Bezug auf den Stoffwechsel und die Reaktion auf Präparate[3]. In den oben erwähnten Untersuchungen können die Übereinstimmungen im Sozialverhalten von normal aufgezogenen Tieren und solchen, die nach der Geburt isoliert wurden, als eine Folge phänotypischer Modulation interpretiert werden. Das Fortdauern atypischer Reaktionen auf mit Streß verbundene und unklare experimentelle Situationen bei ur-

[3] G. W. Kraemer et al.: Early social deprivation: A possible etiology for long-lasting hypersensitivity to d-amphetamine, im Druck.

sprünglich getrennten Tieren können als eine Folge besonderer genetischer Programme gedeutet werden, die sich entwickelt haben. Ergebnisse, die im Prinzip ähnlich sind, wurden schon für eine ganze Reihe von Arten aufgezeigt[4].

Notwendigerweise sind Untersuchungen an Menschen nicht so gut kontrollierbar wie solche bei nichtmenschlichen Spezies. Die methodologisch vielleicht stringenteste Untersuchung von Ostrazismus bei Menschen (in diesem Fall Einweisung in ein Gefängnis) konzentriert sich auf minder schwere Kriminalität bei schwedischen Adoptivkindern[5]. 862 schwedische Männer und 913 schwedische Frauen, die in einem sehr frühen Alter von Verwandten adoptiert wurden, waren Gegenstand der Untersuchung. Die entscheidenden Ergebnisse: Im allgemeinen war die Kriminalität heterogen und im wesentlichen nichtfamilial; dennoch konnten einige genetische Subtypen identifiziert werden; niedriger sozialer Status in Kombination mit genetischer Prädisposition (begrenzt auf ausgewählte Untergruppen der Stichprobenpopulation) erhöht die Wahrscheinlichkeit von Kriminalität; bestimmte postnatale Erfahrungen (z. B. mehrfach wechselnde Unterbringung vor dem Zeitpunkt der Adoption) erhöhten die Wahrscheinlichkeit von Kriminalität bei Männern, nicht aber bei Frauen; außerdem waren Prädispositionen für Kriminalität bei Frauen schwerer beeinflußbar als bei Männern. Bestimmte Arten von Kriminalität scheinen daher eine Folge genetischer Prädisposition zu sein, andere scheinen das Resultat von Interaktion zwischen aktivierten genetischen Programmen und Modulation zu sein, wiederum andere scheinen primär auf Modulation rückführbar zu sein. Im Prinzip ähnliche Ergebnisse wurden in einer Studie über dänische Adoptierte berichtet[6]. Ungeachtet der methodologischen Strenge und der beträchtlichen Stichprobengröße dieser Untersuchung müssen die Ergebnisse vorsichtig interpretiert werden. Nicht nur, daß es methodologische Grenzen jeglicher Untersuchung an Menschen gibt (gab es beispielsweise Unterschiede hinsichtlich der Fürsorge, die bestimmte Adoptierte der schwedischen Untersuchung erfuhren?), sondern auch das

[4] J. R. Glowa / J. E. Barrett: Drug history modifies the behavioral effects of phenobarbital, Science 220 (1983), 333 - 335; A. V. Bacotti / J. W. McKearney: Prior and ongoing experience as determinants of the effects of d-amphetamine and chloropmazine on punished behavior, J. Pharm. Exp. Ther. 211 (1979), 80 - 85; F. S. vom Saal et al.: High fetal estrogen concentrations: Correlation with increased adult sexual activity and decreased aggression in male mice, Science 220 (1983), 1306 - 1309; W. T. McKinney et al.: Separation in nonhuman primates as a model for human depression, in R. M. Post / J. C. Ballenger: Neurobiology of the Mood Disorders, Baltimore, im Druck.

[5] M. Bohman et al.: Predisposition to petty criminality in Swedish adoptees, Arch. Gen. Psychiat. 39 (1982), 1233 - 1253.

[6] S. A. Mednick et al.: Genetic influences in criminal convictions, Science 224 (1984), 891 - 894.

Verhalten, für das man genetisch prädisponiert ist, kann ja nicht ausschließlich wegen der genetischen Prädisposition auftreten, sondern ebenso als Konsequenz phänotypischer Modulation. (In dem Maß, in dem Männer eher als Frauen dazu prädisponiert sind, sich mit dem Erwerb und der Kontrolle von Gütern zu beschäftigen, z. B. Jagen und Verteidigen des Territoriums, würden wir erwarten, daß Männer häufiger als Frauen weniger schwere kriminelle Verhaltensweisen zeigen).

Wie kann man die vorhergehende Diskussion in eine Ostrazismustheorie integrieren? Auf potentielle Schwierigkeiten, die mit der Entwicklung einer Taxonomie von Ostrazismus verbunden sind, wurde in Abbildung 1 hingewiesen: „Persönlichkeitsmerkmale" von zwei beliebigen Individuen unterscheiden sich, und eine Möglichkeit, diese Unterschiede sichtbar werden zu lassen, bietet die Verhaltensreaktion, die in ähnlichen Situationen von Person zu Person verschieden ist. Die Daten über die Isolierung junger Affen lassen auf folgendes schließen: Manchmal reagieren normal agierende Primaten mit einer frühen sozialen Isolation in ihrer Vorgeschichte und vermutlich atypischen genetischen Programmen auf mit Streß verbundene und unklare Bedingungen mit Verhaltensweisen, die zu jenen Verhaltensweisen analog sind, die bei Menschen zu sozialer Ächtung führen (z. B. gesteigerte Aggression). Aus einer vergleichenden Perspektive bestätigen die Daten der Untersuchung an Rhesus-Affen die Ergebnisse der vorher erwähnten schwedischen Untersuchung kriminellen Verhaltens, die eine Korrelation zwischen atypischer Kindheit und Kriminalität bei Erwachsenen aufweist. Umweltbedingungen werden bei diesen Ergebnissen gleichermaßen einbezogen. Forschungsergebnisse, die sich mit Langzeitauswirkungen von atypischen sozialen Erfahrungen während der Kindheit befassen, legen nahe, daß bestimmte genetische Programme, einmal aktiviert, trotz nachfolgendem modulationsinduziertem Verhalten, das als „normal" erscheint, intakt bleiben. Die schwedischen Untersuchungen betonen den Effekt zusätzlicher Variablen: Vererbbarkeit und Umwelteinflüsse zusammen sind bessere Prädikatoren kriminellen Verhaltens als jeweils allein. Die schwedischen Untersuchungen weisen aber auch darauf hin, daß Kriminalität bei Personen vorkommt, die nicht genetisch zu kriminellen Verhaltensweisen prädisponiert sind. Die angeführten Verhaltensmöglichkeiten sprechen dagegen, daß der sozialen Ächtung ein einzelner biologischer Mechanismus zugrundeliegt. Eher scheint Verhalten, das Ostrazismus nach sich zieht, eine Folge der Interaktion vieler physiologischer und umweltbedingter Variablen zu sein.

Vor dem Hintergrund des in Abbildung 1 gezeigten Modells werden wir uns nun einer Diskussion der Beziehungen zwischen Verhalten, sozialen Optionen, Rollenerwartungen und physiologischen Zuständen zuwenden. Im Blut wie auch im Zentralnervensystem (ZNS) kommt die chemische Substanz Serotin vor. Häufig besteht eine enge Korrelation zwischen Blutserotinwerten und der ZNS-Serotoninfunktion; unter gewissen Umständen ist diese Beziehung allerdings weniger deutlich. Wenn nicht anders vermerkt, werden wir uns nachfolgend auf Bedingungen beziehen, die auf eine enge Korrelation schließen lassen: In der Tat sind hohe Blutserotinwerte ein indirektes Maß für eine hohe ZNS-Serotoninfunktion und umgekehrt[7]. Obwohl Serotonin eine ganze Reihe von Funktionen hat, werden wir uns auf seine Funktion als Neurotransmitter konzentrieren. Es ist eine von vielen neurochemischen Substanzen, von denen man weiß, daß sie die Reizübertragung zwischen Nerven beeinflussen[8] und von denen sowohl eine Hemm- wie auch Steigerungsfunktion berichtet wurden. So ist beispielsweise bei erwachsenen Grünen Meerkatzen (Cercopithecus aethiops), die in sozialen Gruppen leben, eine erhöhte ZNS-Serotoninfunktion verbunden mit einer Steigerung von sozialer Fellpflege, Ruhen, Essen und Wachsamkeit. Verminderte ZNS-Serotoninfunktion wird von einer reduzierten Häufigkeit vorstehender Verhaltensweisen und gesteigerter Aggressivität begleitet[9]. Bei erwachsenen Grünen Meerkatzen, Totenkopfäffchen (Saimiri samii) und Menschen weisen dominante Individuen oder solche mit hohem Status (Menschen) im Vergleich zu untergeordneten Affen oder Personen mit niedrigem Status hohe Blutserotoninwerte auf[10]. Wenn bei Grünen Meerkatzen ein dominantes Männchen einen untergeordneten Status annimmt (oder umgekehrt), übernimmt das Tier die physiologischen und verhaltensmäßigen Merkmale des neuerworbenen sozialen Status. Verhaltensmäßige wie auch physiologische Veränderungen sind also „statusabhängig". Verhaltensänderungen, die mit Statusänderungen verbunden sind, scheinen teilweise auf physiologische Veränderungen bei Tieren zurückzuführen zu sein, die scheinbar über ähnliche genetische Programme wie auch ähnliche Motivationen hinsichtlich des Erwerbs des dominanten Status verfügen. Auf Ähnlichkeiten des genetischen Programms und der Motivation bei allen Tieren läßt sich schließen, denn (a) alle untersuchten Tiere ($N > 100$) wurden unter normalen Bedingungen aufgezogen und weisen einen ähnlichen sozialen Status und ähnliche physiologisch-verhaltensmäßige Beziehungen auf, und (b) kämpften nach der Entfernung des dominanten Männchens aus einer Gruppe mit mehreren Männchen und Tieren beiderlei Geschlechts alle

---

7 Einzelheiten in einem weiteren Beitrag von uns in diesem Bande.

8 Siehe den Überblick in J. R. Cooper et al.: The Biochemical Basis of Neuropharmacology, New York 1982.

9 M. J. Raleigh et al.: Social and environmental influences on blood serotonin concentrations in monkeys, Arch. Gen. Psychiat. 41 (1984), 405 - 410.

10 Ebd. sowie McGuire et al.: Social dominance in adult male vervet monkeys, Social Sciences Information 22 (1983), 89 - 123; 285 - 287.

verbleibenden untergeordneten, erwachsenen Männchen in gleicher Weise miteinander um den dominanten Status[11].

Wird ein dominantes Männchen aus einer Gruppe mit mehreren Männchen und Weibchen entfernt, so scheint die Frage, welches der verbleibenden Tiere dominant wird, weniger von den kompetitiven Fähigkeiten eines bestimmten Männchens gegenüber den anderen Männchen abzuhängen als vielmehr vom Verhalten der weiblichen Meerkatzen. Weibchen „verbünden" sich mit einem der verbleibenden Männchen und helfen ihm bei seinem Dominanzstreben. (Der Grund, warum bestimmte Männchen ausgewählt werden, ist noch nicht ganz geklärt.) Die Gewinner von Dominanzkämpfen nehmen einen bestimmten physiologischen Zustand an (z. B. hohe Blutserotoninwerte und hohe ZNS-Serotoninfunktion), die Verlierer einen anderen. Ist ein erwachsenes Männchen das einzige erwachsene Männchen der Gruppe, so bleiben die Serotoninwerte auf demselben Niveau, das üblicherweise untergeordnete Tiere aufweisen. Hohe Blutserotoninwerte scheinen daher eine Wirkung von Interaktionen zwischen Männchen zu sein[12].

Wie erwähnt unterscheiden sich dominante und untergeordnete Männchen in ihrer ZNS-Serotoninfunktion. Auf diese Unterschiede deuten eine ganze Reihe von Befunden hin. Erstens verhalten sich dominante und untergeordnete Tiere bei individuellen Verhaltenstesten unterschiedlich[13]. Diese Tests schließen eine zeitweise Entfernung der Tiere von ihrer sozialen Gruppe ein, um die experimentellen Situationen für Hemm- oder Steigerungseffekte kontrollieren zu können, die das Verhalten in Gruppensituationen beeinflussen. Solche Tests zeigen, daß dominante Männchen eher Feinde angreifen, während untergeordnete Männchen eher unbekannte Objekte berühren; dominante Männchen erkunden systematisch und gelassen neue Umgebungen, untergeordnete Männchen hingegen sind sowohl hyperaktiv als auch unsystematisch bei ihren Erkundungen solcher Umgebungen. Diese Unterschiede lassen sich scheinbar nicht durch grundlegende Unterschiede des Erregungsniveaus erklären, da unter bestimmten Umständen (z. B. Anwesenheit eines Feindes) einmal dominante Männchen stark erregt sind, während unter anderen Umständen (z. B. neue Umgebung) untergeordnete Männchen stärker erregt sind. Verschiedene Stimuli sind also mit charakteristischen Verhaltensreaktionen als Funktion des physiologischen Zustandes des Tieres verbunden. Eine zweite Gruppe von Ergebnissen, die auf statusabhängige Unterschiede der ZNS-Funktion

---

11 Ebd.

12 Ebd.

13 McGuire et al.: Social status, physiological states, and behavior, Ethol. Sociobiol., im Druck.

schließen lassen, sind bei Unterschieden in der Statusinteraktion als Reaktion auf serotoninbeeinflussende Präparate feststellbar[14]. Präparate, die die ZNS-Serotoninfunktion erhöhen, haben bei dominanten Männchen im Vergleich zu untergeordneten Männchen relativ größere Verhaltensänderungen zur Folge. Drittens kann man dominante Männchen dazu bringen, sich wie untergeordnete Männchen zu verhalten, wenn ihnen Präparate verabreicht werden, die die ZNS-Serotoninfunktion reduzieren. Viertens ändern sich sowohl die Leistung in einem individuellen Verhaltenstest wie auch die Sensitivität des Tieres gegenüber pharmazeutischen Präparaten, wenn sich der soziale Status des Tieres ändert. Innerhalb relativ weiter Grenzen ändern demgemäß Tiere mit offensichtlich ähnlich genetischen Programmen ihr Verhalten im Zusammenhang mit Veränderungen des physiologischen Zustandes. Diese Zustände wiederum sind zum Teil eine Funktion sozialer Optionen (z. B. der Möglichkeit, dominant zu werden, falls die Weibchen Verbündete sind) und der Sozialstruktur der Gruppen (Mehr-Männchengruppen vs. Ein-Männchengruppen).

Sobald soziale Gruppen etabliert sind, kann das Verhalten ausgewählter Mitglieder signifikante Auswirkungen auf bestimmte Verhaltensweisen anderer Gruppenmitglieder haben. In einem Experiment haben wir einzelne Tiere mit dem Präparat Parachlorophenylalanin (PCPA) behandelt und untersucht, wie sich dies auf unbehandelte Gruppenmitglieder auswirkt. PCPA reduziert die ZNS-Serotoninfunktion und dominante wie auch untergeordnete Tiere reagieren auf PCAP-Behandlung in ähnlicher Weise: Die Tiere sind gereizt, hyperaktiv, aggressiv und in ihren sozialen Interaktionen relativ unberechenbar. Trotz statusunabhängiger Ähnlichkeiten der Verhaltensauswirkungen von PCPA unterscheiden sich die sozialen Folgen für unbehandelte Tiere signifikant. Wenn ein untergeordnetes Tier mit PCPA behandelt wird, wird die Häufigkeit sozialer Fellpflege anderer, unbehandelter untergeordneter Tiere seiner Gruppe durch sein Verhalten nicht signifikant vermindert. Wenn jedoch ein dominantes Tier mit PCPA behandelt wird, so reduziert sich die Häufigkeit sozialer Fellpflege von unbehandelten, untergeordneten Tieren signifikant[15]. Das Verhalten von entscheidenden Gruppenmitgliedern scheint daher die sozialen Optionen, die für andere Gruppenmitglieder verfügbar sind, zu ändern.

---

[14] M. J. Raleigh et al.: Male dominance, serotonergic systems, and the behavioral and physiological effects of drugs in vervet monkeys, in K. A. Miczek: Ethopharmacology: Primate Models of Neuropsychiatric Disorders, New York 1983, 185 - 197.

[15] M. J. Raleigh / M. T. McGuire: Biosocial pharmacology, McLean Hosp. J. 2 (1980), 73 - 84.

Auch Untersuchungen anderer Spezies erhärten die Annahme, daß das Verhalten einzelner Tiere durch das Verhalten anderer Tiere beeinflußt wird. Berger und Schuster[16] haben z. B. gezeigt, daß normal kooperierende Rattenpaare ihr Kooperationsverhalten signifikant reduzieren, wenn ein Tier mit PCPA behandelt wird. Sbordone und Elliot[17] haben gezeigt, daß bei Veränderung des Verhaltens eines der Mitglieder eines Rattenpaares durch Pentobarbital die Anzahl aggressiver Angriffe auf die phenobarbitalbehandelte Ratte zunahm.

Ergebnisse andersartiger Untersuchungen bei Meerkatzen können dazu beitragen, weitere Details unseres Modells zu verdeutlichen. So werden untergeordnete Tiere von dominanten Tieren aktiv daran gehindert, zu kopulieren und Zugang zu begehrten Ressourcen wie etwa Früchten zu bekommen. In natürlicher Umgebung wagen sich untergeordnete Tiere oft weit weg von dominanten Tieren und essen wenn möglich beliebte Früchte und kopulieren[18]. In eingehegten Umgebungen versuchen untergeordnete Männchen, emsig zu kopulieren, sobald dominante Männchen zeitweise von ihrer Gruppe entfernt werden. Dominante und untergeordnete Männchen scheinen also unterschiedliche soziale Optionen geltend zu machen, obwohl ihre Motive offenbar ähnlich sind. Unterschiedliche physiologische Zustände beeinflussen ihre Motivationen scheinbar nicht, obwohl zwischen unterschiedlichen Zuständen und unterschiedlicher Wahrscheinlichkeit einer Umsetzung der Handlungsbereitschaft Zusammenhänge bestehen dürften.

Vorläufig zusammenfassend haben wir ein Modell sozialer Interaktion entworfen, in dem es Wirkungen in zwei Richtungen gibt. Personen sind motiviert, bestimmte Ziele anzustreben. Viele dieser Ziele (z. B. die Aufmerksamkeit anderer zu gewinnen, andere zu kontrollieren, teilen) sind vom Verhalten anderer abhängig. Bedingt durch die eigenen sozialen Optionen und das eigene Verhalten, unterscheidet sich die Wahrscheinlichkeit, mit der Ziele erreicht werden. Physiologische Zustände verändern sich als Auswirkung davon, ob Ziele erreicht werden oder nicht. Umgekehrt verändern physiologische Zustände Verhaltenswahrscheinlichkeiten. Viele Verhaltensweisen, die soziale Ächtung nach sich ziehen, können so besser als eine Folge der wechselseitigen Einwirkung zwischen Person und sozialer Gruppe während einer dem Ostrazismus vorausgehenden Periode verstanden werden.

---

16 B. D. Berger / R. Schuster: An animal model of social interaction, in M. Y. Spiegelstein / A. Levy: Behavioral Models and the Analysis of Drug Action, Amsterdam 1982, 415 - 428.

17 R. J. Sbordone / M. L. Elliott: The topography of aggressive behavior of an attacking rat is determined by the behavior of the victim, Aggressive Behav. 4 (1978), 345 - 352.

18 M. T. McGuire: The St. Kitts Vervet, Basel 1974.

Beispiele für Ostrazismus, die mit dem oben entwickelten Modell erklärt werden können, sind:

1. Personen mit Krankheiten (z. B. Lepra, Geisteskrankheit, Tuberkulose, Seuchen) werden häufig von sozialen Gruppen, deren Mitglieder sie sind, ausgeschlossen. In diesem Fall würde ihre Zugehörigkeit zu einer Gruppe das Überleben der Gruppenmitglieder gefährden. 2. Wenn jemand sich vergeblich bemüht, eine feste Anstellung in einer akademischen Institution zu bekommen. Eine solche Person als Fakultätsmitglied weiterzubeschäftigen, dürften Mitglieder mit Urteilsvermögen für bedenklich halten (z. B. Auswirkungen auf die Reputation). Oder eine Person, die medizinisch behandelt wird und den behandelnden Arzt auf Grund eines Kunstfehlers verklagt. Ein Arzt, der die klagende Person unterstützt, befindet sich häufig in großen Schwierigkeiten, Auskünfte von anderen Ärzten zu erhalten (z. B. verminderter Ressourcenzugang). Ostrazismus wird auch häufig bei Fällen von Betrug (Lügen), Kindesmißhandlung und bei nicht erwiderten Gunstbezeigungen erlebt. Die vorstehenden Beispiele lassen auf folgendes schließen: Aus der Perspektive von Gruppen kommt die soziale Ächtung eines individuellen Mitglieds dann in Betracht, wenn das Individuum die Überlebenswahrscheinlichkeit von Gruppenmitgliedern verändert (z. B. Krankheit), die Möglichkeit des Ressourcenzugangs oder der Ressourcenkontrolle unter den Gruppenmitgliedern vermindert (z. B. Kriminalität, Verklagen des Arztes), die Austauschmöglichkeiten reduziert (z. B. Geisteskrankheit, Betrug) oder die Wahrscheinlichkeit, lebensfähigen Nachwuchs aufzuziehen, vermindert (z. B. sexuelle Promiskuität).

II. Verhaltens-, physiologische und neurochemische Korrelate von Ostrazismus

Durchschnittlich wendet jeder erwachsene Bürger der Vereinigten Staaten 6,75 Stunden pro Tag für soziale Interaktionen auf. Es scheint nur eine relativ geringe Abweichung von Tag zu Tag zu geben, wenn man von bestimmten Umständen absieht (z. B. das Schreiben von Subventionsanträgen, Wandertouren als einzelner), die aber in der Regel nur vorübergehend sind. Durch soziale Interaktionen werden viele Antriebe ermöglicht und Ziele erreicht, soziale Optionen geltend gemacht, auf soziale Forderungen reagiert und physiologische Zustände verändert. Kurzum, es gibt viele Möglichkeiten, externe soziale Ereignisse zu beeinflussen, oder von ihnen beeinflußt zu werden.

Unterbrechungen sozialer Interaktionen können tiefgreifende Auswirkungen haben. Die Behauptung, daß freiwillige, nicht im Zusammenhang mit Experimenten stehende soziale Isolation (z. B. Goldsuche) mit einem gehäuften Auftreten atypischer Verhaltensweisen verbunden ist, wird durch überliefertes Wissen gestützt. Beweise gibt es allerdings nur sehr spärlich. Empfindungsdeprivationsexperimente zeigen, daß es eindeutige Auswirkungen von sozialer Isolation gibt. Das Gedächtnis wird desorganisiert, die Lern- und Denkleistung verschlechtert sich und die Häufigkeit von Angstpsychosen, die Verminderung der Körpertemperatur, Halluzinationen, Kontaktstörungen und Geschmacksaberrationen nehmen zu[19]. Diese Untersuchungen veranschaulichen die manchmal tiefgreifenden physiologisch-psychologischen Konsequenzen — es sind mehrere der grundlegenden Empfindungsarten und das autonome Nervensystem beteiligt —, die entstehen können, wenn man den Kontakt mit der Umwelt signifikant reduziert.

Es gibt einen Punkt, den wir in Anbetracht der oben zitierten Isolations- und Empfindungsdeprivationsergebnisse ebenso wie der unten diskutierten Erkenntnisse über Einzelhaft betonen wollen. Üblicherweise laufen Diskussionen über soziale Isolation darauf hinaus, daß Isolation eine Form von „Streß" ist, die eine Reihe von physiologisch-psychologischen Ereignissen initiiert. Was häufig übersehen wird, ist die Tatsache, daß Daten über soziale Isolation häufig ebenso gut als die Folge einer „Deregulation" physiologisch-psychologischer Systeme interpretiert werden können: das „normale" Funktionieren vieler physiologisch-psychologischer Systeme kann von sozialen Interaktionen in einer Art und Weise abhängen, die analog zu vielen physiologischen Systemen ist, die, um normal zu funktionieren, von Nährstoffen abhängig sind.

Jede Mutter hat Erfahrung mit Deregulation: ein alleingelassenes Kind, das zu schreien beginnt, kann häufig durch physischen Kontakt und besänftigende Worte beruhigt werden. Ähnliches gilt bei Freunden oder Arbeitgebern und Arbeitnehmern. Sozialer Kontakt in kritischen Momenten ist für emotionale Stabilität erforderlich. Psychologisch ist das gemeinsame Merkmal der vorhergehenden Situationen der Empfang der Aufmerksamkeit von anderen. Physiologisch scheint die Ereignisfolge etwa folgendermaßen zu sein. Ein physiologischer Zustand existiert; er beginnt sich zu verändern; eine Nachricht wird einem anderen übermittelt; falls der andere in einer bestimmten Art und Weise reagiert, wird der physiologische Zustand aufgehoben; falls der andere in einer nicht erwünschten Weise oder gar nicht reagiert, verändert sich der physiologische Zustand weiterhin. Das erlaubt uns, Dinge zu erklären wie etwa unsere Frustration, wenn Verwandte oder Freunde nicht wie erwartet reagieren, wenn uns Leute im Gespräch

[19] D. P. Schultz: Sensory Restriction, New York 1965; P. Solomon (ed.): Sensory Deprivation, Cambridge 1961.

unterbrechen und warum wir bestimmte Leute auswählen, um mit ihnen zu interagieren (mit hoher Wahrscheinlichkeit reagieren sie in einer Weise, die wir für wünschenswert halten). Die vorangehende Sequenz von Ereignissen kann auch Einblicke in subtilere Formen von Ostrazismus liefern — nicht wie erwartet zu reagieren, abzuschlagen, einen anderen zu sehen, nicht auf telefonische Nachrichten zu antworten etc. Im wesentlichen wird vorausgesetzt, daß die Reduktion sozialer Kontakte und/oder die Anerkennung anderer in anderer als der erwarteten Weise physiologische Veränderungen nach sich ziehen, die, jenseits eines bestimmten Punktes, dereguliert werden. (Die Deregulationshypothese kann auch erklären, warum wir anderen gegenüber so nachgiebig sind: Nachgiebigkeit erhöht die Wahrscheinlichkeit, daß andere als Gegenleistung nachgeben).

Vorhandene Ergebnisse weisen darauf hin, daß die erzwungene Unterbrechung sozialer Kontakte signifikante verhaltensmäßige und physiologische Auswirkungen hat. In einer Reihe neuerer Untersuchungen haben Volkart et al. z. B. gezeigt, daß bei Gefangenen die Einzelhaft mit dem Auftreten psychotischer Verhaltensweisen (so etwa Wahnvorstellungen) korreliert. Im Vergleich zu nichtinhaftierten und inhaftierten Kontrollpersonen (letztere Gruppe war wegen gleicher Vergehen und zu etwa gleichlangen Haftstrafen verurteilt) war die Häufigkeit psychotischen Verhaltens bei Häftlingen in Einzelhaft annähernd 50 % höher. Zusätzlich nahm die Anzahl der Selbstmordversuche bei sozial isolierten Gefangenen signifikant zu[20]. Aus der Perspektive des vorher diskutierten Modells kann Einzelhaft als eine dramatische Unterbrechung sozialer Optionen (z. B. sich nach bestimmten Motiven zu richten, für deren Erfüllung andere unentbehrlich sind) und sozialen Feedbacks betrachtet werden. Volkarts Daten veranschaulichen auch einen gleichermaßen wichtigen Punkt: Nicht jede Person nämlich, die sich in Einzelhaft befindet, entwickelt psychotische Symptome oder versucht, Selbstmord zu begehen. Da Volkarts Forschungsdesign für den Hafttyp und die Art des Verbrechens ausbalanciert oder korrigiert ist, werden bei seinen Forschungsergebnissen individuelle Unterschiede nicht deutlich: Häftlinge, bei denen Psychosen auftraten oder die versuchten, Selbstmord zu begehen, haben wahrscheinlich im Vergleich zu Personen, die nur minimal beeinträchtigt wurden, unterschiedliche genetische Programme oder entwicklungsmäßige Erfahrungen gehabt.

---

[20] R. Volkart: Einzelhaft, eine Literaturübersicht, Revue Suisse de Psychologie Pure et Appliquée 42 (1983), 11 - 24; ders. u. a.: Eine kontrollierte Untersuchung über psychopathologische Effekte der Einzelhaft, ebd. S. 25 - 46; ders. u. a.: Einzelhaft als Risikofaktor für psychiatrische Hospitalisierung, Psychiatria Clinica 16 (1983), 365 - 377.

Wenn wir unser Interesse nun physiologischen und neurochemischen Variablen zuwenden, sollten einige einführende Punkte hervorgehoben werden. Erstens können viele physiologische und neurochemische Variablen (oder Prozesse) aufgrund unvollständiger und schwer interpretierbarer Befunde nicht adäquat diskutiert werden. Die (sehr wahrscheinlichen) Auswirkungen von Gehirnpeptiden auf Verhaltensweisen, die Ostrazismus nach sich ziehen, sind ein typischer Fall. Zweitens berücksichtigt das unten dargestellte Material viele potentiell wichtige Variable nicht. Z. B. behandeln wir nicht die Tatsache, daß bestimmte Neurotransmitter jahreszeitliche und zirkadische Schwankungen aufweisen, die von situationsbedingten Veränderungen relativ unabhängig sind[21]. Drittens werden viele Ereignisse, die Ostrazismus nach sich ziehen (z. B. Kindesmißbrauch, Aggressionen bei Erwachsenen und Diebstahl), bei allen Primaten festgestellt[22]. Die Allgegenwärtigkeit solcher Verhaltensweisen läßt darauf schließen, daß alle Primaten imstande sind, sich in Verhaltensweisen zu engagieren, die man unter „Ostrazismus" rubrizieren kann.

Inter- und intraspezifische Forschungsergebnisse muß man jedoch behutsam interpretieren. Z. B. reagieren erwachsene Männer häufig auf Ostrazismus (z. B. Kündigung des Arbeitsplatzes), indem sie sich einer neuen sozialen Gruppe anschließen (z. B. Antritt einer neuen Arbeitsstätte). Solche Veränderungen können mit nur vorübergehenden physiologisch-psychologischen Veränderungen verbunden sein. Im Vergleich dazu können sich bei einer Frau, welche von ihrer primären Sozialgruppe sozial geächtet wird, tiefgreifendere Auswirkungen zeigen. Ostrazismus hat wahrscheinlich auch je nach Alter unterschiedliche Auswirkungen. Wenn man aus „seiner Gruppe" ausgeschlossen wird, könnte das für einen Teenager emotional vernichtend sein, während es bei erfahrenen Erwachsenen einigermaßen erträglich, wenn auch irritierend sein dürfte.

Die vorstehende Liste von Möglichkeiten bringt uns zum Problem von Analogie (gemeinsame Funktion) und Homologie (gemeinsamer Ursprung). Obwohl Fragen, die sich auf interspezifische Homologien

---

[21] E. Walter-van Cauter et al.: Seasonal, circadian, and episodic variations of human immunoreactive ACTH, and cortisol, Int. J. Peptide Protein Res. 17 (1981), 3 - 13; McGuire et al.: Sociopharmacology, Ann. Rev. Pharmacol. Toxicol. 22 (1982), 643 - 661; F. E. Purifoy: Endocrine-environment interaction in human variability, Ann. Rev. Anthropol. 10 (1981), 141 - 162.

[22] P. E. Noll et al.: The effects of sexual status on threat, attack, and subordinate behavior of Papio monkeys, Arch. Sexual Behav. 11 (1982), 65 - 72; M. L. Walker et al.: Female rhesus monkey aggression during the menstrual cycle, Anim. Behav. 31 (1983), 1047 - 1054; A. Troisi / F. R. D'Amato: Ambivalence in monkey mothering, J. Nerv. Ment. Dis. 172 (1984), 105 - 108, sowie de Waal in diesem Band.

beziehen, von großem wissenschaftlichen Interesse sind, liefern unserer Ansicht nach Fragen, die sich mit möglichen Analogien beschäftigen, die wahrscheinlich interessantesten Einsichten in das Phänomen des Ostrazismus. Ergeben sich beispielsweise bei verschiedenen Primatenspezies ähnliche Funktionen, wenn der Ausschluß eines Individuums aus einer etablierten sozialen Gruppe erzwungen wird? Obwohl für diese Frage Belege gesammelt werden müssen, scheint intuitiv ein „Ja" als Antwort wahrscheinlich. Weniger wahrscheinlich stellt sich aus unserer Sicht die Möglichkeit dar, daß soziale Ächtung gemeinsame physiologische Mechanismen zugrunde liegen. Die Weigerung, mit jemandem zu sprechen, involviert wahrscheinlich eine ganze Reihe anderer physiologischer Mechanismen als das Einsperren in Einzelhaft. Man kann natürlich argumentieren, daß strenge Analogien und Homologien dadurch gefunden wurden, daß man den Begriff Ostrazismus nur auf bestimmte Ereignisse anwendet. Bei Definitionen ist jedoch eine zunehmende Spezifizierung für gewöhnlich mit dem Verschwinden sozialer Phänomene und dem Auftreten physiologischer Fragen verbunden.

1. Physiologische Systeme und Ostrazismus

Interaktionen zwischen dem limbischen System, dem Hypothalamus, der Hypophyse und der Nebenniere beeinflussen zahlreiche physiologische Meßwerte sowie solche des Verhaltens. In „nicht-gefahrvollen" Situationen liegt eine grundlegende Funktion dieser Systeme darin, jene physiologischen Veränderungen zu mediatisieren, die mit Emotionen wie etwa Furcht, Flucht, Wut, Hunger, Durst, Sexualität und Freude verbunden sind. Diese Systeme reagieren sowohl auf externe wie interne Ereignisse. In Situationen, die als „gefährlich" erscheinen, werden diese Systeme (in Grenzen) als „adaptiv" betrachtet: Sie verändern die Funktion des Stoffwechsels, Blutgerinnungsmechanismen und die Wachsamkeit, alles Dinge, welche für Personen oder Tiere, die sich selbst verteidigen, hilfreich sein können. Chronische Veränderungen innerhalb dieser Systeme (z. B. verlängerte Reaktion auf Furcht) scheinen die physiologische und verhaltensmäßige Anpassungsfähigkeit zu reduzieren, indem sie mit erhöhter Müdigkeit, eingeschränktem Verhalten („verhaltensmäßige Rigidität"), Verminderung der Immunreaktionsfähigkeit, erhöhtem Blutdruck, verändertem Fettstoffwechsel und größerer Anfälligkeit für Krankheiten verbunden sind.

Die Hypothalamus-Hypophysen-Nebennieren-Systeme (oder Subsysteme) scheinen insbesondere auf die erzwungene Isolation von sozialen Situationen zu reagieren. Zum Beispiel: Bei jungen Totenkopfäffchen wird ein erhöhter Cortisongehalt (ein Produkt der Nebenniere) im Blut beobachtet, wenn diese gewaltsam von ihren Müttern getrennt wurden[23]. Rhesusaffen, die mit Gewalt von ihren Artgenossen getrennt wurden, weisen erhöhte Serotoninwerte im Hypothalamus und auch höhere Werte bei allen bedeutenden Enzymen auf, die an der Katecholaminsynthese in der Nebenniere beteiligt sind[24]. Auch die Entfernung eines dominanten Männchens aus einer dauerhaften Gruppe von Meerkatzen bewirkt nach unseren noch unveröffentlichten Untersuchungen eine zweifache oder stärkere Erhöhung der Cortisonwerte für einen Zeitraum von bis zu sechzehn Wochen bei allen Männchen, die in der ursprünglichen Gruppe verblieben. Diese Periode wird durch eine annähernd zwölfwöchige Blutserotonin- und Verhaltensstabilisation übertroffen.

Reite und Mitarbeiter[25] haben gezeigt, daß bei jungen Makaken eine erzwungene Trennung von ihren Müttern die Herzschlagfrequenz und den Herzrhythmus, Körpertemperatur, Schlafmuster, Schlaf-Wach-Rhythmus sowie die Immunfunktion verändert. Es wird angenommen, daß diese Veränderungen in erster Linie hypothalamischen Ursprungs sind. Der Hypothalamus hat, wie man weiß, eine enge Verbindung mit dem limbischen System, das mit dem Gedächtnis, mit Freude, emotionaler Erregbarkeit und dem Aktivitätsniveau in Zusammenhang steht. Zusätzlich kennt man limbische Einflüsse auf die Funktion des Hypothalamus[26] und die limbische Funktion kann Zuneigungs- und Bindungsverhalten fördern[27]. Die Reduktion von Optionen für normale soziale Interaktionen kann also die Aktivität des limbischen Systems verändern; umgekehrt kann auch hypothalamische Aktivität verändert werden und, indirekt, auch die Nebennierenaktivität. Obwohl adäquate Daten für Menschen nicht verfügbar sind, ist es nicht unangemessen vorauszusetzen, daß viele der Verhaltenskonsequenzen, die mit Ostrazismus assoziiert werden — siehe obige Daten über Einzelhaft —, mit Deregulation in einem oder mehreren funktionalen Systemen in Beziehung gebracht werden können. Überdies können Veränderungen inner-

---

[23] C. L. Coe et al.: Mother-infant attachment in the squirrel monkey, Behav. Biol. 22 (1978), 256 - 263; ders. et al.: Hormonal response to stress in the squirrel monkey, Neuroendodrinology 26 (1978), 367 - 377.

[24] G. B. Breese et al.: Induction of adrenal catecholamine synthesizing enzymes following mother-infant separation, Nature, New Biol. 245 (1973), 94 - 96.

[25] M. Reite et al.: Nocturnal sleep in separated monkey infants, Arch. Gen. Psych. 35 (1978), 1247 - 1253; ders., et al.: Physiological correlates of separation in surrogate reared infants, Dev. Psychobiol. 11 (1978), 427 - 435; ders. et al.: Altered cellular immune response following peer separation, Life Science 29 (1981), 1133 - 1136; ders. et al.: Circadian rhythm changes following maternal separation in monkeys, Chronobiologia 9 (1982), 1 - 11.

[26] J. J. Dreyfus et al.: Contrary effects of two identical efferent pathways on single hypothalamic neurons, J. Neurophysiol. 31 (1968), 237 - 248.

[27] A. Kling / H. D. Steklis: A neural substrate for affiliative behavior in nonhuman primates, Brain Behav. Evol. 13 (1976), 216 - 238.

halb dieser Systeme den oben diskutierten Arten von Neurotransmitterveränderungen vorausgehen bzw. mit diesen zusammenfallen. In Untersuchungen über Depressionen bei Menschen wurde z. B. berichtet, daß Veränderungen in physiologischen Systemen (z. B. Schlafrhythmus, Reaktion auf bestimmte physiologische Tests) sowohl der klinischen Symptomatologie als auch der Neurotransmitterwerte vorausgehen, wenn man den Begriff Neurotransmitter auf die Neurochemikalien Serotonin, Norepinephrin und Dopamin beschränkt[28]. Physiologische Systeme scheinen im übrigen die Kodierung ankommender Information zu beeinflussen (z. B. Verändern der affektiven Komponente von Stimulusinformation) und auch als Informationsverbreitungssysteme zu dienen (z. B. Information, die zu anderen Gebieten des Gehirns über neurale Bahnen übertragen wird)[29].

2. Neurotransmittersysteme und Ostrazismus

Neurotransmittersysteme sind ein Hauptschwerpunkt gegenwärtiger biologischer Forschung, dies in erster Linie aufgrund ihrer postulierten Funktion bei der Informationsübertragung und ihres Einflusses auf das Verhalten. Neurotransmitter sind Neurochemikalien, die (im allgemeinen) synthetisiert, gespeichert und dann von einem präsynaptischen Neuron in die synaptische Spalte freigesetzt werden. Sie erfüllen ihre Transmitterfunktion, indem sie prä- oder postsynaptischen Rezeptoren „zugeteilt“ werden, die für verschiedene Neurotransmitter spezifisch sind. Man weiß, daß die Anzahl und die Sensitivität der Rezeptoren für einen bestimmten Neurotransmitter von Hirnregion zu Hirnregion differieren. Ihre Wirkung wird im allgemeinen als entweder hemmend oder als erregend charakterisiert, aber für keinen spezifischen Transmitter weiß man, ob seine Funktion in allen Gebieten des Gehirns konstant ist. Zusätzlich resultieren verschiedene physiologische Zustände in Veränderungen der Rezeptorparameter. Die funktionale Bedeutung solcher Veränderungen ist unbekannt, z. B. eine Erhöhung in den postsynaptischen Rezeptoren kann oder kann auch nicht bedeuten, daß ein Neurotransmitter mehr oder weniger wahrscheinlich wirksam ist, obwohl zur Zeit angenommen wird, daß eine Reduktion in den Rezeptoren mit einer Verminderung der Sensitivität für Transmitter verbunden ist[30].

Neurotransmitter werden metabolisiert und Stoffwechselwerte kann man messen. Nicht immer deutlich ist, ob eine Erhöhung im Stoffwech-

[28] S. A. Checkley / A. J. Rush: Functional indices of biological disturbance, in J. Angst: The Origins of Depression, Berlin 1983, 425 - 446.

[29] So A. Kling in diesem Bande.

[30] S. M. Paul / P. Skolnick: Comparative neuropharmacology of anti-anxiety drugs, Pharm. Biochem. Beh. 17 (1982), 37 - 41.

sel ein Anwachsen der Neurotransmitterfunktion repräsentiert oder etwas anderes, wie eine Erhöhung der Rate, mit der Transmitter metabolisiert werden. Weiterhin ist wenig bekannt über die spezifische Reihe von Ereignissen, die Veränderungen der Neurotransmitterwerte sowie -affinität bewirkt. Werden bestimmte Veränderungen als „kausal" hinsichtlich Verhaltensänderungen oder „Kompensation" in Reaktion auf andere Veränderungen betrachtet? Man weiß nicht, ob Veränderungen der Neurotransmitterwerte und/oder Rezeptoranzahl von Person zu Person unterschiedlich genetische Programme oder Modulationszustände oder beides beeinflussen.

Trotz Interpretationsschwierigkeiten sind Ergebnisse aus Untersuchungen über die Funktion von Neurotransmittern geeignet, zum Verständnis von Ostrazismus beizutragen. Bei Menschen führen unterschiedliche funktionale Zustände (z. B. hohes vs. niedriges ZNS-Serotonin) zu verschiedenen Arten von Informationsverarbeitung und Verhaltensreaktion auf spezifische Stimuli. So werden bei Personen, die an paranoider Schizophrenie leiden, Stimuli scheinbar idiosynkratisch interpretiert. Wenn idiosynkratische Interpretation vorausgesetzt wird, erhält das nachfolgende Verhalten oft Sinn. Eine Behandlung mit Pharmaka, die die Neurotransmitterfunktion verändert (z. B. Reduktion der Dopaminfunktion), scheint die Art und Weise zu verändern, in der Stimuli von paranoiden Personen interpretiert werden. „Normales" Verhalten folgt dann auch des öfteren. Bei dieser Geisteskrankheit kann folglich der pathologische Befund großenteils an der Stimulusinterpretation liegen.

3. Serotonin

Das Serotoninsystem wurde kurz oben diskutiert und wird in der in diesem Bande folgenden Arbeit von uns näher ausgearbeitet. Nur die Resultate einer Untersuchung von Brammer und Mitarbeitern, die bisher noch nicht veröffentlicht wurden, werden hier erörtert. Wenn erwachsene Männchen von einer dauerhaften sozialen Gruppe entfernt und sozial isoliert werden, stabilisieren sich anfänglich ihre Gesamtblutserotonin-Werte bei etwa 600 mg/ml, der ursprüngliche Wert für untergeordnete erwachsene Männchen, die in Gruppen leben. Nach einer Periode sozialer Isolation beginnen die Serotoninwerte zu steigen, und nach 100 Tagen sind sie auf 1200 bis 1400 mg/ml angewachsen, einen Wert, der mit dem dominanter Männchen vergleichbar ist, die in sozialen Gruppen leben. Das Verhalten dieser Tiere bei individuellen Verhaltenstests ähnelt aber dennoch dem untergeordneter Männchen. Darüber hinaus zeigten diese Tiere keine Gesamtblutserotonin-Reaktion auf eine Tryptophanbehandlung (einem Serotoninvorläufer), während in Gruppen lebende Tiere mit ähnlich hohen Blutserotonin-Werten ein signifikantes Anwachsen des Gesamtblutserotonins innerhalb von sechzig Minuten nach der Tryptophanverabreichung zeigen. Diese Werte legen nahe, daß man bei sozial lebenden Tieren eine Reversion der Blut-ZNS-Serotoninbeziehung findet (d. h. mehr als 100 Tage isolierte Tiere sind „peripher dominant" und „ZNS-untergeordnet"), die durch Deregulation verursacht wird, d. h. durch abweichendes Funktionieren infolge reduzierter sozialer Interaktion.

Korrelationen sind eine Sache, die Identifizierung spezifischer Funktionen eine andere. Reduzierte Serotoninwerte werden mit verminderten sozialen Kontakten in Zusammenhang gebracht, aber Serotonin ist auch an anderen Funktionen beteiligt. Erhöhte Serotoninwerte korrelieren z. B. mit geringerer Gedächtnisleistung und Lernfunktion[31]; physische Streßeinflüsse können die Nutzung von Gehirnserotonin erhöhen[32]; und die Verminderung der Serotoninwerte wird mit Tieren in Zusammenhang gebracht, die sich verhalten, als ob sie hilflos wären[33]. Man kann nur schwer entscheiden, welche dieser (oder anderer) Funktionen an Ostrazismus beteiligt sind. Man kann sicherlich behaupten, daß Serotonin an sozialer Ächtung mitwirkt, doch ist die Bedeutung seiner Rolle eine andere Sache.

Daten von Untersuchungen über die Wirkung von Serotonin bei Menschen sind nicht eindeutig, obwohl die Ergebnisse dieses Systems nachdrücklich mit Verhaltensweisen, die mit Ostrazismus verbunden sind, in Zusammenhang bringen. Steigerungen aggressiv-impulsiver und selbstmörderischer Verhaltensweisen sind beim Gesamtblutserotonin und bei der Cerebrospinal-Flüssigkeit 5-Hydroxyindol-Essigsäure (5-HIES), ein Stoffwechselprodukt des Serotonins mit verminderten Werten verbunden[34]. Niedrige periphere Serotoninwerte und ein niedriges Niveau der Cerebrospinal-Flüssigkeit 5-HIES findet man bei einer Untergruppe klinisch ruhig gestellter Patienten[35]. Nach einer Behandlung mit Präparaten, welche die Serotoninwerte erhöhen, vermindern sich häufig die Anzeichen von Depression und die Patienten nehmen häufiger soziale Kontakte auf[36]. Darüber hinaus weisen eine signifikan-

[31] S. O. Ogren: Central serotonin neurons and learning in the rat, in N. N. Osborne: Biology of Serotonergic Transmission, New York 1982, 317 - 334.

[32] N 21.

[33] G. L. Brown et al.: Human aggression and suicide, in B. T. Ho et al.: Serotonin in Biological Psychiatry, New York 1982, 287 - 307.

[34] Ebd.; B. A. Davis et al.: Correlative relationship between biochemical activity and aggressive behaviour, Prog. Neuro-Psychopharmacol. & Biol. Psychiat. 7 (1983), 529 - 535; O. Pucilowski / W. Kostowski: Aggressive behaviour and the central serotonergic systems, Behav. Brain Res. 9 (1983), 33 - 48.

[35] N 25 (1982).

[36] R. L. Singhal / J. I. Telner: Psychopharmacological aspects of aggression in animals and man, Psychiat. J. Univ. Ottawa 8 (1979), 145 - 153.

te Anzahl von Personen, die Selbstmord verübten, im Vergleich zu Personen, die an anderen Todesursachen starben (z. B. Unfälle), weniger Serotoninrezeptororte auf[37]. Es ist nicht bekannt, ob solche Patienten heimlich von ihrer sozialen Gruppe ostrazisiert wurden, bevor sich Symptome von Depressionen entwickelten, aber in bestimmten Fällen scheint soziale Ächtung vor dem Selbstmord wahrscheinlich.

Wenn man alles erwägt, dann ist die ZNS-Serotoninfunktion wahrscheinlich in vielen Situationen verändert, in denen Personen sich in einer Art und Weise verhalten, die zu Ostrazismus führt bzw. diesen nach sich zieht.

4. Norepinephrinsysteme

Norepinephrin wird im allgemeinen als ein erregender Neurotransmitter angesehen. Es gibt Hinweise, die darauf schließen lassen, daß Veränderungen der Norepinephrinwerte mit einer veränderten Stimmung und Verhalten zusammenhängen. Erhöhte Werte treten häufig zusammen mit übermäßiger Reizbarkeit auf, mit häufigen, aber kurzen Sozialkontakten, mit raschem Sprechen, übertriebener Bewegung und einer Steigerung des Wohlgefühls (in Grenzen), ebenso wie mit einer Steigerung der Häufigkeit aggressiven Verhaltens[38]. Solches Verhalten führt oft zu Ostrazismus. Auf der anderen Seite, wenn die Norepinephrinwerte vermindert sind, treten häufig Depressionen, sozialer Rückzug und Selbstmord als Folgeerscheinung auf[39]. Norepinephrinveränderungen stehen oft mit vielen Verhaltensweisen oder Ereignissen im Zusammenhang, die bei Serotoninveränderungen gefunden werden. Z. B. vermindert akuter Streß den Norepinephrin-Umsatz im Gehirn, und die Reduktion der Norepinephrinwerte (durch pharmakologische Behandlung) setzt die Lernfähigkeit herab[40].

Ergebnisse, die in erster Linie von Untersuchungen über die pharmakologische Behandlung nichtmenschlicher Primaten stammen, die von ihrer sozialen Gruppe getrennt wurden, können einige der vorstehenden Punkte klären. Alpha-Methyl-Para-Tyrosin (AMPT) hemmt z. B. die Produktion der Tyrosin-Hydroxylaxe und blockiert die Norepinephrin- und Dopaminsynthese, d. h. es gibt eine Reduktion der Werte dieser Neurotransmitter. Wenn man AMPT Tieren verabreicht, die Zeichen von Verzweiflung zeigen und von denen man weiß, daß sie niedrige Norepinephrinwerte haben, so zeigen die Tiere eine signifi-

[37] M. Stanley et al.: Tritiated imipramine binding sites are deceased in the frontal cortex of suicides, Science 216 (1982), 1337 - 1339.

[38] N 33.

[39] Ebd.

[40] T. Archer: The role of noradrenaline in learned behaviors, Scand. J. Psych. Suppl. 1 (1982), 61 - 71.

kante Steigerung der Verzweiflungssymptome, wenn man sie mit normalen Gleichaltrigen vergleicht, die mit demselben Präparat behandelt worden sind. Norepinephrinwerte scheinen daher eine wichtige Determinante sozialen Verhaltens zu sein. Imipramin ist ein Antidepressivum, das die Wirkung hat, im Zentralen Nervensystem die Norepinephrinwerte zu erhöhen. Wenn man es Tieren, die zwangsweise getrennt wurden, verabreicht, nehmen die Anzeichen von Verzweiflung ab[41], und wenn es Menschen mit schweren Depressionen verabreicht wird, reduziert es die Wahrscheinlichkeit ernster Selbstmordversuche und erregt-aggressiver Verhaltensweisen.

Ähnlich wie beim Serotoninsystem scheinen Ereignisse der sozialen Umwelt eine Reihe von Ereignissen zu initiieren, die zu Veränderungen der Norepinephrinfunktion oder der Norepinephrinwerte führen. Im allgemeinen wird zwar angenommen, daß Norepinephrinwerte labiler als Serotoninwerte sind. Die mögliche Bedeutung dieses Unterschieds ist aber keineswegs klar. Klinisch erscheinen häufig bestimmte Umweltereignisse wie etwa der Verlust des sozialen Status oder eine unterbrochene Beziehung (z. B. der Tod einer Person, die man liebt) Depressionen zu „verursachen". Solche Depressionen werden oft wirksam mit Präparaten behandelt, die die Norepinephrinfunktion steigern. Allerdings trifft dies nicht gleichbleibend zu. Die gegenwärtige Forschung weist auf „Anfälligkeitsfaktoren" hin, die vielleicht mit den vorher erwähnten Entwicklungsprogrammen in Beziehung stehen: Unterschiede in der Anfälligkeit können Reaktionsunterschiede auf ähnliche soziale Stimuli erklären.

Wenn man alles erwägt, ist der Befund mit dem Gesichtspunkt kompatibel, daß das Zentrale Nervensystem die Norepinephrinwerte bei einigen sozial geächteten Personen verändert. Verminderte Werte bei der ZNS-Norepinephrinfunktion können so etwa die Wahrscheinlichkeit aggressiven oder sozialen Rückzugs-Verhaltens erhöhen und eine reduzierte ZNS-Funktion kann charakteristisch für Inhaftierte sein, die in Einzelhaft versuchen, Selbstmord zu begehen. Beziehungen zwischen verschiedenen Neurotransmittern dürfen dennoch nicht vergessen werden.

Eine Analogie mag angemessen sein: die Neurotransmitter Serotonin, Norepinephrin und Dopamin (anschließend behandelt) mögen am besten mit „Bremsen" und „Drosselklappe" eines fahrenden Fahrzeugs verglichen werden. Das heißt, sie modulieren Verhalten eher als daß sie es initiieren oder unterbrechen. Andere Transmitter (z. B. GABA ACh) können eher als Initiatoren dienen. Die Bedeutung jedes dieser Systeme wird sich zu jedem gegebenen Zeitpunkt unterscheiden.

---

[41] McKinney et al. (N 4).

5. *Dopaminsysteme*

Dopamin wird ebenfalls als ein erregender Neurotransmitter betrachtet. Es gibt Hinweise darauf, daß ein Anwachsen der dopaminergen Funktion als ein Hauptfaktor zur Schizophrenie beiträgt[42]. Steigerungen der Dopaminfunktion sind mit Steigerungen aggressiven Verhaltens verbunden[43]. Wie Serotonin und Norepinephrin stehen Veränderungen der Dopaminfunktion in Zusammenhang mit Veränderungen bei der Lernfähigkeit[44] und auch die Regulation der Dopaminfunktion kann durch Umweltvariablen stark beeinflußt werden. In der Psychiatrie ist ein aktuelles Problem das Ausmaß, in dem unterschiedliche Leute dazu prädisponiert sind, schizophren zu werden. Für unsere Zwecke sind möglicherweise die vorher erwähnten Ergebnisse eines Anwachsens des psychotisch-ähnlichen Verhaltens (z. B. Wahnvorstellungen) in Situationen von Einzelhaft relevanter: besondere Sensitivität gegenüber sozialer Isolation kann eine Steigerung der Dopaminfunktion nach sich ziehen, die eine Teilgruppe anfälliger Personen beeinträchtigt.

III. Schlußbetrachtung

Verschiedene Themen ziehen sich durch diesen Beitrag. Eines ist, daß bestimmte Arten sozialer Interaktionen zu unserer „geistigen Gesundheit", zu einer geringen Wahrscheinlichkeit abweichenden Verhaltens und zu der Regulierung einer Anzahl physiologisch-psychologischer Systeme beitragen. Ein anderes ist, daß andere Arten sozialer Situationen genau das Gegenteil bewirken, allerdings bei einigen Personen mehr als bei anderen. Die Identifizierung derjenigen Personen, die durch bestimmte Umwelten beeinflußt sind, kann ein Ziel für die Erforschung von Ostrazismus sein. Ein anderes würde die Identifizierung der physiologisch-neurochemischen Ereignisse sein, die daraus resultieren, daß bestimmte Personen sich in bestimmten Umwelten befinden. Es ist evident, daß die Wahrscheinlichkeit des Auftretens solcher Verhaltensweisen, die zu Ostrazismus führen, durch die Vergangenheit beeinflußt wird (durch atypische physiologische Systeme) und daß aktuelle Umweltsituationen dann die Wahrscheinlichkeit des Auftretens solcher Verhaltensweisen verändern (ebenso durch physiologische Systeme). Es ist zweifelsfrei, daß es physiologische und biochemische Auswirkungen von Ostrazismus gibt. Diese Effekte scheinen Beispiele für Deregula-

---

[42] N 8.

[43] N 33.

[44] T. J. Brozoski et al.: Cognitive deficit caused by regional depletion of dopamine in prefrontal cortex of rhesus monkey, Science 205 (1979), 929 - 932.

tion zu sein. An welchem Punkt solche Auswirkungen nicht mehr adaptiv sind, ist dennoch nicht eindeutig. Und schließlich sind Neurotransmittersysteme eindeutig an sozialer Ächtung beteiligt. Aber ihr Beitrag bleibt noch zu bestimmen.

OSTRAZISMUS UND INDIREKTE REZIPROZITÄT

Die reproduktive Bedeutung des Humors

Von Richard D. Alexander*

I. Zur Fragestellung

Ich habe mich ausführlich mit der Bedeutung des Humors für den Reproduktionserfolg beschäftigt, und zwar aus zwei Gründen: Erstens hielt ich es für nützlich, meine Überlegungen auch auf Themenkreise auszudehnen, deren Zusammenhang mit der Evolution durch natürliche Selektion nur sehr schwer nachzuweisen scheint; und zweitens habe ich während meiner Untersuchungen über menschliches Verhalten und Evolution bereits eine recht detaillierte Hypothese über Humor entwikkelt, welche einen Bezug zu Ostrazismus hat. Darüber hinaus führten meine Analysen unerwartet zu denselben Ergebnissen, die ich bereits in meinen Untersuchungen über Moral erzielt habe.

Meiner Argumentation liegt eine Definition von Ostrazismus zugrunde, die ich der 1947 erschienenen Ausgabe von Webster's Collegiate Dictionary entnommen habe: „Eine Methode der temporären Verbannung durch Volksentscheid ... Ausschluß von Privilegien, Begünstigungen etc. (lies: von den zur Reproduktion notwendigen Ressourcen) durch allgemeinen Konsens ... als sozialen *Ostrazismus.*"

Ostrazismus ist damit ein Phänomen von nahezu unglaublich weitreichender Bedeutung. Ich verstehe darunter Extreme wie Aus-dem-Weg-Gehen, Exkommunikation und Ächtung sowie fast unmerkliche Statusveränderungen durch implizierten oder realen, teilweisen oder vollständigen Ausschluß aus möglicherweise nur flüchtigen und zufälligen sozialen Gruppierungen. Ich betrachte Ostrazismus als Instrument zur Manipulation von Konflikten und Interessenkonfluenzen mittels Regulierung des Zugangs zu Ressourcen. Meines Erachtens liegen Konflikte und Interessenkonfluenzen allem zugrunde, was bei Menschen sozial ist. Wir unterscheiden uns von allen anderen Organismen wohl vor allem durch zwei Aspekte: 1. Durch die erstaunliche Komplexität der Konflikte und Interessenkonfluenzen (bedingt durch die

---

* Professor am Museum of Zoology, University of Michigan, Ann Arbor (MI).

Tatsache, daß Menschen in großen Gruppen Erwachsener und Kinder mit hoher Lebenserwartung und unterschiedlichem Verwandtschaftsgrad zusammenleben, und zwar in vollkommener sozialer Kooperation und Reziprozität, aber auch in Konkurrenz untereinander und mit zahllosen Möglichkeiten ausgestattet, einander zu helfen oder zu verletzen); und 2. durch die außerordentlich große Anzahl unmittelbarer Verhaltensmechanismen, die sich zum Zwecke der Bewertung und des Umgangs mit diesen Konflikten und Interessenkonfluenzen im Laufe der Evolution herausgebildet haben. Diese Besonderheiten gründen meines Erachtens auf der Tatsache, daß die Menschen, offenbar bereits vor sehr langer Zeit, eine Lebenssituation erreicht haben, in der die größte Bedrohung (aber auch die größtmögliche Hilfe) sowohl für Individuen als auch für Gruppen weniger von anderen Spezies, sondern viel eher von der eigenen Spezies, also den anderen Menschen ausgeht. Ich glaube weiterhin, daß die Probleme, die sich aus dem angemessenen Umgang mit den Konflikten und Interessenkonfluenzen innerhalb der menschlichen Gemeinschaft ergeben, in sehr engem Zusammenhang mit dem Wesen und der Komplexität der menschlichen Psyche stehen mit ihren Aspekten, die als das Bewußte, Vorbewußte, Unterbewußte und Nichtbewußte bezeichnet werden — also Gewissen, Intelligenz, Ich-Bewußtsein, Voraussicht usw. So betrachte ich Bewußtsein, Ich-Bewußtsein, Voraussicht und Gewissen als „Überlagerung" von älteren und unmittelbareren Indikatoren für Kosten und Nutzen wie Schmerz und Lust. Menschen benötigen Wissen, Ich-Bewußtsein, Voraussicht und Gewissen zur langfristigen Abschätzung von Kosten und Nutzen, wobei durchaus abgewogen wird zwischen der Ablehnung kurzfristigen Nutzens (oder Vergnügens) und der Annahme kurzfristiger Kosten (oder Schmerzen). Hierin äußert sich, denke ich, die Fähigkeit der teils konkurrierenden und teils kooperierenden menschlichen Spezies, das Verhältnis zwischen kurzfristigen und langfristigen Kosten und Nutzen kontinuierlich zu regulieren. Intelligenz, Voraussicht und bewußte Planung haben sich dabei als die besten Mittel zur Durchsetzung der eigenen Interessen erwiesen[1].

Ich habe im Titel dieses Aufsatzes den Begriff „indirekte Reziprozität" gebraucht, wozu ich im folgenden noch einige Erläuterungen geben möchte[2]. Direkte Reziprozität liegt vor, wenn ein Individuum sich einem

---

[1] Siehe zum Vorstehenden näher R. D. Alexander: Darwinism and Human Affairs, Seattle 1979.

[2] Dazu näher R. D. Alexander: Natural selection and the analysis of human sociality, in C. E. Goulden: Changing Scenes in the Natural Sciences (1776 - 1976), Phila.Acad.Nat.Sci., Special Publ. 12 (1977), 283 - 337; ders.: Biologie und moralische Paradoxa, in M. Gruter / M. Rehbinder: Der Beitrag der Biologie zu Fragen von Recht und Ethik, Berlin 1983, 161 - 173; R. L. Trivers (The evolution of reciprocal altruism, Quart.Rev.Biol. 46, 1971, 35 - 57) spricht hier

anderen gegenüber wohltätig verhält und ihm dieser temporäre Altruismus (oder: diese soziale Investition) durch einen parallelen Akt der Wohltätigkeit „zurückgezahlt" wird. Dasselbe findet sich in den Beziehungen zwischen Gruppen. Die „Rückzahlung" erfolgt nicht notwendigerweise „mit gleicher Münze". Gleichwohl verbuchen bei diesem Prozeß beide Seiten einen Gewinn[3]. Indirekte Reziprozität liegt vor, wenn interessierte Personen einen Akt direkter Reziprozität beobachten und anhand dieser Beobachtung entscheiden, wie sie sich in der Folge den beobachteten Personen gegenüber verhalten und mit welcher Partei sie in der Zukunft eine Verbindung eingehen werden. Indirekte Reziprozität liegt also immer dann vor, wenn Belohnungen und Sanktionen von Personen oder Gruppen ausgeteilt werden, die nicht direkt an einem Akt sozialer Investition oder Exploitation beteiligt waren. Sie beeinflußt mithin die private und öffentliche Meinungsbildung sowie den Status einer Person oder Gruppe. Indirekte Reziprozität ist die Grundlage aller moralischen, ethischen und rechtlichen Systeme. Ich denke, die Existenz indirekter Reziprozität und ihre weite Verbreitung im sozialen Leben der Menschen sind die wichtigsten Faktoren bei der Analyse des Wesens und der Komplexität der menschlichen Psyche. Meiner Auffassung nach erklären diese beiden Faktoren das Interesse der Menschen an Theater in allen seinen Formen, von der Seifenoper bis zum Shakespeare'schen Drama, sein Interesse an so gegensätzlichen Dingen wie Dichtung und Soziologie, Nachbarschaftsparties und Olympischen Spielen. Indirekte Reziprozität bewirkt, daß nur sehr wenige Dinge wichtiger sind für den individuellen sozialen Erfolg als die Fähigkeit, sich selbst so zu sehen, wie man von seinen Mitmenschen gesehen wird, und sich dementsprechend zu verhalten.

Im vorliegenden Aufsatz möchte ich mich mit der Hypothese beschäftigen, wonach die Menschen im Laufe der Evolution Fähigkeiten und Neigungen entwickelt haben, sich so zu sehen, wie sie von den anderen Menschen gesehen werden. Ferner üben Menschen Ostrazismus aus, um für die eigene Person Vorteile zu schaffen. Bei Humor handelt es sich um ein Prinzip, das diese beiden Mechanismen derart manipuliert, daß durch sie Statusveränderungen herbeigeführt werden. Dies kann sowohl äußerst subtil als auch weniger subtil geschehen. Ich gehe davon aus, daß sich der Humor als eine Form von Ostrazismus entwickelt hat. Zumindest historisch betrachtet hat sich Ostrazismus auf die Reproduktionsmöglichkeiten des ausgeschlossenen Individuums (oder der ausgeschlossenen Gruppe) immer negativ ausgewirkt, u. a. im Bezug auf die

von „generalisierter Reziprozität", jedoch nicht im Sinne von Sahlins (On the sociology of primitive exchange, in M. Banton: The Relevance of Models for Social Anthropology, London 1965, 139 - 236).

[3] Trivers ebd. spricht hier von „reziprokem Altruismus".

den Ostrazismus ausübenden Individuen (oder Gruppen), welche ihre eigenen Reproduktionsmöglichkeiten verbesserten, indem sie den Zugang anderer zu wichtigen Ressourcen beschränkten.

In der Literatur über Humor findet man zahlreiche Hinweise, welche die von mir eingeschlagene Argumentationsrichtung andeuten. Doch meines Wissens existiert bislang keine gut entwickelte Theorie, die Humor eine evolutionäre Bedeutung oder „mittelbare" Funktion zuspricht[4]. Das Fehlen expliziter Funktionstheorien über Humor kann, zumindest zum Teil, darauf zurückgeführt werden, daß frühere Autoren sich mit der „Funktion" von Humor nur dann beschäftigten, wenn es galt, die Stimmigkeit irgendeines unmittelbaren Erklärungssystems oder Mechanismus nachzuweisen. Oder sie vermieden das Problem der mittelbaren Funktion (gewöhnlich als „Überlebensfunktion" bezeichnet) völlig, manchmal mit der Begründung, sie könne nicht experimentell überprüft werden[5].

Ein bestimmtes Verhalten oder eine bestimmte Verhaltensneigung kann die Funktion haben, ein erfreuliches Erlebnis herbeizuführen, Frustration zu bekämpfen oder die Bewältigung einer unmittelbar bevorstehenden Situation durch Veränderung der Gemütsverfassung zu erleichtern (z. B. Galgenhumor, wie ihn Freud exemplifiziert hat in seiner Beschreibung des Mannes, der sich an einem Montag auf seinem Weg zum Galgen befindet, in den Sonnenschein hinaustritt und bemerkt: „In der Tat, die Woche beginnt heiter"). Hier stellt sich die Frage, wie ein seelisches Problem (z. B. Frustration oder schlechte Gemütsverfassung) als solches erkannt wird und wie der erwünschte Effekt (Vergnügen, Erleichterung, Trost) zustande kommt. Vergnügen und Schmerz existieren wahrscheinlich, weil sie den Menschen dazu veranlassen, nützliche Handlungen zu wiederholen und die Wiederholung schädlicher Handlungen zu vermeiden[6]. Meines Erachtens hat Frustration eine ähnlich wichtige Funktion bei der Lösung sich unter Umständen als schwierig erweisender Probleme. Die Frage, die wir schließlich zu behandeln haben und auf die ich mich hier konzentrieren will, lautet: Was genau sollen diese Verhaltensmechanismen bewirken? Wie

---

[4] V. M. Robinson: Humor and the Health Professions, Thorofare (N. J.) 1977: „Untersuchungsergebnisse ... belegen die Funktion von Humor als Konsolidierung der ‚in-group' durch Befriedigung auf Kosten einer anderen Gruppe ... Witze zu erzählen impliziert eine Hackordnung. Der Erzähler von Witzen ist die dominante Gestalt, der Witz seine Waffe. Sein Lachen ist das Zeichen seines Sieges. Die Zuhörer nehmen eine unterwürfige Haltung ein, und ihr Lachen ist das Zeichen, daß sie ihre Niederlage akzeptieren."

[5] Dazu P. E. McGhee: Humor, its Origin and Development, San Francisco 1979; H. E. Schmidt / D. I. Williams: The evolution of theories of humour, Journal of Behavioral Sciences 1 (1971), 95 - 106.

[6] R. Dawkins: The Selfish Gene, New York 1976; Alexander (N 1).

wird, anders gefragt, die „Nützlichkeit“ oder „Schädlichkeit“ einer Handlung bestimmt? Hat man sich etwa eine Verletzung zugezogen und empfindet man Schmerzen (zumindest galt das in Zeiten, als es noch keine medizinische Versorgung gab), so handelt es sich typischerweise um eine *reparable* Verletzung, vorausgesetzt, gewisse grundsätzliche Maßnahmen (wie der Schutz des verletzten Gliedes) wurden sachgerecht ausgeführt. Empfindet man hingegen keinen Schmerz, so handelt es sich typischerweise um eine *irreparable* Verletzung (z. B. wenn ein Gegenstand in das Gehirn eingedrungen ist oder bei Rückenmarksverletzungen). Ich nehme an, daß analog dazu Schmerz und Vergnügen in *seelischer* Hinsicht ganz ähnliche Funktionen im sozialen Bereich erfüllen. So besteht beispielsweise die letztlich einzige Möglichkeit, mit Frustration oder Kummer erfolgreich umzugehen, in der Lösung des zugrundeliegenden Problems. Ich betrachte Frustration und Kummer mit anderen Worten nicht als zufällige, zusammenhangslose oder pathologische Erscheinungen, die es unbedingt zu beseitigen gilt, sondern als Mechanismen, welche eine bestimmte Funktion erfüllen. Ich gebrauche also den Begriff „Funktion“ nicht im Sinne Flugels, der sagt: „... es scheint klar zu sein, daß eine wichtige Funktion von Humor auf allen seinen unterschiedlichen Ebenen darin besteht, den Menschen von der Last der Realität zu befreien ...“[7]. Meine Argumentation geht letztlich dahin, daß die Art von Humor bzw. der Aspekt von Humor, der dem Menschen ein gutes Gefühl vermittelt (z. B. Humor bei Patienten einer Krebsstation), auf einer tieferliegenden Funktion von Humor gründet, nämlich der Gruppenkonsolidierung; denn eine in sich gefestigte Gruppe ist erfolgreicher im Wettbewerb verschiedener Gruppen untereinander. (Und dieser Wettbewerb kann — wie im Beispiel der Krebsstation — das Ausmaß einer als erschreckend empfundenen Bedrohung reduzieren, indem er ein zusätzliches Motivationspotential schafft, das auch der Abwehr dieser Bedrohung zugute kommt.)

II. Humor und Status

Ich habe versucht, die untereinander zusammenhängende Hypothesenfolge in sich konsistent zu machen, was bedeutet, daß jede Unterhypothese, falls sie sich als wahr erweisen sollte, die Haupthypothese stützt und daß, falls sich die Unterhypothese als falsch erweisen sollte, sie die Haupthypothese verneint. Weiterhin habe ich versucht, diese Hypothesenfolge umfassend zu gestalten, d. h. ich habe versucht, jede Situation einzuschließen, von der ich mir vorstellen kann, daß sie in

[7] J. C. Flugel: Humor and Laughter, in G. Lindzey: Handbook of Social Psychology V 2, Cambridge (Mass.) 1954, 709 - 734, 713.

Beziehung zu Humor steht. Ich habe auch versucht, Darwins zwei Methoden zu gebrauchen, nämlich 1. Phänomene zu beschreiben, die, wenn sie beobachtet werden, meine Hypothese widerlegen würden, und 2. beobachtete Phänomene, die nur schwer durch meine Hypothese erklärbar scheinen, zu analysieren[8]. Der Leser wird feststellen, daß ich nicht alle diese Ziele erreicht habe, aber vielleicht werden meine Bemühungen anderen, die Humor analysieren, helfen, diese Ziele einmal zu erreichen.

Ich verwende den Begriff Status entsprechend den Definitionen von Webster's Collegiate Dictionary als „Stand der Verhältnisse“ oder als „Status oder Verfassung einer Person“. Ich gehe bei meinen Hypothesen davon aus, das nachfolgend Genannte seien gewünschte (angestrebte) Wirkungen auf den Status, was auch die Annahme bedeutet, daß diese Auswirkungen meistens die Reproduktion günstig beeinflussen, indem sie den Zugang zu Ressourcen verbessern:

(1) Erhöhung des eigenen Status in Relation zu
  (a) einem Teil der Gruppe (Zuhörerschaft)
  (b) allen aus der Gruppe (Zuhörerschaft)
  (c) Dritten oder mehreren Gruppen von Dritten, die nicht anwesend sind.

(2) Verminderung des Status von jemand anderem (des „Opfers“) in Relation zu einem selbst:
  (a) das Opfer ist das einzige anwesende Individuum.
  (b) das Opfer ist nicht das einzige anwesende Individuum.
  (c) das Opfer ist nicht anwesend.

(3) Verstärkung (Aufrechterhaltung) einer vermutlich günstigen Statusbeziehung zu
  (a) einem Teil der Gruppe (Zuhörerschaft)
  (b) allen aus der Gruppe (Zuhörerschaft)
  (c) Dritten oder mehreren Gruppen von Dritten, die nicht anwesend sind.

Die grundlegenden Hypothesen, von denen alle folgenden abgeleitet sind, lauten:

I. Witze sind Tricks. Webster's definiert den Trick als „Ein Kunstgriff oder eine Strategie; eine listige Verfahrensweise oder Praktik; ein Betrugsmanöver“. Meiner Ansicht nach sind die Definitionen im Webster's zum Begriff „Betrug“ unzureichend, weshalb ich hier Betrug definiere

---

[8] C. R. Darwin: On the Origin of Species, 1859.

als Regelbruch oder als Regelmanipulation in einer unannehmbaren Weise; Regeln definiere ich als etablierte Verfahrensweisen oder Verträge.

II. Tricks sind Kunstgriffe, um den Status derjenigen, auf deren Kosten sie angewandt werden, zu verringern und den Status derjenigen, die sie anwenden, zu erhöhen. Witze zu erzählen und über sie zu lachen sind Wege, um den Status zu seinen Gunsten zu korrigieren.

III. Nach der Hypothese über Ostrazismus oder Statusveränderung scheint sich Humor in zwei verwandten Formen zu entwickeln:

1. Witze, die ausdrücklich den Status einer oder mehrerer Parteien ausschließen oder herabsetzen (indem sie einen Trick enthalten, der auf Kosten der erniedrigten Partei ausgespielt wird) und die dadurch auch indirekt oder anscheinend zufällig (implizit) diejenigen zusammenhalten, die zur Partei des Witzes (Tricks) gehören oder ihn teilen (z. B. ethnische, rassistische, sexistische Witze).

2. Witze, die implizit den Status eines Individuums oder einer identifizierbaren Gruppe ausschließen oder herabsetzen, indem sie ausdrücklich die Gefolgschaft oder das Zusammenhalten oder die Einheit der Gruppe (zwischen den Individuen), die den Witz teilt, verstärken. Sie umfassen Witze jener Art, die Stephan Leacock schreiben ließen, daß „Humor als die freundliche Kontemplation über die Widersinnigkeiten des Lebens und der künstlerische Ausdruck davon definiert werden kann“. Dabei nahm er die Dichotomie im Humor, die hier vorgeschlagen wird, weitgehend vorweg:

> „Man ist versucht zu denken, daß vielleicht die ursprüngliche Quelle (des Humors) sich in zwei Ströme teilt. In die eine Richtung fließt, klar und makellos, der Humor menschlicher Freundlichkeit. In die andere Richtung fließt das verschmutzte Wasser von Spott und Sarkasmus, der ‚Humor‘, der sich in den grausamen Sport primitiver Zeiten verkehrt, der Zufügung von Schmerz als einer pervertierten Quelle des Vergnügens, und selbst in den derben Spaß, die Streiche und die boshafte Schlechtigkeit von Schulknaben. Hierher gehört ‚Sarkasmus‘ — der menschliche Gefühle mit den Füßen tritt — das höhnische Gelächter ... der Hohn des Spötters und das bösartige Knurren des Literaturkritikers im Gegensatz zu der freundlichen Toleranz des Humoristen[9].“

Ähnliches sagte O'Connell, der in Anlehnung an Freud feststellte, daß „Humor“ und „Witz“ sich ungefähr in die beiden allgemeinen Arten von Humor unterteilen, die ich hier postuliert habe, nämlich den Zusammenhang von Humor mit Einfühlungsvermögen einerseits und Witz mit Feindseligkeit andererseits[10]. Robinson schrieb, daß „Untersuchun-

---

[9] S. Leacock: Humor and Humanity, New York 1938.

gen ... die Funktion des Humors darin sehen, die Beziehungen innerhalb der Gruppe zu festigen, Befriedigung auf Kosten einer anderen Gruppe zu erreichen und, in jüngerer Zeit, als Weg, sich ein neues Image zu schaffen und als Träger sozialer Veränderung aufzutreten. Die Rolle des Narren in der Gesellschaft ist als niedrig, aber doch geachtet beschrieben worden. Der Narr dient als Sündenbock und als ein Mittel, die Angemessenheit von Gruppennormen zu verstärken"[11]. Robinson bemerkte auch zutreffend, daß in ärztlichen Kreisen „das eigentliche Problem darin besteht, daß es niemals gerechtfertigt ist, sich über den Patienten oder seine Symptome lustig zu machen oder darüber zu lachen. *Mit* jemandem zu lachen richtet aber kaum Schaden an"[12].

Freud, Eysenck und Flugel suchten nach *drei* Ebenen oder Arten von Humor, verschiedentlich benannt als konativ (Witz), affektiv (Humor) und kognitiv (Komik)[13]. Ich kann die zweite und dritte nicht voneinander unterscheiden (siehe auch weiter unten).

IV. Humor wird mit Lächeln und Lachen assoziiert. Lächeln (visuell) und Lachen (auditiv und visuell) sind Arten, Vergnügen mitzuteilen. Das Vergnügen des Lächelns und Lachens ist ein soziales Phänomen.

Lachen tritt vielleicht zuerst als ein Ergebnis körperlicher Begegnungen wie Kitzeln auf, das ebenfalls soziale Bedeutung hat und das (zumindest) bei Schimpansen ebenso wie bei Menschen auftritt[14]. Goodall stellte fest, daß „Lachen (eine Folge von abgehackten, keuchenden Grunzlauten) häufig von Ringen und Kitzeln begleitet wird"[15]. Goodall bemerkt auch, daß bei „Begrüßungsverhalten, wenn sich zwei Individuen einander nähern, sie leise oder laute keuchende Laute äußern können ... besonders der Untergeordnete, wenn er sich beugt, kriecht oder hin und her bewegt. Manchmal können sowohl die dominanten wie auch die untergeordneten Individuen ‚grinsen'"[16]. Heute tritt Lachen bei Menschen vielleicht am häufigsten während sozialer Kommunikation ohne Körperkontakt auf.

---

[10] W. E. O'Connell: The adaptive functions of wit and humor, Jour. Abnorm. Soc. Psychol. 61 (1960), 263 - 270.

[11] N 4.

[12] Ebd. S. 79.

[13] A. A. Brill: The Basic Writings of Sigmund Freud, New York 1938; H. J. Eysenck: Dimensions of Personality, London 1947; Flugel (N 7).

[14] Darwin: The Expression of the Emotions in Man and Animals, New York 1899; R. M. Yerkes / B. W. Learned: Chimpanzee Intelligence and its Vocal Expressions, Baltimore 1925.

[15] J. Goodall: The behaviour of free-living chimpanzees in the Gombe Stream Reserve, Animal Behaviour Monographs 1 (1968), 165 - 311, 258.

[16] Zahlreiche Beispiele bei Primaten: McGhee (N 5).

Es lohnt sich, nicht nur zu erklären, warum das von uns als Humor Bezeichnete tatsächlich Vergnügen verursacht, sondern (besonders) auch, warum es spezielle Mechanismen zur *Kommunikation* des Vergnügens gibt, das von Humor herrührt (schließlich muß das gleiche Problem bei Trauer und Weinen aufgegriffen werden). Beim Kitzeln scheint eine annehmbare Hypothese darin zu bestehen, daß vokale und andere physische Reaktionen die ursprüngliche Funktion (d. h. evolutionäre Bedeutung) hatten, den Kitzler zu veranlassen, weiter zu kitzeln. Zwei merkwürdige Aspekte dabei sind. 1. daß wir uns nicht erfolgreich selbst kitzeln können[17] und 2. daß unsere Neigung, kitzlig zu sein, uns verwundbar gegenüber einer Art von Grausamkeit in Form von exzessivem oder unverwünschtem Kitzeln macht. Ich sehe diese Verwundbarkeit als eine Parallele zu der Verwundbarkeit von Menschen, die sich so entwickelt haben, daß sie Humor, der keine körperlichen Begegnungen wie Kitzeln umfaßt, schätzen und ihn gebrauchen, bei denen sich aber die Wertschätzung und Sensibilität dafür auch gegen sie wenden kann. Verwundbarkeit gegenüber exzessivem Kitzeln oder exzessive Reaktionen auf Kitzeln nehmen manchmal eine Form an, daß man „schreckhaft" wirkt, weil man Kitzeln — oder gar die Drohung, gekitzelt zu werden — so wenig verträgt, daß ein Wort, eine Geste, eine Bewegung oder selbst ein Blick eine Art Folter darstellen kann, was ein dafür empfängliches Individuum zu außergewöhnlichen Dingen veranlassen mag, wie etwa aus dem Fenster zu springen oder sich beim verzweifelten Versuch zu entkommen selber zu verletzen, selbst wenn der Peiniger noch in einiger Entfernung ist.

III. Evolutionäre Ursprünge des Lächelns und Lachens

Über Lächeln und Lachen wurde das Postulat aufgestellt, daß sie entweder eine „ununterbrochene Folge abgestufter Intensitäten" darstellen[18] oder verschiedene stammesgeschichtliche Ursprünge haben[19]. Wenn man der ersten Deutung folgt, postulierte Darwin offenbar, daß das Lachen dem Lächeln vorausgeht, und dem stimmte Hayworth zu[20]. Van

---

17 So Flugel (N 7).

18 R. J. Andrew: Evolution of facial expression, Science 142 (1963), 1034 - 1041; R. A. Hinde: The Biological Bases of Human Social Behaviour, New York 1974.

19 J. A. Van Hooff: The facial displays of the catarrhine monkeys and apes, in D. Morris: Primate Ethology, London 1967, 7 - 67; ders.: Aspects of the social behaviour and communication in human and higher non-human primates, Rotterdam 1971; J. S. Lockard et al.: Smiling and laughter. Different phyletic origins? Bull. Psychonomic Soc. 10 (1977), 183 - 186.

20 D. Hayworth: The social origin and function of laughter, Psychological Review 35 (1928), 367 - 384.

Hooff und Lockard meinten, Lächeln hätte sich aus der „stummen, die Zähne entblößenden Unterwerfungsgrimasse ... der Primaten und Lachen ... aus dem entspannten Zeigen des offenen Mundes ... beim Spiel“ entwickelt[21]. Beide Ausdrucksformen sind von verschiedenen Primaten bekannt (Macaca, Cercopithecus, Pan, Mandrillus und Theropithecus). Obgleich ich dazu neige, Darwin und Hayworth zuzustimmen, werden die beiden Deutungen die hier vorgestellten Argumente nicht wesentlich berühren.

1. Die Entwicklung des Sinnes für Humor

Wahrscheinlich folgt die Entwicklung des Lächelns und Lachens beim Kleinkind der Entwicklung der Funktionen des Lächelns bei Erwachsenen, wie das auch in vielen anderen Bereichen des sozialen Verhaltens der Fall ist. Nach dieser Hypothese würde der Säugling seine Attraktivität für die für seine Zukunft Verantwortlichen vergrößern, indem er soziale Reaktionen imitiert, die bei Erwachsenen guten Willen und Kameradschaft bedeuten. Die alternative Hypothese dazu würde lauten, daß das Lächeln als Teil der Attraktivität von Säuglingen entstand und daß es seine soziale Bedeutung bei Erwachsenen (Anerkennung oder Unterwerfung?) später erwarb, vielleicht als ein Ergebnis seiner Bedeutung in der Eltern-Kind-Interaktion. In einem gewissen Sinne können in diesem Zusammenhang beide Hypothesen richtig sein. So kann sich Lächeln aus einer Grimasse, die mit dem Gekitzeltwerden in Verbindung steht, entwickelt haben, und das Kitzeln kann aus einer der körperlichen Interaktionen zwischen Eltern und Kind entstanden sein. Während das Lächeln tiefere Bedeutung in der komplexen sozialen Welt der Erwachsenen erworben hat, kann es dabei ein wichtiges, das Lächeln und Lachen bei Säuglingen verstärkendes Feedback gegeben haben.

Grotjahn behauptete, „daß das Kind komische Situationen erst entdeckt, wenn es Körperbewegungen beherrscht und sich an ihnen erfreut. Wenn es anfängt, sich anderen Kindern in dieser Hinsicht überlegen zu fühlen, ist es wahrscheinlich, daß es deren Fehler oder Schwächen als lustig empfindet“[22]. McGhee berichtete: „Während Sprechfehler und andere Mißgeschicke (z. B. Ausrutschen auf einer Bananenschale) für das gesunde Kind lustig sind, können sie zur Quelle grausamen und höhnischen Lachens für ein Kind werden, das sich nicht geliebt oder seiner selbst unsicher fühlt[23].“ Leuba[24] bemerkte für einen zu ernst wer-

[21] Van Hooff (N 19, 1971) und Lockard et al. (N 19).

[22] M. Grotjahn: Beyond Laughter, New York 1967.

[23] P. E. McGhee: Development of the humor response, Psychological Bulletin 76 (1971), 328 - 348.

[24] C. Leuba: Tickling and laughter, J. Genet. Psych. 68 (1941), 201 - 209.

denden spielerischen Angriff (z. B. Kitzeln), daß sich das Lachen bei kleinen Kindern in den Ausdruck von Furcht verändert. Wolff et al. stellten in ähnlicher Weise fest: „Ein Kind, das z. B. eine Bemerkung macht, die durch ihre naive Klugheit Lachen hervorruft, kann in Tränen ausbrechen, wenn die Heiterkeit zu offensichtlich ausgedrückt wird[25]." Jones[26] stellte fest, daß derselbe Reiz bei 16 - 36 Monate alten Kindern bei der einen Gelegenheit Lachen, bei einer anderen aber Weinen auslösen kann. Justin[27] ermittelte, daß allein Ungereimtheit „Grund war für die Wirksamkeit bei der Erzeugung von Lachen in Abhängigkeit vom Alter" (Ungereimtheit zwischen Überraschung und enttäuschter Erwartung, Überlegenheit und Erniedrigung, Ungereimtheit und Kontrast, ein soziales Lächeln als ein Stimulus, Erleichterung von Streß und Spielsituationen; dies veränderte sich nicht während des Alters von 3, 4, 5, 6 Jahren). Dieses letzte Ergebnis legt nahe, daß die unmittelbar integrierende Ausprägung des Humors, abgesehen vom Lächeln des Säuglings, in der Entwicklung später eintritt als die unmittelbar ausschließende Ausprägung. Die anderen Ergebnisse weisen darauf hin, daß Kinder im Vergleich zu Erwachsenen größere Schwierigkeiten haben, die beiden Arten oder Auswirkungen von Humor zu unterscheiden. Robinson sagt von „durchdachtem Humor", daß er „emotionale Reife zeigt (und) auf einer tieferen Lebenserfahrung beruht und freundlicher, toleranter Hinnahme seiner selbst und damit auch anderer"[28].

Diese verschiedenen Äußerungen decken sich interessanterweise mit den Ausführungen Flugels, daß nämlich McDougall „die Aufmerksamkeit auf die ästhetisch interessante Tatsache lenkt, daß Lächeln schön, Lachen hingegen häßlich ist. Sowohl Lächeln wie auch Lachen treten bei menschlichen Säuglingen in einem sehr frühen Alter auf, und alle Beobachter scheinen darin übereinzustimmen, daß entwicklungsmäßig das Lächeln dem Lachen vorausgeht"[29]. Wenn Lächeln mit dem „durchdachten" Humor der Integration und Lachen mit der ausdrücklich ausschließenden Funktion des Humors assoziiert wird, dann wird die Hypothese gestützt, daß das Lächeln bei Säuglingen ohne Körperkontakt sich tatsächlich entwickelt haben kann, nachdem die integrative Funktion des Humors begründet war. Ein Test würde darin bestehen, ob Säuglinge

---

[25] H. A. Wolff et al.: A study of the responses to race-disparagement jokes, Abnorm. and Soc. Psychol. 28 (1934), 341 - 366.

[26] M. C. Jones: The development of early behavior patterns in young children, Pedagological Seminary 33 (1926), 537 - 585.

[27] F. Justin: A genetic study of laughter-provoking stimuli, Child Development 3 (1932), 114 - 136.

[28] N 4.

[29] N 7.

nicht-menschlicher Primaten ohne Körperkontakt lächeln oder nicht. Die Alternative dazu liegt darin, daß Lachen sich nach dem Lächeln entwickelte und die ausschließende Funktion des Humors nach der integrativen. Dieses Argument wird von Laings Entdeckung gestützt, daß das Unübliche „eher Lachen als Unbehagen bei anderen hervorruft, und daß beides dem vorangeht, was man als ‚*Witz*' bezeichnen könnte, der wiederum in seinen frühen Ausprägungen eher visuell als verbal ist"[30]. Laing stellte wohl fest, daß die entwicklungsmäßige Reihenfolge als „Absurdität", „Slapstick", „Satire", „Schrulle" beschrieben werden kann. Aber keins dieser Worte — außer vielleicht dem ersten — scheint den integrativen Aspekt des Humors oder das, was mit Lächeln im Gegensatz zum Lachen assoziiert werden kann, zu beschreiben.

2. Geschlechtsunterschiede im Humor

Die einzigen erwähnten Geschlechtsunterschiede, die ich bisher gefunden habe, scheinen die allgemeine Hypothese über Ostrazismus zu unterstützen. So fand O'Connell heraus, daß Männer „feindseligen Witz" mehr schätzen, als Frauen das tun, während Frauen „Nonsens-Humor" bevorzugen[31]. Jones ermittelte, daß Mädchen öfter lächeln, während Jungen öfter lachen[32]. Laing stellte fest, daß „Mädchen ‚herzloses Lachen' öfter mißbilligen"[33].

Es wurde auch argumentiert, daß Männer öfter Witze erzählen als Frauen, und daß sie, öfter als Frauen, sexistische Witze erzählen[34]. Diese mageren Ergebnisse stimmen mit der vorherrschenden Meinung überein, daß Männer intensiver wetteifern als Frauen und daß sie dazu neigen, dies häufiger in Koalitionen zu tun[35].

3. Hypothesen über die Stufen in der Evolution des Humors

Stufe 1: Es wird nützlich, sich selbst zu kratzen oder zu pflegen, um Parasiten zu entfernen oder auch aus anderen Gründen.

Stufe 2: In sozialen Organismen — zwischen Eltern und Kindern, zwischen Eltern und zwischen Geschwistern (vielleicht in allen ausgeprägt parentalen Spezies) — wird es (aufgrund der Verwandtschafts-

[30] Ebd. S. 172 unter Hinweis H. Laing: The sense of humour in childhood and adolescence, British Journal of Educational Psychology 9 (1939), 201.

[31] N 10.

[32] N 26.

[33] Laing (N 30).

[34] Zum zweiten Punkt siehe Flugel (N 7).

[35] Alexander (N 1); D. Symons: The Evolution of Human Sexuality, New York 1979.

selektion) nützlich, Verwandte oder Partner zu pflegen (ursprünglich aus den bereits oben erwähnten Gründen).

Stufe 3: Pflegen und ähnliche Aktivitäten erlangen soziale Bedeutung über die Entfernung von Parasiten und andere ursprüngliche Funktionen hinaus. Sie stellen eine Bereitschaft dar oder legen sie zumindest nahe, in das zu pflegende Individuum zu investieren. Daher bedeuten sie auch eine Art von Ausschließlichkeit; die Folge ist, daß es eine größere oder eine ausschließliche Bereitschaft gibt, in das zu pflegende Individuum eher zu investieren als in andere Individuen. Diese öffentliche Bereitschaft schließt bereits Ostrazismus ein, indem eine Gruppe mit einer bestimmten Beziehung definiert wird, die den Pfleger und den zu Pflegenden — den Kitzler und den zu Kitzelnden — umfaßt. Wenn alle Individuen gleichermaßen bereit wären, in alle anderen Individuen zu investieren, dann würde diese Folgerung nicht auftreten. Wenn es für eine Beziehung nicht wichtig wäre, einen ausschließenden Charakter zu haben, dann würde ich sagen, die Pflege anderer würde nicht die Form annehmen, die sie tatsächlich hat. Das Nahelegen von Ausschließlichkeit kann eine ursprüngliche Bedeutung nur für den zu Pflegenden gehabt haben. Aber bei Spezies, die in Gruppen mit komplexen Interessenverschiebungen zusammenleben und in denen andere Individuen das Pflegen beobachten können, würde es sehr schnell Bedeutung sowohl für die Beobachter wie für die Beteiligten erlangen. Ich vermute, die Intimität und die Ausschließlichkeit der Interaktionen beim Kitzeln und beim Pflegen sind Grund dafür, daß sie normalerweise bei einigen Beobachtern (die notwendigerweise ausgeschlossen sind) Unbehagen verursachen, besonders wenn die Interaktionen intensiv sind oder sich über eine lange Zeit erstrecken. Man kann auch sagen, daß aufgrund der indirekten Reziprozität *öffentliche* Aspekte nepotistischer und reziproker Interaktionen wichtig sind für das Verständnis ihrer Bedeutung insgesamt. Radcliffe-Browns Hinweis auf eine „Witz-Beziehung", die anscheinend zwischen bestimmten Arten von Verwandten in bestimmten Gesellschaften eine rituelle Bedeutung hat[36], ist hier von Bedeutung.

Stufe 4: Bestimmte Reaktionen auf das Pflegen beginnen sich zu entwickeln. Diese Auswirkung begann vielleicht schon früher, aber ihre Erscheinungsformen, die uns hier besonders interessieren, wurden wahrscheinlich komplex und bedeutend, als sich Stufe 3 entwickelte. Sie umfassen innere Zustimmung sowie zustimmende Bewegungen oder Äußerungen. Als diese Reaktionen auftraten, wird der Wunsch entstanden sein, sie hervorzurufen zu versuchen. Kitzeln und das damit ver-

---

[36] A. R. Radcliffe-Brown: Structure and Function in Primitive Society, New York 1965.

bundene Lachen, Sich-Winden sowie das Konzentrieren des Kitzlers auf die kitzeligen Stellen sind dafür ein Beispiel. Auf dieser Stufe können sowohl Pflege (und ihre verwandten Formen wie das Kitzeln) als auch die Reaktionen darauf soziale Bedeutung erlangen, dies über a) die Bereitschaft des Pflegers zu investieren und des zu Pflegenden, die Bindung zu akzeptieren, hinaus, sowie b) die Beobachtung der gegenseitigen Verbindung durch andere. So kann Pflege (Kitzeln, Unfug, Schmusen, Petting und was auch immer) ein Spiel (oder eine Täuschung) werden, bei dem die hauptsächliche Bedeutung für den einen oder für beide Beteiligte nicht darin besteht, eine tiefe oder lang andauernde Bindung an den anderen zu entwickeln, sondern die Aufmerksamkeit von Beobachtern zu erwecken, die bessere Partner für derartige Investitionen sein können. Auch können solche Interaktionen (wie bei noch nicht Erwachsenen) primär eine Übung oder Lernerfahrung sein, die für spätere Wiederholungen nützlich ist.

Es wurde darauf hingewiesen, Kitzeln betreffe typischerweise Stimulation von Körperzonen, die im Kampf verwundbar wären. Dieser Hinweis stimmt mit den Beobachtungen überein, 1. daß Kitzeln ein Spiel ist (und Spiel ist gleich Übung), 2. daß Kitzeln und Lachen Bestandteile der Interaktionen sind, die zwischen vertrauten Gefährten ablaufen, und 3. daß Kitzeln und Lachen Vertrauen schaffen[37]. Tatsächlich kann „freundschaftlicher" Humor aus dem Spiel abgeleitet werden oder nimmt diese Form an (ich glaube nicht, daß diese mögliche Interpretation meine Argumente ändert, aber sie erfordert ein weiteres Ausgreifen, als es mir hier möglich ist).

Stufe 5: Lachen und der Ausdruck von Vergnügen können aus dem Zusammenhang mit Körperpflege, Kitzeln usw. — auch aus Zusammenhängen mit beispielsweise Hofieren — losgelöst und in anderen sozialen Situationen ausgedrückt werden. Dieser Schritt kann nur dann vorgenommen werden, wenn soziale Reziprozität als Bindeglied für Gesellschaftlichkeit wichtig wird. Er hängt umgekehrt von den Organismen ab, die in sozialen Gruppen leben, die sich zumindest aus einer komplexen Mischung Verwandter verschiedener Grade und verschiedener und fluktuierender reproduktiver Potentiale zusammensetzen (also keine einheitliche Interessengemeinschaft bilden oder eine Gemeinschaft, deren Mitglieder sich gegenseitig Hilfe leisten) und vielleicht auch unter Einschluß von nicht verwandten Gruppen leben. Wie schon früher betont[38], gibt es immer bestimmte Gründe für ein derartiges Gruppenleben, und da das Leben in Gruppen automatisch vor ihrer

---

[37] z. B. N 20.

[38] Alexander: The evolution of social behavior, Ann. Rev. Ecol. Syst. 5 (1974), 325 - 383; N 1.

Entstehung zu kompensierende Kosten mit sich bringt, nehmen diese in gewisser Weise die Form einer feindlichen Kraft an. Bei Menschen gilt vielleicht seit den frühesten Zeiten, daß diese feindlichen Kräfte wahrscheinlich andere menschliche Gruppen waren. Von dieser fünften Stufe kann gesagt werden, daß sie die Ausprägung von Humor in seiner modernen Form darstellt.

4. Gibt es Humor, der niemanden ausschließt?

Humor wird hier als eine den Status verändernde oder ausschließende Form von Aktivität betrachtet. Man ist versucht, mit Leacock zu fragen, ob eine sechste Stufe erreicht worden ist, in der ein Teil des Humors eine soziale Bedeutung erlangt hat, welche sich entscheidend von den beiden oben beschriebenen Kategorien abhebt (III. 1. 2.), so daß beide einigermaßen trübe und verachtenswert abschneiden. Flugel stellt im großen und ganzen dieselbe Frage, beantwortet sie aber nicht[39]. Bei den hier vorgestellten Argumenten lautet die Frage, ob „freundschaftliche" Handlungen (Humor) die evolutionäre Funktion haben, im Rahmen des Konkurrenzkampfes den Erfolg der dabei zusammengeschlossenen kooperativen Gruppe im Vergleich zu anderen derartigen Gruppen (oder Individuen) zu sichern.

In evolutionstheoretische Begriffe gefaßt, glaube ich, kann die Argumentation dadurch erhärtet werden, daß kooperatives Gruppenleben nur im Zusammenhang mit dem höheren Reproduktionserfolg der Gruppenmitglieder entstehen kann, dies im Vergleich zu allen oder in anderen Gruppen Lebenden. Die Gründe dafür sind, 1. daß Reproduktionserfolg eine relative Größe ist und 2. daß kooperatives Gruppenleben nicht aufrechterhalten und entwickelt werden kann, wenn nicht alle Mitglieder auf irgendeine Art ihren Reproduktionserfolg verbessern. Wenn alle Gruppenmitglieder dies erreichen, so kann der relevante Vergleich nur zwischen den Mitgliedern verschiedener Gruppen liegen[40]. Das bedeutet, daß Kooperation in der Gruppe, zumindest indirekt, immer auch den Konkurrenzkampf zwischen verschiedenen Gruppen einschließt; zumindest die Menschen haben Interaktionen zwischen verschiedenen Gruppen offensichtlich nicht auf diese Ebene beschränkt, sondern sie in den Mittelpunkt gerückt, indem sie diese Interaktionen direkt und kontinuierlich gestaltet und dabei weiterentwickelt haben.

Es mag paradox erscheinen, sich das, was uns eine beträchtliche soziale Belohnung und reines Vergnügen zu bringen scheint, als nichts Lobenswertes vorzustellen. Aber wir wissen bereits, daß dieses Para-

---

[39] N 7, siehe auch N 13.

[40] Siehe auch Alexander (N 1).

doxon besteht. Wir alle sind irgendwann einmal von einer Episode oder Geschichte erheitert worden, ohne daß wir ihr hätten zustimmen können und von der wir wußten, daß sie einen anderen kränken oder erniedrigen würde, wenn sie allen bekannt wäre. Ich möchte hier als Hypothese festhalten, daß dies in gewisser Hinsicht auf jeden Aspekt des Humors zutrifft; nicht nur die menschliche soziale Struktur im allgemeinen, auch die menschliche Psyche hat sich in einem Milieu entwickelt, in dem subtile und komplexe Formen von Ostrazismus unvermeidlich ein Hauptbestandteil waren. Man kann auch sagen, daß Moral und Gerechtigkeit Begriffe seien, die nicht auf der Idee der Gleichheit aller, sondern auf Ostrazismus und Ausschließlichkeit beruhen: sie stellen entweder Gesten oder Überzeugungen als eine Art von Gleichheit *innerhalb* einer Gruppe dar, gehen aber ausdrücklich nicht über sie hinaus und haben tatsächlich den Zweck, andere auszuschließen. Das Problem in unserer modernen, gefährlichen Welt scheint darin zu liegen, daß die eine Neigung sich verringert, während die andere beibehalten und ausgedehnt wird; Darwin erkannte dieses Problem und beschrieb es in fast denselben Begriffen wie moderne Autoren[41].

Ich betone, daß das Argument, Humor stelle unveränderlich entweder direkten oder indirekten Ostrazismus dar (im Gegensatz zur vollständigen Ausschließung in einer Situation und zur vollständigen Integration in einer anderen), damit steht oder fällt, 1. daß kooperative Gruppen sich zur Verteidigung gegen feindliche Kräfte formieren und 2. daß menschliche Gruppen seit sehr langer Zeit als ihre *raison d'être* die Existenz anderer konkurrierender und feindlicher menschlicher Gruppen haben[42].

Damit soll nicht gesagt sein, daß das, was typischerweise als Zynismus verstanden wird, bedeutet, es gebe keinen Ausweg — keinen Weg, die geschmacklosen oder Schmerz verursachenden Aktivitäten und Einstellungen der Menschheit zu verändern. Aber ich möchte damit zu verstehen geben, daß die Erkenntnis dieser Einstellung, wenn und falls es sie gibt, wahrscheinlich die Bemühungen um soziale Harmonie in einem größeren und universelleren Maßstab unterstützt, vielleicht durch ausdrückliche und gezielte Förderung von Humor, der integriert, und durch Verringerung von Humor, der ausschließt[43].

---

[41] Darwin: The Descent of Man and Selection in Relation to Sex, 2 Vol. New York 1871; P. Singer: The Expanding Circle. Ethics and Sociobiology, New York 1981.

[42] Darüber näher Alexander (N 1); J. M. Strate: An Evolutionary View of Political Culture, PhD. Diss., University of Michigan (Ann Arbor) 1982.

[43] N 36, S. 90: „Die Scherzbeziehung ist eine ... Beziehung zwischen zwei Personen, bei der der einen durch Brauch gestattet wird und von der in einigen Fällen sogar gefordert wird, die andere zu necken oder sich über sie

5. Klassifizierung von Witzen

Im Folgenden soll untersucht werden, ob die verschiedenen Arten von Witzen in verschiedenen Situationen die zuvor formulierten Ideen erhärten oder verneinen. Obwohl nicht besonders gut, mag dieser Versuch der Falsifizierung den Weg zu besseren Versuchen weisen.

I. Wortspiele und lange komische Geschichten werden als die „schlimmsten" oder „niedrigsten" Formen des Humors betrachtet, weil der Trick zu Lasten des Zuhörers geht.

1. Wortspiele sind dann „am schlimmsten", wenn sie einer einzelnen Person erzählt werden, die zwangsläufig das Objekt der Lächerlichkeit ist. Nicht daß die größten Statusveränderungen dann stattfinden würden, wenn ein Wortspiel einem einzelnen Individuum erzählt wird, vielmehr ist es für jedes Individuum schwierig, an Ansehen zu gewinnen, wenn ein Wortspiel einem einzelnen Individuum erzählt wird. Witze, die einzelnen Individuen erzählt werden, sind meistens so beschaffen, daß sie den Status einer dritten Partei, die nicht anwesend ist, herabsetzen.

2. Wortspiele sind „am besten" (d. h., sie werden von den Zuhörern am meisten geschätzt), wenn sie mehreren zuhörenden Parteien erzählt werden; denn die anderen können über den lachen, gegen den der Witz gerichtet zu sein scheint (was ebenso bedeutet, daß der Witz eine „integrierende" oder „einigende" Funktion haben kann). Diese Hypothese legt scheinbar nahe, daß Witze, die Tricks auf Kosten der Zuhörer enthalten, bei einer Zuhörerschaft mit mehreren Individuen gegen ein Mitglied gerichtet sind, und zwar meistens nicht gegen jenes Individuum mit dem höchsten Ansehen oder einem, das am wenigsten gegenüber Statusverminderungen verwundbar ist. Eine Ausnahme gilt dann, wenn der Witzeerzähler selbst einen sehr hohen Status hat und ausdrücklich versucht, den Status jenes Individuums, das gegenwärtig den höchsten Status in der Gruppe innehat, herabzusetzen.

---

lustig zu machen, wobei von dieser Person verlangt wird, daß sie nicht beleidigt ist."

N 4, S. 103: „Die Eskimos Grönlands ... lösen ihre Streitigkeiten durch Lachduelle. Derjenige, der die meisten Lacher der Zuschauer erhält, gewinnt. Der andere, der erniedrigt ist, geht oft ins Exil."

T. Hobbes: Leviathan (1651) Neudruck Indianapolis 1958, S. 57: „Plötzliche Freude ist die Gemütsbewegung, die die Grimassen hervorruft, die man als Lachen bezeichnet."

II. Die „besten" Witze sind diejenigen, die den Status des Zuhörers erhöhen (z. B. in Beziehung zu einer dritten Partei, die herabgesetzt wird). Beispielsweise beweist James Herriott in einer Reihe humorvoller Bücher über sein Leben als Tierarzt in Schottland[44] das Talent, Episoden aus seinem Leben als eine Reihe von Witzen über sich selbst dazustellen, bei denen „Tricks" auf Kosten anderer Beteiligter meistens nur den Lesern von Herriotts Büchern bekannt zu sein scheinen (d. h. der „Trick" besteht darin, daß die anderen in ihren Eigentümlichkeiten sowohl von Herriott als auch von seinen Lesern „beobachtet" werden). Als Folge davon wird der Eindruck einer Statuserhöhung der Leser vermittelt, und ich vermute, daß das ein Grund für den enormen Erfolg von Herriotts Büchern ist. Denn auf der anderen Seite schildert Ben K. Green in einer Reihe von Büchern über sein Leben als Tierarzt in West-Texas[45] sich selbst meistens als den klugen Gewinner jeden Disputs, bei dem die anderen Parteien gebührend abgefertigt werden und das auch wissen. Selbst wenn die einzelnen Geschichten für sich betrachtet genauso lustig und gut erzählt sind, ist der Eindruck insgesamt auf den Leser anders; ein unbehagliches Gefühl tritt auf und der Leser neigt dazu, Ben K. Green nicht so zu mögen, wie er James Herriott mag, der wirklich bleibende Zuneigung bei seinen Lesern hervorgerufen hat.

III. Witze über andere zu erzählen ist eine Art von:

1. Erhöhung des eigenen Status.
2. Herabsetzung des Status beim Zielobjekt des Witzes.
3. Erhöhung des Status des Zuhörers durch:
   a) Gewährung einer Situation, in der er lachen kann.
   b) Herabsetzung des Status beim Zielobjekt des Lächerlichen.
4. Erhöhung der Kameradschaft oder Einheit, indem das Zielobjekt des Witzes als Mitglied einer gegnerischen Gruppe oder als ein allgemeines Objekt der Lächerlichkeit zu erkennen ist.

IV. Witze über sich selbst zu erzählen ist eine Art von:

1. Versuch, den Status des Zuhörers zu erhöhen, so daß eine bessere Beziehung zwischen einem selbst und dem Zuhörer aufgebaut wird.
2. Versuch zu zeigen, daß der eigene Status so hoch ist, daß er herabgesetzt werden kann, ohne die eigentliche Natur der Beziehung zu verändern.

---

[44] z. B. J. Herriott: All Creatures Great and Small, New York 1972.

[45] z. B. B. K. Green: The Village Horse Doctor West of the Pecos, New York 1971.

3. Versuch, einem bereits existierenden Witz über sich selbst eine andere Richtung zu geben, so daß seine Auswirkungen auf den eigenen Status geringer sind, als das sonst der Fall sein würde.

V. Über Witze, die über einen selbst gemacht werden, zu lachen, kann geschehen, um:

1. der Wirkung des Tricks entgegenzusteuern (indem man zeigt, daß es Vergnügungen bereitet und deshalb nicht nachteilig sein kann, was bedeutet, den Trick auf den Witzeerzähler umzumünzen).
2. die implizite Statusveränderung im Interesse einer besseren zukünftigen Beziehung mit dem Witzeerzähler oder den Zuhörern (oder beiden) zu akzeptieren.

VI. Über Witze in Gegenwart anderer zu lachen, ist eine Art, den Status in der gegebenen Situation zu erhalten durch:

1. Demonstration (Behauptung), daß man den Trick erkannt hat und niemals so naiv sein würde, sich in der gleichen Weise für dumm verkaufen zu lassen.
2. Mitteilung an den Witzeerzähler (und die anderen Zuhörer), daß man mit ihm (ihnen) auf der gleichen Seite steht und andere (die Objekte der Lächerlichkeit) auf die gleiche Weise sieht.
3. Die Erhöhung (oder Bestätigung) des Status des Witzeerzählers in Beziehung zu einem selbst oder zu anderen. (Ein Witz kann als Geschenk einem Freund gegeben werden — d. h. als ein Gegenstand, der vom Empfänger zu seinem eigenen Vorteil genutzt werden kann.)

VII. Witze über tabuisierte Themen sind eine Art zu zeigen, daß:

1. man selbst extrem gebildet ist (einen sehr hohen Status innehat) und man es sich daher leisten kann, von der Unantastbarkeit des Gegenstandes unberührt zu bleiben,
2. das tabuisierte Thema nicht so wichtig (für jeden) ist.

VIII. Nicht über einen von einem anderen erzählten Witz zu lachen, ist eine Art von:

1. Erniedrigung des Witzeerzählers.
2. Demonstration der eigenen Bildung, Dominanz oder Unabhängigkeit.

IX. Wenn man „zu" sehr lacht, legt das eine sehr starke („zu" starke) Bemühung nahe, die oben erwähnten Funktionen wahrzunehmen, was bedeutet, daß man sich selbst auf einen niedrigen Status gesetzt fühlt und daher speziellen Bedarf für die Erhöhung des eigenen Status hat.

X. Die äußerste Herabsetzung ist dann gegeben, wenn der Humor von der Person, die damit herabgesetzt wird, nicht gesehen wird. Diese Person hat zwei Möglichkeiten.

1. Sie kann lachen und vorgeben, den Witz „verstanden zu haben".
2. Sie kann die Nase rümpfen und vorgeben, daß sie den Witz verstanden hat, ihn aber nicht als lustig ansieht.

Falls eine Situation gegeben ist, in der der Status des Zuhörers nicht im Hinblick auf den Witzeerzähler und viele andere der Gruppe bedroht ist, sondern wenn statt dessen der allgemein gehaltene Charakter des Witzes den Status des Zuhörers zu erhöhen verspricht — sagen wir, in Beziehung zu einer dritten Partei oder zu einer Gruppe von Leuten —, so kann der Zuhörer offensichtlich dadurch einen geringen Statusverlust hinnehmen, daß er den Witz nicht „erfaßt" zu haben zugibt und dadurch die Belohnung erhalten, daß er in der Lage ist, mit den anderen über das Objekt der Lächerlichkeit zu lachen.

IV. Schlußbetrachtung

Nichts von allem besagt, daß Lachen nicht wirklich Vergnügen bereiten könne, daß Humor niemals richtiggehend lustig sei oder daß irgendeine der oben genannten Funktionen oder eines der Ergebnisse bewußt in der Absicht oder in den Motiven jener Leute liege, die Witze erzählen oder auf Witze reagieren. Diese unmittelbaren Folgen des Humors seiner möglichen reproduktiven Bedeutung gegenüberzustellen würde bedeuten, die Beziehung zwischen Funktionen und Mechanismen, die sie zustande bringen, durcheinanderzuwerfen. Dies übersähe außerdem die mögliche Bedeutung der Selbsttäuschung in einer Welt, in der die vorsätzliche Täuschung anderer die schlimmste aller sozialen Überschreitungen darstellt und Ernsthaftigkeit (selbst das, was der Psychologe Donald T. Campbell „aufrichtige Heuchelei" nennt) als erstrebenswerte Tugend gilt. Die Frage ist, ob die oben skizzierten Hypothesen dazu beitragen, Fälle von „ernsthaftem lustigem" Humor zu erklären oder nicht. Das gilt auch für Ausprägungen von Humor, die einige von uns bereits für nachteilig halten oder von denen wir meinen, daß sie denjenigen dienen, die sie wirkungsvoll fortführen und die wohlwollend darauf reagieren.

Das wirft eine andere Frage auf, die dadurch ein besonderes Gewicht erhält, daß Leute kichern, wenn sie alleine sind, und sich dann auch

Karikaturen und andere Humordarstellungen aussuchen, um sie allein zu lesen und zu genießen, selbst wenn sie nicht beabsichtigen, diese Erlebnisse anderen gegenüber zu erwähnen (und das auch nicht tun). Je nach den genauen Umständen und Folgen muß diese Tatsache sich nicht negativ auf die hier diskutierten Hypothesen auswirken. Der Grund dafür ist, daß sozialer Erfolg bedeutend gesteigert werden kann, wenn man die eigenen Ziele nach dem Aufbau des gesellschaftlichen Szenariums ausrichtet. Es besteht kein Grund zur Annahme, daß Humor davon ausgenommen ist, und das Maß, in dem er tatsächlich zu Statusveränderungen beiträgt, sollte das Maß, in dem er am Aufbau des gesellschaftlichen Szenariums beteiligt ist, widerspiegeln. Mit anderen Worten: wenn das Verstehen von und das Reagieren auf Witze ein wichtiges soziales Verhalten darstellt, dann kann ein bißchen Übung nützlich sein. Ich würde daher folgende Hypothese aufstellen: wenn Lachen und Humor von Individuen, die allein sind, geäußert werden (und selbst dann, wenn dies einem Betrachter vollkommen innerlich und persönlich erscheint), sind das sekundäre Ableitungen sozialer Situationen, die den Aufbau eines Szenariums vorstellen, der seine Auswirkungen für spätere soziale Situationen haben wird; darin ist die indirekte und vorweggenommene Kommunikation des Verfassers oder Ausführenden mit einem nicht anwesenden Leser, Betrachter oder Beteiligten enthalten.

OSTRAZISMUSANALOGE PHÄNOMENE BEI TIEREN

Biologische Mechanismen und soziale Konsequenzen

Von Michael J. Raleigh und Michael T. McGuire*

Dieser Aufsatz wird untersuchen, wie eine verhaltensbiologische Sichtweise zum Verständnis der Ursachen und Auswirkungen von Ostrazismus beiträgt. Wie Gruter und Masters gezeigt haben, können ethologische und evolutionstheoretische Ansätze dabei helfen, die Voraussetzungen von komplexen menschlichen Verhaltensmustern wie Mutter-Kind-Bindung, Fremdenhaß und Führerschaft zu erkennen[1]. Ein Grund für den Erfolg dieser neueren Untersuchungen ist, daß sie die überzogenen reduktionistischen Erklärungen vermeiden, durch die sich frühere Versuche, soziale und biologische Phänomene zu verbinden, oft auszeichnen[2]. Dementsprechend werden wir hervorheben, wie wichtig es ist, sich auf bestimmte biologische Tatsachen und unterscheidbare Verhaltensweisen zu konzentrieren. Die meisten der in diesem Beitrag diskutierten Daten stammen aus unseren eigenen Untersuchungen über die Bedeutung des Neurotransmitters Serotin für das Sozialverhalten. Wenn wir uns auf die Rolle des Serotins beschränken, so heißt dies nicht, daß wir der Auffassung sind, Serotin sei der einzige sozialer Ächtung zugrunde liegende Neurotransmitter. Wie jedes andere komplexe Verhalten auch, wird Ostrazismus zweifelsohne von vielen neuralen Transmittersystemen beeinflußt. Die Begrenzung der Untersuchung auf ein Transmittersystem ermöglicht es uns jedoch, unsere Sichtweise von Ostrazismus darzulegen, ohne uns allzu tief in den „Sumpf" technischen Vokabulars zu begeben.

Biologische Prozesse (wie z. B. der funktionelle Zustand von serotoninergen Systemen) prädisponieren Menschen, sich an sozialen Interaktionen zu beteiligen. Solche biologischen Faktoren werden jedoch selbst von Umweltbedingungen und Verhaltensinteraktionen stark beeinflußt. Wenn man also behauptet, daß es biologische Mechanismen

---

* Professoren am Department of Psychiatry and Biobehavioral Sciences, School of Medicine, University of Southern California, Los Angeles.

1 M. Gruter / M. Rehbinder (Hg.): Der Beitrag der Biologie zu Fragen von Recht und Ethik, Berlin 1983; R. D. Masters: Is sociobiology reactionary?, Quart. Rev. Biol. 57 (1982), 275 - 292.

2 S. J. Gould: This view of life. The nonscience of human nature, Natural History 83 (1974), 21 - 25.

gibt, die sozialer Ächtung zugrunde liegen, so reduziert man folglich keineswegs die Bedeutung der sozialen Faktoren von sozialer Ächtung. Verschiedene Untersuchungen über die biologischen Grundlagen von Sozialverhalten zeigen deutlich, wie wichtig es ist, die Bedeutung des Zusammenwirkens von biologischen und sozialen Faktoren bei der Auslösung von Verhalten zu betonen[3]. So untersuchten wir vor etlichen Jahren die Auswirkungen von Läsionen des orbitalen Frontallappens auf das Verhalten von erwachsenen Meerkatzen[4]. Der frontale Kortex im Orbitabereich scheint bei Menschen und bei Tieren stark an der Mediation emotionsgeladener Ereignisse beteiligt zu sein; er hängt eng mit dem limbischen System zusammen, einem Teil des Gehirns, der mit der Kontrolle von Fliehen, Kämpfen und anderen Verhaltensweisen in Zusammenhang gebracht wird. Die Affen wurden von uns sowohl in ihrer sozialen Gruppe als auch während kurzer Isolationszeiten beobachtet. In der Gruppensituation waren Tiere mit Läsionen weit weniger aggressiv. Sie waren häufiger solitär, und ihre Versuche, sich an sozialen Interaktionen zu beteiligen, wurden gewöhnlich abgewiesen. Das Verhalten von Affen, die bei aggressiven Auseinandersetzungen nicht erfolgreich sind und von sozialen Interaktionen ausgeschlossen werden, kann unter ähnlichen Gesichtspunkten betrachtet werden wie soziale Ächtung bei Menschen. Folglich könnte in sozialen Situationen die Unversehrtheit des frontalen Kortex im Orbitabereich notwendig sein, um Ostrazismus zu vermeiden. Wenn die Tiere jedoch kurze Zeit von ihrer Gruppe getrennt und mit einem unbekannten Artgenossen konfrontiert wurden, war weder die Häufigkeit noch die Wirksamkeit ihrer aggressiven Verhaltensweisen vermindert: Sie lösten beim fremden Tier submissives Verhalten genauso oft vor dem Eingriff aus wie nachher. Unter den Isolationsbedingungen blieb darüber hinaus trotz des Eingriffs auch ihr Interesse an jungen Artgenossen ebenso unverändert wie die Nähe zu ihnen. Die Auswirkungen dieser biologischen Intervention auf das Verhalten unterschieden sich somit also ganz gravierend durch die Umweltbedingungen, in denen die Tiere untersucht wurden. Diese und andere Daten zeigen, daß Aussagen über die neurale Basis von Ostrazismus unvollständig sind, wenn man nicht die Untersuchungsbedingungen und Umwelteinflüsse im einzelnen berücksichtigt: Wer man ist und wo man ist, kann genauso wichtig sein wie was mit einem passiert ist.

Biologische Ansätze zur Erforschung komplexer menschlicher Verhaltensweisen haben, von der Soziobiologie stark beeinflußt, die Bedeu-

---

[3] A. S. Kling / H. D. Steklis: A neural substrate for affiliative behavior in nonhuman primates, Brain Behav. Evol. 13 (1976), 216 - 238.

[4] M. J. Raleigh / H. D. Steklis: Effects of orbitofrontal and temporal neocortical lesions on the affiliative behavior of vervet monkeys, Exp. Neurol. 73 (1981), 378 - 379.

tung der „ultimate causes" oder evolutionstheoretischen Erklärungen betont. Alexanders Beitrag zu diesem Band beweist die Nützlichkeit dieses Ansatzes. Unsere Sichtweise ergänzt diesen Ansatz, indem sie die Bedeutung der „proximate causes", nämlich biologischer Prozesse wie die Funktion von Neurotransmittern, Hormonsystemen und Immunreaktionen betont. Wir werden uns mehr auf Tiere als auf Menschen konzentrieren, auch wenn viele der unten beschriebenen Ergebnisse ebenso einleuchtend auf Menschen verallgemeinert werden können. Knapp zusammengefaßt werden wir in diesem Aufsatz kurz zum Konzept und der Funktion von sozialer Ächtung bei Menschen und Tieren Stellung nehmen, zwei experimentelle Forschungsansätze zur Biologie von sozialer Ächtung anführen, Daten über den Beitrag serotoninerger Mechanismen zur Genese und Reduktion von Ostrazismus vorlegen und beschreiben, wie biologische Parameter benützt werden können, um zu erkennen, inwieweit bestimmte Individuen durch Ostrazismus gefährdet sind.

I. Konzepte und Funktionen von sozialer Ächtung

Wir betrachten Ostrazismus als den erzwungenen oder unfreiwilligen Ausschluß aus einer begehrten sozialen Gruppe oder Umgebung. Bei Menschen weisen die Form und Intensität von Ostrazismus eine große Variationsbreite auf. Sie reicht von „jemandem die kalte Schulter zeigen" bis hin zur Vertreibung oder sogar bis zur Todesstrafe. Bei Tieren können einige der Verhaltensweisen, die mit Ostrazismus zu tun haben, ziemlich gut nachgezeichnet werden. Nonverbale Verhaltensweisen und manifeste soziale Interaktionen, die Aspekten von sozialer Ächtung bei Menschen entsprechen, können belegt werden. Diese schließen räumliche Beziehungen, soziale Fellpflege sowie andere affiliative und aggressive oder submissive Verhaltensweisen ein, die dazu dienen, Ostrazismus zu verhindern oder zu etablieren. Natürlich können bei Tieren Einstellungen, Meinungen und andere sprachabhängige Aspekte sozialer Ächtung nicht direkt erforscht werden.

Die Bedeutung von Ostrazismus bei freilebenden Primatengruppen wird zunehmend erforscht[5]. Anfängliche Feldforschungen ergaben, daß die Gruppenmitgliedschaft relativ invariant ist. Neuere Untersuchungen deuten jedoch darauf hin, daß regelmäßig Tiere von einer Gruppe zu einer anderen wechseln[6]. Bei Altweltaffen kommt solch ein Austausch von Gruppenmitgliedern hauptsächlich bei Männchen vor, und

[5] J. B. Lancaster: Evolutionary perspectives on sex differences in the higher primates, in A. Rossi: Gender and the Life Course, New York 1984, 3 - 27.

[6] D. L. Cheney / R. M. Seyfarth: Non-random dispersal in free-ranging vervet monkeys, Am. Nat. 122 (1983), 392 - 412.

für einen männlichen Affen ist es keineswegs ungewöhnlich, vier- oder fünfmal in seinem Leben die Gruppe zu wechseln. Die meisten Analysen des Austauschs von Gruppenmitgliedern haben die Beziehung zwischen Emigration und der Vermeidung von Inzucht unterstrichen. Aufgrund der angenommenen Kosten von Inzucht nahm man an, daß Gruppenwechsel und andere Verhaltensmuster, welche die Migration fördern, selektionsbegünstigt sein könnten. Moore und Ali[7] haben jedoch vor kurzem entgegnet, daß der offensichtliche Zusammenhang zwischen Emigration und Paarung außerhalb der Gruppe sich auch als Epiphänomen erweisen könnte. Sie nehmen an, daß der Wettbewerb zwischen den Männchen der eigentliche Grund für Emigration ist: Die Tiere werden gezwungen, ihre Gruppe zu verlassen. Diese erzwungene Migration kann Gebietsvergrößerung, Paarung außerhalb der Gruppe, Regulierung der Bevölkerungsdichte und Verbreitung von gelernten Traditionen zur Folge haben. Vom Gesichtspunkt der Spezies als Ganzes aus betrachtet kann folglich Ostrazismus in der Tat viele nützliche Auswirkungen aufweisen. Wie die oben beschriebenen experimentellen Untersuchungen aber zeigen, bringt Ostrazismus nichtsdestoweniger vom Standpunkt des Individuums aus vermutlich substantielle physiologische und verhaltensmäßige Kosten mit sich. Wir vermuten in der Tat, daß Individuen, die erwachsen oder fast erwachsen sind, ihre Gruppe nur dann verlassen, wenn ihre Versuche, dominant zu werden, gescheitert sind.

II. Experimentelle Ansätze

Wenn auch die evolutionären Kosten und Vorteile von Ostrazismus am besten in natürlichen Umgebungen untersucht werden können, so liefern doch solche Forschungen ausschließlich korrelative Daten. Experimentelle Untersuchungen der Ursachen und Auswirkungen sozialer Ächtung sind im wesentlichen auf Tiere in Gefangenschaft beschränkt und stützen sich hauptsächlich auf zwei Paradigmen.

Der am umfassendsten angewendete Ansatz beschäftigt sich mit der Trennung von Mutter und Kind oder von Gleichaltrigen. Dieses von Harlow et al.[8] entwickelte Paradigma wurde bei zahlreichen verhaltensbiologischen und physiologischen Untersuchungen angewendet. Solche Forschungen haben häufig versucht, Aspekte von durch Trennung verursachter Depression experimentell nachzubilden, aber nur selten widmete man sich direkt sozialer Ächtung. Dennoch zeigten sie biologische

[7] J. Moore / R. Ali: Are dispersal and inbreeding avoidance related?, Anim. Behav. 32 (1984), 94 - 112.

[8] H. F. Harlow / M. K. Harlow: The affectional systems, in A. Schreir et al.: Behavior of Nonhuman Primates, Vol. 2, New York, 1 - 28.

Korrelate auf von erzwungenem Ausschluß aus begehrten sozialen Situationen. Bei den meisten Untersuchungen wurden die Tiere mit ihrer Mutter oder einem Gleichaltrigen aufgezogen (oder zusammen untergebracht) und es entwickelte sich eine starke Bindung. Später wurden dann die Tiere getrennt, ein Verfahren, das im allgemeinen eine Zweistadien-Verhaltensreaktion zur Folge hat. Anfangs durchlaufen die Tiere ein „Proteststadium", das von verstärkter Vokalisation, Exploration und Lokomotion gekennzeichnet ist. Einige Tage später entwickelte sich ein „Depressionsstadium", in dem die Tiere inaktiv und sozial auf sich selbst bezogen waren. Auch kurze Trennungen können bleibende und dramatische biologische Auswirkungen haben. Reite et al. haben z. B. nachgewiesen, daß während des „Depressionsstadiums" Schweinsaffen vermehrt Herzrhythmusstörungen, desorganisierte nächtliche Schlafmuster, gestörte zelluläre Immunfunktionen und veränderte Schlaf-Wach-Rhythmen zeigten[9]. Andere Forscher haben nachgewiesen, daß bei Rhesusaffen im „Proteststadium" eine erhöhte sympathische Nervenfunktion auftritt, was sich am Anwachsen der Aktivität von Enzymen zeigt, die für die Katecholaminsynthese in der Nebenniere verantwortlich sind[10]. Diese Art physiologischer Veränderungen könnte auf anhaltenden Streß oder Angst hindeuten. Coe et al.[11] haben gezeigt, daß bei Totenkopfäffchen, nicht aber bei Rhesusaffen, eine kurze Trennung das Immunsystem vollkommen verändert. Als Reaktion auf die Veränderung von Bakteriophagen wiesen separierte Totenkopfäffchen im Vergleich zu der Kontrollgruppe eine zehnfache Reduktion der gesamten Antikörperproduktion auf und zeigten eine geringere Reaktion bei einem Wiederholungstest. Rhesusaffen zeigten bei diesen Meßwerten der Immunsystemfunktion im Gegensatz dazu bei Trennungen keine signifikanten Veränderungen.

Anfangs wurde das Trennungsparadigma enthusiastisch aufgenommen. Neuerdings wurde es als eine extreme Intervention kritisiert, die mit der Situation bei Menschen, die sie abzubilden beabsichtigt, nur wenig gemein hat. Überdies wurde seine Brauchbarkeit für weniger künstliche Verhaltensbedingungen (z. B. Freiland oder Freigehege) in Zweifel gezogen. In Kombination mit naturalistischen Untersuchungen werden Trennungsforschungen jedoch auch weiterhin nützliche Beiträge zum Verständnis der biologischen Begleiterscheinungen von Ostrazis-

---

[9] M. Reite et al.: Circadian rhythm changes following maternal separation in monkeys, Chronobiologia 9 (1982), 1 - 11.

[10] G. B. Breese et al.: Induction of adrenal catecholamine synthesizing enzymes following mother-infant separation, Nature New Biol. 245 (1973), 94 bis 96.

[11] C. L. Coe et al.: Immune response to psychological disturbance in squirrel and rhesus monkeys, Am. J. Primatol. 6 (1984), 402.

mus liefern. Unter bestimmten Umständen kann von Auswirkungen extremer Interventionen sinnvoll auf normative Bedingungen geschlossen werden. Eine analoge Strategie wird z. B. oft bei der Beurteilung der Gefahren vermuteter Karzinogene angewendet. Frei lebende Tiere scheinen aus der sozialen Gruppe, in der sie geboren wurden, verdrängt zu werden und verbringen beträchtliche Zeit mit dem Versuch, sich einer anderen Gruppe anzuschließen. Es wäre interessant zu wissen, ob die physiologischen Auswirkungen dieses Prozesses denen ähnlich sind — wenn auch weniger heftig —, die während des „Proteststadiums" auftreten.

Wir glauben, daß zukünftige Trennungsforschungen zumindest auf drei Arten zum Verständnis von Ostrazismus beitragen können. Erstens kann die biologische Basis der Auswirkungen einer Trennung auf das Verhalten erforscht werden. Kraemers Untersuchungen legen nahe, daß Störungen des noradrenergen Neurotransmittersystems für einige der langfristigen verhaltensmäßigen Auswirkungen verantwortlich sein können[12]. Diese Schlußfolgerungen werden durch die Beobachtungen unterstützt, daß Präparate, die die Noradrenalinaktivität erhöhen, einige der verhaltensmäßigen Auswirkungen abschwächen[13]. Diese Daten werfen eine ganze Anzahl von Problemen auf. In welchem Ausmaß zum Beispiel sind individuelle Unterschiede in der Funktion von Noradrenalin für die individuellen Unterschiede der verhaltensmäßigen Auswirkungen von Trennung verantwortlich? Können mit Hilfe biologischer Indikatoren Individuen identifiziert werden, bei denen es besonders wahrscheinlich ist, daß sie auf Trennung negativ reagieren? Welche anderen Neurotransmitter sind beteiligt?

Zweitens kann das Ausmaß beschrieben werden, in dem die biologischen Effekte von Trennung für diese Intervention spezifisch sind. Im Serum von Affen beispielsweise sind die Kortisolkonzentrationen nach einer Trennung häufig erhöht[14]. Die Konzentration von Kortisol könnte aber auch als Reaktion auf soziale Instabilitäten, Änderungen in der Gruppenmitgliedschaft und als eine Funktion des Schlaf-Wach-Rhythmus und des jahreszeitlichen Wechsels zunehmen[15]. Von vielen anderen Umwelt- und Sozialfaktoren wissen wir, daß sie in einer ähnlichen Art

[12] G. W. Kraemer et al.: Amphetamine challenge: Effects in previously isolated rhesus monkeys and implications for animal models of schizophrenia, in K. A. Miczek: Ethopharmacology, New York 1983, 199 - 218.

[13] P. D. Hrdina et al.: Pharmacological modification of experimental depression in infant monkeys, Psychopharm. 64 (1979), 89 - 93.

[14] C. L. Coe et al.: Hormonal response to stress in the squirrel monkey, Neuroendocrin 25 (1978), 367 - 377.

[15] C. L. Coe et al.: Varying influence of social status on hormone levels in male squirrel monkeys, in H. D. Steklis / A. S. Kling: Hormones, Drugs, and Social Behavior in Primates, Jamaica (N. Y.) 1983, 7 - 32.

und Weise die Funktion des Immunsystems ebenso beeinflussen wie Schlafprozesse und andere Verhaltensweisen, die durch Trennung verändert werden. So ist das Ausmaß, bei welchem Trennung ein spezielles Muster oder Profil von physiologischen Auswirkungen hervorbringt, ein bedeutendes Problem. Kann Trennung experimentell von anderen mit Streß verbundenen oder sonstigen unangenehmen Erfahrungen getrennt werden, oder stellt sie bloß eine andere Form von sozial verursachtem Leid dar?

Und schließlich können artspezifische und individuelle Unterschiede der Auswirkungen von Isolation erklärt werden. Die verhaltensmäßigen Auswirkungen von Trennung unterscheiden sich beispielsweise dramatisch bei Hut- und bei Schweinsaffen[16]. Rhesusaffen und Totenkopfäffchen zeigen ebenfalls kontrastierende Immunreaktionen auf Trennung[17]. Wie sieht der Zusammenhang zwischen diesen artspezifischen Unterschieden und Unterschieden in neuralen, hormonellen oder anderen Faktoren des Verhaltens aus? Erklären etwa artspezifische Unterschiede bei Mutter-Kind-Interaktionen (z. B. Zeit und Intensität von Entwöhnung, Versorgung durch andere Tiere) einige dieser verhaltensbiologischen Unterschiede? Falls ja, liefern sie brauchbare Anhaltspunkte, um einen Teil der interindividuellen und kulturellen Variabilität der menschlichen Reaktion auf soziale Ächtung zu erklären?

Ein zweiter experimenteller Ansatz zur Erklärung von Ostrazismus arbeitet mit dauerhaften Gruppen unter annähernd natürlichen Bedingungen. Dies ist das Verfahren, mit dem wir hauptsächlich arbeiten. Die Beispiele sind unseren eigenen Forschungen entnommen. Wir untersuchen Meerkatzengruppen, die aus mehreren Männchen und Weibchen bestehen; in jeder Gruppe kann ein erwachsenes Männchen, das dominante oder Alpha-Männchen, verhaltensmäßig von allen anderen erwachsenen Männchen unterschieden werden. Dieses Männchen ist bei dyadischen, aggressiven Interaktionen zwischen Männchen am erfolgreichsten, übt im Vergleich zu den anderen Männchen die oberste Kontrolle in der Gruppe aus und genießt bevorzugten Zugang zu knappen Ressourcen wie etwa Schlafplätzen[18]. Sobald Dominanzbeziehungen etabliert sind, ereignen sich nur noch selten ernste aggressive Interaktionen zwischen Männchen, wobei das dominante Männchen nicht notwendigerweise der häufigste Aggressor ist. Obwohl erwachsene Männchen innerhalb linearer Hierarchien Positionen zugeordnet erhalten können, sind die Rangunterschiede zwischen untergeordneten Männ-

---

16 M. Reite / R. Short: Maternal separation studies, in Miczek (N 12), 219 - 353.

17 N 11.

18 M. T. McGuire et al.: Social dominance in adult male vervet monkeys, Soc. Sci. Info. 22 (1983), 89 - 123.

chen weder so deutlich noch über die Zeit hinweg so dauerhaft wie solche zwischen dem dominanten Männchen und irgendeinem untergeordneten Männchen. Infolgedessen treffen wir eine binäre Unterscheidung zwischen dominanten und untergeordneten Männchen. Falls sich die Gruppenzusammensetzung nicht verändert, bleibt der Unterschied im Verhalten von dominanten und untergeordneten Männchen für lange Zeitspannen (bis zu fünf Jahren) bestehen. Spontane Änderungen der Identität des dominanten Männchens kommen selten vor (mit einer Häufigkeit von durchschnittlich 0,17 Wechseln je Gruppe und Jahr).

Bei dauerhaften Gruppen scheint die Behauptung der sozialen Position des dominanten Männchens zumindest teilweise davon abzuhängen, daß es verhindern kann, durch die erwachsenen Weibchen gemieden zu werden: Dominante Männchen sind häufiger an der sozialen Fellpflege beteiligt und halten sich eher in der Nähe von Weibchen auf, während sie weniger häufig solitär sind als untergeordnete Männchen. Wir haben in sieben Fällen spontane Änderungen der Identität des dominanten Männchens beobachtet. Dabei wurden alle Wechsel durch einen Rückgang der Nähe des dominanten Männchens zu den erwachsenen Weibchen, der sozialen Fellpflege mit erwachsenen Weibchen und der Möglichkeit eingeleitet, mit erwachsenen Weibchen Koalitionen gegen andere Männchen zu bilden. Während dieses Stadiums wurde das ursprünglich dominante Männchen zunehmend solitär. Gleichzeitig zeigten die untergeordneten Männchen, die dominant wurden, Änderungen dieser Meßwerte in die entgegengesetzte Richtung (z. B. mehr soziale Fellpflege). In den drei bis zwölf auf diese Änderungen folgenden Wochen steigerte das anfänglich untergeordnete Männchen das Ausmaß, in dem es dem ursprünglich dominanten Männchen drohte, sich zur Schau stellte und es angriff, um dann schließlich die dominante Position einzunehmen. Jedesmal wenn eine derartige Abnahme der affiliativen Interaktionen zu verzeichnen war und wenn gleichzeitig der Ausschluß von der begehrten sozialen Situation zunahm, folgte innerhalb von zwölf Wochen ein spontaner Wechsel der Dominanzsituation.

Gruppen mit mehreren Männchen und Weibchen bilden aber auch ein gutes Untersuchungsfeld für die Auswirkungen von Ostrazismus. Tiere können zeitweise von ihrer Gruppe entfernt werden, was die verhaltensmäßigen und biologischen Auswirkungen aufzeigt. Die Entfernung des dominanten Männchens von seiner Gruppe hat zur Folge, daß eines der ursprünglich untergeordneten Männchen die Position des dominanten Männchens einnimmt, ein Prozeß, der insgesamt 6 - 10 Wochen dauert. Dabei scheint der Erwerb der dominanten Position einem Zwei-Stadien-Prozeß zu folgen. In der Anfangsphase kämpfen die Männchen miteinander, um mit erwachsenen Weibchen affiliative Allianzen zu bilden. Während dieser Zeit versuchen die Männchen, sich gegenseitig aus der Nähe von Weibchen zu verdrängen. Ein großer Teil dieser Kämpfe zwischen männlichen Tieren vollzieht sich in unmittelbarer Nähe zu den Weibchen. Man könnte daher vermuten, daß erwachsene Männchen versuchen, sich gegenseitig von den Weibchen zu isolieren oder sozial zu ächten. In der zweiten Phase, nachdem affiliative Beziehungen gebildet wurden, benützen die Männchen diese Allianzen, um ihre Position als dominantes Männchen abzusichern. Wir haben neun Gruppen untersucht, in denen ursprünglich jeweils drei erwachsene Männchen waren. Wenn man das dominante Männchen entfernte, wurde in jeder Gruppe eines der zwei verbleibenden Männchen dominant, während das andere untergeordnet blieb. Bevor die neue Beziehung zwischen dominanten und untergeordneten Männchen entsteht, sucht das schließlich dominante Männchen mehr Kontakt zu den Weibchen, ist häufiger in der Nähe der Weibchen und weniger solitär als das später untergeordnete Männchen. Offensichtlich resultiert die zunehmende solitäre Lebensweise des später untergeordneten Männchens daraus, daß die Weibchen es verlassen oder meiden. Häufig bewegt es sich innerhalb eines Bereiches von einem Meter Entfernung zu einem Weibchen, doch bevor sich das Männchen dann niederläßt, steht das Weibchen auf und geht davon. Sobald die affiliativen Beziehungen etabliert worden sind, schließen sich das später dominante Männchen und die Weibchen zu Koalitionen gegen das später untergeordnete Männchen zusammen und es bilden und stabilisieren sich Dominanzbeziehungen zwischen den Männchen. Die Fähigkeit, soziale Ächtung zu vermeiden, scheint es also einem vormals untergeordneten Männchen zu ermöglichen, Bindungen mit Weibchen einzugehen; diese wiederum können dann benutzt werden, um dominant zu werden.

Die Fähigkeit zu Verhaltensweisen, die die Wahrscheinlichkeit reduzieren, sozial geächtet zu werden, eröffnet auch neue biologische Sichtweisen. Wie an anderer Stelle erwähnt, unterscheiden sich dominante und untergeordnete Männchen physiologisch[19]. Ein Meßwert, der Dominanz und Untergeordnetheit zu differenzieren vermag, ist der des Gesamtblutserotonins (GBS). Im Vergleich zu untergeordneten Männchen haben dominante Männchen erhöhte GBS-Werte. Dieser Unterschied ist ein statusabhängiger Effekt, der durch die Einnahme der dominanten Position bewirkt wird. Änderungen des Status führen zu parallelen Veränderungen beim GBS: Vormals untergeordnete Männchen, die dominant werden, zeigen hohe GBS-Werte. Zusätzlich erlaubt es diese Statuserhöhung den Tieren, verhaltensmäßig eher auf Präparate anzusprechen, die die serotoninerge Aktivität steigern. Ebenso scheint dies

[19] M. J. Raleigh et al.: Male dominance, serotoneric systems, and the behavioral and physiological effects in vervet monkeys, in Miczek (N 12), 185 - 197.

von einer Effektivitätssteigerung der zellgebundenen Immunität begleitet zu sein.

III. Serotoninerge Mechanismen

Serotoninerge Systeme treten während der Evolution der Wirbeltiere schon sehr früh auf, und sowohl bei Ratten und Affen wie auch bei Menschen entstehen serotoninerge Neurone in den phylogenetisch alten Raphikernen[20]. Von diesem Hirnstammursprung entwickelten sie sich zu einer großen Anzahl von neuralen Strukturen. Unter den Strukturen, die von serotoninergen Neuronen extensiv angeregt werden, gibt es Regionen, die während der Evolution der Menschen außerordentlich an Größe zugenommen haben, einschließlich des Frontal- und des assoziativen Temporalkortex. Zusätzlich entwickelten sich serotoninerge Systeme zum hypothalamischen und limbischen System weiter, Strukturen, die Läsions- und Stimulationsforschungen mit der Mediation von Angst, Aggression, Ernährung und anderen Verhaltensweisen in Verbindung bringen, die für das Überleben von einzelnen Individuen wie für die ganze Spezies wichtig sind.

Die anatomische Verteilung von Serotonin ist folglich damit vereinbar, daß dieser Neurotransmitter an einer ganzen Reihe von Verhaltensweisen beteiligt ist. Es überrascht nicht, daß pharmakologische und physiologische Untersuchungen serotoninerge Mechanismen mit der Mediation von Schlafen, Essen, Fortbewegung, Schmerz, Wärmeregulierung und visueller Wahrnehmung in Zusammenhang bringen[21]. Serotoninerge Mechanismen unterstützen aber auch affiliative soziale Verhaltensweisen und tragen zur Entstehung und Aufrechterhaltung von sozialen Bindungen bei Meerkatzen bei. Funktionale Störungen des Serotonins bei Menschen werden mit einigen depressiven Erkrankungen, mit erhöhter Aggressivität und Selbstmord assoziiert.

Bei unseren Untersuchungen der verhaltensmäßigen und physiologischen Auswirkungen von Serotoninschwankungen stützen wir uns auf pharmazeutische Präparate, die serotoninerge Mechanismen verändern, ohne permanente physische Schäden hervorzurufen. Alle Präparate weisen eine Reihe von physiologischen und pharmakologischen Wirkungen und Nebeneffekten auf. Die Spezifität, die einem Präparat zugeschrieben wird, ist tatsächlich oft umgekehrt proportional zu dem, was man darüber weiß. Die Verwendung verschiedener Präparate zur Manipulation der serotoninergen Funktion hat es uns jedoch ermöglicht, das

[20] A. Parent: The anatomy of serotonin-containing neurons across phylogeny, in B. C. Jacobs / A. Gelprin: Serotonin Neurotransmission and Behavior, Cambridge (Mass.) 1981, 3 - 34.

[21] Jacobs / Gelprin ebd.

Problem der Nebenwirkungen zu umgehen. Die serotoninerge Funktion kann z. B. durch Verabreichung des Serotoninvorläufers Tryptophan oder 5-Hydroxytryptophan gesteigert werden. Diese Verbindungen erhöhen die Konzentration und die Umsetzung von Tryptophan. Andere Präparate wie etwa Chlorgylin hemmen die Aktivität eines der Enzyme, die eine Serotoninverminderung verursachen, und verstärken somit die serotoninerge Funktion. Diese kann außerdem durch Fluoxetin vergrößert werden, ein Präparat, das das Wiederaufnahmevermögen von Serotonin hemmt und dadurch die Serotoninmenge in den Synapsen erhöht. Schließlich kann die serotoninerge Funktion durch Quipazin, ein Agonist von Serotoninrezeptoren, der die Rezeptorstellen direkt stimuliert, gesteigert werden. Alle diese Präparate verstärken die Serotoninfunktion, wenn auch durch verschiedene Mechanismen. Die gemeinsamen Auswirkungen von Tryptophan, Chlorgylin, Fluoxetin und Quipazin werden, stark vereinfacht, ihrem gemeinsamen physiologischen Effekt zugeschrieben, die Serotoninfunktion zu verstärken. Die verhaltensmäßigen Auswirkungen von Präparaten, die die Serotoninfunktion abschwächen, werden in ähnlicher Weise meistens der Reduktion der Serotoninfunktion zugeschrieben.

Bei Meerkatzen, die in dauerhaften sozialen Gruppen leben, scheint die zentrale und serotoninerge Funktion in einer inversen Relation zu Ostrazismus zu stehen. Dabei vermindert die pharmakologische Steigerung der serotoninergen Aktivität eines Tieres die Zeit, die das Tier mit solitären Situationen, Vermeidungsverhalten, Ortsveränderung und Wachsamkeit verbringen muß. Eine Steigerung der serotoninergen Aktivität verstärkt auch Verhaltensweisen wie soziale Fellpflege und Kontaktfähigkeit. Ferner zeigte sich, daß abnehmende serotoninerge Aktivität zu Verhaltensänderungen in der entgegengesetzten Richtung führt. Tiere mit reduzierter serotoninerger Aktivität erscheinen reizbar, aggressiv und sozial distanziert. Sie sind häufiger solitär und aggressiv und es ist weniger wahrscheinlich, daß sie mit anderen Tieren Kontakt haben und an sozialer Fellpflege beteiligt sind.

In vorbereitenden Studien haben wir untersucht, wie sich Veränderungen der Serotoninfunktion auf den Erwerb von Dominanz in Gruppen auswirkt, aus denen das dominante Männchen zeitweise entfernt wurde. Wie zuvor beschrieben, scheint eine der Strategien, welche die Männchen während des Kampfes um Dominanz anwenden, darin zu bestehen, soziale Ächtung zu vermeiden. Bei diesen Untersuchungen wurden Gruppen beiderlei Geschlechts etabliert, jede mit drei oder mehr erwachsenen Männchen. Nachdem die Dominanzbeziehungen für mindestens vier Monate stabil blieben, wurde das dominante Männchen entfernt. In fünf Gruppen erhielt eines der verbleibenden (ursprünglich) untergeordneten Tiere Fenfluramin, während das andere Vehikel erhielt. In jeder dieser Gruppen trat das ursprünglich untergeordnete Männchen, dem ein Vehikel verabreicht wurde, als das dominante Männchen in Erscheinung. In drei anderen Gruppen erhielt eines der verbleibenden ursprünglich untergeordneten Männchen Tryptophan und die anderen Vehikel. In diesen Gruppen wurde das behandelte Männchen dominant. Diese Daten legen nahe, daß eine Serotoninsteigerung am Erwerb von Dominanz beträchtlich beteiligt ist. Erhöhte serotoninerge Aktivität scheint notwendig zu sein, um Ostrazismus zu vermeiden und um die affiliativen Beziehungen zu entwickeln, die es Männchen ermöglichen, dominant zu werden.

Diese Untersuchungen weisen darauf hin, daß Serotonin entscheidend an Ostrazismus beteiligt ist. Sowohl in stabilen wie auch in nicht dauerhaften Gruppen reduziert Serotonin die Wahrscheinlichkeit, sozial geächtet zu werden. Obwohl viele Neurotransmitter an der Verminderung von Ostrazismus beteiligt sind, scheint Serotonin eine wichtige Rolle dabei zu spielen, sich gegen soziale Ächtung abzusichern.

IV. Biologische Voraussagen

Versuche, die biologischen Ursachen und Korrelate von Ostrazismus aufzuzeigen, müssen sich stark auf Messungen von peripheren biologischen Parametern stützen, welche Aspekte von Gehirnfunktionen widerspiegeln können. Die Verbindung von peripheren Meßwerten und der Gehirnfunktion ist natürlich schwach und basiert auf analogen Stoffwechselsystemen oder Belegen über die Kontrolle des zentralen Nervensystems über den peripheren Stoffwechsel. Ein peripherer Meßwert, der Aufschluß über die Gehirnfunktion geben und auch als biologisches Zeichen für die Anfälligkeit für Ostrazismus dienen kann, ist der des Gesamtblutserotonins.

Drei Beweislinien deuten darauf hin, daß Blut- und Gehirnserotonin in Verbindung stehen. Erstens sind die Wirkungen pharmakologischer Interventionen wie Tryptophanbelastung, PCPA-Behandlung oder die Verabreichung von Fenfluramin bei beiden ähnlich[22]. Zweitens sind bei Menschen Abweichungen der Serotoninkonzentration im Blut mit verschiedenen psychiatrischen und verhaltensmäßigen Störungen verbunden, die u. a. zu Autismus und dem Down-Syndrom führen[23]. Störungen

[22] A. Yuwiler: Conversion of d- and l-tryptophan to brian serotonin and 5-hydroxyindoleacetic acid and to blood serotonin, J. Neurochem 20 (1973), 1099 - 1109.

[23] H. G. Hanley et al.: Hyperserotonemia and amino acid metabolites in autistic and retarded children, Arch. Gen. Psychiatry 34 (1977), 521 - 531.

der Serotoninfunktion im Gehirn wurden bei diesen Verhaltensbedingungen jedoch noch nicht nachgewiesen. Drittens ist Blutserotonin fast ausschließlich in Blutplättchen enthalten, und diese haben mit serotoninergen Neuronen Ähnlichkeiten in der Aufnahme und Lagerung von Serotonin[24]. Diese gemeinsamen Eigenschaften haben in der Tat zu der Annahme geführt, daß das Blutplättchen als ein nützliches Teilmodell für das serotoninerge Neuron dienen kann.

Wie in unserer anderen Arbeit über Meerkatzen und Menschen erwähnt, korrelieren GBS-Werte positiv mit Rang und Status, während niedrige Blutserotoninwerte mit solitärer Lebensweise verknüpft sind. Um zu sehen, ob Blutserotonin mit Ostrazismus möglicherweise in einem direkten Zusammenhang steht, haben wir retrospektiv Daten von sechs Meerkatzengruppen untersucht. In jeder Gruppe gab es drei oder mehr erwachsene Männchen, drei oder mehr erwachsene Weibchen und ihren Nachwuchs. In jeder Gruppe existierten seit mindestens drei Monaten vor Beginn der Beobachtungen stabile Dominanzbeziehungen zwischen den Männchen. Darüber hinaus hatte jedes der sechs dominanten Männchen die erwartete hohe GBS-Konzentration ($\geq$ 1000 ng/ml). In jeder Gruppe gab es ein untergeordnetes Männchen mit niedriger GBS-Konzentration ($\leq$ 515 ng/ml) und eines mit einem mäßig hohen GBS-Wert (700 - 800 ng/ml). Wir nahmen an, daß, falls eine niedrige GBS-Konzentration ein Zeichen von Anfälligkeit für Ostrazismus ist, die untergeordneten Männchen mit niedrigem GBS häufiger von sozialen Interaktionen ausgeschlossen würden als solche mit mäßig hohen Werten. Da beide Arten von Männchen untergeordnet waren, stellten soziale Statusunterschiede keinen verzerrenden Faktor dar. Wir erwarteten bei einer Beziehung zwischen niedrigem GBS und Ostrazismus, daß sich die zwei Arten von Männchen in der Häufigkeit, mit der sie soziale Interaktionen initiieren, nicht unterscheiden. Um diese Hypothesen zu testen, analysierten wir vier verschiedene Typen von Verhaltensdaten. Diese umfaßten die Häufigkeit, mit der Männchen Annäherungen initiierten, wie häufig sich Weibchen den Einladungen der Männchen zur sozialen Fellpflege widersetzten, wie häufig sich Weibchen auf die Annäherung eines Männchens hin abwandten oder weggingen, und den Prozentsatz der Zeit, in dem zusammenhockende Gruppen auf die Annäherung eines Männchens hin weggingen. Es zeigte sich, daß Männchen mit sehr niedrigem und mäßigem GBS sich nicht in der Häufigkeit unterschieden, mit der sie sich anderen Tieren näherten. Dennoch wurden Männchen mit niedrigem GBS weniger häufig an sozialer Fellpflege und am Zusammenhocken beteiligt, und

[24] S. M. Stahl et al.: Platelet serotonin in schizophrenia and depression, in B. T. Ho et al.: Serotonin in Biological Psychiatry, New York 1982, 183 - 198.

sie wurden mehr gemieden als Männchen mit mäßigem GBS. Diese Beobachtungen deuten darauf hin, daß Männchen mit niedrigem GBS weniger als soziale Partner präferiert wurden und möglicherweise in Gefahr waren, sozial geächtet zu werden.

In nächster Zeit soll die Bedeutung der hier aufgezeigten Verbindung zwischen GBS und Ostrazismus direkt untersucht werden. Wir wollen herausfinden, ob Tiere mit niedrigem GBS Schwierigkeiten beim Transfer von einer Gruppe zu einer anderen haben. Wenn Tiere mit niedrigem GBS tatsächlich *anfällig* für Ostrazismus sind, dann wird es ihnen schwerer fallen, sich in eine neue Gruppe zu integrieren. Wir wollen ebenfalls überprüfen, ob Tiere mit niedrigem GBS eher gegen störende Umwelteinflüsse wie räumliche Einengungen und visuelle Barrieren anfällig sind. Falls sich die Beziehung zwischen niedrigem GBS und Ostrazismus bei Meerkatzen halten läßt, beabsichtigen wir analoge Untersuchungen bei Menschen durchzuführen.

V. Schlußfolgerungen

Zusammengefaßt läßt sich sagen, daß nichtmenschliche Primaten aufgrund ihres großen Repertoires an sozialen Verhaltensweisen und ihres komplexen zentralen Nervensystems für bestimmte Aspekte von Ostrazismus zur Modellbildung herangezogen werden können. Unter natürlichen Bedingungen kann Ostrazismus eine ganze Reihe von Funktionen erfüllen, einschließlich der Ausweitung des Verbreitungsgebietes, der Populationsregulierung und der Verbreitung von gelernten Traditionen. Nichtsdestoweniger weisen experimentelle Untersuchungen darauf hin, daß Ostrazismus beträchtliche biologische Kosten mit sich bringt. Er wird begleitet von einer reduzierten Immunfunktion und einer veränderten Gehirnaktivität. Zusätzlich zu den Belegen über die Auswirkungen von Ostrazismus haben Untersuchungen an Tieren gezeigt, daß viele biologische Mechanismen an der Produktion und Reduktion von Ostrazismus mitwirken. Pharmakologische und physiologische Forschungen deuten darauf hin, daß Serotonin ein Neurotransmittersystem ist, das entscheidend an Ostrazismus beteiligt ist. Unter bestimmten Bedingungen spiegelt Blutserotonin die Aktivität von Gehirnserotonin wider. Vorläufige Daten deuten darauf hin, daß Blutserotonin hilfreich sein kann, Individuen auf ihre Gefährdung bezüglich Ostrazismus zu erkennen. Zukünftige Forschungen werden das Ausmaß bestimmen, in dem analoge Mechanismen an Ostrazismus bei Menschen beteiligt sind.

SOZIALVERHALTEN UND OSTRAZISMUS BEI PRIMATEN

Von Jane B. Lancaster*

Bei den ersten modernen Felduntersuchungen der Sozialsysteme von Primaten in den späten fünfziger Jahren fiel besonders das Element der sozialen Beständigkeit auf. Man stellte eine Kontinuität in der Führung, in der Gruppenzugehörigkeit und in den Verbindungen zwischen den Generationen fest, die es einer bestimmten Gruppe in einem bestimmten Gebiet ermöglichte, ihren Besitz von einem Jahr zum anderen allmählich zu erweitern. Bei Feldbeobachtungen registrierte man häufig Gebietsverteidigungen gegen Nachbargruppen und Zurückweisungen von männlichen Einzelgängern, die sich einer bestimmten Gruppe anschließen wollten. Ostrazismus schien selten innerhalb einer Gruppe vorzukommen und im gesellschaftlichen Geschehen der Primatengesellschaften von untergeordneter Bedeutung zu sein. Trotz der Genauigkeit dieser frühen Felduntersuchungen haben Langzeitbeobachtungen, bei denen die täglichen Aktivitäten einiger lokaler Gruppen überwacht wurden, zu völlig anderen Interpretationen geführt in bezug auf die Grenzen, welche bestimmend sind für die Geschlossenheit einer Primatengruppe, und in bezug auf die Häufigkeit, mit der diese Grenzen überschritten werden. Ostrazismus wurde nicht nur als ein voraussagbares Ereignis im Lebenszyklus vieler Primaten, sondern darüber hinaus als ein grundlegender Mechanismus erkannt, der das Verhältnis von Gruppenmitgliedern und die Existenzgrundlagen in einem bestimmten Gebiet reguliert und durch den die einzelnen Tiere ihre Reproduktionsmöglichkeiten maximieren.

Extreme Beispiele von Ostrazismus wie Kindestötung und intraspezifische Tötung finden sich verstreut in der gesamten Literatur über Primaten[1]. Inzwischen existieren genügend Langzeitstudien über viele verschiedene Arten von Primaten, die eine adäquate Prüfung dieser

* Professor of Anthropology, University of Oklahoma, Norman.

[1] J. Goodall: Infant killing and cannibalism in free-living chimpanzees, Folia Primatologica 28 (1977), 259 - 282; G. G. Hausfater / S. B. Hrdy (eds.): Infanticide: Comparative and Evolutionary Perspectives, New York 1984; S. B. Hrdy: Infanticide among animals, Ethology and Sociobiology 1 (1979), 13 - 40; J. Itani: Die Tötung von Artgenossen bei nichtmenschlichen Primaten, in M. Gruter / M. Rehbinder: Der Beitrag der Biologie zu Fragen von Recht und Ethik, Berlin 1983, 143 - 157; K. Kawanaka: Infanticide and cannibalism in chimpanzees, African Study Monographs 1 (1981), 69 - 99.

vergleichsweise seltenen Vorfälle ermöglichen. Doch stellt die Tötung eines Gruppenmitgliedes nur ein Extrem in einem Kontinuum möglicher Erscheinungsformen von Ostrazismus dar, wobei alle diese Erscheinungsformen unter dem Gesichtspunkt der Evolution dasselbe Endergebnis zeitigen. Definiert man Ostrazismus als sozial begründeten Ausschluß von den für Ernährung und Reproduktion notwendigen Ressourcen, so wird deutlich, daß Kindestötung und intraspezifische Tötung direkte und endgültige Erscheinungsformen in einem Kontinuum darstellen, welches auch die teilweise oder vollständige Verweigerung von paarungsbereiten weiblichen Tieren, sicheren Schlafplätzen, Wasser und Nahrung umfaßt. Die „kalte Schulter" ist demzufolge nur ein Schritt auf dem Weg zur Tötung. Die Verteilung der Chancen in Hinblick auf existentielle Bedürfnisbefriedigung und Reproduktionsmöglichkeiten entscheidet ebenfalls über Leben und Tod, wenn auch verschoben auf die nächste Generation. Unter dem Aspekt der natürlichen Auslese kann der Ausschluß von den Reproduktionsmöglichkeiten gleichbedeutend sein mit Ausrottung.

Ostrazismus und die daraus resultierenden Prozesse der Emigration und Immigration wurden als grundlegende Mechanismen der langfristigen Anpassung von Primatengesellschaften erkannt. Auch wenn die Motivation der beteiligten Individuen letztlich im Versuch der Maximierung ihres individuellen Reproduktionserfolges liegt, so bewirken diese Prozesse doch einen Ausgleich zwischen der Anzahl von Individuen und den Existenzgrundlagen eines bestimmten Gebietes sowie einen Ausgleich des Verhältnisses von männlichen und weiblichen Individuen. In Vogel- und Säugetiergesellschaften scheint der Ausschluß des einen oder des anderen Geschlechts aus seinem heimatlichen Gebiet und aus seiner Gruppe in der Tat ein grundlegender Mechanismus zu sein. Greenwood[2] erwähnt in seinen Ausführungen ein allgemeines Dispersionsmuster, nach dem zum Zeitpunkt der Geschlechtsreife ein Geschlecht am Geburtsort verbleibt und das andere emigriert. Es wurde angenommen, daß dieses Verhalten die Wahrscheinlichkeit von Eltern-Kind-Verbindungen und Bruder-Schwester-Verbindungen verringert. Doch die Vermeidung von Inzucht allein scheint keine ausreichende Erklärung all der dem Ostrazismus in Primatengesellschaften zugrundeliegenden Faktoren zu sein. In einer Reihe jüngerer Veröffentlichungen wird die Ansicht vertreten, bei der Beurteilung der Reproduktionsstrategien von Primaten müsse der Wert der Inzuchtvermeidung gegen den Wert verwandtschaftlicher Beziehungen und den Wert der Vertrautheit mit örtlichen Nahrungsquellen abgewogen werden[3]. Im folgenden

---

[2] P. J. Greenwood: Mating systems, philopatry and dispersial in birds and mammals, Animal Behavior 28 (1980), 140 - 162.

soll verdeutlicht werden, weshalb sich Ostrazismus und Emigration in Primatengesellschaften immer gegen jeweils ein Geschlecht richten und wie Immigration auf zwei Prinzipien des Zugangs beruht, nämlich einerseits Verwandtschaft und andererseits Anziehung der Geschlechter, zwei Mechanismen, die ebenfalls in menschlichen Sozialsystemen wirksam sind.

I. Die Gruppe und die örtliche Gemeinschaft

Hinsichtlich der Beziehung einer bestimmten sozialen Gruppe zu ihren Nachbarn und zu den natürlichen Ressourcen in einem bestimmten Gebiet erweisen sich zwei neue Perspektiven als hilfreich für das Verständnis der Einheit der Sozialsysteme von Primaten und für das Verständnis der Durchlässigkeit an den Grenzen dieser Systeme. Felduntersuchungen von Rasmussen und Cheney / Seyfarth bei Pavian- und Meerkatzengesellschaften mit mehreren männlichen Tieren haben gezeigt, daß eine bestimmte Gruppe nicht zu allen ihren Nachbarn gleichartige Beziehungen unterhält[4]. Manche Nachbarn werden, wann immer man ihnen begegnet, sehr feindselig behandelt, wohingegen bestimmte Nachbarn die Wanderung der männlichen Tiere zwischen ihren Gruppen regelmäßig akzeptieren. Brüder oder Altersgenossen wechseln oftmals in dieselbe Gruppe über und bilden innerhalb der neuen Hierarchie konkurrierende Koalitionen. Die Wanderung zwischen den Gruppen ist offensichtlich nicht zufällig oder die Folge einer Vertreibung, sondern ein voraussagbares Ergebnis im Lebenszyklus männlicher und weiblicher Primaten und geschieht am häufigsten innerhalb einer örtlichen Gemeinschaft mehrerer Gruppen und oftmals zwischen ganz bestimmten benachbarten Gruppen.

Cheney und Seyfarth vertreten die Ansicht, daß Ostrazismus und Wanderbewegungen im Zusammenhang mit dem Erreichen der Geschlechtsreife nur sehr selten zu großen Ortsveränderungen führen. Auf diese Weise verringert sich das Risiko, infolge mangelnder Kenntnisse der Umgebung Beuteopfer zu werden oder zu verhungern. Gleichzeitig erhöht sich aufgrund des leichteren Zugangs die Wahrscheinlichkeit einer erfolgreichen Eingliederung in das neue Sozialsystem einer bereits bekannten Gruppe. Dieses Verhalten stimmt mit Batesons Konzept einer optimalen Kreuzung entfernt verwandter oder nicht verwandter Individuen überein[5]. Er vertritt die These, daß der perfekte

---

[3] D. L. Cheney / R. M. Seyfarth: Non-random dispersal in free-ranging vervet monkeys, American Naturalist 122 (1983), 392 - 412; J. Moore / R. Ali: Are dispersal and inbreeding avoidance related? Anim. Behav. 32 (1984), 94 - 112.

[4] D. R. Rasmussen: Communities of baboon troops in Mikumi National Park, Folia Primatologica 36 (1981), 232 - 242; Cheney / Seyfarth (N 3).

Partner nicht sehr nahestehen darf, um das Risiko ernsthafter genetischer Konsequenzen auszuschließen, andererseits aber auch nicht sehr weit entfernt sein darf, weil dann spezifische genetische oder verhaltensmäßige Anpassungen an lokale Gegebenheiten abgeschwächt werden oder verlorengehen könnten. In Brutexperimenten mit der japanischen Wachtel, bei denen den Tieren freie Partnerwahl eingeräumt wurde, fand er heraus, daß Cousins ersten Grades am beliebtesten waren. Trotzdem bleibt festzuhalten: Ortswechsel in der Pubertätsphase sind nicht notwendigerweise nur freiwillig und Ausdruck eines sexuell begründeten Wandertriebes. Sie enthalten mit hoher Wahrscheinlichkeit immer ein Element von Ostrazismus. Wie im folgenden näher erläutert wird, verlassen nicht alle Individuen notwendigerweise die Gruppe, in welche sie hineingeboren wurden. Ferner bestehen erhebliche Unterschiede darin, wie früh im Lebenszyklus ein Individuum das Risiko von Emigration und Immigration auf sich nimmt.

Weitere Einsicht in das Problem von Ostrazismus und Wanderbewegungen gewähren neuere sozioökologische Studien über lokale Gemeinschaften von Primatengruppen. Eisenberg erkennt fast überall langfristige, in Jahren oder Dekaden meßbare Zyklen der Verfügbarkeit von Nahrungsquellen sowie des Populationswachstums und -rückgangs[6]. Langzeitbeobachtungen von roten Brüllaffen in Venezuela legen die Vermutung nahe, daß einige lokale Gruppen Heimatgebiete besitzen, deren Ressourcen von einem Jahr zum nächsten kaum Schwankungen unterliegen. Andere lokale Gruppen leben in Gebieten, die von Dürren oder sonstigen zyklischen Störungen ernsthaft bedroht werden. In Perioden, während deren die natürlichen Ressourcen optimal zur Verfügung stehen, treten überzählige Mitglieder aus den lokalen Gruppen mit den reichhaltigsten Ressourcen heraus und wandern ab in Randgebiete. Die Identität dieser „Pioniere" wird bestimmt durch ihre soziale Randposition, und ihr zukünftiger Erfolg beruht auf dem Ausmaß und der Härte der kommenden Klimazyklen und der Schwankungen in den Ressourcen. Das Auseinandergehen und die Reorganisation lokaler Populationen in Randgebieten eines bestimmten Lebensraumes ist wahrscheinlich ein regelmäßig auftretendes Merkmal der Sozioökologie von Primaten. Es scheint, als ob bestimmte Gruppenmitglieder diesem Risiko eher ausgesetzt werden als andere.

Der wesentliche Aspekt von Ostrazismus und Gruppentransfer bei Primatengesellschaften liegt nicht im Vorteil der „optimalen Kreuzung"

[5] P. Bateson: Preference for first cousins in Japanese quail, Nature 295 (1982), 236 - 237.

[6] J. Eisenberg (persönliche Mitteilung); R. Rudran: The demography and social mobility of red howler population in Venezuela, in J. Eisenberg: Vertebrate Ecology in the Northern Neotropics, Washington 1979, 107 - 126.

und im natürlichen Prozeß der Wanderbewegungen und Zusammenschlüsse regionaler Populationen in Randgebieten eines Lebensraumes, sondern im Verständnis der Eigentümlichkeiten der Konkurrenz bei der Reproduktion. Um Fragen beantworten zu können wie: Welches Geschlecht wird eher abwandern?, oder: Welchen Status besitzen die Emigranten?, oder: Wie früh im Lebenszyklus ist eine Abwanderung zu erwarten?, muß man zum einen das Wesen der Konkurrenz einer bestimmten Spezies bei der Reproduktion, zum anderen die Verfügbarkeit der Ressourcen und potentiellen Partner kennen, dies sowohl für das „geächtete" Individuum als auch für die bei diesem Konkurrenzkampf siegreichen Gruppenmitglieder.

II. Konkurrenz weiblicher Gruppenmitglieder untereinander und Abwanderungen weiblicher Individuen

Erst in jüngerer Zeit wurde der Konkurrenzkampf weiblicher Individuen bei der Reproduktion Untersuchungsgegenstand der theoretischen Evolutionsbiologie. Ein Grund hierfür liegt darin, daß der Konkurrenzkampf männlicher Individuen bei der Reproduktion zumeist dramatischer und offensichtlicher in Erscheinung tritt und oftmals an einem bestimmten Punkt während der Paarungszeit kulminiert[7]. Der für männliche Individuen wesentlich höhere potentielle Gewinn aus einem erfolgreich geführten Konkurrenzkampf führte einige Autoren dazu, ihr Augenmerk ausschließlich auf die männlichen Individuen als Schlüsselfiguren zum Verständnis der Reproduktionsstrategien einer Spezies zu richten. Hrdy und Williams sehen diese Nichtbeachtung des Konkurrenzkampfes weiblicher Individuen untereinander in der Annahme begründet, alle weiblichen Gruppenmitglieder seien als Mütter gleichrangig und der Akt der Empfängnis sei Fokus der sexuellen Selektion. Doch gemäß neueren Untersuchungen trifft genau das Gegenteil zu. Weibliche Primaten sind aggressiv und rangorientiert[8], sie zeigen gewichtige Unterschiede in der Fähigkeit, den Nachwuchs großzuziehen, bedingt durch ihren Erfolg bei der Ausübung dauerhafter Kontrolle über die Nahrungsquellen — von besonderer Bedeutung für die Sicherung ihrer Stillfähigkeit[9] —, und sie nehmen anderen weiblichen Gruppenmitgliedern manchmal sogar vollständig die Möglichkeit zur Reproduktion[10].

---

[7] Hrdy / Williams: Behavioral biology and the double standard, in S. Wasser: Social Behaviour of Female Vertebrates, New York 1983, 3 - 17.

[8] B. Chapais / S. R. Shulman: An evolutionary model of female dominance relations in primates, Journal of Theoretical Biology 82 (1980), 47 - 89.

[9] J. B. Lancaster: Evolutionary perspectives on sex differences in the higher primates, in A. Rossi: Gender and the Life Course, New York 1984, 3 - 27.

Obwohl die weiblichen Tiere während der Adoleszenz in den meisten Fällen das am Ort verbleibende Geschlecht darstellen und die männlichen Tiere eher das Risiko der Abwanderung in benachbarte Gebiete und Gruppen auf sich nehmen, so gibt es doch bei den höheren Primaten einige sehr interessante Ausnahmen von dieser Regel. Wrangham wendet die Erkenntnisse Wittenbergers auf die bestimmenden Faktoren des Paarungsverhaltens und der Sozialsysteme von Vögeln und Säugetieren an und stellt fest, daß die Abwanderung weiblicher Primaten nach recht zuverlässig voraussagbaren Kriterien verläuft[11]. Wenn sie die Wahl haben, ziehen sie es vor, allein in einem Gebiet zu leben, das ausreichende Nahrungsquellen für sie selbst und ihren Nachwuchs bietet, und sie gestatten männlichen Tieren den Zutritt nur zur Paarungszeit. Dieser Idealzustand ist bei den meisten Arten jedoch nur selten zu finden. Statt dessen sind die weiblichen Tiere häufig gezwungen, Begleiter zu akzeptieren, da diese sie bei der Kontrolle des Zugangs zu den Futterplätzen und bei der Abwehr von Angreifern unterstützen. Wenn weibliche Tiere Begleiter benötigen, so wählen sie oftmals ihre engen weiblichen Verwandten, mit denen sie dann zur gegenseitigen sozialen Unterstützung, Fellpflege und Verteidigung langfristige soziale Bindungen eingehen. Höhere weibliche Primaten sind also sippenorientiert, gesellig und eng verbunden mit ihrer Umgebung und der Gruppe, in die sie hineingeboren wurden. Dies wird besonders häufig beobachtet, wenn die Nahrungsquellen so verteilt liegen, daß gerade ein Bündnis weiblicher Tiere sie besonders wirksam verteidigen kann. Sind die Nahrungsquellen hingegen ungleichmäßig verteilt, doch jeweils sehr reichhaltig, so kann eine einzelne Gruppe sie nur schwer überwachen und verteidigen. In diesem Falle vermeiden verwandte weibliche Tiere die zu erwartende Konkurrenz untereinander, indem sie zum Zeitpunkt der Geschlechtsreife in andere Gruppen abwandern, wobei das männliche Geschlecht am Ort verbleibt.

Es werden immer mehr Primatenarten bekannt, bei denen entweder nur die weiblichen oder aber sowohl die weiblichen als auch die männlichen Tiere mobil sind. Bis heute kennt man neun Spezies, die dieses Verhaltensmuster zeigen: Dschelada und Mantelpavian, rotgesichtiger Langur, Berggorilla, Schimpanse, schwarzer und roter Colobus und schwarzer und roter Brüllaffe[12]. Auch wenn vielleicht nicht alle beob-

---

[10] S. K. Wasser / D. P. Barash: Reproductive suppression among female mammals, Quarterly Review of Biology 58 (1983), 513 - 538.

[11] R. C. Wrangham: On the evolution of ape social systems, Biology and Social Life 18 (1979), 335 - 368; ders.: An ecological model of female-bonded primate groups, Behaviour 75 (1980), 262 - 300; J. F. Wittenberger: The evolution of mating systems in birds and mammals, in P. Marler / J. Vandenbergh: Handbook of Behavioral Neurobiology, Vol. 3, New York 1979, 271 - 349.

achteten Fälle durch Wranghams Hypothese erklärt werden können, so sind sie doch wichtig, weil sie uns daran erinnern, daß Ostrazismus und die Vertreibung aus der Gruppe, in die ein Individuum hineingeboren wurde, unter bestimmten sozioökologischen Bedingungen möglicherweise eine normale Erfahrung weiblicher Individuen darstellen.

Fälle mit mehr Informationsgehalt kennt man von Primatenarten, bei denen Wanderungen einer Minderheit weiblicher Gruppenmitglieder ein voraussagbares Verhaltensmuster darstellen. Die Emigration bestimmter weiblicher Gruppenmitglieder ist inzwischen bei einer ganzen Reihe von Makakenarten beobachtet worden. Die weiblichen Tiere leben bei diesen Arten in matrilinearen Gesellschaften mit strenger Rangordnung[13]. Häufig verlassen die Mitglieder der rangniedrigsten weiblichen Linie oder die jüngeren Mitglieder einer ranghöheren Linie die Gruppe. Entweder wechseln sie als Individuen in eine benachbarte Gruppe, oder eine gesamte Verwandtschaftslinie folgt einem älteren weiblichen Individuum, was zur Gründung einer neuen Gruppe führen kann. Es bestätigt sich immer mehr die Annahme, daß diese weiblichen Individuen das Risiko der Wanderung aus guten Gründen auf sich nehmen, die in direktem Zusammenhang mit ihren Reproduktionsmöglichkeiten stehen. In matrilinearen Gesellschaften mit Rangordnung, wo ein Konkurrenzkampf zwischen den weiblichen Mitgliedern um die Nahrung zu den alltäglichen Gegebenheiten zählt, ist eine signifikante Korrelation zwischen Status und Reproduktionserfolg festzustellen[14].

---

12 R. I. M. Dunbar / E. P. Dunbar: Social Dynamics of gelada baboons. Contributions to Primatology Vol. 6 (1975), 1 - 157; H. Kummer: Social Organization of Hamadryas Baboons, Chicago 1968; R. Rudran: Adult male replacement in one male troop of purple-faced langurs, Folia Primatologica 19 (1973), 166 - 192; A. H. Harcourt: Strategies of emigration and transfer by primates, Zeitschrift für Tierpsychologie 48 (1978), 401 - 420; A. Pusey: Intercommunity transfer of chimpanzees in the Gombe National Park, in D. A. Hamburg / E. R. McCown: The Great Apes, Menlo Park (Ca.) 1979, 465 - 479; T. Strusaker / L. Struhsaker-Leland: Socioecology of five sympatric monkey species in the Kibale Forest, Advances in the Study of Behavior Vol. 9 (1979), 159 - 228; R. Sekulic: Behavior and ranging patterns of a solitary female Red Wowler, Folia Primatologica 38 (1982), 217 - 232.

13 J. J. Burton / F. Fukuda: On female mobility, Journal of Human Evolution 10 (1981), 381 - 386; B. D. Chepko-Sade / T. J. Oliver: Coefficient of genetic relationship and the probability of intrageneological fission in Macaca multata, Behavioral Ecology and Sociobiology 5 (1979), 263 - 278; Chepko-Sade / D. Sade: Patterns of group splitting within matrilineal kinship groups, Behavioral Ecology and Sociobiology 5 (1979), 67 - 86; L. C. Drickamer / S. H. Vesey: Group-changing in free-ranging rhesus monkeys, Primates 14 (1973), 359 - 368; N. Koyama: Changes in dominance rank and division of a wild Japanese monkey troop in Arashiyama, Primates 11 (1970), 355 - 390; U. Mori: Unit formation and the emergence of a new leader, Contributions to Primatology 16 (1979), 156 - 181; J. B. Silk / R. Boyd: Cooperation, competition and mate choice in matrilineal macaque groups, in S. Wasser: Social Behavior of Female Vertebrates, New York 1984, 316 - 349.

Sind die Nahrungsquellen knapp und an bestimmten Stellen konzentriert (also zu verteidigen), dann erfreuen sich weibliche Individuen mit hohem Status eines wesentlich größeren Reproduktionserfolges als die anderen weiblichen Mitglieder ihrer Alterskohorte. Ihre Reproduktionstätigkeit beginnt früher, sie bringen mehr Nachwuchs zur Welt, ihre Geburten finden in kürzeren Abständen statt, die Überlebensquote ihres Nachwuchses liegt höher, und während der Geburtsperiode gebären sie früher.

Der durch die dominanten weiblichen Gruppenmitglieder ausgeübte Ostrazismus in Form von unregelmäßigem und unzureichendem Zugang zu den für eine erfolgreiche Reproduktion notwendigen Lebensgrundlagen ist der unmittelbare Antrieb zum Verlassen der heimatlichen Gruppe für die weiblichen „Pioniere". In den meisten Fällen handelt es sich dabei um die Nahrungsquellen, welche zur Erhaltung der Stillfähigkeit und zur Ernährung des Nachwuchses notwendig sind, doch zählt in manchen Fällen auch der Schutz der männlichen Gruppenführer dazu. Berichte von Haremgesellschaften wie den Berggorillas und den Dscheladas[15] legen die Vermutung nahe, daß periphere weibliche Individuen mit niedrigem Status, welche den Nachwuchs nicht erfolgreich großziehen können, sich wahrscheinlich einem anderen Haremführer zuwenden werden, der sich mehr um die Pflege des gemeinsamen Nachwuchses bemüht. Weibliche Primaten stehen miteinander in Konkurrenz um die für die Aufzucht des Nachwuchses notwendigen Ressourcen ihrer Umwelt. Diese Ressourcen reichen von Nahrung über Wasser und sichere Schlafplätze bis zu männlichem Schutz. Ostrazismus und damit die Verweigerung des Zugangs zu diesen Ressourcen ist der Hauptgrund für Emigration und Immigration höherer weiblicher Primaten. Das Abwandern eines untergeordneten, peripheren weiblichen Primaten und die mögliche Nachfolge gleichrangiger weiblicher Tiere derselben Linie scheinen stets ein Verhaltensmuster darzustellen, welches von der Populationsdichte abhängt. Das bedeutet, daß das Risiko der Wanderung nur gewagt wird, wenn der Zugang zu den in Hinblick auf die Reproduktion lebenswichtigen Ressourcen unzureichend ist und diese Beschränkung auf sozial bedingtem Ostrazismus beruht.

---

[14] D. L. Cheney et al.: Behavioral correlates of non-random mortality among free-ranging female vervet monkeys, Behavioral Ecology and Sociobiology 9 (1981), 153 - 161; W. P. H. Dittus: The social regulation of primate populations, in D. Lindberg: The Macaques, New York 1980, 263 - 286; Mori (N 13); Silk / Boyd (N 13); Y. Sugiyama / H. Ohsawa: Population dynamics of Japanese monkeys, Folia Primatologica 39 (1982), 238 - 263.

[15] Dunbar / Dunbar (N 12); Harcourt (N 12).

III. Ostrazismus und Konkurrenz männlicher Gruppenmitglieder untereinander bei der Reproduktion

Die Konkurrenz bei der Reproduktion ist für die männlichen Individuen ebenso wichtig wie für die weiblichen, konzentriert sich jedoch häufiger auf die Kopulationsmöglichkeiten. Mit anderen Worten bezieht sich der Konkurrenzkampf männlicher Gruppenmitglieder hauptsächlich auf die Zygotenbildung, der weibliche Konkurrenzkampf hingegen auf die zur Entwicklung der Zygote zu einem erwachsenen, fortpflanzungsfähigen Wesen notwendigen Ressourcen. Ausnahmen finden sich lediglich bei jenen Arten, bei denen ein großes Engagement der männlichen Tiere bei der Aufzucht des Nachwuchses notwendig ist. In diesen Fällen nehmen die männlichen Gruppenmitglieder nach Art der weiblichen Primaten teil am Konkurrenzkampf um die Kontrolle der Ressourcen. Bei den nichtmenschlichen Primaten stellen eher die männlichen Tiere das mobile Geschlecht dar. Sie verlassen die Gruppe, in welche sie hineingeboren wurden, ungefähr zur Zeit der Pubertät, schließen sich einer benachbarten Gruppe an, in der ein günstiges Verhältnis von geschlechtsreifen weiblichen und männlichen Mitgliedern besteht und erobern sich einen Platz in der männlichen Hierarchie. Im Lebenszyklus eines männlichen Individuums können durchaus weitere Emigrationen stattfinden[16].

Zum Zeitpunkt der ersten Wanderungen während der Pubertät sind viele männliche Tiere noch nicht voll ausgewachsen und alle noch recht unerfahren. Diese frühen Wanderungen finden in den meisten Fällen zwischen eng benachbarten Gruppen statt und verringern so das Risiko der Individuen, als Beutetier geschlagen zu werden oder zu verhungern, was in unbekanntem Gebiet leichter geschehen kann[17]. Es gibt Hinweise dafür, daß diese Wanderungen erst einsetzen, nachdem das Verhalten der Nachbargruppen eine beträchtliche Zeit lang genau beobachtet wurde[18]. Der tatsächliche Wert dieser vorangehenden Einschätzung wird belegt durch Daten von Cheney und Seyfarth, die besagen, daß elf von zwölf Individuen in der neuen Gruppe ihren Rang verbessern können.

Männliche Tiere beschreiten offensichtlich zwei Wege, welche sie in die neue Gruppe führen. Einer besteht im Anschluß an bereits bekannte

---

[16] N 2.

[17] R. C. Boelkins / A. P. Wilson: Intergroup social dynamics of the Cayo Santiago rhesus, Primates 13 (1972), 125 - 140; Cheney / Seyfarth (N 3); Y. Sugiyama: Life history of male Japanese monkeys, in J. Rosenblatt et al.: Advances in the Study of Behavior, Vol. 3, New York 1976, 255 - 284.

[18] N. G. Caine et al.: Extra-troop orientation in captive macaques, Biology of Behaviour 6 (1981), 119 - 128; Cheney / Seyfarth (N 3).

männliche Individuen, die vielleicht schon früher aus derselben Gruppe in eben diese neue Gruppe überwechselten. Vielfach werden regelmäßige Wanderungen männlicher Tiere zwischen ganz bestimmten Gruppen erwähnt[19]. Der zweite — oft beschrittene — Weg besteht darin, daß ein männliches Individuum seinem Bruder oder Halbbruder entweder zum selben Zeitpunkt oder im nächsten Jahr in die neue Gruppe folgt[20]. Diese unkomplizierten Verbindungen zwischen männlichen Verwandten sind wahrscheinlich hilfreich bei der erfolgreichen Eingliederung der Immigranten in die neue Rangordnung. Zuverlässige Bündnisse stellen im Konkurrenzkampf der männlichen Gruppenmitglieder einen echten Machtfaktor dar.

Der unmittelbare Anlaß für Abwanderungen männlicher Tiere steht oftmals im Zusammenhang mit dem Beginn der Paarungszeit. Ein männliches Individuum wird wahrscheinlich in eine Gruppe mit günstigem Zahlenverhältnis zwischen den Geschlechtern sowie mit einer Anzahl paarungsbereiter weiblicher Tiere wechseln. Die Abwanderung geschieht um so wahrscheinlicher, je enger die weiblichen Mitglieder seiner bisherigen Gruppe mit ihm verwandt sind, oder etwa auch dann, wenn dominante männliche Gruppenmitglieder ihm eine Paarung unmöglich machen[21]. Die Gunst der weiblichen Mitglieder stellt einen wichtigen Faktor bei der Entscheidung dar, ob ein Immigrant in der neuen Gruppe verbleibt oder sie bald wieder verlassen muß. Akzeptieren die weiblichen Gruppenmitglieder ein neu eingewandertes männliches Tier nicht, so bedrängen sie ihn, erzeugen bei den ansässigen männlichen Gruppenmitgliedern Aggressionen gegen den Eindringling und zwingen diesen schließlich zum Verlassen der Gruppe[22]. Wie Raleigh und McGuire im vorliegenden Band zeigen, ist die aktive Anerkennung durch die weiblichen Tiere als deren möglicher Sexualpartner ein kritischer Umstand bei der Entscheidung, ob ein männliches Individuum die Fähigkeit besitzt, an die Spitze einer Rangordnung aufzusteigen. Es wird häufig berichtet, daß sowohl männliche als auch weibliche Primaten ein fremdes oder weniger gut bekanntes Individuum einem gut bekannten als Sexualpartner vorziehen[23]. Darauf kann die Bereitschaft

---

[19] Cheney / Seyfarth (N 3); K. Kawanaka: Intertroop relations among Japanese monkeys, Primates 1973, 113 - 159.

[20] J. Altmann: Age cohorts and paternal sibships, Behavioral Ecology and Sociobiology 6 (1979), 161 - 164; Boelkins / Wilson (N 17); D. B. Meikle / S. H. Vessey: Nepotism among rhesus monkey brothers, Nature 294 (1981), 161.

[21] Cheney / Seyfarth (N 3); C. Packer: Intertroop transfer and inbreeding avoidance in Papio anubis, Animal Behaviour 27 (1979), 1 - 36; Sugiyama (17).

[22] D. L. Cheney: Intergroup encounters among free-ranging vervet monkeys, Folia Primatologica 35 (1981), 124 - 146; Dunbar / Dunbar (N 12); Mori (N 13); C. Packer / A. E. Pusey: Female aggression and male membership in troops of Japanese macaques and olive baboons, Folia primatologica 31 (1979), 212 - 218.

weiblicher Individuen zurückgeführt werden, einen ihnen unbekannten männlichen Immigranten zu akzeptieren.

Ostrazismus zwischen männlichen Individuen begründet sich ebenso wie der zwischen weiblichen Individuen durch die Konkurrenz bei der Reproduktion. Wanderungen zwischen den Gruppen vergrößern die Möglichkeit der Kopulation mit fruchtbaren weiblichen Tieren. Wie Cheney und Seyfarth und Moore und Ali unlängst zusammenfaßten[24], ist die Inzuchtvermeidung ein eher sekundärer Faktor, wenn nicht gar nur eine Begleiterscheinung des Wettbewerbs der männlichen Tiere. Zur Unterstützung dieser These weisen Cheney und Seyfarth auf einen Unterschied hin zwischen den frühen Wanderungen während der Pubertät und späteren Wanderungen. Sie fanden heraus, daß die frühen Wanderungen eher zu engen Nachbargruppen hingehen. Hierdurch werden die mit Wanderungen verbundenen Risiken gemindert, und die Wahrscheinlichkeit eines Bündnisses mit früher abgewanderten Verwandten wird erhöht. Die Inzuchtgefahr hingegen wird keineswegs verringert. Die späteren Wanderungen finden im Durchschnitt nach fünf Jahren statt, also wenn das männliche Tier voll entwickelt ist. Ihre Richtung ist eher zufällig, Immigrationen beruhen weniger auf schnell geschlossenen Bündnissen, und die Tiere entfernen sich weiter von der Gruppe, in die sie hineingeboren wurden. Dadurch wird das Inzuchtrisiko minimiert. Die Absicht der Inzuchtvermeidung stellt mithin keinen primären Faktor im Abwanderungsverhalten männlicher Primaten dar. Als wichtige Beobachtung bleibt festzuhalten, daß die männlichen Primaten beim Übertritt in eine neue Gruppe „Visa“ benutzen, die denen in menschlichen Stammesgesellschaften ähneln, nämlich sexuelle und verwandtschaftliche Beziehungen.

IV. Ostrazismus und der Lebenszyklus

Wir haben gesehen, daß die Wanderbewegungen ganzer Verwandtschaftslinien weiblicher Primaten von der Populationsdichte abhängen, ferner eine Form von Ostrazismus und nicht den Ausdruck eines sexuell motivierten Wandertriebes darstellen. Weiterhin haben wir die zeitliche Abfolge der Wanderbewegungen im männlichen Lebenszyklus beobachtet und erkannt, daß der Antrieb dazu primär in der Konkurrenz der männlichen Tiere bei der Reproduktion und nur sekundär in der Inzuchtvermeidung liegt. Obwohl die männlichen Primaten das mobilere

---

23 I. S. Bernstein et al.: Behavioural and hormonal responses of male rhesus monkeys introduced to females, Animal Behaviour 25 (1977), 609 - 614; Pusey (N 12).

24 Cheney / Seyfarth (N 3); Moore / Ali (N 3).

Geschlecht darstellen, bedeutet dies nicht, daß alle männlichen Individuen zum selben Zeitpunkt im Lebenszyklus abwandern oder daß überhaupt alle männlichen Tiere einmal abwandern. Demographischen Daten zufolge liegt der gefährlichste Zeitpunkt im Lebenszyklus der männlichen Primaten in den Jahren direkt nach der Pubertät, bei den weiblichen Primaten hingegen in der frühen Jugendphase[25]. Diese Beobachtungen bestätigen erwartungsgemäß unsere Annahme, daß Wanderbewegungen männlicher Primaten in der Adoleszenzphase mit besonderen Gefahren in Hinblick auf Konkurrenzkämpfe, Raubtiere und fehlende Nahrungsquellen in unbekanntem Gebiet verbunden sind. Stellen die weiblichen Primaten das seßhafte Geschlecht dar, so sind ihre größten Konkurrentinnen die anderen weiblichen Tiere. Diese richten ihre Aggressionen bevorzugt gegen die relativ wehrlosen jugendlichen Töchter niedrigrangiger weiblicher Individuen. Die Todesrate junger weiblicher Tiere, welche an Krankheit oder Unterernährung eingehen, liegt in solchen Gesellschaften sehr hoch.

Der Status, den die Mutter eines männlichen Individuums innehat, kann ausschlaggebend dafür sein, wie lange sein Verbleiben in der Gruppe, in welche er hineingeboren wurde, toleriert wird[26]. Die Söhne hochrangiger Mütter wandern oft als letzte ab, oder aber sie verbleiben in der Gruppe und erlangen eine hohe Stellung in der Rangordnung. Dies trifft besonders dann zu, wenn es sich um eine große Gruppe handelt, in der eine Anzahl nicht-verwandter weiblicher Tiere als Sexualpartner vorhanden ist[27]. In kleinen Gruppen mit nur einem männlichen Tier kann ein Sohn als Helfer seines Vaters fungieren und möglicherweise dessen Führungsposition übernehmen[28]. Das Aufschieben der Abwanderung erweist sich als besonders vorteilhaft für jene Arten, bei denen männliche und weibliche Tiere eine unterschiedliche Gestalt besitzen. Während der Adoleszenz stehen viele männliche Primaten nicht nur vor dem Problem der Abwanderung in ein fremdes Gebiet und der Eroberung einer Position in einer neuen Rangordnung. Gleichzeitig müssen sie bis zur Verdoppelung ihres Körpergewichts wachsen. Ein solch enormes Wachstum geschieht wesentlich leichter unter dem Schutz der Gruppe, in die man hineingeboren wurde. Es gibt Fälle, in denen männliche Individuen während dieser Periode ihres Lebenszyklus als Einzelgänger oder in ausschließlich männlichen Gruppen leben und sich somit vollkommen aus der Arena des Geschlechter-

---

25 Dittus (N 14).

26 D. I. Rubenstein: Reproductive value and behavioral strategies: Coming of age in monkeys and horses, in P. P. G. Bateson / P. H. Klopfer: Perspectives in Ethology, Vol. 5, New York 1982, 469 - 487.

27 Sugiyama (N 17).

28 Harcourt (N 12); Kummer (N 12).

wettbewerbs zurückziehen, bis sie die Körpergröße des erwachsenen Tieres erreicht haben[29]. Untersuchungen bei japanischen Makaken haben gezeigt, daß erste Wanderbewegungen im Alter zwischen drei und sieben Jahren auftreten, wobei niedriger Rang mit früher Abwanderung verbunden ist. Dieser Zeitunterschied legt die Vermutung nahe, daß dem heranwachsenden männlichen Tier eine Anzahl von Verhaltensalternativen zur Verfügung steht. Die Entscheidung für eine dieser Möglichkeiten findet anhand eines ganzen Komplexes verschiedener Faktoren statt. Dazu zählen der Status der Mutter, die Anwesenheit des Vaters oder anderer männlicher Verwandter und die Frage der Anzahl der männlichen Konkurrenten in den verschiedenen Nachbargruppen[30].

V. Schlußbetrachtung

Ostrazismus, definiert als Ausschluß von den für eine erfolgreiche Reproduktion notwendigen Ressourcen und Möglichkeiten aus sozialen Gründen, ist in Primatengesellschaften ein weit verbreiteter Mechanismus, durch den ein Individuum seinen Reproduktionserfolg auf Kosten der anderen Individuen zu maximieren trachtet. Bei männlichen Tieren äußert sich dieser Prozeß zumeist als Konkurrenzkampf um die Kopulationsmöglichkeit mit einem paarungsbereiten weiblichen Tier (Zygotenbildung), bei den weiblichen Primaten hingegen führt er zum Konkurrenzkampf um die zur Aufzucht dieser Zygote zum erwachsenen Tier notwendigen Ressourcen. Der aus dieser Konkurrenz innerhalb der Geschlechter erwachsende Ostrazismus ist häufig so stark, daß er zur Abwanderung der weniger erfolgreichen Individuen in andere Gruppen führt, die bessere Reproduktionsmöglichkeiten eröffnen. Diese Wanderungen sind mit einem hohen Risiko behaftet, da sie eine Erhöhung der Sterblichkeit und Krankheitsanfälligkeit zur Folge haben. Trotzdem bleiben Ostrazismus, Emigration und Immigration die grundlegenden sozialen Prozesse, durch welche das Verhältnis von Ressourcen zu Individuen von einem Jahr zum nächsten ausgeglichen wird. Auch wenn diese Anpassungen aufgrund individueller „Entscheidungen" und „Strategien" zur Optimierung des individuellen Reproduktionserfolges vorgenommen werden, liegt ihre übergeordnete Wirkung in eben dieser dauernden Umverteilung von Individuen entsprechend den für die Reproduktion entscheidenden Ressourcen.

---

[29] W. J. Hamilton / R. L. Tilson: Solitary male chacma baboons in a desert canyon, American Journal of Primatology 2 (1982), 149 - 158; Sugiyama (N 17).

[30] Rubenstein (N 26).

PRÜGELKNABEN BEI PRIMATEN UND EIN TÖDLICHER KAMPF IN DER ARNHEIMER SCHIMPANSENKOLONIE

Von Frans B. M. de Waal*

Obwohl soziale Integration und soziales Ausstoßen funktionelle Gegensätze darstellen, überschneiden sich ihre ursächlichen Mechanismen in gewisser Hinsicht. Sowohl soziales Ausstoßen als auch soziale Integration gehen oft mit Aggression einher. Einweihungsriten bei Menschen z. B. erscheinen oberflächlich betrachtet wie ein Versuch, potentielle Mitglieder durch grobe Behandlung und durch Beleidigungen auszuschließen. In Wirklichkeit aber stellen derartige Riten Prüfungen dar, in denen der Kandidat seine Bereitschaft beweist, sich der Gruppe mit Loyalität anzuschließen[1]. Im ersten Teil dieses Beitrags möchte ich die Grenze zwischen bindenden und ausschließenden sozialen Mechanismen bei nichtmenschlichen Primaten untersuchen. Mir geht es insbesondere darum aufzuzeigen, wie Aggression innerhalb einer Gruppe oder einer Untergruppe abreagiert werden kann, um den Frieden aufrechtzuerhalten. Dieses Verhaltensprinzip führt dazu, daß rangtiefe Gruppenmitglieder zu Prügelknaben werden, an denen die anderen ihre aggressiven Spannungen entladen.

Das andere Extrem ist die soziale Ächtung von ranghohen Mitgliedern. Sie kommt verhältnismäßig selten vor und ist eine alternative Lösung des gleichen Problems. Bei ihr werden Spannungen innerhalb der Gemeinschaft nicht an anderen abreagiert, sondern einer der Hauptstörenfriede wird ausgeschlossen oder gar ganz beseitigt. Der zweite Teil dieses Beitrags wird von einem außergewöhnlichen, dramatischen Vorfall berichten, in dem der Führer einer Schimpansenkolonie durch andere Männchen angegriffen, tödlich verletzt und dabei kastriert wurde. Obwohl dieser Kampf selbst nicht beobachtet wurde, bildete er den Höhepunkt einer Reihe ernster Aggressionen innerhalb der Kolonie. Wir kennen genug Einzelheiten vorangegangener und nachfolgender Ereignisse, um die Beweggründe und die näheren Umstände dieses an „politischen Mord“ bei Menschen erinnernden Vorfalls zu rekonstruieren.

---

* Wisconsin Regional Primate Research Center, Madison (WI).

[1] H. Gerard / G. Mathewson: The effects of severity of initiation on liking for a group, J. Exp. Soc. Psychol. 2 (1966), 278 - 287.

I. Prügelknaben, ein zweischneidiges Schwert

1. Festigung der Beziehungen

Einen ausführlichen Bericht über die Gruppenbildung bei japan. Makaken in Gefangenschaft hat Kawai veröffentlicht. Die meisten Gewalttaten fanden nicht während, sondern erst nach der Einführung von neuen Gruppenmitgliedern statt. Die Neulinge wurden in diesen Auseinandersetzungen Rangletzte in der Gruppe, und sie zeigten die Tendenz, aus dem Käfig zu entfliehen. Sie blieben in Ecken und vermieden soweit wie möglich den Kontakt mit anderen. Einige von ihnen wurden jedoch zu Opfern rasender, manchmal sogar tödlicher Massenangriffe. Diese Angriffe schienen mehr als bloße Versuche, die neuen Mitglieder auszuschließen. Es ist gut möglich, daß sie wesentlich dazu beitrugen, die Beziehungen zwischen den Senioren der Gruppe zu festigen. Kawai beobachtete:

> „Obwohl die Gruppenmitglieder versuchten, eine geordnete Rangordnung zu bilden und ihre sozialen Beziehungen zu festigen, waren diese noch labil, wodurch die Tiere reizbar erschienen. Unter solchen Bedingungen kann die Gruppe versuchen, durch Aggression gegen spezifische Individuen mit Angst und sozialer Instabilität fertig zu werden. In der stabilen, natürlichen Truppe sind kompensatorische Ausbrüche von Angriffen an der Tagesordnung, um soziale Spannungen und Frustrationen abzubauen. In der neu zusammengestellten Gruppe aber sind die soziale Ordnung und die Rangbeziehungen noch nicht gefestigt, und unter diesen Umständen neigen die Tiere dazu, ihre Aggressivität gezielt gegen ganz bestimmte Individuen zu richten. Dieser Mechanismus scheint die Stabilität der Gruppenintegration zu festigen[2]."

Hinweise auf solche Prügelknaben kann man bei Kummer, Alexander und Bowers, Elton und Anderson, Shapiro und Swenson et al. finden[3]. Meine eigenen Beobachtungen von Java-Affen in Gefangenschaft lieferten die ersten systematischen Daten über dieses Phänomen. Zu Beginn der Beobachtung waren zwei Weibchen, die zwei Jahre vorher in

---

2 M. Kawai: A field experiment on the process of group formation in the Japanese monkey, Primates 2 (1960), 181 - 253, 244.

3 H. Kummer: Soziales Verhalten einer Mantelpavian-Gruppe, Bern 1957; B. Alexander / J. Bowers: Social organization of a troop of Japanese monkeys, Folia Primatol. 10 (1969), 230 - 242; R. Elton / B. Anderson: The social behavior of a group of baboons under artificial crowding, Primates 18 (1977), 225 - 234; D. Shapiro: The aggressive strategy of individual vervets during long fights, in D. Chivers / J. Herbert: Recent Advances in Primatology, London 1978, 593 - 596; L. Swenson et al.: Effects of rank on female removed in Macaca memestrina, in Chivers / Herbert ebd., 585 - 587.

die bereits fest etablierte Gruppe eingesetzt worden waren, noch immer Opfer aggressiver Koalitionen. Wir sprachen sogar von der „Zwart-Ecke“ als der Ecke des Käfigs, in der das Weibchen Zwart ihre täglichen Prügel bekam. Es kam aber gelegentlich auch vor, daß die beiden Neulinge ortsansässige Tiere lausten oder dicht bei ihnen saßen; sie blieben aber dennoch stets ängstlich. Sobald ein Konflikt zwischen ranghohen Mitgliedern der Gruppe ausbrach, kam es meist zu den für Makaken so typischen Radfahrerreaktionen, die fast ausnahmslos in einem Massenangriff gegen einen der beiden Prügelknaben gipfelten.

Im Durchschnitt machte jedes Mitglied der Gruppe bei 5 % aller gegen die Prügelknaben gerichteten Aggressionen mit. Es gab sogar einige ranghohe Tiere, die an 20 % aller gegen die Prügelknaben gerichteten Aggressionen beteiligt waren. Dies bedeutet, daß Aggressoren fast immer Unterstützung fanden, wenn sie sich an diesen unglücklichen Weibchen vergriffen. Zudem ergaben sich zwei Lawineneffekte: a) Je höher die Zahl der Aggressoren war, desto größer war die Wahrscheinlichkeit, daß weitere Aggressoren sich anschlossen, b) die Tendenz, aggressiv zu werden, war in großen Koalitionen stärker als in kleinen oder bei Angriffen einzelner[4].

Als Zwarts erstes Kind zur Welt kam, wurde es schnell das Ziel von Massenaggression. Glücklicherweise wurde es jedoch vom Alphamännchen der Truppe geschützt, wodurch es nur selten physisch angegriffen wurde. Einige große, ranghohe Individuen hatten die Angewohnheit, sich laut drohend um Zwarts Kind zu versammeln; das Kleine aber schenkte ihnen kaum Beachtung. Zu einer ähnlichen Entwicklung kam es, als das zweite Prügelknaben-Weibchen geschlechtsreif wurde. Zwei Jahre später betrug die Tendenz, bei Angriffen gegen Zwart und ihr Kind mitzumachen, nur noch 0,5 %, bei Angriffen gegen das zweite Mutter-Kind-Paar 1 %; dies lag im Normalbereich. Die soziale Eingliederung dieser beiden Weibchen in die Gruppe schien demnach durch die Geschlechtsreife und/oder das Gebären von Kindern begünstigt worden zu sein[5].

Prügelknaben gibt es auch in stabilen Gruppen, meist in Zeiten hoher sozialer Spannung. In einer anderen Gruppe der gleichen Art protokollierten wir eine beträchtliche Zunahme aggressiver Koalitionen nach einem unbeobachteten Kampf zwischen den zwei ranghöchsten Männchen. Das Alphamännchen Akim hatte in dieser Auseinandersetzung eine tiefe Wunde abbekommen. Es verhielt sich auffallend nervös (zit-

[4] F. de Waal et al.: An ethological analysis of types of agonistic interaction in a captive group of Java-monkeys, Primates 17 (1976), 257 - 290.

[5] de Waal: The organization of agonistic relationships within two captive groups of Java-monkeys, Zeitschrift für Tierpsychologie 44 (1977), 225 - 282.

terte buchstäblich) — ja sogar unterwürfig —, wann immer sein erwachsener Sohn, Konrad, sich ihm näherte. Der jüngere Konrad war viel größer als Akim (Konrad wog 9 kg, Akim 5,6 kg) und hatte diesen wahrscheinlich aus reiner Notwehr gebissen, da er weder vor noch nach dem Zwischenfall jemals ausfällig gegen Akim gewesen war. Eine seltsame Lage ergab sich nun: Akim schien bereit, sich zu unterwerfen, aber Konrad wollte sich nicht behaupten.

Einige Tage lang herrschte hohe Spannung zwischen den beiden, und sie terrorisierten die Gruppe, indem sie gemeinsam rangniedrige Affen angriffen und heftig bissen. Vor diesen Attacken tauschten sie Afforderunggesten aus (blickten einander schnell mit ruckartigen Kopfbewegungen an), um sich dann gemeinsam auf ihre Opfer zu stürzen. Die Lage stabilisierte sich allmählich, und Akim blieb der Boß. Es dauerte jedoch ein gutes halbes Jahr, bis die zwei bei der Körperpflege und beim Spiel wieder zusammen gesehen wurden[6].

2. *Der gemeinsame Feind*

Prügelknaben sind ein extremer Fall eines weitverbreiteten Phänomens: die bindende Wirkung eines gemeinsamen Feindes. Lorenz hatte schon auf die positive Funktion der gemeinsamen Aggression gegen Fremde in der Paarbildung von Vögeln aufmerksam gemacht[7]. Kummer beschreibt, wie die Feindschaft zwischen zwei weiblichen Geladapavianen sich recht schnell in eine temporäre Freundschaft verwandelte, nachdem jüngere, neu in ihren Käfig eingesetzte Affen ihnen Anlaß gaben, ihre Kräfte zu vereinen[8]. Wade berichtet von einer signifikanten Zunahme des Kontaktverhaltens und gleichzeitiger Abnahme des Aggressionsverhaltens bei weiblichen Rhesusaffen nach Einsetzen eines fremden Weibchens[9]. Auch Welker u. a. fanden, daß fortdauerndes Kämpfen in einer Kapuzineraffengruppe aufhörte, sobald eine zweite Gruppe in einem benachbarten Käfig etabliert wurde. Die beiden Autoren sprechen von einem „Gruppenbewußtsein" gegenüber anderen Gruppen oder Untergruppen, das dazu beiträgt, Rivalitäten innerhalb der eigenen Gruppe zu neutralisieren[10]. In diesem Zusammenhang ist folgende Feld-

---

[6] de Waal: The wounded leader. A spontaneous temporary change in the structure of agonistic relations among captive Java-monkeys, Neth. J. Zool. 25 (1975), 529 - 549.

[7] K. Lorenz: Vergleichende Bewegungsstudien an Anatinen, Suppl. J. Ornith. 89 (1941), 194 - 294; ders.: On Aggression, New York 1966.

[8] H. Kummer: Primate Societies, Chicago 1971.

[9] T. Wade: The effects of strangers on rhesus monkey groups, Behaviour 56 (1976), 194 - 214.

[10] C. Welkerf et al.: Die Kapuzinerkolonie der Universität Kassel, Zeitschrift Kölner Zoo 26 (1983), 115 - 126.

beobachtung erwähnenswert: Kämpfe zwischen verschiedenen Verbänden von Mantelpavianen resultieren gewöhnlich aus Streitigkeiten zwischen Mitgliedern ein und desselben Verbandes. Kummer interpretiert dies als eine Umleitung der Aggressionsspannung auf Gruppenfremde[11].

Zumpe und Michael untersuchten die vereinte Aggressionsableitung bei Rhesusaffen-Paaren. Sexuelle Annäherungen und Sexualverkehr schienen durch Drohungen, die vom Partner weg gerichtet wurden, positiv beeinflußt zu werden. Solche Drohungen fanden sogar auch dann statt, wenn kein lebendes Objekt oder passendes Ziel vorhanden war. Die Autoren vermuten deshalb, daß die zwei betroffenen Affen eine „Halluzination" eines derartigen Reizes hatten[12]. An Javaneraffen beobachtete ich, wie die Teilnehmer einer größeren, unentschiedenen Auseinandersetzung manchmal zum Wasser liefen, um ihre Spannungen dadurch zu entladen, daß sie gemeinsam ihre eigenen Spiegelbilder bedrohten[13]. Die Schimpansen des Zoos in Arnheim pflegten in solch einer Situation ein aggressives „Wraah"-Lautkonzert gegen die benachbarten Geparden anzustimmen, obgleich diese währenddessen fast nie zu sehen waren. Diese Beobachtungen weisen darauf hin, wie wirksam der Mechanismus des gemeinsamen Feindes sein kann: Wenn keine wirklichen Feinde vorhanden sind, scheinen Primaten einen Feind einfach zu erfinden.

Alle bisher erwähnten Untersuchungen beziehen sich auf Affen, die in Gefangenschaft gehalten wurden. Gleichwohl handelt es sich um ein interessantes Phänomen. Das Ziel der Verhaltensforschung besteht ja nicht nur darin, das natürliche Verhalten, sondern auch das gesamte Verhaltenspotential einer Tierart zu ergründen. Die Beobachtung im natürlichen Habitat ist natürlich ein wichtiger Teil dieser Bemühung; eine Dichotomie zwischen natürlichem und unnatürlichem Verhalten ist jedoch unfruchtbar. Auch Feldforscher haben sich über die bindende Funktion von aggressiven Koalitionen Gedanken gemacht[14]. Der genaue Mechanismus, wie aggressive Auseinandersetzungen zur Bindung beitragen können, ist noch nicht ganz klar; es ist aber durchaus vorstellbar, daß die herbeigeführte Spannungsverminderung dabei eine wesentliche Rolle spielt. Auch unter Freiheitsbedingungen kommt es vor, daß Indi-

---

[11] H. Kummer: Social Organization of Hamadryas Baboons, Basel 1968.

[12] D. Zumpe / R. Michael: Redirected aggression and gonadal hormones in captive rhesus monkeys, Anim. Behav. 18 (1970), 11 - 19.

[13] N 4.

[14] D. Cheney: Extrafamilial alliances among vervet monkeys, in R. Hinde: Primate Social Relationships, Sunderland (MA) 1983, 278 - 286; J. Kaplan: Patterns of fight interference in free-ranging rhesus monkeys, Am. J. Phys. Anthrop. 47 (1977), 279 - 288.

viduen von anderen Partnern unterstützt werden, ohne daß sie hierauf wirklich angewiesen sind, da sie ihrem Gegner ganz klar überlegen sind. In Wildaffengruppen richteten sich 27 %[15], 43 %[16] und 52 %[17] aller Koalitionen gegen rangtiefe Mitglieder.

Wenn Aggressionsallianzen — ganz im Gegensatz zu Schutzallianzen — tatsächlich gespannte Beziehungen unter Ranghohen widerspiegeln, dann würde man erwarten, daß sie unter Gefangenschaftsbedingungen häufiger vorkommen als im Freien, weil es in Gefangenschaft schwieriger ist, Spannungen zu vermeiden. Diese Annahme gründet sich auf Untersuchungen an Makaken[18] und konnte an Daten überprüft werden, die in der Arnheimer Schimpansenkolonie erhoben wurden; diese Tiere leben jeden Sommer im Freien auf einer großen Insel, im Winter jedoch in einer geschlossenen Halle. Im Winter erhöhte sich die Frequenz sowohl von aggressiven als auch von freundlichen sozialen Verhaltensweisen[19]. In diesem besonderen Fall sind wir nun nicht so sehr an einer Änderung der Häufigkeiten, sondern vielmehr am *Verhältnis* zwischen zwei verschiedenen Arten der Einmischung interessiert: entweder zugunsten der Aggressoren oder aber zum Schutz der Opfer.

Die Befunde über die erwachsenen Weibchen bestätigen obige Voraussage: Die Schimpansenweibchen prügelten ihre Opfer nicht mit der Hartnäckigkeit und Heftigkeit, wie sie in neuetablierten Makakengruppen typischerweise zu beobachten ist, doch zeigten sie eine drastische Änderung im Verhältnis von Aggressions- zu Schutzallianzen. Unter den beengten Verhältnissen neigten sie dazu, vornehmlich Aggressoren zu unterstützen, und diese Tendenz wurde besonders bei ranghohen Weibchen deutlich[20]. Erwachsene Männchen dagegen machten keine großen Unterschiede bei ihren Interventionen. Aus der Annahme, daß soziale Spannung Aggressionsallianzen fördert, folgt, daß eine Verringerung der interindividuellen Distanz bei Weibchen einen stärkeren Effekt auf die soziale Spannung hat als bei Männchen. Dieser Unterschied ist nicht überraschend, wenn man bedenkt, daß in freier Wildnis Schimpansenweibchen längst nicht so dicht beisammen leben wie erwachsene Männchen[21].

---

[15] Kaplan (N 14).

[16] S. Datta: Patterns of agonistic interference, in Hinde (N 14), 289 - 297.

[17] K. Watanabe: Alliance formation in a free-ranging troop of Japanese macaques, Primates 20 (1979), 459 - 474.

[18] N 5.

[19] K. Nieuwenhuijsen / de Waal: Effects of spatial crowding on the social behaviour of chimpanzees, Zoo Biol. 1 (1982), 5 - 28.

[20] de Waal: The reconciled hierarchy. On the integration of dominance and social bonding in primates, im Erscheinen.

[21] D. Bygott: Agonistic behavior and dominance in wild chimpanzees, Diss. Cambridge 1974; R. Wrangham: Sex differences in chimpanzee dispersion, in

Versöhnungsverhalten liefert ein letztes Beispiel der spannungsregulierenden und sozialbindenden Effekte der Aggression. Bei der „Versöhnung" handelt es sich um einen intensiven, freundlichen Kontakt kurz nach einer Auseinandersetzung zwischen ehemaligen Feinden. Bei Schimpansen dient typischerweise ein Mundkuß[22], bei Rhesusaffen eine Umarmung mit Lippenschmatzen[23] als Zeichen der Versöhnung. Bei Schimpansen kommt es manchmal vor, daß Individuen die Versöhnung vorbereiten, indem sie unbeteiligte Zuschauer kurz bedrohen oder verjagen. Rhesusaffen zeigen dieses Verhalten besonders häufig. Unsere Untersuchungen ergaben, daß Angriffe gegen Dritte die typischste Versöhnungsstrategie der Spezies darstellt[24]. Sie ist ziemlich harmlos, da die Aggression sich hauptsächlich auf mimische und vokale Drohäußerungen beschränkt. In Makakengruppen kann man derartiges „Hassen" ständig beobachten. Das allgemeine Prinzip dieser Taktik läßt sich wie folgt formulieren: „Wenn Du nicht weißt, wie Du mit einem Ranghohen Kontakt aufnehmen sollst — egal aus welchem Beweggrund — bedrohe einen anderen Affen und versuche dadurch den Ranghohen zunächst für Dich zu gewinnen (z. B. indem Du präsentierst). Wenn er (bzw. sie) sich Deinem Drohen anschließt, so steht Deinem Annäherungsversuch nichts im Weg."

3. *Schlußfolgerung*

Aggressives Hassen bestimmter rangtiefer Gruppenmitglieder sowie die Wirkungen des gemeinsamen Feindes wurden für nichtmenschliche Primaten diskutiert. Bei der sozialen Ächtung können diese Mechanismen eine Rolle spielen, indem sie wie ein doppelschneidiges Schwert wirken: Ein Abreagieren von Aggression dient zum einen dazu, die etablierte soziale Ordnung aufrechtzuerhalten, indem Individuen ausgeschlossen werden, die den Status quo gefährden; es dient zum anderen dazu, interne Konflikte durch Entladung sozialer Spannungen vorübergehend auszubügeln.

D. Hamburg / E. McCown: The Great Apes, Cummings (CA) 1979, 480 - 489; T. Nishida: The social structure of chimpanzees of the Mahale Mountains, in Hamburg / McCown: ebd. 73 - 121.

[22] de Waal / A. van Roosmalen: Reconciliation and consolation among chimpanzees, Behav. Ecol. Sociobiol. 5 (1979), 55 - 66.

[23] de Waal / D. Yoshihara: Reconciliation and redirected affection in rhesus monkeys, Behaviour 85 (1983), 224 - 241.

[24] Ebd.

II. Gewalttätigkeit unter Schimpansenmännchen

Nach einem Kampf im Nachtkäfig, den drei erwachsene Schimpansenmännchen bewohnten, war eins der Männchen tödlich verwundet. Vor zehn Jahren wäre dieser Zwischenfall als „abnormal" (d. h. durch Überbevölkerung und Streß verursacht) abgetan worden, und die vorherrschende Rousseauische Vorstellung von der Friedfertigkeit der Menschenaffen wäre intakt geblieben. Heutzutage paßt dieser Zwischenfall in das Gesamtbild illusionsloser Beobachtungen von Gewalttaten und Kannibalismus unter Menschenaffen, die in ihrem natürlichen Habitat leben[25].

Die erwachsenen Männchen, die in den oben erwähnten Kampf verwickelt waren, gehören zu der größten Schimpansenkolonie der Welt, die seit 1971 im Arnheimer Zoo in Holland gehalten wird. Vier erwachsene Männchen, neun erwachsene Weibchen und eine wachsende Zahl Jugendlicher (mindestens 10 während des besagten Zeitabschnittes) lebten 8 Monate im Jahr auf einer etwa einen Hektar großen Insel, im Winter in einer gewärmten Halle. Der Zwischenfall geschah im Herbst 1980, nach Jahren friedlicher Koexistenz derselben Individuen unter gleichen Bedingungen. Die Kolonie hat eine Fülle von Daten über Versöhnungsverhalten und andere Formen der Spannungsregulierung geliefert[26]. So hat sich gezeigt, daß erwachsene Männchen darum bemüht sind, sich gegenseitig zu beschwichtigen; in Rangstreitigkeiten verwikkelte Kontrahenten lausen einander auffallend oft. Der später noch zu schildernde Zwischenfall wird aber zeigen, daß solche Beschwichtigungsmechanismen nicht unfehlbar sind.

Um die Ursache der Gewalt herauszufinden, soll die vorangehende Entwicklung im Jahr 1980 erörtert werden. Die Hintergründe lassen sich jedoch nur richtig verstehen, wenn man die an anderer Stelle ausführlich geschilderte Vorgeschichte der Gruppe zwischen 1975 und 1979 kennt[27]. Im Nachfolgenden werden die entscheidenden Ereignisse dieser Vorgeschichte skizziert.

---

[25] J. Goodall: Life and death at Gombe, Nat. Geographic 155 (1979), 592 - 621; dies. et al.: Intercommunity interactions in the chimpanzee population of the Gombe National Park, in Hamburg / McCown (N 21); D. Fossey: The imperiled mountain gorilla, Nat. Geographic 159 (1981), 501 - 523; ders.: Gorillas in the Mist, Boston 1983; T. Nishida et al.: Predatory behavior among wild chimpanzees of the Mahale Mountains, Primates 20 (1979), 1 - 20.

[26] de Waal / van Roosmalen (N 22); de Waal: Unsere haarigen Vettern, München 1983.

[27] de Waal: Unsere haarigen Vettern, München 1983.

1. Die Ereignisse der vorangegangenen Jahre

Dominanz unter Schimpansen läßt sich an bestimmten Lautäußerungen erkennen. Dabei handelt es sich um ein regelrechtes Grüßen, ausgedrückt in einer Folge kurzer, schnaubender, schnell hervorgestoßener „Huu, huu"-Laute. Hierbei nimmt der Untergeordnete eine gebeugte Stellung ein und schaut zum Ranghöheren auf. Dieses Verhalten wird zwischen zwei Individuen ausschließlich in einer Richtung gezeigt[28], ganz im Gegensatz zu anderen, häufig widersprüchlichen ranganzeigenden Situationen der Konkurrenz und Aggression. Aus diesem Grund gilt der unterwürfige Gruß als ein Indikator *formalen* Ranges[29].

Am Anfang hielt das älteste Männchen Yeroen die Spitzenposition der Arnheimer Kolonie. Als das rangzweite Männchen, Luit, im Sommer 1976 aufhörte, gegenüber Yeroen Unterlegenheitsgesten zu zeigen, und gleichzeitig anfing, ihn durch laute Imponierveranstaltungen herauszufordern, halfen alle erwachsenen Weibchen Yeroen dabei, seine Stellung zu behaupten. Luit dagegen bekam Unterstützung gegen die Weibchen, und zwar vom dritten Männchen, Nikkie, das viel jünger war als die beiden anderen. Nikkie unterstützte Luit nur gegen Yeroens Verbündete, nie aber gegen Yeroen selbst; ich habe dies deshalb eine „offene" Koalition genannt. Nach einigen Monaten begann Yeroen tatsächlich, zunächst Luit und später dann auch Nikkie unterwürfig zu grüßen.

Das neue Alphamännchen, Luit, wetteiferte jeden Tag mit seinem früheren Koalitionspartner Nikkie, um Kontakte zum ehemaligen Boß anzuknüpfen. Beide waren darum bemüht, ganz nahe beim Ex-Chef zu sitzen und diesen zu lausen; beide versuchten, sich gegenseitig daran zu hindern. Nach etwa einem Jahr bildeten Yeroen und Nikkie eine „geschlossene" Koalition gegen Luit. Luit hatte inzwischen die Loyalität von fast allen Weibchen gewonnen und dadurch seine Position beachtlich gestärkt. In den folgenden Monaten erwies sich diese Position jedoch als zu schwach gegenüber der Kampfmacht der zwei anderen Männchen. Luits Schicksal erinnert an das Paradox des Machtgleichgewichts „Stärke ist Schwäche", indem die stärkste von drei im Wettkampf stehenden Parteien fast immer Kooperation gegen sich heraufbeschwört, da die schwächeren Parteien mehr dabei zu gewinnen haben, wenn sie sich vereinen und den Gewinn dann teilen, als wenn sie die stärkste Partei unterstützen, die eh versuchen wird, den Gewinn für sich allein in Anspruch zu nehmen. Letztlich wurde Nikkie durch Yeroens Unterstützung

---

[28] Bygott (N 21); R. Noë et al.: Types of dominance in a chimpanzee colony, Folia Primatol. 34 (1980), 90 - 110.

[29] N 27.

das Alphamännchen der Kolonie, geriet dabei aber gleichzeitig vollkommen in dessen Abhängigkeit.

Unsere laufenden Beobachtungen zeigten, daß Nikkies Position sich mit den Jahren festigte. Die bedeutendste Entwicklung im Zusammenhang der skizzierten Ereignisse war eine auffallende Änderung von Nikkies Beziehung zu Luit in Zeiten sexueller Konkurrenz. Ursprünglich sicherte sich Yeroen das Vorrecht auf sexuell interessante Weibchen, indem er je nachdem entweder die Unterstützung von Luit oder die Unterstützung von Nikkie ausnützte und dabei gleichzeitig beide Männchen gegeneinander ausspielte. Diese Schaukelpolitik versetzte Yeroen in eine mächtige Schlüsselposition. Eine ähnliche Strategie wurde von Nishida bei einem älteren untergeordneten Männchen in der Wildnis beobachtet[30].

Gegen Ende 1978 schwand Yeroens Erfolg allmählich, da die beiden anderen Männchen nicht mehr mitmachten. Ich habe dies als „Nichteinmischungspakt" zwischen Luit und Nikkie interpretiert. Diese bemerkenswerte Beziehung, die nur in Zeiten sexueller Rivalität in Erscheinung trat, entwickelte sich mit den Jahren immer weiter.

2. *Wachsende Spannungen*

Die Aufzeichnungen des Jahres 1980 beginnen mit der Bemerkung, daß dies der erste Winter war, den die Kolonie in fast vollkommener Harmonie verbrachte. In früheren Wintern war das Aggressionsniveau relativ hoch gewesen, in diesem Winter dagegen schienen die Schimpansen auffallend ruhig und entspannt. Die Lage innerhalb der Männchentriade war stabil, und das Bündnis zwischen Nikkie und Yeroen gegen Luit war so fest wie eh und je. Die zwei herrschenden Männchen trennten Luit oft von den ranghohen Weibchen ab. Dadurch unterbanden sie Kontakte, die mit der Zeit Luits soziale Stellung durchaus hätten festigen können. Die Rangbeziehung zwischen den zwei älteren Männchen, Yeroen und Luit, war und blieb unentschieden seit Nikkies Aufstieg zum Alphamännchen.

Die ersten Monate im Freien waren ebenfalls entspannt. Krom, eines der erwachsenen Weibchen wurde allmählich sexuell attraktiv. Ihre beiden ersten Östren verursachten aber nur unwesentliche Spannungen zwischen den Männchen. Während einer der ersten Tage von Kroms drittem Östrus jedoch beobachteten wir einen Kampf, der wahrscheinlich entscheidend für das Verständnis der nachfolgenden Ereignisse ist. Am

[30] T. Nishida: Alpha status and agonistic alliance in wild chimpanzees, Primates 24 (1983), 318 - 336.

Vormittag des 4. Juli 1980 gab es Anzeichen der „offenen" Koalition zwischen Nikkie und Luit. Diese auf den Kontext sexueller Konkurrenz beschränkte Koalition war schon seit einigen Jahren bekannt. Als nun Yeroen damit anfing, Krom sexuelle Anträge zu machen, näherten sich Nikkie und Luit mit gesträubtem Fell. Sofort verließ Yeroen das Weibchen, nicht ohne Nikkie kurz zu rempeln und Luit einen Schlag zu versetzen. Daraufhin schrien alle drei Männchen, während Nikkie und Luit sich wechselseitig wiederholt bestiegen.

Stunden später saßen die drei Männchen unter einem Baum, in dem Krom saß. Als Luit Anstalten machte, zu ihr hochzuklettern, begann Yeroen zu schreien und abwechselnd zu Luit und Nikkie zu blicken. Dies veranlaßte Luit, wieder herunterzukommen und sich den beiden anderen Männchen zu nähern, woraufhin alle drei ein Heulkonzert anstimmten. Nach einigen Minuten kletterte Luit wieder in den Baum. Yeroen schrie jetzt Luit laut an, appellierte aber gleichzeitig an Nikkie, indem er diesem die Hand entgegenstreckte. Nikkie aber entfernte sich vom Schauplatz. Yeroen reagierte sofort, indem er Nikkie ohne jegliche Warnung attackierte, ihn von hinten ansprang und ihn in den Rücken biß. Die Konfrontation wurde noch verwickelter, als einige Weibchen Yeroens Partei nahmen und eingriffen, während das viertrangige Männchen Nikkie zur Seite sprang. Zur gleichen Zeit jagte ein anderes Weibchen Krom vom Baum herunter. Die entscheidende Beobachtung dieses Tumults war Yeroens augenblickliche, heftige Reaktion, als ihm Nikkie die Unterstützung gegen Luit verweigerte.

3. Ende der Koalition

a) Der erste ernste Kampf

Am 6. Juli, zwei Tage nach dem oben erwähnten Konflikt, fand ein unbeobachteter Kampf im Nachtkäfig der drei Männchen statt. Nach den Verletzungen, die zwei der Männchen aufwiesen, muß es der schlimmste Kampf unter Männchen seit der Gründung der Arnheimer Kolonie gewesen sein. Nikkie hatte tiefe Wunden an fast allen Finger- und Zehenspitzen, am Gesäß und am Ohr. Auch Yeroens Finger und Zehen waren zerbissen und geschwollen, mehrere Nägel und eine Zehenspitze fehlten. Luit dagegen hatte nur eine oberflächliche Kratzwunde abbekommen. Bei Kämpfen unter Männchen sind Verwundungen normalerweise selten; wenn sie jedoch vorkommen, dann fast immer an Händen und Füßen. Es war also nicht die Lage der Wunden, sondern ihre große Zahl, die diesen Kampf ungewöhnlich erscheinen ließ. Nie zuvor hatte eines unserer Männchen ein Stück vom Finger oder Zeh im Kampf eingebüßt.

Gemessen an der Anzahl der Wunden gab es weder einen Sieger noch einen Verlierer; dennoch verhielt sich Nikkie ganz deutlich so, als wäre er der Verlierer. War er bis zu dieser Nacht ein großes, imposantes Alphamännchen gewesen, so war er jetzt nicht mehr wiederzuerkennen, so klein, deprimiert und erbärmlich sah er aus. Obwohl Luit in den eigentlichen Kampf nicht sehr verwickelt gewesen schien, ging er als neues dominantes Männchen hervor. Es ist schwer, diese Entwicklung dyadisch zu verstehen; die Erklärung ist jedoch einfach, wenn man die triadische Struktur in Betracht zieht. Die vorangegangenen Jahre hatten viele Beweise dafür geliefert, daß Yeroen und Nikkie sich gegenseitig *brauchten,* um Luit in Schach zu halten. Es war also zu erwarten, daß Luit mit dem Zusammenbruch dieser Koalition wieder die Oberhand gewinnen würde. Daß dies tatsächlich der Fall war, wird durch die nachfolgenden Beobachtungen erklärt.

Die einzige andere Rekonstruktion der Ereignisse wäre, daß Luit eigenhändig die beiden Opponenten verletzt und besiegt hätte. Wie die nachfolgenden Ereignisse bestätigen, hätte eine solche Leistung Luits körperliche Fähigkeiten aber bei weitem überstiegen.

b) Entscheidungen über die weitere Haltung der Tiere

Die vier erwachsenen Männchen unserer Kolonie waren seit Mai 1978 gemeinsam in zwei miteinander verbundenen Nachtkäfigen gehalten worden. Das vierte Männchen, Dandy, hatte sozusagen die Wahl und schlief manchmal zusammen mit den anderen oder aber für sich ganz allein (Letzteres tat er während des ganzen hier berichteten Zeitabschnittes). Nach dem Kampf zwischen Yeroen, Nikkie und Luit entschieden wir, die drei Männchen eine Woche lang von der Gruppe abzusondern. Außerdem ließen wir sie nur unter Überwachung zusammenkommen. Zunächst ging alles gut; die drei Männchen verbrachten den Tag gemeinsam in einer der Innenhallen, die Nacht dagegen jedes für sich allein in Einzelkäfigen. Nach einer Woche durften sie tagsüber wieder zur Gruppe, nachts hielten wir sie aber noch in getrennten Käfigen.

Im Laufe einiger Wochen machte es der betreuenden Tierpflegerin zunehmende Schwierigkeiten, die Männchen für die Nacht getrennt einzusperren. Yeroen versuchte hartnäckig, zusammen mit Nikkie in ein und denselben Käfig zu schlüpfen. Wenn ihm dies gelang, wurde Luit sehr erregt; er weigerte sich, in seinen eigenen Käfig zu gehen und griff aus Protest manchmal sogar die Tierpflegerin durch das Gitter hindurch an. Genau die gleiche Reaktion zeigte Yeroen, wenn Luit und Nikkie in ein und den gleichen Käfig gingen. Sobald es zwei geschafft hatten zusammenzukommen, schien der Dritte auf keinen Fall allein bleiben zu wollen.

Nach ungefähr sieben Wochen entschieden wir, nicht mehr einzugreifen und es den Männchen zu überlassen, sich für die Nacht jeweils selbst zu arrangieren. Diese Entscheidung entlastete die Tierpflegerin von der zeitraubenden und nervenaufreibenden, manchmal bis spät abends andauernden Aufgabe, die Männchen voneinander zu trennen. Damals meinte ich, daß Schimpansen die Grenzen ihrer Beziehungen besser einschätzen können als wir Beobachter. Vielleicht stimmt das auch. Daß der von uns den Männchen letztlich doch zugebilligte Wunsch, nachts zusammenzusein, eine so unglückliche Folge hatte, heißt nicht unbedingt, daß sich die Tiere der heraufbeschworenen Gefahr nicht bewußt gewesen wären.

c) Erprobung neuer Koalitionen

Während der ganzen zehn Wochen zwischen dem ersten und dem zweiten ernsten Kampf verhielt sich Nikkie sehr unterwürfig gegenüber Luit; er lag gleichsam im Staub vor ihm. Yeroen dagegen war viel weniger untertan und erwiderte Luits Einschüchterungsversuche oft damit, daß er selbst zu imponieren begann. Aber sogar Yeroens verhaltene „Grüße" an Luit wiesen auf einen großen Wandel ihrer bisherigen Beziehung hin, in der es bisher keinerlei Anzeichen formaler Dominanz gab.

Noch viele andere Anzeichen wiesen auf eine andauernde Spannung unter den erwachsenen Männchen hin. Auf Grund ständiger Positionsverschiebungen lassen sich die Beziehungen nur schwer zusammenfassen. An einem Tag notierten wir, daß Luit eine Koalition mit Dandy (dem rangvierten Männchen, das ganz plötzlich mehr in den Vordergrund trat) anzustreben schien; am nächsten Tag sahen wir, daß Luit und Nikkie eine gemeinsame Imponierschaustellung in großen Kreisen um die zwei anderen, panisch schreienden Männchen veranstalteten; hieraus schlossen wir auf eine sich anbahnende Luit-Nikkie Koalition. Ich glaube, es läßt sich am besten so ausdrücken: Die Männchen erprobten alle möglichen Unterstützungskombinationen, mit Ausnahme der Yeroen-Luit-Verbindung. Für Yeroen schien die Wiederherstellung der Koalition mit Nikkie den Vorrang vor allen anderen möglichen Alternativen zu haben. Sobald Luit und Nikkie beisammen waren, schrie der frustrierte Yeroen und folgte ihnen auf Schritt und Tritt. Er versuchte es oft, bei Nikkie zu sitzen und diesen zu lausen.

Sowohl Krom als auch ein anderes erwachsenes Weibchen, Spin, wurden zu dieser Zeit sexuell attraktiv. Nikkie wagte es fast nie, diesen beiden Weibchen nahezukommen und paarte sich statt dessen öfters mit jungen Weibchen. Yeroen und Luit dagegen bemühten sich sehr eifrig um die zwei erwachsenen Weibchen; doch waren letztere ganz offensichtlich weniger ansprechbar als sonst. Insgesamt protokollierten wir 19 Begattungen, von denen nur eine einzige auf Luit entfiel. Unter Umständen waren der Mangel an absoluter Dominanz über Yeroen sowie die Ungewißheit potentieller, gegen ihn gerichteter Koalitionen der Grund für Luits gedämpfte Sexualaktivität. Wie dem auch sei, er machte während der 2. Hälfte dieser Zeit einen sehr nervösen Eindruck.

4. *Der verhängnisvolle Kampf*

In der Nacht vom 12. auf den 13. September 1980 wurde der Nachtkäfig der Männchen rot von Blut. Als wir früh morgens ankamen, schien Eintracht zu herrschen. Die Tiere waren relativ ruhig, und die Pflegerin hatte Mühe, sie voneinander zu trennen. Bemerkenswerterweise war Luit sehr darauf bedacht, bei den zwei anderen Männchen zu bleiben, obwohl diese ihn in der Nacht schlimm zugerichtet hatten.

Luits tiefe Wunden klafften an seinem Kopf, an seinen Flanken, am Rücken, am After und am Hodensack. Besonders schlimm waren seine Füße zugerichtet (am einen Fuß fehlten ein, am anderen sogar mehrere Zehen). Er hatte auch Bißwunden an den Händen (mehrere Nägel fehlten). Die grauenhafteste Entdeckung aber war das Fehlen seiner beiden Hoden. Alle Luit fehlenden Körperteile fanden wir später auf dem Käfigboden.

Die nähere Untersuchung auf dem Operationstisch zeigte, daß ganz gegen unsere Vermutungen Luits Hodensack nicht aufgerissen war. Wir fanden statt dessen mehrere relativ kleine, ein bis drei Zentimeter große Löcher vor. Wie die meisten anderen Wunden wurden sie mit großer Wahrscheinlichkeit durch Eckzähne verursacht. Unklar blieb, wie die Hoden aus dem Hodensack herausgekommen waren.

Dreieinhalb Stunden lang bemühten sich der Zootierarzt, Piet de Jong, und sein Assistent, Hans Roest, Luit am Leben zu erhalten. Für die Versorgung der Wunden wurden 100 bis 200 Einzelnähte gesetzt. Am Abend jedoch starb Luit in seinem Nachtkäfig, noch bevor er aus der Narkose aufwachte (ihm war eine geringe Dosis von 0,5 mg/kg Sernylan verabreicht worden). Die Hauptursachen für seinen Tod müssen sowohl der Streß als auch der Blutverlust gewesen sein. Solange Luits Leiche noch im Käfig lag, herrschte vollkommene Stille unter den anderen Schimpansen der Kolonie, die schon alle im Schlafquartier waren. Auch am folgenden Morgen und sogar noch zur Fütterungszeit hörte man kaum einen Laut. Erst nachdem Luits Leiche aus dem Gebäude herausgetragen worden war, kam wieder Leben unter die Tiere.

Um den zweiten Kampf im Nachtkäfig zu rekonstruieren, muß man beachten, daß Luit das einzige Männchen war, das ernsthafte Wunden aufwies. Nikkie war unversehrt, Yeroen hatte zwar zahlreiche, jedoch kleine, oberflächliche Kratz- und Schnittwunden. Luit war ein starkes Männchen, zweifellos stärker als Yeroen und mindestens ebenso stark wie Nikkie. Deshalb ist meiner Meinung nach der auffallend ungleiche Ausgang des Kampfes nur so zu erklären, daß Nikkie und Yeroen sich mit vereinten Kräften auf Luit gestürzt haben. Vielleicht umklammerte einer von den beiden Luit von hinten, während der andere von vorne biß.

Eine andere Erklärung wurde anläßlich eines Vortrags über dieses Unglück von Tierärzten angeboten. Die anderen Männchen hätten vielleicht einen Überraschungsangriff auf Luit vorgenommen, während dieser fest schlief. Es wäre denkbar, daß ein schwerer Schlag oder Biß in die Hoden Luit eine Zeitlang gelähmt hat, während der die Angreifer ein leichtes Spiel gehabt hätten, sich auf ihr Opfer zu stürzen. Es ist jedoch fraglich, ob eine schmerzbedingte Lähmung lange genug für einen derartigen wilden Überfall anhält. Alle Böden, Wände, Gitter und sogar die Drahtdecke auf beiden Nachtkäfigen waren mit Blut beschmiert und bespritzt, das Stroh war durchwühlt. Dies alles spricht für ein langandauerndes Ringen, Verjagen und Fluchtversuche. Wenn man die zahlreichen Wunden in Betracht zieht, die Luit zugefügt wurden, und das Durcheinander im Käfig, dann muß der Kampf über fünfzehn Minuten lang gedauert haben. Es ist deswegen sehr unwahrscheinlich, daß sich Luit die ganze Zeit hindurch nicht von der Stelle gerührt hat.

5. Ein neues Dreieck

Nachdem Luit für die Behandlung isoliert worden war, entließen wir am Morgen des 13. September Nikkie und Yeroen in die Gruppe. Das erste, was geschah, war ein ungewöhnlich heftiger Angriff des ranghohen Weibchens Puist gegen Nikkie, so furienhaft, daß Nikkie sein Heil auf einem Baum suchte. Puist allein hielt ihn dort mindestens zehn Minuten lang in Schach, indem sie schrie und Nikkie immer dann angriff, wenn er versuchte, wieder herunterzuklettern. Bisher war Puist immer Luits Hauptverbündete unter den Weibchen gewesen.

Im Laufe des Tages zeigten alle Gruppenmitglieder reges Interesse an den zwei Männchen, indem sie diese lausten und eifrig untersuchten. Von diesem Tag an begann Dandy eine bedeutendere Rolle als bisher zu spielen. Er suchte wiederholt den Kontakt mit Yeroen, wobei er sich heftig gegen Nikkies Trennungsversuche wehrte. In den folgenden Monaten legten sich die Spannungen innerhalb des neuen Männchendreiecks. Am 14. Oktober wurde Nikkie das erste Mal von Yeroen unterwürfig begrüßt. Den ganzen Herbst hindurch pflegten Yeroen und

Nikkie ungewöhnlich engen Kontakt miteinander und lausten sich gegenseitig sehr häufig. Danach wurde ihre Beziehung wieder genauso innig wie früher, und Dandy wurde der gemeinsame Rivale.

III. Schlußfolgerung

Es ist sehr wahrscheinlich, daß unter Freilandbedingungen ein Männchen, daß sich wie Luit plötzlich in einer sozial äußerst riskanten Lage befindet, anderen Männchen aus dem Wege gehen würde. Daß Männchen an der Peripherie bleiben oder bei Spannungen innerhalb der Gruppe diese ganz verlassen, wurde von Riss und Goodall und von Nishida berichtet[31]. Das Leben an der Grenze des Territoriums kann aber gefährlich sein, weil erhöhtes Risiko besteht, von benachbarten Männchen angegriffen zu werden. Ein Verlassen der Gruppe kommt für wilde Schimpansenmännchen scheinbar gar nicht in Frage: Sie sind gleichsam Gefangene ihrer eigenen Truppe. Kawanaka diskutiert das Leben an der Peripherie als eine Art des Ausgestoßenseins; er bezeichnet es als ein „In-die-Verbannung-Gehen"[32].

Den Gewaltausbruch in der Arnheimer Schimpansenkolonie kann man nicht mit einfachen Konzepten wie Streß oder Überbevölkerung erklären. Obgleich die Nachtkäfige zugegebenerweise klein sind, kamen die Männchen darin fast 800 Nächte gut miteinander aus. Obendrein waren die Tiere nicht gezwungen, denselben Nachtkäfig miteinander zu teilen. Ich würde eher sagen, daß die Unterkunftsbedingungen zusammen mit dem Wunsch der Männchen, beisammen zu bleiben, lediglich einen *Anlaß* darstellten. Die Umstände ermöglichten den fatalen Angriff, erklären jedoch nicht seine Ursache.

Die Beobachtungen weisen darauf hin, daß komplizierte soziale Vorgänge zumindest dem ersten großen Kampf zwischen den zwei Partnern der herrschenden Koalition zugrunde lagen. Als Yeroen Nikkies Aufstieg zum Alphamännchen unterstützte, hatte er den Respekt der Gruppe wieder zurückgewonnen; außerdem hatte er wieder damit begonnen, am Geschlechtsleben rege teilzunehmen. Ich neige dazu, dies als einen „Kuhhandel" zu betrachten, dessen Einhaltung von Yeroen genau kontrolliert wurde. Als Nikkie sich an die Abmachung nicht mehr hielt und sich im sexuellen Rivalitätskontext mehr und mehr an Luit hielt, brach Yeroen das Bündnis.

---

[31] Ebd.

[32] K. Kawanaka: Association, ranging, and the social unit in chimpanzees of the Mahala Mountains, Int. J. Primatol. 5 (1984), 411 - 434.

Das sich ergebende Machtvakuum wurde sofort gefüllt, und Luit wurde über Nacht ohne große Mühe der Boß. Er machte aber einen sehr unsicheren Eindruck. Vielleicht war er sich aufgrund früherer Erfahrungen genau darüber im klaren, daß seine Stärke gleichzeitig auch seine Schwäche war. Es läßt sich schwer sagen, ob der fatale Angriff auf Luit mit dem Ziel vorgenommen wurde, Klarheit einfach dadurch zu schaffen, daß einer der Rivalen umgebracht wurde, oder ob es ein Akt rasender Frustration Yeroens und Nikkies war, ausgelöst durch den plötzlichen Rangverlust nach der Bündnisauflösung, oder ob eine andere Ursache dahintersteckte. Wie dem auch sei, Klarheit wurde geschaffen.

DRITTER TEIL

Die Sicht der Soziologie und Anthropologie

OSTRAZISMUS UND DAS PROBLEM, ETWAS AUS EINEM SYSTEM HERAUSZUWERFEN

Von Paul Bohannan*

Dieser Beitrag behandelt soziale Systeme und die Methoden und Ergebnisse, wenn Personen oder Sachen aus einem System gedrängt werden. Als grundlegende Voraussetzung für diesen Beitrag gilt, daß soziale Systeme andere soziale Systeme enthalten können — d. h., daß wir Systeme in den Systemen erkennen können. Für die vorliegende Diskussion will ich bei Systemen vier Ebenen unterscheiden, wenn wir sie auch für die vielen Beispiele nicht alle brauchen werden. Die Ebenen können folgendermaßen benannt werden:

1. Das Kleinsystem.
2. Das Untersystem.
3. Das Hauptsystem.
4. Das Megasystem.

Erste Hypothese dieses Beitrages ist, daß wenn eine Sache oder eine Person aus einem System ausgestoßen wird (System Eins), sie in ein anderes System eintreten wird (System Zwei).

Die zweite Hypothese lautet: Die ausgestoßene Sache oder Person kann von ihrer neuen Stellung im System Zwei aus auf das alte System Eins einwirken.

Ein einleuchtendes — und nicht auf Personen bezogenes — Beispiel kann man im Bereich der Umweltverschmutzung finden. Nehmen wir an, ein Industrieunternehmen ist ein Hauptsystem mit Untersystemen. Nehmen wir weiter an, daß eine Holzfabrik am Lake Superior eines dieser Untersysteme ist (die Fabrik selbst enthält Minisysteme). Die Fabrik wirft „weg", was sie als „Abfall" betrachtet, indem sie ihn in den See kippt — der Abfall ist nun außerhalb des Untersystems Fabrik. Jedoch verbleibt der Abfall definitiv innerhalb des Megasystems aller Menschen und aller Organisationen, die von der Wasserqualität im Lake Superior abhängen, und kann daher auch für das Industrieunternehmen, das Hauptsystem, von Bedeutung sein.

---

* Dean, Social Sciences and Communication, University of Southern California, Los Angeles.

Zum politischen Problem wird: Worin besteht die Verantwortung des Industrieunternehmens im Hinblick auf das Handeln eines seiner Untersysteme? Obwohl eines seiner Untersysteme seinen „Abfall" „weg-"wirft, benutzt das Hauptsystem (das Unternehmen) — nehmen wir das einmal an — Wasser aus dem Lake Superior für andere Zwecke und braucht dafür Wasser mit einem bestimmten Reinheitsgrad. Oder, um das Beispiel auszuweiten, ein informelles Interessen-„Konsortium", das Wasser aus dem Lake Superior benutzt (ein Megasystem), wendet sich an das Unternehmen (das Hauptsystem) und fordert von ihm, daß es den Schaden behebt, der von seiner Fabrik (dem Untersystem) durch das „Weg-"werfen angerichtet wurde. Oder, um das noch weiter fortzuführen, das übergeordnete Megasystem (die Umweltschutzbehörde), unterstützt von verschiedenen Systemen im Gesamtsystem, geht gegen das Unternehmen und die Fabrik vor.

Mit anderen Worten: Etwas, das von einem System „weg"-geworfen wurde, wird mitten in ein anderes System versetzt. Auf der Ebene des höheren Systems gibt es kein „Weg" — der unbrauchbare „Abfall" ist immer noch vorhanden. Im Falle von Verschmutzung, die durch unbrauchbare Sachen, die „weg-"geworfen wurden, verursacht wurde, können wir feststellen, daß das letztlich betroffene Megasystem das Gesamtsystem ist — d. h. alles auf der Erde kann davon in Mitleidenschaft gezogen werden. Zu entscheiden, was wirklich „weg" ist — d. h., was von den Leistungen natürlicher Kräfte wie etwa normaler Oxydierung, die die Atmosphäre nicht verändert, aufgefangen oder korrigiert werden kann —, kann sich als sehr schwierig erweisen.

Vor dem Hintergrund dieses Beispiels über den weggeworfenen Abfall können wir uns dem Problem Ostrazismus zuwenden. Ostrazismus stellt das Wegwerfen eines Mitglieds der Gesellschaft dar, das Wegwerfen einer Person, die eine Funktion ausübt. Genau wie bei den weggeworfenen Sachen müssen wir uns fragen, ob das Herauswerfen einer Person aus einem Untersystem entweder ein Hauptsystem oder ein anderes Untersystem, das Teil des Hauptsystems ist, beeinflußt. Wirkt die Tätigkeit eines Kleinsystems letztlich auf das Megasystem? Die Grundfrage bleibt dabei immer „Was bedeutet das: ‚Weg'"? In eine auf die Gesellschaft bezogene Ausdrucksweise gefaßt, ist das das Problem von Ostrazismus: wie wirft man Menschen „weg"?

Lassen Sie uns ein einfaches Beispiel nehmen: ein Arbeiter wurde von seinem Arbeitgeber (einem Untersystem) vorübergehend freigestellt oder entlassen. Der Arbeitgeber hat nach Arbeitsrecht ein Recht, das zu tun, so wie die Beschäftigten ein Recht zur Kündigung haben. Es ist Teil des Vertrages, daß jede Partei den Vertrag ändern oder annullieren kann, wenn bestimmte Bedingungen (was meistens als „Kündigungsfrist" bezeichnet wird) eingehalten werden. Jedoch kann ein anderes Untersystem, als Gewerkschaft bezeichnet, einen Vertrag mit dem Unternehmen geschlossen haben, der auf die Möglichkeit des Unternehmens einwirkt, von seinem Recht zur Kündigung von Arbeitern Gebrauch zu machen. Darüber hinaus kann die Regierung (ein Hauptsystem in diesem Fall? ein anderes Untersystem?) dabei beteiligt sein. Gesetze über die Rechte ethnischer Minoritäten oder Frauen (Hauptsysteme? Untersysteme?) können es zum Beispiel so gut wie unmöglich machen, einen Beschäftigten einfach zu entlassen. Bei einer Universität (einem Untersystem) wird sich die Fakultät den Regeln einer „Anstellungsordnung" unterwerfen, die von der amerikanischen Vereinigung der Universitätsprofessoren (einem weiteren Untersystem) festgelegt worden ist, und die Universität wird diese Bestimmungen nicht verletzen, weil sonst die Gerichte eingreifen würden (ein Zweig der Regierung, die ein Hauptsystem darstellt). Um ein für viele von uns vertrautes Beispiel zu nehmen: Jeder Dekan und viele Lehrstuhlinhaber würden liebend gerne über eine wirkungsvolle und faire Methode verfügen, wie man unpassende und/oder störende Fakultätsmitglieder los wird.

Oder nehmen wir die Einrichtung von Ächtung und Verbannung, die es in vielen Gesellschaftsordnungen in der Vergangenheit regulär gab und die auch heute noch gelegentlich auftritt: Die äußerste Bestrafung kann aus der Verbannung bestehen, wenn es keine Gefängnisse gibt (Einrichtungen für die von der Gesellschaft Geächteten, die es uns erlauben, diese Leute wegzuwerfen, indem wir sie, wenn auch unzureichend, in bestimmten Plätzen im System unterbringen) oder keinen Gulag (Ostrazismus ist ein Hauptthema bei Schriftstellern wie Solschenizyn) oder keine anderen Mittel, um Mitglieder der Gesellschaft, die nicht mit den herrschenden Kräften zusammenarbeiten, loszuwerden oder zu kontrollieren. Ächtung und Verbannung bedeutet den Verlust der Staatsbürgerschaft und vielleicht den Bruch von Verwandtschaftsverhältnissen — d. h. der einzelne wird in eine Welt ohne soziale Bindungen ausgewiesen. Er wird von dem Gesellschaftssystem zweifellos genauso weggeworfen, wie der „Abfall" von der Fabrik weggeworfen wird. Oberflächlich betrachtet scheint es in einer kleinräumigen Gesellschaft, wie sie die griechischen Stadtstaaten darstellen, ein „Weg"-werfen aus der Gesellschaft zu geben. Wenn die ausgewiesene Person den Stadtstaat verlassen hat, dann ist sie dem Anschein nach nicht mehr innerhalb eines umfassenderen Systems. Trotzdem gibt es Beispiele von verbannten Personen, die Armeen aufgestellt haben und zurückgekehrt sind — von außerhalb kann eine Person dem System immer noch eine Menge Ärger bereiten. Man erinnert sich dabei auch an die biblischen Geschichten von Nomaden und Seßhaften — die bäuerliche Gesellschaft sah Nomaden nicht als Teil des Systems.

Daher können wir die Hypothese aufstellen, daß die Komplexität, die durch jede bestimmte Art von Ostrazismus erzeugt wird, mehr oder weniger der Größe und Komplexität des sozialen Systems entspricht, in dem ein Bestandteil eines seiner Mitglieder wegwirft. Je größer und komplexer das soziale System ist, um so schwieriger ist es, eine Person aus allen Teilsystemen zu verbannen. Und schließlich kann eine Person, die außerhalb aller bekannten sozialen Systeme steht, immer noch ein bedeutender Teil eines unbekannten sozialen Systems sein. Der alte Scherz über die gesellschaftliche Entsprechung der Hauptsätze der Thermodynamik (man kann nicht gewinnen; man kann keinen Ausgleich erzielen; man kann nicht zusammenbrechen) kann mehr als ein bloßer Scherz sein. Ist jede Form von Ostrazismus eine Illusion?

Um ein anderes Beispiel zu nehmen, das aus dem alten Afrika stammt: Es gibt aufgezeichnete Fälle, daß Westafrikaner ihre straffällig gewordenen Sippenangehörigen in die Sklaverei verkauften. Bei den Tiv in Nigeria, mit denen ich mich Mitte des 20. Jahrhunderts befaßt habe, wurde im späten 19. Jahrhundert dabei so verfahren, daß zunächst eine einfache Zeremonie vollzogen wurde, bei der eine Kalebasse in zwei Teile zerbrochen wurde, was den Bruch der Sippenzugehörigkeit bedeutete, Danach wurden jegliche Sippenbindungen, die vor der Zeremonie bestanden, für irrelevant erklärt. Der „Verkauf" des neuen „Sklaven" konnte erfolgen, weil er oder sie nun zu „Fremden" erklärt wurden. Und Fremde galten als Freiwild. (Ein Sklave ist jedenfalls, sehr vereinfacht ausgedrückt, eine Person, die in ein Sippensystem durch nicht sippengemäße Vorgehensweise oder in ein kommerzielles System durch nicht vertragsmäßige Vorgehensweise gezwungen wird.)

Einen Sippenangehörigen in die Sklaverei zu verkaufen, ist sicherlich eine Form von Ostrazismus. Dieser Sippenangehörige wurde aus dem Kleinsystem gedrängt, aus der Sippe. Aber der abgewiesene Sippenangehörige hört nicht auf, ein Mitglied der Gesellschaft zu sein: er wird nur zum Mitglied einer anderen sozialen Gruppe, in die er durch einen anderen sozialen Mechanismus eingeführt wird (Sklaverei statt Sippenzugehörigkeit). Die räumliche und die gesellschaftliche Entfernung zwischen der zurückweisenden und der aufnehmenden Gruppe ist entscheidend. Bei dem versklavten Afrikaner konnte das nächst höhere System natürlich bis weit ins 19. Jahrhundert hinein den Sklaven noch weiter ächten (wenn das ein einfühlsamer Gebrauch dieses Wortes ist), indem sie ihn einem Händler verkaufte, der ihn in die Neue Welt schaffte.

Andere Mitglieder dieser Konferenz haben bereits darüber diskutiert, wie Ostrazismus von vielen sozialen Systemen, die Familie eingeschlossen, angewandt wird. Ich möchte den restlichen Teil dieses Beitrags auf verschiedene Formen der versuchten oder vollendeten Zurückweisung und des Ostrazismus in die Stieffamilie verwenden. Das erfordert, daß ich mit der Scheidung beginne.

Scheidung stellt keinen Ostrazismus dar. Sie kann einen Einschnitt in das System bedeuten, und in einigen Fällen kann sie dazu führen, daß Menschen Systeme verlassen. Aber Scheidung an sich zerstört keine Systeme. Eines der Dinge, die Geschiedene entdecken, ist, daß ein Exgatte nicht weggeworfen wird, sondern zu einem Exgatten wird, der zu einem fast genauso großen Problem wie der Gatte werden kann. Um es vornehmer auszudrücken: wenn ein Bestandteil des Familiensystems auseinanderbricht (oder grundlegend geändert wird), erfordert das eine Neuorganisation des Systems. Jedoch wird durch eine Scheidung niemand getilgt. Wie wir alle wissen, ist die einzige Beziehung, die eine Scheidung tatsächlich *zerstören* kann, die Beziehung zwischen Mann und Frau — und wir wissen auch alle, daß die Beziehung tatsächlich nur in eine Beziehung zwischen Exmann und Exfrau umgewandelt wird. Die Beziehung zwischen der Mutter und dem Vater eines Kindes kann nicht zerstört werden: sie sind beide gemeinsam die Eltern, selbst wenn sie dem inhaltlich keine Bedeutung mehr beimessen wollen. Jedoch müssen sie, wenn sie beide ihren kleinen Kindern Eltern bleiben wollen, gemeinschaftlich irgendwie eine elterliche Bindung aufrechterhalten (dabei spielt es keine Rolle, wie minimal sie ist oder über welche Vermittler sie läuft). Alle anderen Beziehungen in der Kernfamilie bleiben erhalten — ihre Qualität wird von der Scheidung berührt, aber die Beziehungen an sich bleiben. Daher scheint es mir zum gegenwärtigen Zeitpunkt, daß eine Scheidung nur minimal, sofern überhaupt, mit Ostrazismus in Zusammenhang gebracht werden kann.

Bei der Scheidung wird der Haushalt der Kernfamilie meistens in zwei Haushalte umgewandelt: der Elternteil, dem das Sorgerecht nicht zugesprochen wurde, führt einen Haushalt: der sorgerechtstragende Elternteil und die Kinder den anderen. Der Haushalt hat sich durch die Scheidung vollkommen geändert, nicht aber die Familienstruktur. Eine der bedeutendsten Erkenntnisse der letzten Jahre besteht darin, daß die Scheidung nicht die Familien zerstört: durch sie werden Haushalte aufgelöst, und es wird erforderlich, daß sich Familien neu organisieren. Eine Art, diese Situation zu betrachten, würde darin bestehen zu sagen, daß der nicht sorgerechtstragende Elternteil aus dem Haushalt verbannt wurde. Ob wir hier von Ostrazismus sprechen, ist eine Frage der Definition und des Motivs seitens des Vertreibers und des

Vertriebenen. Hier kommt dann das Recht ins Spiel. Außer in Fällen von geteiltem oder gemeinsamem Sorgerecht unterscheidet das Gesetz zwischen den Rechten der einzelnen Elternteile über die Kinder in Angelegenheiten, in die das Rechtssystem bei der Kernfamilie normalerweise nicht eingreift (wenn das das richtige Wort ist). Daher ist bei der Entscheidung darüber, ob nun „tatsächlich" Ostrazismus vorliegt oder nicht, mit Sicherheit ein größeres System beteiligt.

Es gibt zwei Haupttypen von Familien nach der Scheidung: die zweizellige Familie mit geteiltem oder gemeinsamem Sorgerecht und die zerfallene Familie mit dem Sorgerecht nur eines Elternteils. Die zweizellige Familie stellt einen ernsthaften Versuch dar, die Beziehung zwischen Exmann und Exfrau so zu definieren, daß keiner geächtet wird. Bei der zerfallenen Familie ist etwas, das Ostrazismus gegenüber dem einen oder anderen Elternteil ähnelt, mehr oder weniger enthalten (das Problem der Metapher wird wahrscheinlich alle unsere Untersuchungen über Ostrazismus heimsuchen). Je nach Verhalten des nicht sorgerechtstragenden Elternteils ist der sorgerechtstragende Elternteil in der Lage, viele Forderungen zu erheben, die den nicht sorgerechtstragenden Elternteil stärker ächten (unterliegt Ostrazismus Abstufungen?). Die Situation kann für das partiell geächtete Mitglied so unangenehm gemacht werden, daß es die Distanzierung noch weiter treiben wird. Ein Teil des Problems für Angehörige einer zerfallenen Familie besteht darin, daß der Ostrazismus und seine Ethik nicht angemessen entwickelt wurden — wir haben uns statt dessen hinter oberflächlichen Ideen über „zerbrochene" Familien versteckt. Es wird Zeit, daß wir das aufarbeiten.

Das Kind einer gut verlaufenen Scheidung[1] kann als Mitglied von zumindest zwei Haushalten betrachtet werden, wie das Buch einer Therapeutin es ausdrückt: Mamas und Papas Haushalt[2]. Die „Familie" ist der Struktur nach intakt — es handelt sich um eine zweizellige Familie statt um eine Kernfamilie. Die Verbindung zwischen den Elternteilen hat sich verändert, bleibt aber lebensfähig.

Jedoch verändert sich bei Wiederverheiratung eines Elternteils die Situation — das sich daraus ergebende Gesamtsystem kann sehr komplex sein. Eine Wiederverheiratung führt zu neuen Systemen. Zunächst entstehen durch sie verschiedene Arten von gemeinsamen Zugehörigkeiten. Eine wiederverheiratete Mutter gehört immer noch zu einer zweizelligen Familie mit ihren Kindern und ihrem Exmann. Aber sie gehört nun auch zu einer Stieffamilie mit ihrem neuen Ehemann,

---

1 Dazu Bohannan: All The Happy Families, New York 1984.

2 Isolina Ricci: Mom's House, Dad's House, New York 1980.

seinen Kindern und ihren eigenen Kindern. Ihre Kinder gehören sowohl zu der zweizelligen Familie als auch zu der Stieffamilie. Der neue Ehemann und seine Kinder gehören immer noch zu der zweizelligen Familie, die seine Exfrau einschließt. Der Exmann ist kein Mitglied der neuen Stieffamilie seiner Exfrau; der neue Ehemann ist kein Mitglied ihrer zweizelligen Familie.

Als ein Ergebnis dieser Folge von Einschließungen und Ausschließungen, die in allen diesen komplexen Haushalten enthalten sind, können wir feststellen, daß Stieffamilien (bei denen jede Teile einer zweizelligen Familie umfaßt) miteinander verknüpft sind wie Perlen auf einer Kette, die von den Knoten der zweizelligen Familie zusammengehalten wird. Sie bilden eine Art von Kette — was ich vor einigen Jahren[3] „Scheidungsketten" genannt habe.

Abbildung 1

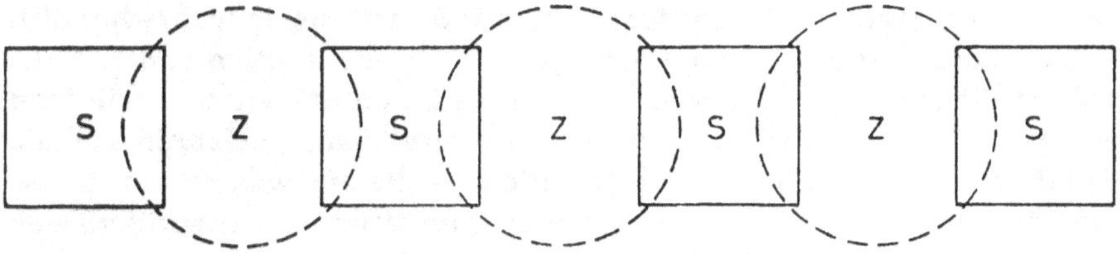

S = Stieffamilie, Z = zweizellige Familie

Wenn die Menschen gemeinsame Zugehörigkeiten nicht verstehen und damit nicht umgehen können, wenn sie die Gruppen, zu denen sie gehören bzw. zu denen sie nicht gehören, nicht auch anerkennen, und wenn sie nicht bereit sind, Zugeständnisse in der einen Familie für die Existenz der anderen zu machen, dann sind Rollenkonflikte und vielleicht Zerstörung das voraussichtliche Ergebnis. Angesichts der Zerstörung werden dann einige Mitglieder den Versuch unternehmen, andere Mitglieder aus einigen der Einheiten zu drängen, um die anderen Einheiten zu erhalten. Das bedeutet, daß Ostrazismus als gesellschaftliches Hilfsmittel auf der Ebene des Kleinsystems eingeführt wird, aber selten wirksam ist, weil keine Person von dem umfassenderen System ausgeschlossen werden kann.

Obwohl es Stieffamilien schon seit Jahrhunderten gibt, sind die Stieffamilien von heute kompliziert zusammengesetzt, weil sie eher auf einer Wiederverheiratung nach der Scheidung als nach dem Tod eines Ehegatten beruhen. Die meisten Eltern, die sich heute wiederverhei-

[3] Bohannan: Divorce and After, New York 1970.

raten, sind bereits Mitglieder von Familien — Familien, die außer einer Ehe alles enthalten. Die meisten von ihnen schließen sogar eine gemeinsame Bindung zwischen den Eltern ein.

Wenn geschiedene Eltern wieder heiraten, werden sie sich wahrscheinlich in *zwei* verschiedene Gemeinschaften zwischen Eltern eingebunden wiederfinden — einmal in die Stieffamilie mit dem gegenwärtigen Ehepartner und einmal in die nach der Scheidung entstandene zweizellige Familie mit dem früheren Ehegatten, der natürlich der zweite Elternteil der Kinder bleibt. Unsere Kultur bietet nur sehr wenig Hilfe bei der Auseinandersetzung mit der Komplikation, die aus der Überschneidung von Zugehörigkeiten entsteht, die einander manchmal entgegengesetzt erscheinen — und das manchmal auch tatsächlich sein können.

Noch wichtiger ist es, daß die meisten Kinder, deren geschiedene Eltern wieder heiraten, bereits zu ihren alten Familien (entweder zweizellige oder zerfallene Familien) gehören. So wie sie es wahrscheinlich sehen, haben sie bereits eine Familie und brauchen keine andere. Aus diesem Grund und auch, weil niemand es ihnen erklärt hat, wie man zu zwei Familien zur gleichen Zeit gehören kann, erfahren sie die Stieffamilie nicht nur als Komplikation — die sie wahrscheinlich als eine unnötige betrachten —, sondern als Zerstörung der ursprünglichen Familie, für deren Fortbestand sie gekämpft haben.

Die psychologische und die soziale Komplexität stehen miteinander in Wechselwirkung und begünstigen sich wechselseitig: Bei der Wiederverheiratung eines Elternteils erleiden die Kinder einen doppelten Schlag — ihr Elternteil ist nun Teil einer fremden Einheit (der neuen Ehe) mit jemandem, der in ihrer alten Einheit ein Außenseiter ist. Was noch schmerzhafter ist: sie fühlen sich selbst (zu Recht) als Außenseiter in der neuen Einheit — und ihr neues Stiefelternteil betrachtet sie fast sicher auf der einen oder anderen Bewußtseinsebene auch als Außenseiter. Es gibt zwei Gruppen — tatsächlich zwei Familien — und der Angelpunkt in beiden ist der natürliche Elternteil.

Diese psychologische Unsicherheit kann zu einem Verhalten führen, das die soziale Komplikation vergrößert. Es ist keineswegs ungewöhnlich für ein Kind, unverhohlen den Versuch zu unternehmen, die Ehe eines Elternteils zu zerstören (selbst erwachsene Kinder tun das — es gibt eine Wertvorstellung in der amerikanischen Kultur, daß Eltern sich nicht in die Ehen ihrer Kinder „einmischen“ sollten, aber ich kann keine finden, die Kindern jeden Alters rät, sich nicht in die Ehen ihrer Eltern zu mischen).

Häufig kommen die Kinder vor der neuen Heirat gut mit einem künftigen Stiefelternteil aus — wenn sie ihn als Gast betrachten können. Es war „Mamas Haus", nicht „*sein* Haus". Es war „Papas Haus", nicht „*ihr* Haus". Nach der Wiederverheiratung kann sich das Wirtschaften in den beiden Haushalten noch mehr voneinander unterscheiden, als das bereits zuvor der Fall war. Ehefrauen und Ehemänner kochen meistens, um einander eine Freude zu bereiten — und den Kindern wird gesagt, daß sie essen sollen, was auf dem Tisch steht. Neue Paare führen eine neue Kost und einen neuen Trott ein — das System arbeitet wieder, und die Kinder werden vielleicht bloß mitgeschleppt und mögen nicht, was es hervorbringt. Ihre Methode zur Veränderung des Systems kann aus dem Versuch bestehen, den Eindringling loszuwerden (zu ächten?).

Um diesen Punkt auszuweiten: Wenn ein Haushalt einer zweizelligen Familie zu dem Haushalt einer Stieffamilie wird, dann können sich die Erwartungen und die Verhaltensnormen, die an das Kind gestellt wurden, verändern. Das System arbeitet, und Veränderungen treten in der zweizelligen Familie wohl oder übel auf. Die Forschungen zu diesem Thema ergeben, daß Kinder eine ausreichende psychologische Anpassung vornehmen können, wenn beide natürlichen Elternteile zulassen, daß die Kinder ihre eigenen Beziehungen nicht nur mit dem anderen Elternteil, sondern auch mit dem Stiefelternteil zu Bedingungen aufnehmen, die von dem Eltern- oder Stiefelternteil und dem Kind ausgearbeitet wurden. Größere Schwierigkeiten treten wahrscheinlich nur dann auf, wenn ein Eltern- oder Stiefelternteil den anderen Elternteil des Kindes und die Art, in der sein oder ihr Haushalt geführt wird, kritisieren oder wenn sie versuchen, die neu entstehenden Beziehungen zu kontrollieren.

Die Exfrau kann auf die Wiederverheiratung ihres Exmannes reagieren, indem sie die Kinder dazu einspannt, die neue Ehefrau so schlecht zu machen, daß diese geht (Ostrazismus?). Die neue Ehefrau kann versuchen, die Kinder von ihrer Mutter fortzulocken, besonders dann, wenn sie die Lebensführung und das Wirtschaften der Mutter mißbilligt oder wenn sie ihrem Ehemann gefallen will und alles in „eine ganz normale Familie" verwandeln will (Ostrazismus gegenüber der alten Ehefrau?). In solchen Fällen versucht ein Individuum, das komplexe Megasystem zu vereinfachen, indem es einige Personen, die eine Funktion in den Untersystemen ausüben, loszuwerden trachtet. Dieser Wunsch zur Herausdrängung oder zum Herauswerfen ist oft verständlich. Aber es geht nicht, weil das System zu umfassend ist.

Nach einer Wiederverheiratung kann die Feindseligkeit eines Elternteils gegenüber dem Exgatten auf dessen neuen Ehepartner übertragen werden. Alles, was man vorher nicht sagen wollte, kann man nun aussprechen — über den neuen Stiefelternteil. Es besteht eine kulturelle Norm, daß man den anderen Elternteil der Kinder nicht schlechtmacht; aber keine Norm besagt (bisher), daß man den neuen Stiefelternteil der Kinder nicht schlechtmachen darf.

Immer wieder versuchen die Leute, den Haushalt einer Stieffamilie genau wie den einer Kernfamilie zu führen — eine Garantie dafür, daß er überhaupt nicht funktioniert. Stiefeltern müssen daran denken, daß ein Stiefkind nicht ihr eigenes Kind ist. Stiefkinder müssen lernen, die Stiefeltern nicht mit den richtigen Eltern zu verwechseln. Jeder Haushalt einer Stieffamilie (wie auch der zweizellige Haushalt, der davon Bestandteil ist) enthält einen nicht sorgerechtstragenden Elternteil sozusagen als Joker. Der außerhalb lebende Elternteil kann die Pläne und Aktivitäten der neuen Stieffamilie stören, genau wie er das in der zweizelligen Familie tun kann, selbst wenn er das gar nicht will. Verhältnismäßig wenige außerhalb lebende Eltern wollen *absichtlich* Sand ins Getriebe streuen. Aber Kinder wie Eltern, natürlich auch Stiefeltern, können versuchen, die Beziehungen nach außen für ihre eigenen — manchmal zerstörerischen — Absichten zu benutzen.

Eine interessante Ausweitung der Stieffamilien nach außen tritt ein, wenn das System vergrößert wird, um die Großeltern einzuschließen. Großeltern werden von Stieffamilien oft ausgeschlossen, oder aber sie fühlen sich ausgeschlossen. Großeltern fürchten oft, daß sie ihre Enkel verlieren, wenn die Eltern dieser Enkel geschieden werden. Manchmal passiert das, aber nicht so oft, wie sie befürchten.

Eine weitere Schwierigkeit zwischen den Eltern und den Großeltern kann auftreten, wenn plötzlich neue Stiefenkel da sind. Stiefgroßeltern und Stiefenkel brauchen Hilfe bei der Gestaltung einer lohnenden Beziehung miteinander — beide müssen davon überzeugt werden, daß sich Zuneigung einstellen wird oder vielleicht auch nicht, aber daß in keinem Fall ihre Beziehung zueinander, wenn sie sich entwickeln sollte, urplötzlich entstehen könnte oder daß es katastrophal wäre, wenn sie nicht entstehen sollte.

Großeltern können ziemlich grausam sein durch die Favorisierung, die sie gegenüber ihren Stiefenkeln ihren natürlichen Enkeln zeigen — eine andere Dimension von psychologischem Ostrazismus. Meistens beabsichtigen sie dabei nicht, unfair zu sein — es ist ein „natürliches" Gefühl für „ihre eigenen" Enkel, und sie denken dabei noch nicht einmal daran, daß Stiefenkel das als eine schmerzhafte Ausschließung interpretieren können. Bei der Wiederverheiratung erhält das Kind einen neuen Kreis von Großeltern: ein Stiefkind kann sechs oder acht

Großeltern anstelle der üblichen vier haben. Einige Großeltern finden diese Art zu teilen schwierig. Aber wenn sie sich damit abfinden können, wird das den Kindern nützen.

Das Anliegen dieses Beitrages besteht darin zu zeigen, daß Stieffamilien einigen der komplexesten sozialen Systeme, die in unserer Gesellschaft zu finden sind, zugrunde liegen. Wenn die Komplexität zu groß wird und wenn es genügend kulturelle Möglichkeiten gibt, die es den Menschen erlauben, andere Wege einzuschlagen, können die Beteiligten in diesen komplexen Stieffamilien versuchen, sich gegenseitig herauszudrängen. Aber sobald eine Wiederverheiratung stattgefunden hat und die Stieffamilie sich formiert hat, gibt es keinen Weg, jemanden „weg-"zuwerfen. Die Alternative besteht darin, lebensfähige kulturelle Mechanismen für den Umgang mit dieser Komplexität zu finden. Tatsächlich kann daraus die Erklärung des alten Athener Verfahrens des „Scherbengerichtes" (Ostrazismus)[4] bestehen sowie die Antwort auf die Auseinandersetzung mit gegenwärtigem Verhalten, das ebenso bezeichnet wird. Wenn es bei der Taktik des dauerhaften „Wegwerfens" einer unerwünschten Person unwahrscheinlich erscheint, daß sie vollständig zum Erfolg führt, dann müssen alle Formen von Ostrazismus als Mechanismus sozialer Organisierung betrachtet werden.

---

[4] Siehe den Beitrag von Rehbinder in diesem Band.

EIN FALL VON ÄCHTUNG UNTER KINDERN

Von Carol Barner-Barry*

Soziale Ächtung (oder Ausstoßung) läßt sich gewöhnlich auf einen von zwei Faktoren zurückführen:

1. auf eine persönliche Eigenart des Ausgestoßenen (z. B. der physische, soziale und politische Ausschluß von Schwarzen in Südafrika) oder
2. auf etwas, das der Ausgestoßene getan hat (z. B. die Inhaftierung von Personen, die eines schweren Verbrechens überführt worden sind).

In der in diesem Aufsatz vorgestellten Fallstudie geht es um die Ächtung eines Kindes, das nicht wegen eines bestimmten Merkmals wie Rassenzugehörigkeit, Geschlecht, Klassenzugehörigkeit oder Alter aus der Gruppe der Spielkameraden ausgeschlossen wurde. Das Verhalten, das die Ächtung herbeiführte, war vielmehr eine unbegründete oder unverhältnismäßige Art von Aggression, die man umgangssprachlich als „tyrannisieren" bezeichnet.

Im Fall institutionalisierter Ächtung unter Erwachsenen ist normalerweise die Schuld des einzelnen entscheidend, der die strafbare Handlung oder Handlungen begeht. Nach anglo-amerikanischem Fallrecht, das als Vorbild für die Strafgesetzbücher der meisten amerikanischen Staaten dient, muß eine Person, um wegen eines Vergehens verurteilt werden zu können, folgendes getan haben:

1. die äußeren Tatbestandsmerkmale der als strafbar definierten Verhaltensweisen müssen erfüllt sein und
2. sie müssen in krimineller Absicht erfüllt worden sein.

Mit anderen Worten, die Handlung muß vorsätzlich gewesen sein, und die Person mußte gewußt haben, daß sie falsch handelte. Außerdem ist die Verhängung einer Gefängnisstrafe das Ergebnis einer ausdrücklichen Entscheidung eines Richters oder einer Jury und beruht auf Gesetzen, die in dem jeweiligen politischen System von den Mitgliedern der Legislative beraten und erlassen wurden.

Im Falle von Rob können wir die Frage, ob er wußte, daß das, was er tat, „falsch" war, nicht hinreichend klären. Mag sein, daß er sich dessen

* Professor of Political Science, University of Maryland, Catonsville (MD).

bewußt war — es kommt darauf an, wie man bei ihm zu Hause und in anderen Gruppensituationen mit Aggression umging. In meinen Aufzeichnungen gibt es jedoch keinen Beweis dafür, daß dies so gewesen wäre. Es kann auch sein, daß die Kinder, die ihn von ihren Aktivitäten auszuschließen begannen, sein Verhalten nicht als „falsch“ im moralischen Sinn empfanden. Es scheint so, daß zumindest einige Kinder so empfanden, aber die Belege dafür sind unvollständig und bedürfen der Interpretation. Sollten sie überhaupt in Betracht gezogen werden, müßte dies schon mit äußerster Vorsicht geschehen. Später wird jedoch noch deutlich werden, daß solche Erwägungen sich möglicherweise erübrigen.

Wenn man sich die Aufzeichnungen für den Zeitraum unserer Beobachtungen genauer ansieht, so fällt vor allem auf, daß Robs Verhalten für die Kinder in der Gruppe systematisch unerfreuliche Situationen hervorrief. In der Fachsprache: er war eine Quelle negativer oder aversiver Reize. Die übliche Reaktion auf aversive Reize ist Vermeidung[1]. Zu sozialer Ächtung kann es bereits dann in nennenswertem Umfang kommen, wenn

1. die Kinder sich die Tatsache merken, daß Rob Personen, die sich in seiner unmittelbaren Nähe befinden, mit ziemlich großer Wahrscheinlichkeit Schmerz oder Unbehagen zufügt, und wenn
2. die Kinder zu vermeiden suchen, sich in Situationen zu bringen, in denen sie zur Zielscheibe seiner Aggressionen werden könnten.

Wenn genügend Kinder einer Gruppe diesen Entscheidungsprozeß durchlaufen oder Kinder imitieren, die eine solche Entscheidung bereits getroffen haben, wird dies die Ablehnung des aggressiven Kindes zur Folge haben mit dem Ergebnis, daß es vorsätzlich und mit Absicht von den meisten oder von allen Gruppenaktivitäten ausgeschlossen wird. Es kommt zur Ächtung, ohne daß irgendein Mitglied der Gruppe ein moralisches Urteil über die aggressiven Handlungen oder über die Person, die diese Handlungen begeht, fällt. Kurzum — Ostrazismus braucht nicht auf moralischer Verurteilung zu beruhen oder das Ergebnis sozialer oder kollektiver Entscheidungen zu sein. Ächtung kann vielmehr das spontane Ergebnis einer Reihe ähnlicher individueller Entscheidungen von Gruppenmitgliedern sein.

In der weiter unten geschilderten Fallstudie lag der Sinn eines solchen Prozesses informeller oder stillschweigender Ächtung im wesentlichen darin, Robs aggressives Verhalten für die Dauer des Bestehens der Gruppe zu unterbinden. Daß dies gelang, überrascht nicht, wenn man die Ergebnisse einer Reihe von Experimenten berücksichtigt, die von Tyler und Brown ausgeführt wurden[2]. Sie fanden heraus, daß die

---

[1] Siehe O. H. Mowerer: Learning Theory and Behavior, New York 1960.

Häufigkeit aggressiven Verhaltens signifikant zurückgeht, wenn ein für sein delinquentes Verhalten bekannter Junge jedesmal, wenn er aggressives Verhalten zeigt, für kurze Zeit in einem Raum isoliert wird. Ostrazismus in einer Kinderspielgruppe ist ungefähr vergleichbar mit einer Isolierung in dem Sinne, daß ein ausgeschlossenes Kind für eine erhebliche Zeit unfreiwillig allein ist.

Wenn wir uns also dieser Fallstudie zuwenden, sollte man eines nicht vergessen: es gibt keinen Hinweis darauf, daß das ausgeschlossene Kind oder die Kinder, die es ausschlossen, dessen Verhalten in irgendeiner Weise moralisch verurteilten. Ebensowenig besteht Grund zur Annahme, daß irgendeine Form von sozialer Entscheidung getroffen wurde oder daß ein Konsens darüber bestand, Ächtung auszuüben. Sicher ist vielmehr nur, daß jedes Kind für sich persönlich die Entscheidung traf, einem Kind aus dem Weg zu gehen, das über das normale Maß hinaus dazu neigte, ihm psychische oder physische Schmerzen zuzufügen.

I. Hintergrund und Methode

Die 38 Kinder der Spielgruppe waren zwischen 3½ und 6½ Jahre alt[3]. Die Spielgruppe bestand für einen Zeitraum von 4 Wochen, begann gegen 9 Uhr morgens und endete um 14.30 Uhr nachmittags, dies täglich von Montag bis Freitag. Am Ende der 4 Wochen wurde den Eltern ein Fragebogen ausgehändigt. 33 von 38 Fragebögen wurden beantwortet und zurückgegeben. Dies machte es möglich, einige wesentliche Hintergrundfaktoren in Erfahrung zu bringen.

Die meisten Kinder kamen aus Familien der Mittelschicht oder der gehobenen Mittelschicht. Alle 33 Kinder, für die Daten vorliegen, hatten Kindergarten- oder ähnliche Erfahrungen. Keinem war deshalb das Kräftespiel einer Peergruppen-Interaktion auf dem Spielplatz fremd. 28 der 33 Kinder kannten mindestens einen aus der Gruppe vor Gründung der Spielgruppe. Die Kinder waren sich daher nicht völlig fremd. Andererseits gab es relativ wenig „beste" oder „gute" Freunde. Die Beziehungen der meisten Kinder, die sich zuvor kannten, wurden von den Eltern als „lose Freundschaften" bezeichnet. Von 22 Kindern hatte jedes im Durchschnitt wenig mehr als zwei solche Freunde. 14 Kinder hatten den Angaben zufolge durchschnittlich zwei Bekanntschaften pro Kind.

---

[2] V. O. Tyler Jr. / G. D. Brown: The Use of Swift, Brief Isolation as a Group Control Device for Institutionalized Delinquents, in: Behavior Research and Therapy 5/1967, S. 1 - 9.

[3] Es gab zwei Ausnahmen: ein retardierter Junge von sieben Jahren und ein siebeneinhalbjähriger Junge, der sein Englisch vervollkommnen sollte und oft als Hilfslehrer fungierte.

Da sich die Mehrzahl der Kinder vor der Begründung der Spielgruppe nicht kannte, kann das auf dem Spielplatz beobachtete Verhalten mit Sicherheit als Ergebnis der Erfahrungen während dieser 4 Wochen betrachtet werden und nicht als Fortsetzung von Verhaltensmustern, die woanders entwickelt worden waren. Tatsächlich vermitteln die Rohdaten den Gesamteindruck, daß die Eltern die Festigkeit der Freundschaften, die zuvor zwischen den Kindern bestanden hatten, überschätzten, denn einige Kinder, die von den Eltern als „beste" oder „gute" Freunde bezeichnet worden waren, verhielten sich im Zeitraum der Beobachtung relativ distanziert zueinander. Dies überrascht jedoch nicht, wenn man sich die Tatsache vergegenwärtigt, daß sich die meisten Kinderfreundschaften in diesem Alter fast ausschließlich auf die Nähe der Wohnung oder auf von den Eltern getroffene Abmachungen zurückführen lassen.

Vorschulkinder wurden deshalb zum Gegenstand der Untersuchung gemacht, weil ihnen von Politikwissenschaftlern bisher wenig Aufmerksamkeit geschenkt wurde und weil sie weniger als Erwachsene dazu neigen, unsicher zu reagieren, wenn ihr Verhalten beobachtet wird[4]. Außerdem durfte erwartet werden, daß, sofern diese Kinder politisch relevante Verhaltensmuster aufwiesen, es sich dabei angesichts des Alters der Kinder um Grundformen politischen Verhaltens handeln würde. Die Entscheidung zugunsten nicht-teilnehmender Beobachtung als hauptsächlichem Verfahren der Datenerhebung beruht auf dem Erfolg, mit dem dieses Verfahren bereits in ethologischen Untersuchungen über das Verhalten von Primaten in natürlicher Umgebung angewendet worden ist. Derzeit werden nur wenige Untersuchungen zur politischen Sozialisation von Kindern dieses Alters durchgeführt. Noch weniger befaßt man sich mit dem Verhalten in natürlicher Umgebung, das als politisch relevant oder auch nur als proto-politisch in Form oder Funktion bezeichnet werden könnte. Solches Verhalten könnte jedoch bedeutsam sein, weil von ihm die Entstehung oder das Fehlen von Partizipationsbereitschaft und -fähigkeit abhängen kann[5].

Zur Zeit der Untersuchung stützten sich noch die meisten Arbeiten zur politischen Sozialisation von Kindern auf Daten, die mit Hilfe von Umfragen erhoben worden waren[6]. Den sozialisierenden Auswirkungen

---

[4] Kevin Connolly / Peter K. Smith: Reactions of Pre-School Children to a Strange Observer, in N. Blurton Jones: Ethological Studies of Child Behaviour, Cambridge 1972; Joel E. Cohen: Casual Groups of Monkeys and Men, Cambridge (Ma.) 1971.

[5] Carol Barner-Barry: An Observational Study of Authority in a Preschool Peer Group, in: Political Methodology 4/1977, S. 415 - 449; Richard C. Remy: Citizenship Education beyond the Bicentennial, in DEA News Supplement, Winter 1976, S. 8.

wirklichen Verhaltens in natürlicher Umgebung wurde wenig Aufmerksamkeit geschenkt[7]. Die Politikwissenschaft konnte daher nur einen geringen Beitrag zum Methodischen dieser Untersuchung leisten, während Ethologie und Entwicklungspsychologie mehr zu bieten hatten. Die Untersuchungstechniken der Entwicklungspsychologie waren jedoch ebenfalls unzureichend, da in dieser Disziplin die Mehrzahl der Forscher dazu neigt, ihre Aufmerksamkeit auf einzelne Kinder zu konzentrieren und in Laborsituationen zu arbeiten. Auch beschäftigte sich nur eine geringe Zahl von Arbeiten mit Interaktionsgruppen, die in Zeit und Funktion innerhalb natürlicher Umgebungen stabil blieben. Ethologische Techniken wurden in dieser Studie in Ergänzung zu psychologischen Verfahren benutzt, da Ethologen die Interaktionsmuster studieren, die sich zwischen den Mitgliedern einer stabilen Gruppe von Tieren über eine bestimmte Zeit hinweg in natürlicher Umgebung entwickeln.

Eines der wichtigsten Probleme von Forschern, die Gruppen in ihrer natürlichen Umgebung beobachten wollen, ist das Problem des Zugangs. Glücklicherweise fand ich eine Erzieherin und eine Gruppe von Eltern vor, die bereitwillig mit mir zusammenarbeiteten und die mir — auf individueller Basis — nützliche Vorschläge und notwendige Informationen liefern konnten. Die Kinder waren zuerst neugierig und durch meine Rolle etwas in Verlegenheit gebracht. Später gewöhnten sie sich an meine Anwesenheit und gingen ihren Beschäftigungen in ungehinderter Weise nach. Mindestens einige von ihnen sahen in mir einen von der Peergruppe Isolierten, da ich mich ähnlich verhielt wie Kinder, die wegen Schüchternheit oder aus anderen Gründen am Rande der Gruppe bleiben und im allgemeinen nur zugucken und nicht teilnehmen[8].

Da ich nicht alle Kinder zur selben Zeit beobachten konnte, formulierte ich eine Reihe von Entscheidungsregeln, um meine Wahl der Gruppen, die ich beobachten wollte, zu systematisieren. Sie trugen zwei Hauptfaktoren der Untersuchung Rechnung. Erstens sollte die Grundeinheit der Analyse eine Interaktion zwischen mindestens zwei Kindern sein, nicht hingegen die Handlungen einzelner Kinder. Zweitens machte ich den Versuch, das Verhalten der Kinder möglichst in Situationen zu beobachten, in denen keine Erwachsenen anwesend waren. Dies sollte, so weit wie eben möglich, verhindern, daß sich Erwach-

---

[6] Stanley A. Renshon (ed.): Handbook of Political Socialization, New York 1977, S. 9 - 16.

[7] Daryl J. Bem: Beliefs, Attitudes, and Human Affairs, Belmont (CA) 1970.

[8] Eine Mutter berichtete mir jedenfalls, daß meine Rolle so von ihrem Kind verstanden wurde.

sene direkt in den Verhaltensablauf einmischten. Bei meinen Beobachtungen ging ich also nach folgenden Regeln vor:

1. Wähle Gruppen von zwei oder mehreren Kindern;
2. Wähle Gruppen ohne Erwachsene;
3. Wenn es mehr als eine Gruppe ohne Erwachsene gibt, wähle die, die am weitesten von einem Erwachsenen entfernt ist;
4. Wenn sich zwei Gruppen ohne Erwachsene in gleichem Abstand vom nächsten Erwachsenen befinden, wähle die größere Gruppe;
5. Wenn zwei gleich weit entfernte Gruppen die gleiche Größe haben, wähle die Gruppe, die sich in einer weniger passiven Art des Spielens befindet;
6. Wenn in allen Gruppen Erwachsene sind, wähle die Gruppe, in der der Erwachsene die am wenigsten aktive Rolle übernommen hat.

Das in dieser Untersuchung verwendete Stichprobenverfahren wird in der Sozialpsychologie gewöhnlich als „Ereignis-Teil-Methode" (Event-Sampling) bezeichnet[9]. Jeanne Altmann, eine Spezialistin in ethologischer Methodologie, bezeichnete damit ein Verfahren, bei dem „alle Vorkommnisse einiger Verhaltensweisen" registriert werden[10]. Dieses Verfahren der Datensammlung eignet sich am besten für die Untersuchung von relativ selten auftretenden Ereignissen, die übersehen werden könnten, wenn bestimmte Verhaltensweisen zu zufällig ausgewählten Zeitpunkten beobachtet würden[11]. Das in dieser Untersuchung verwendete Verfahren ist auch gut geeignet, eine Reihe miteinander verbundener Verhaltenssequenzen zu erfassen, die sich über mehrere Tage hinweg erstrecken — wie das bei den Ereignissen, die im nächsten Teil dieser Arbeit beschrieben werden, der Fall war.

Als Ereignis wurde jede asymmetrische Interaktion zwischen zwei oder mehreren Kindern erfaßt. Ursprünglich bestand meine Absicht darin, Verhalten zu erforschen, das mit politischen Begriffen wie Führung, Gefolgschaft, Einfluß, Autorität und Macht in Zusammenhang gebracht wird. Erst während meiner Beobachtungen und als Reaktion auf die später noch zu berichtenden Ereignisse wurde mir klar, daß sich das Verhalten der Kinder als eine Form sozialer Ächtung verstehen ließ, die bestimmte Auswirkungen auf das Verhalten der Beteiligten hatte.

---

[9] Herbert F. Wright: Observational Child Study, in Paul H. Mussen: Handbook of Research Methods in Child Development, New York 1960, S. 104 - 108.

[10] Jeanne Altmann: Observational Study of Behavior, in Behaviour 49 (1974), S. 247 f.

[11] FN. 9, S. 92 f.

Der dreistündige Zeitraum vor dem Mittagessen erbrachte die nützlichsten Daten. Während dieser Zeit waren die Kinder fast ausschließlich auf einer Wiese von ungefähr 2000 qm Größe in freiem Spiel beschäftigt. Während die Kinder spielten, gingen die Erzieherin und ihre Assistentin mit kleinen Gruppen zu einem nahegelegenen Schwimmbecken, um Schwimmunterricht zu erteilen. Die Kinder, die auf dem Spielplatz zurückblieben, befanden sich unter der sehr lockeren Aufsicht einer berufsfremden Person. Und so verschaffte die Abwesenheit eines starken Erwachsenen, der ihr Verhalten strukturiert und reguliert hätte, den Kindern die Gelegenheit, ihr eigenes Verhalten in größerem Maße selbst zu bestimmen, als es sonst möglich gewesen wäre.

Da die hier vorgestellten Daten für andere Zwecke als für das Studium sozialer Ächtung gesammelt wurden, können auf ihrer Grundlage nur Vermutungen angestellt werden, die heuristischen Wert haben. Was sich jedoch ereignete, war außerordentlich eindrucksvoll und unverkennbar. Dieses Phänomen erfordert gründlichere und systematischere Untersuchungen, um festzustellen, in welchem Maße Kinder soziale Ächtung zur Regulierung von Peer-Verhalten benutzen. Es sollte auch darauf hingewiesen werden, daß dieses Kapitel auf der intensiven Beobachtung nur einer einzigen Gruppe beruht. Jegliche Interpretationen oder Schlußfolgerungen aus dieser Studie sollten deshalb nicht als endgültig, sondern als Hinweise für weitere Untersuchungen gewertet werden.

II. Die Fallstudie

Rob war ein gutaussehendes hellhäutiges Kind mit einem dunkelbraunen Haarschopf. Zur Zeit der Studie war er gerade über 4 Jahre alt (50 Monate). Für sein Alter war er von normalem Gewicht und normaler Größe. Vater und Mutter hatten beide höhere Schulbildung und sein Vater nahm eine leitende Position ein. Zur Zeit der Untersuchung war seine Mutter Nur-Hausfrau. Was den sozio-ökonomischen Status anbetrifft, so gehörte die Familie wohl zur Mittelschicht. Kurzum, Rob war in vieler Hinsicht typisch für die Spielgruppe, an der er teilnahm.

In meinen Aufzeichnungen taucht Rob das erste Mal auf, wie er mit Ramon (einem 7½jährigen Jungen, der in der Spielgruppe war, um Englisch zu lernen) im Schwimmbad spielt. Ihnen gesellte sich Frank hinzu, der ungefähr 6½ Jahre alt war und von dem sich später noch zeigen sollte, daß er einer der Anführer der Gruppe war. Das Verhalten der drei bestand aus „starkem und heftigem" Spritzen, wie es für Spiele im Wasser typisch ist. Während sie sich aufreihten, um zum Spielplatz zurückzukehren, sagte Sally (5⅓ Jahre alt) zu Rob, er solle an einem ganz bestimmten Platz in der Reihe sitzen, und er gehorchte ihr ohne Widerrede. Wiederum war an seinem Verhalten überhaupt nichts Besonderes, da auch Sally eine Anführerin der Gruppe war und ihr im wesentlichen jedes Kind gehorchte. Beim Mittagessen desselben Tages (Dienstag) aß er allein, was auch nichts Bemerkenswertes war, da vier der anderen Kinder an jenem Tag alleine aßen. Die erste Andeutung seines Hanges zu aggressivem Verhalten zeigte sich gegen Ende dieses Tages, als die Kinder darauf warteten, von ihren Eltern abgeholt zu werden. Kirk ($5^1/_3$ Jahre alt) und Ramon fingen eine Schlägerei an. Nachdem Ramon Kirk geschlagen hatte, schlug Rob ebenfalls auf Kirk ein. Kirk schlug auf beide zurück. Nach einem weiteren Austausch von Hieben ging Ramon weg und Rob folgte ihm. Das Ungewöhnliche an diesem Kampf war, daß Rob sich aus eigenen Stücken entschlossen hatte, daran teilzunehmen. Es war nicht sein Kampf, und die anderen Kinder blieben Zuschauer. Der einzige Grund für seine Einmischung schien der Wunsch zu sein, an einem Kampf auf der Seite von jemand teilzunehmen, der gewinnen mußte, da Ramon wesentlich älter und größer als Kirk war.

An den nächsten beiden Tagen (Mittwoch und Donnerstag) gelang es Rob, in eine ganze Reihe von Streitereien verwickelt zu werden, in denen er andere Kinder außergewöhnlich tyrannisierte und drangsalierte. Das erste Kind, das auf solche Weise behandelt wurde, war Kirk. Aus keinem ersichtlichen Grund schrie Rob, der sich auf einem Baum befand, Kirk an, der unten auf dem Boden war: „Verschwinde von hier." Kirk reagierte mit einem Lächeln und tat nichts. Mein Kommentar war: „Rob versucht gern, andere zu tyrannisieren, wenn er von einem älteren Kind beschützt wird oder wenn er sich sicher glaubt, und er vermeidet so Vergeltung."

Später nahm er einem Kind einen Ball weg und widersetzte sich allen Versuchen dieses Kindes und anderer, den Ball zurückzubekommen. Eine Erwachsene, die zu entscheiden hatte, ob er einen Keks bekommen sollte, versuchte er zur Herausgabe des Kekses zu zwingen und schrie sie wiederholt mit „ja" an, wenn diese „nein" sagte. Als einige Männer in Militäruniformen vorbeigingen, sagte er zu einem anderen Kind: „Guck dir diese Männer da drüben an. Die bringen dich um. Die reißen dir den Kopf ab." Dann bedrohte er das Kind, indem er Bewegungen des Schlagens und Tretens machte. Das Kind sagte „es tut mir leid", obwohl es keinen Grund hatte, sich zu entschuldigen. Zuguterletzt schlug Rob einem anderen Kind den Ball aus der Hand, worauf sich dieses Kind von ihm zurückzog.

Am nächsten Tag (Donnerstag) begann Rob seine Aktivitäten damit, daß er mit einem anderen Kind wegen eines Sandspielzeugs kämpfte.

Ein Anführer der Gruppe, Carl (6 Jahre alt), nahm es ihm schließlich ab und gab es einem anderen Kind. Kurze Zeit später bewarf Rob ein älteres Mädchen, Jill ($5^1/_4$ Jahre alt), mit Sand. Sie bedrohte ihn, und er rannte weg. Dann kam er zurück und leerte eine ganze Schüssel voll Sand auf Jills Kopf aus, Sie sagte es einer Erzieherin, aber diese war anderweitig beschäftigt und unternahm nichts in der Sache. Kurz danach begann er, Carl beim Schaukeln mit Steinen zu bewerfen. Meinen Feldnotizen zufolge warf er sie „zögernd, auf dem Sprung zur Flucht". Carl ignorierte ihn zuerst, dann wurde er ärgerlich und bedrohte ihn. Rob wich zurück, warf noch einen Stein und lief weg. Carl nahm sein Schaukeln wieder auf. Kurze Zeit später nahm Rob einem jüngeren und kleineren Kind mit Gewalt ein Spielzeug weg. Schließlich ermutigte er ein anderes Kind, einen der jüngeren Knaben zu schlagen. Diese Serie aggressiver Akte fand in relativ kurzer Zeit statt. Ungewöhnlich war dabei die Zeitdichte der aggressiven Handlungen, nicht irgendeine der Handlungen selbst.

Die erste Andeutung einer Ablehnung kam kurz nach diesem Zeitpunkt. Die beiden anderen Kinder, die in den letzten Vorfall verwickelt waren, begannen miteinander zu spielen und schlossen Rob nach und nach aus. Rob fragte einen von ihnen: „Martin, kann ich mit euch spielen?" Martin (das Kind, von dem Rob gewollt hatte, daß es geschlagen wird) erwiderte: „Nein, ich spiele mit Frank." Rob ging dann und setzte sich alleine unter eine Rutschbahn in der Nähe der beiden spielenden Jungen. Später kippte einer von ihnen, Frank, Dreck über Rob. Ein dritter Junge, der Zeuge des Vorfalls war, begann laut zu lachen. Rob sagte mit weinerlicher Stimme: „Tu das nicht noch einmal, Frank." Frank anwortete: „Dann hör' besser auf damit." Rob lief fort, holte eine Tasse mit Dreck und brachte sie Frank, wobei er sagte: „Pappi, guck mal, Pappi." Frank ignorierte ihn. Rob beendete den Tag mit einem weiteren Kampf — wieder mit Kirk. Es war nicht klar, wer damit angefangen hatte, aber er brach wegen eines freien Platzes zwischen den beiden aus, als sie in einer Reihe saßen.

Zu Beginn des nächsten Tages (Freitag) konnte man Rob alleine herumwandern sehen, er hielt eine große Anzahl von Sandspielzeugen an die Brust gepreßt. Nach etwa zehn Minuten setzte er sich in einem leeren Sandkasten nieder und begann zu spielen. Etwas später gelang es ihm, sich einer Gruppe von Jungen anzuschließen, die zusammen spielten. Es kam jedoch bald zu einem Krach mit einem der Jungen, und er verlor den Kampf und weinte. Sofort danach geriet er wegen eines Spielzeugs in ein Gerangel mit einem anderen Jungen. Er wurde auf den Kopf geschlagen und fing an zu weinen. Der andere Junge begann, sich Sorgen zu machen, streichelte ihn und sagte: „Es tut mir leid."

Schließlich gab der Junge Rob das Spielzeug. Als die Gruppe von Jungen ihr Spiel an eine andere Stelle des Spielplatzes verlegte, blieb Rob allein mit den Spielsachen zurück, die er den ganzen Morgen gehortet hatte. Er spielte ungefähr 20 Minuten allein, als Jill (die er kurz zuvor mit Sand beworfen hatte) herüberkam und ihm einige unerfreuliche Dinge sagte. Er ging weg und versuchte, sich dem Spiel zweier anderer Jungen anzuschließen, aber sie lehnten es ab, ihn mitspielen zu lassen. Am Ende des Tages war es klar, daß die anderen Kinder nichts mit Rob zu tun haben wollten.

Obwohl ein Wochenende dazwischen lag, war Rob am Montag alles andere als willkommen. Sehr früh am Tag versuchte er, sich Paul zu nähern ($5\,^2/_3$ Jahre alt). Pauls Antwort bestand aus: „Ich mag dich nicht. Ich mag nicht nicht, haust du mich deshalb jetzt mit dem Stock?" Er machte eine Pause, aber Rob stand lediglich da, bewegte sich nicht und sagte nichts. Paul sagte noch einmal: „Ich mag dich nicht." Meinen Feldnotizen entnehme ich dann, daß „Rob immer mehr von den anderen Kindern isoliert wird". Später kam Paul an Rob heran und wiederholte immer wieder mit singender Stimme: „Knall auf den Kopf." Er gab Rob mit seiner Faust einen leichten Schlag auf den Kopf. Rob unternahm nichts, und Paul verließ ihn, um zu einer anderen Stelle des Spielplatzes zu gehen. In meinen Notizen steht weiter: „Rob hat heute niemanden tyrannisiert — vielleicht beginnen die Gruppensanktionen, ihn daran zu hindern."

Beim Mittagessen setzte sich Rob neben Frank, aber Frank ging weg, um sich anderen Kindern anzuschließen, und Rob aß alleine. Später gelang es ihm, sich einer großen Gruppe von Jungen und Mädchen anzuschließen, er nahm aber an der Unterhaltung nicht teil. Als die Kinder zum Malen hineingingen, war er das einzige Kind, das alleine an einem Tisch saß.

Am nächsten Tag (Dienstag) verschwindet er geradezu aus den Feldnotizen, was andeutet, daß er entweder allein oder nicht im Zentrum der Peergruppen-Aktivitäten stand. Gegen Ende des Tages notierte ich die folgende Beobachtung: „Ich habe nicht gesehen, daß Rob überhaupt jemanden tyrannisiert hat, und kann mich nicht erinnern, gestern viel davon gesehen zu haben."

Am Mittwoch konnte ich den ganzen Morgen nicht bei der Gruppe sein, aber am Donnerstag bemerkte ich, daß Rob immer noch ausgeschlossen wurde. Am Freitag findet sich keine Erwähnung von ihm, bis er eine Sandschlacht mit Carl ausficht. Er verlor. Am gleichen Tag später beschrieb die Erzieherin Robs Mutter als „widerlich im wahrsten Sinne des Wortes". Sie erzählte, wie sie und eine andere Erzieherin versucht hatten, Robs Mutter zum Lächeln zu bringen, und ihnen dies — bis auf den heutigen Tag — nicht gelungen sei.

Spät am Morgen des folgenden Tages wandte sich Rob an Frank, der gerade mit einigen anderen Kindern „Haus“ spielte. Rob fragte: „Kann ich das Kätzchen sein?“ Frank antwortete, „Nein, du kannst gar nichts sein.“ Rob gelang es jedoch, zweimal, am vorausgegangenen Freitag und an diesem Tag, beim Mittagessen von der Jungengruppe einbezogen zu werden. Später wird er in den Feldnotizen kaum noch erwähnt (der Beobachtungszeitraum ging zwei Tage später zu Ende). Es ist offensichtlich, daß er für die letzten beiden Tage ein relativ passives Mitglied der Gruppe war, und wenn er sich in irgendwelche Aggressionen einmischte, so war dies nicht ernst genug, um meine Aufmerksamkeit zu erregen.

Schließlich sollte noch angemerkt werden, daß es außer der qualitativen Information, die bisher angegeben wurde, mindestens noch eine quantitative Möglichkeit gibt zu versuchen, die Ausschließung zu messen, die Rob an sich erfuhr. Als ich die Daten über Anführerschaft aufzeichnete, bezog ich eine relevante Kategorie ein: Einbeziehung und Ausschließung. Bei dieser Verhaltenskategorie geht es um eine Interaktion, in der ein Kind versucht, Teil einer Gruppe von Kindern zu werden, die zusammen spielen oder sich miteinander unterhalten. Ich notierte, ob das Kind zugelassen wurde und wer die Entscheidung traf. Eine Tabelle zeigte alle Vorfälle, bei denen das Kind, das Zulassung suchte, abgelehnt wurde. Rob wurde mehr als irgendein anderes Kind ausgeschlossen; nur ein anderes Kind, Joni (5 Jahre alt) wurde annähernd so oft wie Rob ausgeschlossen. Es gibt jedoch einen wichtigen Unterschied zwischen den beiden. Während Joni sechsmal von nur drei Kindern ausgeschlossen wurde, wurde Rob von sechs verschiedenen Kindern ausgeschlossen. Auch waren vier der sechs, die ihn ausschlossen, Kinder, gegen die er zuvor aggresiv geworden war.

III. Diskussion und Schlußfolgerungen

„Ich bin überzeugt, daß die treibende Kraft in der Natur auf dieser Sorte von Planet mit dieser Art von Biosphäre die Kooperation ist. Im Wettbewerb um Überleben und Erfolg in der Evolution tendiert die natürliche Auswahl auf längere Sicht dahin, als wirklicher Gewinner diejenigen Individuen und dann Gattungen auszuwählen, deren Gene die einfallsreichsten und wirksamsten Möglichkeiten bereitstellen, sich mit anderen Individuen zurechtzufinden.

Es ist einfach nicht wahr, daß ‚nette Kerle als letzte ins Ziel kommen‘; es sollte vielmehr heißen, nette Kerle halten es am längsten aus[12].“

Je mehr ich darüber nachdenke, desto mehr neige ich dazu, Lewis Thomas darin zuzustimmen, daß Kooperation ein Haupt-, wenn nicht der Haupt-Faktor in der menschlichen Evolution ist. Mehr und mehr spricht auch dafür[13], daß diese Kooperation dann am wirksamsten ist, wenn sie auf einer Form von Gegenseitigkeit beruht oder auf dem, was Peter Corning „egoistische Kooperation" nennt[14]. Wenn Kooperation im Evolutionsprozeß so wichtig ist, dann ist alles, was die Fähigkeit einer Gruppe zur Kooperation ernsthaft untergräbt, potentiell schädlich, unter evolutionären wie auch unter anderen Gesichtspunkten. Abgesehen davon: wenn Gegenseitigkeit oder egoistische Kooperation von so zentraler Bedeutung sind, dann könnte Ausschließung aus dem System der Gegenseitigkeit eine wirkungsvolle Sanktion darstellen, da dadurch die Chance des einzelnen, Nachkommen zu produzieren, gemindert würde. Deshalb kann man davon ausgehen, daß es im Laufe der menschlichen Evolution einen Selektionsdruck zugunsten einer Bereitschaft gab, diejenigen zu „bestrafen", die das kooperative System einer Gruppe stören. Eine solche Sanktion kann relativ leicht ergriffen werden und wird von allen Mitgliedern der menschlichen Gattung als ungefähr gleich schmerzhaft empfunden. Der Ausschluß aus einer Gruppe ist insofern schmerzhaft, als einem Individuum Schutz und Nahrung der Gruppe entzogen werden und es so einem gesteigerten Risiko physischer oder psychischer Schädigung ausgesetzt wird.

Wenn man sich einmal ansieht, wie sich im Laufe der Menschheitsgeschichte soziale Institutionen entwickelt haben, wird einem klar, daß das Recht einer der wichtigsten Mechanismen ist, um mit diesem Problem fertig zu werden. Durch das Recht wird festgelegt, welche Verhaltensweisen akzeptabel sind (normalerweise solche, die neutral sind oder zur Stärkung des Systems von Gegenseitigkeit beitragen) und welche nicht (normalerweise solche, die für ein soziales Gefüge schädlich sind). Recht ist ein „Mittel zur sozialen Kontrolle", welches Sanktionen bereitstellt, die entweder im Entzug von Eigentum oder im Ausschluß von sozialer Teilnahme bestehen[15]. Folglich beruht — von dieser Perspektive aus betrachtet — das Recht auf soziale Teilnahme[16] auf der Voraussetzung, daß ein Individuum fähig ist, ein akzeptables Mindestmaß an sozialer Kooperation auf Dauer zu erbringen. Das Verhalten eines Indi-

[12] Lewis Thomas: An Argument for Cooperation, in Discover 6/1984, S. 66, 68 f.

[13] Siehe z. B. Robert Axelrod: The Evolution of Cooperation, New York 1984.

[14] Peter A. Corning: The Synergism Hypothesis: A Theory of Progressive Evolution, New York 1983, S. 117 f., 301 - 303.

[15] Charles G. Howard / Robert S. Summers: Law. Its Nature, Functions, and Limits. Englewood Cliffs (NJ) 1965, S. 37 f.

[16] Vgl. den Beitrag von M. Gruter im vorliegenden Band.

viduums darf m. a. W. nicht unsozial in dem Sinne sein, daß es die Fähigkeit der Gruppe, ein System wechselseitiger Kooperation zu erhalten, ernsthaft stört und gefährdet.

Wenn jedoch das Recht eine grundlegende Form sozialer Kontrolle darstellt, dann muß es auf Verhaltensweisen gründen, die anders als im Falle rechtlicher Urteile oder Sanktionen nicht als vorsätzlich oder absichtlich bezeichnet werden können. Diese Fallstudie legt nahe, daß der zugrundeliegende Mechanismus die menschliche Neigung ist, Schmerz zu vermeiden sowie Teil einer Gruppe sein zu wollen. Wenn das Verhalten einer Person einer bestimmten Anzahl von Mitgliedern der Gruppe häufiger physischen oder psychischen Schmerz zufügt, wird die menschliche Neigung, schmerzhafte Erfahrungen zu vermeiden, auf eine Situation praktischer, wenn nicht rechtlicher oder moralischer Ausschließung hinauslaufen. Je nach dem Alter der betroffenen Menschen werden sich diese Verhaltensweisen durch Nachahmung, also aufgrund eines sozialen Lernmechanismus, innerhalb einer Gruppe ausbreiten. Ob jemand ausgeschlossen wird oder nicht, hängt nicht davon ab, ob die Gruppe ausdrücklich und offiziell seine Ausschließung beschließt. Ostrazismus kann das praktische Ergebnis einer Gesamtsumme von individuellen Entscheidungen sein, jemanden zu meiden oder sich Meidungen anderer anzuschließen.

Robs aggressive Handlungen waren — individuell betrachtet — nicht untypisch für Verhaltensweisen, die von Kindern dieses Alters gezeigt werden. Was untypisch war, war sein Gesamtverhalten. Demnach hat es den Anschein, als sei es die allgemeine Verhaltenstendenz, die zählt, und nicht die einzelnen Vorfälle[17]. Es ist so, als ob die Kinder Robs positive oder neutrale Verhaltensweisen gegen seine zerstörerischen Verhaltensweisen abgewogen und entschieden hätten, ihn, je nach dem Ergebnis, zu meiden oder auszuschließen. Menschen treffen laufend solche Entscheidungen: „Ich weiß, daß er manchmal fies sein kann, aber er ist so großzügig und es macht solchen Spaß, mit ihm zusammen zu sein, daß ich es einfach ignoriere“ oder „Sie ist so schrecklich unordentlich, daß ich nervös werde, wenn ich in ihrer Nähe sein muß“.

Es ist bezeichnend, daß durch das Recht Verfahrensweisen kodifiziert werden, die allen Rechtseinrichtungen zugrunde liegen. Zum Beispiel: Das common law besteht aus Präzedenzfällen, und dabei handelt es sich nur um die in Regeln gefaßte Anwendung von Prinzipien, die sich aus Entscheidungen in konkreten Fällen in der Vergangenheit ergeben. Institutionalisierte rechtliche Systeme zwingen die Menschen, über einen Vorgang nachzudenken, ihn klar zu umreißen und die möglichen Kon-

[17] Obwohl in einigen Fällen, wie z. B. Mord, ein einzelner Vorfall bereits ausreichen kann, um Ausschlußverhalten auszulösen.

sequenzen antisozialen Verhaltens präzise anzugeben. Die Entscheidung, ob ausgeschlossen wird oder nicht, wird von der Gruppe oder Gesellschaft im Interesse der Gerechtigkeit in einem formellen Verfahren getroffen. Art und Ausmaß der Ausschließung hängen bis zu einem gewissen Grad davon ab, wie schwerwiegend das sozialschädliche Verhalten aus der Sicht der Gesellschaft ist.

Um es kurz zu machen: an dieser Fallstudie wird deutlich, auf welche Weise institutionalisierte Normen und rechtliche Systeme mit einer Grundtendenz im Verhalten des *homo sapiens* zusammenhängen. Rechtsnormen benennen die Verhaltensweisen, die schwerwiegend genug sind, Schaden zu verursachen, der als „gesellschaftsschädlich" betrachtet werden kann. Die Absicht des Rechts ist es, solche Verhaltensweisen zu verhindern oder ihrem nochmaligen Auftreten vorzubeugen. All diesem liegt der Wunsch zugrunde, eine soziale Ordnung aufrechtzuerhalten, die für das Überleben des Menschen notwendig ist. Wenn wir auch nicht allen Einzelheiten eines Rechtssystems zustimmen können, so sagt es uns doch insgesamt wohl deshalb zu, weil es nicht allzu sehr von dem abweicht, was wahrscheinlich auch ohne rechtliche Regelung geschehen wäre und weil es die Anwendung sozialer Normen auf menschliches Verhalten besser vorhersagen und vereinheitlichen kann.

SOZIALE KONTROLLE, OSTRAZISMUS UND EINIGE NEUE ASPEKTE SOZIALER DISTANZIERUNG

Von Christopher Boehm*

Unlängst hat Black[1] gezeigt, wie nützlich ethnographische Analysen schriftloser Gesellschaften für Soziologen sein können, die sich mit der Erklärung gewisser Formen von Tötung in modernen Gesellschaften beschäftigen. Er zeigte mit Hilfe von Beschreibungen und Theorien der Rechtsanthropologie, wie „Selbsthilfe"-Prinzipien, die in schriftlosen Gesellschaften das Tötungsverhalten bestimmen, meist auch das Handeln amerikanischer Bürger bestimmten, die nahe Angehörige getötet haben — und auch das Handeln von Polizeibeamten, Juristen und Geschworenen. Seine scharfsinnige Studie über „Verbrechen als soziale Kontrolle" zeigt den bedeutenden Nutzen genau analysierter Daten aus der Kulturanthropologie für soziologische Untersuchungen über Recht und soziale Kontrolle.

Blacks Analyse war möglich, weil der Bereich „Recht und Konfliktlösung" in der Anthropologie — wie auch in der Soziologie — eine mittlerweile gut entwickelte Disziplin ist. Im Vergleich dazu ist die Anthropologie des abweichenden Verhaltens und der sozialen Kontrolle gering entwickelt. Anthropologen haben hier viele Beschreibungen geliefert, doch waren theoretische Arbeiten und die Anwendung neuer Methoden selten[2]. Soziologen, die sich nicht nur unter rechtlicher, sondern auch interkultureller Perspektive intensiver mit sozialer Kontrolle befassen wollen, müssen sich oftmals mit völlig unbearbeiteten Daten auseinandersetzen. Ein Hauptanliegen meiner Arbeit ist es, in dieser Hinsicht zwischen Soziologie und Kulturanthropologie eine Brücke zu schlagen.

Im folgenden möchte ich mich eingehend mit einer bestimmten Form von Ostrazismus beschäftigen, der Hinrichtung innerhalb der Sippe als Beispiel für moralistisch aggressives Verhalten, das man in vielen schriftlosen Stammesgesellschaften findet. Ich werde versuchen aufzu-

---

* Professor am Department of Anthropology and Sociology, Northern Kentucky University, Highland Heights (KY).

1 D. Black: Crime as Social Control, American Sociological Review 48 (1983), 126 - 141.

2 Siehe aber die Arbeiten von Gluckman (1965); Furer-Haimendorf (1967); Selby (1974); Haviland (1977).

zeigen, daß diese bestimmte Form von sozialer Kontrolle in einer Stammesgesellschaft viele interessante Implikationen in Hinblick auf die Trennungslinie enthält, welche zwischen traditionellen, einfachen Moralsystemen und der modernen Sozialordnung mit ihren formalen rechtlichen Institutionen gezogen wird. Der Brückenschlag zwischen Anthropologie und Soziologie erfolgt in diesem Falle durch Anwendung des Konzepts der sozialen Distanz auf den Bereich „abweichendes Verhalten und soziale Kontrolle".

I. Die Anwendung des Konzepts der „sozialen Distanz" auf moralische Zusammenhänge

Der Begriff „soziale Distanz" ist in der Soziologie altbekannt[3], bedarf aber gleichwohl der Entwicklung. Der Grad sozialer Nähe zwischen Menschen definiert nicht nur die Eigengruppe, sondern auch ihre Beziehungen zu anderen Gruppen. Gerade die spezifischen Dimensionen des letzteren Aspekts wie beispielsweise die ethnische Distanz sind erfolgreich quantitativ untersucht worden[4]. Der Messung von sozialer Distanz *innerhalb* einer Gruppe wurde bisher allerdings wenig Beachtung geschenkt, zumindest nicht in dem Bereich, mit welchem sich der vorliegende Aufsatz befaßt. Dabei denke ich an die Bestrafung von abweichendem Verhalten, insbesondere an die Bewertung verschiedener Typen von abweichendem Verhalten und verschiedener Bestrafungsmechanismen in Hinblick auf die soziale Distanz, welche sie reflektieren — und selbst schaffen.

Bogardus weist hin auf eine Beziehung zwischen dem Konzept der sozialen Distanz und abweichendem Sozialverhalten. Er nennt dies „gruppen-personale Distanz". Sie „bezieht sich auf die Art, wie die Gruppe ihre Mitglieder als loyal oder abweichend wahrnimmt ... Der Deviante sieht keine Möglichkeit der Übereinstimmung mit der Gruppe, und die Gruppe sieht keine Möglichkeit, die Abweichung seines Verhaltens von den Gruppennormen zu billigen". Für das Individuum wird „die Distanz vergrößert, wenn man es der Übertretung allgemein anerkannter Gesetze der Gruppe beschuldigt. Die Distanz zwischen dem Individuum und einigen Mitgliedern seiner Gruppe wird vergrößert, wenn sein Verhalten die Normen der anderen in Hinblick auf Charakter und Ideale verletzt"[5].

---

[3] R. E. Park: The Concept of Social Distance as Applied to the Study of Racial Attitudes and Racial Relations, Journal of Applied Sociology 8 (1924), 339 - 344; E. S. Bogardus: Social Distance and Its Origins, Sociology and Social Research 9 (1925), 216 - 255.

[4] E. S. Bogardus: Social Distance, Los Angeles 1959.

[5] Ebd. S. 10.

Diese Definitionen entsprechen dem gesunden Menschenverstand: Wenn Individuen sich falsch verhalten, werden andere Mitglieder ihrer Gruppe sowohl die emotionale als auch die körperliche Distanz zwischen ihnen und dem Devianten vergrößern. Eine Skalierung der sozialen Distanz ist hier jedoch niemals unternommen worden. Nach einigen Ausführungen über die Bestrafungsmechanismen in einfacheren Gesellschaften und einer Schilderung des Ostrazismus in der Sippe als Beispiel werde ich auf den Begriff der sozialen Distanz zurückkommen, um einige methodologische Anregungen für den Gebrauch dieses Begriffs bei der Untersuchung von sozialer Kontrolle zu geben.

II. Ein kurzer Blick auf soziale Kontrolle in traditionellen Gesellschaften

In einfachen Gesellschaften, die weder über geschriebene Gesetze noch über ein zentralisiertes Gemeinwesen verfügen, welches formale Sanktionen durch Zwangsmittel verhängt, ist der soziale Kontext von Bestrafung die moralische Gemeinschaft[6]. Diese könnte man als die größtmögliche Gruppe definieren, in der ein Gefühl von kollektivem sozialen Eigeninteresse dauernd aufrechterhalten wird und in der soziale Kontrolle stattfindet[7]. Viele Soziologen, die abweichendes Verhalten untersuchen, richten ein besonderes Augenmerk auf Sanktionierungsmechanismen. Aber soweit mir bekannt, wurde noch kein systematischer Versuch unternommen, eine weltweit gültige Klassifikation von Sanktionierungsmechanismen aufzustellen, geschweige denn eine Hierarchie der Sanktionierungsmittel, gemessen am Grad der sozialen Distanz, die sie bewirken. Im folgenden möchte ich hierfür eine Skizze entwerfen, um eine Grundlage für die anschließende Diskussion von Ostrazismus zu schaffen und um weitere Überlegungen zum menschlichen Sanktionierungsverhalten zu ermöglichen.

Moralische Mißbilligung kann ausgedrückt werden durch: einen leicht kühlen Tonfall, Verweigerung von Augenkontakt, eindeutige Zurückhaltung im Gespräch, Verweigerung normaler Höflichkeit und Gastfreundschaft, Klatschen über gewisse Menschen hinter ihrem Rücken, Prophezeiungen und Warnungen vor übernatürlicher Strafe, Zauberei oder Verfluchung, Vorwürfe der Hexerei, direkte Kritik oder Verspottung, vorsätzlicher Bruch der Etikette, Aus-dem-Weg-Gehen, Ausschluß von sozialen oder rituellen Aktivitäten, Verweigerung jedes normalen sozialen Umgangs (das ist die Definition von Ostrazismus), Auferlegung von Geldstrafen, körperliche Bestrafung, zeitweiligen Ausstoß aus der

[6] E. Durkheim: The Division of Labor in Society, Glencoe (Ill.) 1933.

[7] Ch. Boehm (1982).

Gruppe, dauernde Verbannung, rituelle Todeserklärung einer Person und sogar durch Hinrichtung als offensichtlich äußerste Sanktion. Diese Sanktionen werden zur Kontrolle abweichenden Verhaltens eingesetzt, aber in den allermeisten Fällen liegt immer auch die moralistische Absicht vor, am Devianten ein Exempel zu statuieren, das andere Menschen vor ähnlichem Verhalten warnen soll. Viele, meist jedoch nicht alle der oben aufgeführten Verhaltensmechanismen findet man in jeder einfachen Gesellschaft, sei es eine nur lose organisierte, nomadisierende Gruppe von Jägern[8], sei es eine sozial stabile, territorial abgegrenzte Gesellschaft[9], oder gar eine Gruppe mit Stammeshäuptling[10].

Im Lichte dieser empirischen Regelmäßigkeit wird klar, welch ausgeprägte Ähnlichkeit das soziale Problemlösungsverhalten von Menschen überall auf der Welt aufweist. Diese Regelmäßigkeit legt eine Verallgemeinerung nahe, die schon fast eine „Binsenwahrheit" ist, allerdings eine sehr wichtige: Aggressivität moralistischer Natur ist ein universelles, kollektives Phänomen, das wesentlich zur sozialen Kontrolle gehört. Bei der versuchsweisen Auflistung der verschiedenen Formen sozialer Sanktionierung, die ich bei der Durchsicht hunderter ethnographischer Berichte auf ihre Aussagen über Moral hin fand, habe ich intuitiv eine grobe Aufteilung von „milder" bis „härter" gewählt. „Milde" oder „Härte" bleiben jedoch ziemlich vage Begriffe, wenn sie von einem zwar erfahrenen, aber dennoch nur intuitiv vorgehenden Ethnographen aufgestellt werden. Man kann in diesem Zusammenhang entweder über die Absichten der Strafenden oder aber über die Wirkung auf den Devianten sprechen. Darüber hinaus kann — abhängig von der jeweiligen Kultur oder dem Einzelfall — eine leichte Form von Ostrazismus milder oder aber härter sein als eine schwere Körperstrafe, usw. In Hinblick auf eine bestimmte Kultur stellt sich auch die Frage, ob ein kultureller Außenseiter — selbst ein anthropologischer „Beobachter" — die Härte bestimmter Sanktionen intuitiv einschätzen kann oder ob nur in die Kultur hineingeborene Personen solche Unterscheidungen treffen können. Um den Vergleich unterschiedlicher Sanktionen zu ermöglichen, könnte man ihnen Durchschnittswerte für die Bewirkung sozialer Distanz zuweisen, eine Frage der Methodologie, auf die ich in meinen abschließenden Betrachtungen zurückkommen werde. Es scheint mir eine wichtige gemeinsame Verantwortung von Soziologen und Kulturanthropologen zu sein, präzisere Einzelheiten einer weltweit gültigen Klassifikation sozialer Kontrollmechanismen auszuarbeiten, anwendbar auf einfache wie moderne Gesellschaften.

---

[8] E. M. Thomas: The Harmless People, New York 1959.

[9] Durkheim (N 6).

[10] E. R. Service: Origin of the State and Civilization, New York 1975.

Im folgenden werde ich mich mit einer der schwersten Formen sozialer Distanzierung beschäftigen, die im 19. Jh. in einer Stammesgesellschaft auf dem Balkan praktiziert wurde — einer Stammesgesellschaft, unter deren Nachfahren ich über zwei Jahre lang selbst gelebt habe[11].

III. Moralische Rechtmäßigkeit von Selbsthilfe in Fehdegesellschaften

Wie Moore[12] festgestellt hat, behandeln schriftlose Völker in Fällen von „Selbsthilfe" durch Tötung die Sippen als kollektive Einheiten mit kollektiver Verantwortung. Im klassischen Fall kann jeder erwachsene Mann einer bestimmten Gruppe die Tötung eines anderen Mitglieds seiner Gruppe durch Angehörige einer anderen Gruppe rechtmäßig rächen, indem er einen beliebigen erwachsenen Mann dieser anderen Gruppe tötet. Eine interessante Konsequenz dieses weit verbreiteten Verhaltens zeigt sich in der Art, wie die Mitglieder einer Sippe ein anderes Mitglied zu behandeln pflegen, das sein als unmoralisch angesehenes Verhalten nicht ändert und somit die Gefahr tödlicher Vergeltungsmaßnahmen heraufbeschwört. In Fehdegesellschaften wird ein solches Sippenmitglied fast immer (auch wenn solche Fälle selten vorkommen) auf eine der folgenden drei Arten von seinen Brüdern „geächtet": Er kann in die Verbannung geschickt werden. Hierdurch entzieht man ihm den direkten Schutz der Sippe, die ansonsten zwangsläufig eine Blutfehde eingehen müßte, falls er getötet oder gar selbst ein Mitglied einer anderen Sippe töten würde. Eine stärkere Form der Verstoßung besteht im förmlichen Entzug der Sippenverantwortlichkeit für die Blutrache im Falle seiner Ermordung. Im Grunde signalisiert dies anderen Sippen: Diese Person ist zur Tötung freigegeben. Doch die schwerste Form von Ostrazismus ist die Tötung durch die eigene Sippe[13]. Aus soziologischer Perspektive ist dies in einer Fehdegesellschaft nur möglich, weil innerhalb der Verantwortungsgemeinschaft niemals Blutrache genommen wird.

---

[11] Diese Analyse beruht auf einer Kombination der reichhaltigen ethnohistorischen Daten, die sich auf das traditionelle Verhalten von Stammesmitgliedern im 19. Jahrhundert vor der staatlichen Zentralisierung beziehen und die ich in meinem Buch: Blood Revenge: The Anthropology of Feuding in Montenegro and Other Nonliterate Societies, Lawrence (Kansas) 1984, zusammengefaßt habe, und auf ethnographische Intuition, die ich während meines zweijährigen Aufenthaltes bei dem heute am stärksten isoliert lebenden montenegrischen Stamm (Gornja-Moraca) in den Jahren 1964 bis 1966 entwickelt habe.

[12] S. F. Moore: Legal Liability and Evolutionary Interpretation, in Max Gluckman: The Allocation of Responsibility, Manchester 1972, 51 - 107.

[13] Ebd.

Auf den ersten Blick führen viele anthropologische Berichte zu dem Schluß, in Fehdegesellschaften seien auch Tötungsdelikte (d. h. Mord) an der Tagesordnung. Doch das entspricht nicht den Tatsachen. Anderswo habe ich bereits hervorgehoben, welch klare Unterscheidung eine traditionelle schriftlose Gesellschaft auf dem Balkan zwischen rechtmäßiger Blutrache und unrechtmäßiger Tötung (Mord) zieht[14]. Nach Black anerkennt sogar unser modernes Rechtssystem — zumindest stillschweigend — die Rechtmäßigkeit des Selbsthilfe-Prinzips. Speziell in den USA findet Selbsthilfe durch Tötung unter Menschen statt, die sich persönlich kennen. Zumindest in dieser modernen Gesellschaft (die sich auf eine hohe Rate von Gewaltkriminalität eingestellt hat) hat also das Selbsthilfe-Prinzip nicht nur die Funktion informeller sozialer Kontrolle, sondern es kommt auch in formalen rechtlichen Zusammenhängen zum Tragen. In der schriftlosen Welt ohne oder mit nur schwach ausgebildeter politischer Zentralmacht ist die Selbsthilfe oft das wichtigste Sanktionierungsprinzip, dessen Rechtmäßigkeit kaum in Frage steht.

In diesem Kontext von Selbsthilfe als einem Haupttypus sozialer Kontrolle möchte ich das Problem von Hinrichtungen innerhalb der Sippe in einer schriftlosen Gesellschaft diskutieren als die vielleicht extremste Form von Ostrazismus und sozialer Distanzierung. Dabei werde ich unter Einbeziehung von Moores interkulturellem Vergleich auch einige allgemeine Feststellungen treffen über das Wesen von Ostrazismus und seine Bedeutung als ein Typus sozialer Kontrolle.

IV. Soziale Kontrolle und soziale Distanzierung im Montenegro des 19. Jh.

Die Stämme des Montenegro, ansässig im Nordwesten des albanischen Hochlands, bildeten ein autonomes Stammesbündnis, das seit 1600 nur sehr schwer vom Osmanischen Reich kontrolliert werden konnte[15]. Die Montenegriner waren ein Hirtenvolk und lebten in territorial abgegrenzten Stammesgemeinschaften in der Größenordnung von eintausend bis achttausend Mitgliedern. Jeder Stamm war eine vollständig autonome rechtliche und politische Einheit. Die Montenegriner waren besessen von einem Begriff der „Ehre“ als individueller und sozialer Zielvorstellung. Es herrschte ein Kriegerethos, die Sippen wetteiferten um militärisches Prestige und um einen moralisch guten Ruf. Es gab ein Blutfehdesystem, bei dem die Pflicht zur Blutrache in erster Linie des

[14] N 11.

[15] Ch. Boehm: Montenegrin Social Organization and Values, New York 1983.

Opfers engere Verwandte väterlicherseits traf, und das Ziel ihrer Rache waren nach Möglichkeit des Mörders engere Verwandte väterlicherseits. Diese Fehden eskalierten sehr schnell und verwickelten bald ganze Sippen in die Auseinandersetzungen, manchmal sogar ganze Stämme, obwohl diese (nach eigener Vorstellung) keine genealogischen Einheiten waren.

Die Montenegriner achteten sorgfältig auf ihr *„obraz"* (ihre „Wange"), damit ihr guter Ruf innerhalb der Stammesgemeinschaft nicht geschädigt wurde. Die eigentliche moralische Gemeinschaft war also der Stamm (*„pleme"*). Im Gegensatz dazu mußte die Sippe (*„brastvo"*) einem Mitglied volle Unterstützung gewährleisten, falls seine moralische Integrität bezweifelt wurde, und sie mußte einem Mitglied Zuflucht vor den Rächern bieten, wenn es eine Tötung begangen hatte. Die traditionellen Montenegriner waren ein moralistisch aggressives Volk. Jede segmentale Gruppe, die in ein soziales Problem verwickelt war, konnte Strafen verhängen. So konnte (auch wenn es selten vorkam) z. B. ein Paar, das eine voreheliche Beziehung unterhielt, durch Mitglieder des eigenen Dorfes gesteinigt werden[16], während ein Fall von Treuebruch vor dem gesamten Stamm verhandelt wurde und mit Verbannung oder Tod bestraft werden konnte[17]. Wenn jedoch ein Missetäter nicht allzu weit gegangen war, konnte er so tun, als ob nichts geschehen wäre, und die Stammesgemeinschaft akzeptierte dies oftmals. In solchen Fällen war dann die soziale Spannung nicht öffentlich erkennbar, obwohl die Betroffenen sie deutlich spürten. Die Stammesmitglieder und die von der öffentlichen Meinung verurteilte Person waren sich hier einig, daß man das *„obraz"* eines Menschen in der Öffentlichkeit nicht unnötig schädigen sollte.

Soziale Sanktionen für Missetaten, die keinem Stammesmitglied direkten Schaden zugefügt hatten, waren manchmal sehr indirekt. Die schwerste Form indirekter Sanktion war der Klatsch. Die Montenegriner waren auf das äußerste um ihren guten Ruf besorgt. Jeder wußte, wie durch Klatsch Reputationen geschaffen oder zerstört wurden, also nicht nur durch öffentliche moralistische Aggression. Für die Montenegriner des 19. Jh. und genauso für ihre heutigen noch in Stämmen lebenden Nachfahren ist Klatsch — da er die öffentliche Meinung gestaltet — ein gefürchteter Mechanismus moralischer Verurteilung und sozialer Kontrolle. Noch heute ist Klatsch in so hohem Maße Katalysator der öffentlichen Meinung, daß er öffentliche Formen der Sanktionierung durch die moralische Gemeinschaft bewirken kann, beispielsweise

[16] V. Bogišić: Graja u Odgovorima iz Različnih Krajeva Slovenskoga Juga, Zagreb 1874.

[17] J. Jovanović: Stvaranje Crnogorske Države i Razvoj Crnogorske Nacionalnosti: Istorija Crne Gore Početka VIII Vijeka do 1918 Godine, Cetinje 1948.

direkte Kritik oder Vermeidung sozialen Umgangs. Doch hat der Stamm heutzutage keine formalen Sanktionierungsrechte mehr; er verlor sie 1850, als ein Staat geschaffen wurde.

In Montenegro bedeutet *„ne zbore"*: „Sie sprechen nicht miteinander." Dieser Ausdruck bezieht sich typischerweise auf folgende Situation: Zwei Menschen begegnen sich auf einem schmalen Pfad und wegen eines früheren Zwischenfalls vermeiden sie es, einander zu grüßen. Ich habe dieses Verhalten während meines zweijährigen Aufenthalts bei einem isoliert lebenden Stamm im Norden Montenegros mehrmals beobachten können. Verweigerung verbaler Kommunikation ist in dieser äußerst geselligen Kultur eine extreme Form der Distanzierung. Aber man muß auch den sozialen Nutzen dieses Phänomens sehen. Werden doch auf diese Weise feindselige Wortgefechte vermieden, die mit großer Wahrscheinlichkeit zu Beleidigungen, Ehrverletzungen und körperlichen Angriffen führen. Darüber hinaus ist es — symbolisch betrachtet — der perfekte Ausdruck sozialer Distanz. Während meines gesamten Aufenthalts habe ich niemals beobachtet, daß eine ganze Gruppe einem Individuum verbale Kommunikation verweigerte. Man erzählte mir aber von Menschen, die sich mißliebig verhalten hatten und aus Angst vor solch feindseliger Behandlung nun in keiner Gruppe mehr erschienen.

In früherer Zeit (bis 1850), als das Blutfehdesystem noch funktionierte und es keine behördliche Kontrolle durch die Regierung gab, gebrauchte man bestimmte soziale Distanzierungsmechanismen den Menschen gegenüber, die keine Blutrache ausgeübt hatten, wo die „Ehre" (so wie die moralische Gemeinschaft sie verstand) dies absolut verlangte. Durham[18] berichtet von einem Stammesführer, der den Tod eines Mitglieds der Gemeinschaft nicht gerächt hatte und dem nun niemand mehr zuhörte, weil niemand ihn mehr respektieren konnte. Folglich mußte er seine Führungsposition aufgeben. Eine andere Sanktion — häufig und vor allem öffentlich vollstreckt — bestand darin, einer solchen Person einen Schnaps anzubieten, den man jedoch hinter dem Rücken hielt[19]. Die beiden hier erwähnten Distanzierungsmechanismen sind von der Gruppe ausgehende moralistische Aggressionen.

Den angebotenen *„rakija"* bei einer öffentlichen Zusammenkunft hinter dem Rücken zu halten, war mehr als eine individuelle Botschaft. Als Sanktion durfte dies nicht zu früh erfolgen, also nicht während einer ehrenvollen „Wartezeit" von einem Jahr, gerechnet vom Zeitpunkt des Mordes an. Diese Zeit wurde dem Rachepflichtigen einge-

[18] M. E. Durham: Some Tribal Origins, Laws and Customs of the Balkans, London 1928.

[19] I. M. Jelić: Krvna Osveta i Umir u Crnoj Gori i Severnoj Albaniji, Belgrad 1926.

räumt, damit er eine für die Rache günstige Gelegenheit abwarten konnte. Vorher hätte die oben beschriebene Maßnahme sich nicht auf einen Gemeinschaftskonsens stützen können. Im Gegenteil, die betreffende Person hätte die ehrverletzende Geste nur unter der Gefahr ausführen können, auf der Stelle erschossen zu werden. Doch nach Ablauf der Wartezeit galt der Mann allgemein als Feigling und wurde Opfer von öffentlichem Ostrazismus. Aus diesem Grunde nahm er in Zukunft nicht mehr an öffentlichen Zusammenkünften teil.

Eine schwerere Form von Ostrazismus war die Verbannung, z. B. wegen unehrenhaften Verhaltens im sexuellen Bereich. Noch heute werden deshalb Menschen aus ihren Dörfern vertrieben. Im 19. Jh. konnte eine Person auch wegen Treuebruchs formal von ihrem Stamm ausgestoßen werden. Dazu mußte der gesamte Stamm zusammentreten, und ein aus vierundzwanzig Personen bestehender Ältestenrat *(„kmets")* traf die formale Entscheidung.

Die schwerste Form sozialer Distanzierung war die Tötung. Hinrichtungen gab es sowohl auf Stammesebene als auch auf der Ebene örtlicher Gemeinschaften. Letztere geschahen spontan, aber auf Stammesebene mußte immer der Ältestenrat vorher formal entscheiden. Die Verpflichtung zur Selbsthilfe — bedingt durch das Blutfehdesystem — wurde sehr ernst genommen, und bei Hinrichtungen ergaben sich daraus auf beiden Ebenen einige Probleme. Wenn einzelne Personen eine Hinrichtung vornahmen, liefen sie Gefahr, selbst Gegenstand von Rachepflichten zu werden, so stark wurden diese empfunden. Deshalb wurden in einem Dorf in Grbalj Menschen zu Tode gesteinigt, denn wenn die gesamte Gemeinschaft die Steine warf, konnte niemand feststellen, wer für den tödlichen Wurf verantwortlich war[20]. Als 1840 das politische System langsam zentralisiert wurde, setzte man aus demselben Grund Exekutionskommandos ein, die aus Mitgliedern eines jeden Stammes bestehen mußten. Wenn nun eine Sippe Vergeltung forderte, mußte sie eine Blutfehde mit einer Sippe aus jedem montenegrinischen Stamm beginnen — und derer gab es mehrere Dutzend. Obwohl sich die Sippen und Stämme in diesem Gebiet beharrlich weigerten, das Recht zentraler Organe zur Verhängung der Todesstrafe anzuerkennen, wagte doch niemand diesen Versuch. Bei früheren Exekutionen innerhalb eines einzigen Stammes hat man wahrscheinlich ganz ähnliche Schutzmaßnahmen für die Vollstrecker des Urteils getroffen, obwohl ein Mitglied seiner eigenen Sippe den Schuldigen in jedem Falle ungestraft hinrichten konnte.

Ich habe hier bereits viele Distanzierungsmechanismen beschrieben, angefangen von individuellem Verhalten, das eine moralische Zurecht-

[20] Bogišić (N 16).

weisung bedeutet, über individuelle moralistische Aggression mit Gruppenrückhalt, bis zu kollektiver moralistischer Aggression ganzer Dörfer oder Stämme und schließlich bis zu formalen Prozessen, die von einem Ältestenrat im Namen der gesamten Moralgemeinschaft des Stammes geführt wurden. Abgesehen von distanzierendem Verhalten einer einzelnen Person können alle diese Formen als Ostrazismus bezeichnet werden, wenn man den Begriff weit faßt, so daß er nicht nur Verweigerung verbaler Kommunikation durch die Gruppe, sondern darüber hinaus noch andere Distanzierungshandlungen bezeichnet, durch die ein Individuum von der Gruppe abgesondert wird. Für Montenegro sieht eine Hierarchie der Distanzierungsebenen folgendermaßen aus:

1. Die Gruppe schafft eine schwache bis starke Distanzierung, ohne die Person auszustoßen. Darunter fallen: Aus-dem-Weg-Gehen, vorsätzliche Kommunikationsverweigerung, direkte feindselige Kommunikation, verbal oder nicht-verbal, mit eindeutigem Bruch der normalen Etikette. Dies geschieht zumeist durch Verspottung und direkte Kritik.
2. Die Gruppe entscheidet sich vorübergehend für ein hohes Maß an Distanz und verbannt eine Person, läßt aber die Möglichkeit ihrer Rückkehr offen.
3. Die Gruppe betrachtet eine Verbannung als endgültig.
4. Die Gruppe entscheidet sich für die Hinrichtung als endgültige Distanzierung.

Doch bleibt die Frage offen, ob die extremeren Formen der Distanzierung den Verhaltenstypus „Ostrazismus“ darstellen, ein Begriff, der in der Soziologie nur sehr ungenau definiert ist. Wenn Ostrazismus sowohl soziale Distanz ausdrücken als auch eine Verhaltensänderung bewirken soll, dann scheint die zeitlich begrenzte Verbannung dieser Definition zu entsprechen. Will man die dauernde Verbannung und die Hinrichtung gleichermaßen definieren, dürfen die heuristischen Funktionen von Ostrazismus nicht in Hinblick auf den Schuldigen, sondern nur in Hinblick auf alle anderen Menschen betrachtet werden.

Meines Erachtens ist Exekution eine akute Form von Ostrazismus, wobei für die Gruppe die Notwendigkeit zur Distanzierung endgültig und für den Schuldigen die Möglichkeit einer moralischen Wiedergutmachung ausgeschlossen ist. Auch wenn hierzu keine Ergebnisse von interkulturellen Untersuchungen vorliegen, kann man doch folgende Hypothese aufstellen: Exekutionen dienen normalerweise zwei Absichten, nämlich der Lösung eines akuten Problems und der Abschreckung. Insofern entspricht Exekution den beiden oben genannten Funktionen von Ostrazismus.

V. Hinrichtung innerhalb der Sippe als extremste Form der Distanzierung

Im traditionellen Montenegro war der Haushalt um einen Kern enger Verwandter väterlicherseits herum aufgebaut. Man empfand es als Tragödie, wenn ein Haushalt zu groß wurde und geteilt werden mußte. Das heißt, eine Sippe ließ sich üblicherweise am selben Ort nieder, und überzählige Mitglieder suchten sich nur dann einen neuen Wohnsitz, wenn sie aus logistischen Gründen dazu gezwungen waren. Die Montenegriner nahmen agnatische Verwandtschaftsbeziehungen sehr ernst und nannten alle männlichen Sippenmitglieder „Bruder" *(„brat")*. Montenegro als klassische, auf dem Patriclan basierende Fehdegesellschaft war also durch „brüderliche Interessengruppen"[21] bestimmt.

Hier stand die Sippe in jedem Falle hinter ihren Brüdern. Auch im täglichen Leben war diese Ideologie von größter Bedeutung. Ein Angriff auf einen von ihnen wurde als Angriff auf alle gewertet. Diese Logik galt auch umgekehrt. Eine montenegrische Sippe konnte kollektiv haftbar gemacht werden für Aggressionen jedes einzelnen Mitglieds. Dies war oft der Fall. Eine Blutfehde konnte rechtmäßig auf eine ganze Sippe ausgedehnt werden, obwohl man sich sehr viel lieber an einem engen Verwandten väterlicherseits rächte, wenn man den Mörder selbst nicht fassen konnte.

Die Sippenmitglieder gaben also jedem Bruder unbedingte Unterstützung, und zwar auch angesichts des Risikos, selbst getötet zu werden. So gewährte die Sippe ihren von Rächern verfolgten Mitgliedern Unterschlupf, sie half ihnen bei der Ausführung von Vergeltungsmaßnahmen, oder die Sippe rächte sie im Falle ihrer Ermordung. Aber es gab — wie bereits erwähnt — einige besondere Umstände, unter denen die Sippe ihre Unterstützung verweigerte und sich bewußt von einem bestimmten Mitglied weit distanzierte.

Der russische Ethnograph Rovinskij führte im ausgehenden 19. Jh. Felduntersuchungen in Montenegro durch und berichtet, wie montenegrinische Sippen einen Bruder verstoßen konnten, indem sie ihn zum „Freiwild" für andere Sippen machten[22]. Jelic[23] liefert uns Details einer solchen Verstoßung: Der Vater oder der nächste lebende Agnat eines Missetäters warf der versammelten Öffentlichkeit eine Patrone zu und

---

[21] K. F. Otterbein / Ch. S. Otterbein: An Eye for an Eye, a Tooth for a Tooth: A Cross-cultural Study of Feuding, American Anthropologist 67 (1965), 1470 - 1482.

[22] P. Rovinskij: Montenegro in Vergangenheit und Gegenwart, 2 Bde. (in russisch) St. Petersburg 1901; siehe auch Bogišić (N 16).

[23] Jelić (N 19).

machte so deutlich, er werde die Ermordung seines Sohnes oder nahen Verwandten verzeihen und sogar „die Kosten dafür übernehmen", d. h. die Kugel. Das serbische Wort für Sippenostrazismus ist *„odliciti"*. In späteren Perioden der Stammesgeschichte kopierten des Schreibens kundige Mönche manchmal schriftliche Beilegungen von Fehden. So gibt es einige dokumentierte Fälle[24], in denen eine Sippe nicht für die Handlungen eines Mannes haftbar gemacht wurde, der *„odlicen"* war, das bedeutet, sie mußten für ihn kein Blutgeld bezahlen, wozu sie normalerweise verpflichtet gewesen wären. Wenn eine solche Person von einer anderen Sippe getötet worden war, schuldete diese seiner Sippe wiederum auch kein Blutgeld. Doch in einigen Fällen tötete die Sippe ihr verstoßenes Mitglied selbst.

Die Hinrichtung durch den eigenen Stamm, also durch die eigene moralische Gemeinschaft, war selbstverständlich eine sehr schwere Form von Ostrazismus. Insofern war die Hinrichtung durch die eigene Sippe ein noch viel schwerwiegenderer Ausdruck sozialer Distanz, da gerade die Brüder ansonsten bedingungslos füreinander einstanden, eine logische Konsequenz der kollektiven Verantwortung. Die Gruppe behält sich also das Recht vor, ihren Schutz dem Mitglied zu entziehen, dessen Verhalten im Widerspruch zu den allgemeinen moralischen Überzeugungen steht oder aber die Verwicklung der gesamten Sippe ohne guten Grund in eine verlustreiche Fehde befürchten läßt.

Unter diesem Aspekt hat Moore[25] systematisch eine Auswahl verschiedener Stammesgesellschaften überprüft. Diese Art der Verstoßung durch enge Angehörige fand er am häufigsten in Verbindung mit Blutfehden. Doch findet man sie durchaus nicht nur in einem bestimmten Kulturgebiet. Sie ist anzutreffen in Montenegro[26], in Nordalbanien[27], häufig in Afrika[28] oder bei den Eskimos[29]. Dieser Brauch scheint sich also eher durch strukturelle und funktionale Ähnlichkeiten in Fehdegesellschaften herausgebildet zu haben und weniger durch die Verbreitung einer bestimmten Sitte in einem bestimmten Kulturgebiet.

[24] Ebd.

[25] N 12.

[26] Rovinskij (N 22), Bogišić (N 16), Jelić (N 19).

[27] M. M. Hasluck: The Unwritten Law in Albania, Cambridge 1954.

[28] P. J. Bohannan: Justice and Judgment among the Tiv, London 1951; P. H. Gulliver: Social Control in an African Society, London 1963; L. S. B. Leakey: Mau Mau and the Kikuyu, London 1953; S. F. Nadel: The Nuba, London 1947; J. G. Peristiany: The Social Institutions of the Kipsigis, London 1939; R. S. Rattray: Ashanti Law and Constitution, Oxford 1929; M. Wilson: Good Company, London 1951.

[29] P. J. Bohannan: Anthropology and the Law, in Sol Tax / Leslie G. Freemann: Horizons of Anthropology, Chicago 1977, 290 - 299.

Hinrichtungen innerhalb der Sippe waren eine Form der Problemlösung, auf die politisch bewußte Stammesangehörige bei der Bewältigung kritischer Situationen in Fehdeauseinandersetzungen zwangsläufig stoßen mußten. Sie bietet offensichtliche Vorteile, wenn die kollektive Funktion einer Sippe auch in der Vergeltung des Mordes an einem ihrer Mitglieder und in der Verpflichtung zur Zahlung von Blutgeld besteht. Dieser Rückhalt ermöglicht es den Sippenmitgliedern, Personen außerhalb ihrer Sippe angreifen zu können. Dies ist besonders wichtig in einer Gesellschaft, in der ein selbstbewußtes Verhalten als überaus wichtig für die persönliche und kollektive Ehre gilt und ein unterwürfiges Verhalten weitere Aggression provoziert. Ein solches System kollektiver politischer Verantwortung kann jedoch nur so lange funktionieren, wie seine Mitglieder in der Ausübung eigener Aggression und im Auslösen fremder Aggression gewisse Grenzen der Vorsicht nicht überschreiten. Unvorsichtiges Verhalten einiger Mitglieder würde die Sippe in zu viele Fehden verwickeln, die sie dann nicht mehr bewältigen könnte.

Mitglieder von Fehdegesellschaften sind sich normalerweise der Kosten einer Fehde sehr wohl bewußt und verhalten sich dementsprechend vernünftig, d. h. gerade so aggressiv, wie ihr Ehrbegriff es verlangt, aber sie beginnen keine Fehde leichtsinnig oder grundlos. Dieser Aspekt hat bisher wenig ethnographische Beachtung gefunden[30]. In diesem Zusammenhang ist erwähnenswert, daß einfache Fehdegesellschaften stark egalitär ausgerichtet sind[31]. Jedes männliche Mitglied besitzt ein hohes Maß an persönlicher Autonomie, obwohl die gesamte Sippe für seine Handlungen einstehen muß. Der Ausschluß eines Sippenmitglieds aus der Verantwortungsgemeinschaft aufgrund unüberlegten Verhaltens ist in Fehdegesellschaften tatsächlich selten. Andererseits hat die Sippe keine andere Sanktion, falls die betreffende Person auf sozialen Druck nicht reagiert. Da die Sippe kollektiv die Handlungen jedes einzelnen Mitglieds verantworten muß, bringt jede unkluge Handlung eines einzelnen die Sippe kollektiv in Gefahr.

Eine Hinrichtung innerhalb der Sippe ist also die letztmögliche Lösung des Problems, individuelles Verhalten in einer egalitären Verantwortungsgemeinschaft zu kontrollieren, wenn direkte Kritik und sozialer Druck versagt haben. Nur so kann das Kollektiv zwei Gefahren entgehen: Zum einen bedroht das unehrenhafte Verhalten seines Angehörigen den moralisch guten Ruf der Gemeinschaft, und gerade in diesem Punkt besteht zwischen den lokalen Gruppen ein hohes Maß an

---

30 Boehm (N 11).

31 E. R. Service: Primitive Social Organization, New York 1962, ders. (N 10); M. Fried: The Evolution of Political Society, New York 1967.

Rivalität. Zum anderen bringt eine grundlos geführte Fehde große Verluste an Blut, Zeit, Wohlstand und psychischer Stabilität der Gruppe mit sich und würde darüber hinaus noch nicht einmal das Prestige der Sippe erhöhen, was eine ehrenhaft und gut geführte Fehde immer bewirkte.

Hinrichtung durch die eigene Gruppe bedeutet völlige Umkehrung der ansonsten fundamentalen Unterstützung sowie absolute und unwiderrufliche Distanzierung. Das Todesurteil wird von der gesamten Sippe gefällt und ist daher die Entscheidung einer moralischen Gemeinschaft. Natürlich sind vom Stamm gefällte Todesurteile ähnlich zu werten, denn er ist ebenfalls eine moralische Gemeinschaft — zumindest in Montenegro, wo Stämme normalerweise nicht mehr als dreitausend Menschen umfassen. Doch ein von der Sippe ausgesprochenes Todesurteil bedeutet ideologisch die endgültige soziale Zurückweisung des Übeltäters durch seine eigene „Familie".

Ein klassisches Beispiel für dieses Verhalten gibt Miljanovs Bericht aus einem nordalbanischen Stammesgebiet, das unmittelbar an Montenegro grenzt und in dem auch Anschauungen und Fehdegewohnheiten fast identisch mit denen Montenegros waren[32]. Ein Mann empfing in seinem Haus einen unbekannten Gast, für dessen Leben er nach einheimischer Sitte nun automatisch verantwortlich war. Doch erkannte er in dem Fremden schnell einen Blutsfeind. Er gehörte zum Patriclan eines Mannes, der einen engen Agnaten des Gastgebers erschlagen hatte, und diese Tötung war bis dahin noch ungerächt geblieben. Der Mann wäre somit ein rechtmäßiges Ziel für eine Rachehandlung gewesen, doch sein Status als Gast setzte diese Regelung außer Kraft. Der Gastgeber tötete ihn trotzdem und erzählte seinem ebenfalls dort wohnenden und später heimkehrenden Bruder von seinem Racheakt. Daraufhin erschoß ihn der Bruder auf der Stelle, um den moralischen Schaden an Haus und Sippe wiedergutzumachen. Hier fand eine Hinrichtung statt innerhalb eines Haushalts (jedoch mit öffentlicher Billigung), also einer Untergruppe der Sippe, ohne diese vorher zu befragen, da die Sträflichkeit der schuldhaften Handlung so extrem war. Denn üblicherweise mußten solche Entscheidungen wie die Hinrichtung einer *„odlicen"* Person auf Sippenebene stattfinden.

In einer einfachen Gesellschaft gibt es viele Möglichkeiten, als antisozial eingeschätztes Verhalten zu sanktionieren. Eine Möglichkeit ist der Klatsch hinter dem Rücken eines Menschen und seine damit verbundene Besorgnis um seinen guten Ruf. Eine andere Möglichkeit besteht in der Anleitung zum besseren Verständnis der Gruppennormen

---

[32] Durham (N 18).

und — in jedem Falle — in der Anleitung zur positiven Verhaltensänderung. Dies kann entweder konstruktiv geschehen durch gute Ratschläge, oder aber negativ durch direkte Kritik. Eine weitere Möglichkeit ist die gefühlsmäßige Abkühlung im Umgang mit einer Person. Hierbei handelt es sich um eine Anfangsstufe von Ostrazismus. Man kann das Verhalten einer Person auch durch Drohungen natürlicher oder übernatürlicher Art beeinflussen, obwohl es sich hierbei nicht um Ostrazismus handeln muß. Andere Möglichkeiten der Sanktionierung bestehen in der verminderten Bereitschaft zu verbaler Kommunikation, verminderter Bereitschaft zur Aufnahme von sozialen oder geschäftlichen Beziehungen und sogar zu persönlichem Zusammentreffen mit einer bestimmten Person. Die klassische Definition von Ostrazismus im soziologischen Gebrauch — so wie ich sie verstehe — ist diese: Ein Individuum behält zwar das Recht, sich innerhalb einer Gruppe weiterhin bewegen zu dürfen, doch wird es von jeder Art des sozialen Umgangs ausgeschlossen. Aber hier befindet sich noch nicht der Endpunkt des von mir konstruierten Kontinuums — zumindest nicht bei den aus Sippen zusammengesetzten Fehdegesellschaften mit dem Stamm als größter Moralgemeinschaft, wie eben die Montenegriner und die verschiedenen von Moore erwähnten Gruppen. Dort kann die Sippe, ideologisch gleichzusetzen mit der Kernfamilie, einen Brudermord begehen als Ausdruck äußerster sozialer Distanzierung.

VI. Hinrichtung innerhalb der Sippe, Ostrazismus und das moderne Recht

Eine Hinrichtung ist gewissermaßen kaum extremer als die konsequente Verweigerung verbaler Kommunikation, denn beides bewirkt den sozialen Tod[33] eines Individuums. Die totale Verweigerung verbaler Kommunikation gehört zu den schwersten Strafen, sie ist ebenso schwerwiegend wie Einzelhaft oder Tod, denn die betroffene Person wird permanent an die absolute Ablehnung durch die Gruppe erinnert. Doch meiner Meinung nach bleibt in Montenegro die Hinrichtung durch die „Brüder“ die schwerste Form sozialer Ablehnung, bedenkt man die sonst sehr starke Gruppenunterstützung und die Endgültigkeit der Maßnahme.

Die Hinrichtung innerhalb der Sippe hat keine direkte Parallele in der modernen Gesellschaft, abgesehen vielleicht von der Tötung eines Familienmitglieds durch ein anderes aus moralistischen Gründen. Ähnlichkeiten bestehen auch bei Tötungen innerhalb einer Gruppe von Kriminellen. Trotzdem stellt sich hier ein juristisches Definitionspro-

[33] Siehe Service (N 10).

blem. Im Gegensatz zu Hexenverbrennungen, die aus akuter Angst stattfinden können, sind Hinrichtungen innerhalb der Sippe das Ergebnis langfristiger Voraussagen über das Verhalten eines Missetäters und dessen soziale Kontrollmöglichkeit, werden also aus einer bestimmten Absicht heraus vollstreckt. Man wird nur eine Person hinrichten, deren Verhalten man als unverbesserlich betrachtet und die voraussichtlich weiterhin moralische Normen übertreten wird, wenn nicht etwas Endgültiges geschieht.

Ostrazismus in Form von Verweigerung verbaler Kommunikation schafft erhebliche soziale Probleme in einer so vertrauten und sozial festgefügten Gesellschaft wie der örtlich gebundenen Sippe. Aufgrund dieses Dilemmas und der Notwendigkeit des Schutzes gegen zukünftige moralische Vergehen sowie der daraus erwachsenden kollektiven Verantwortung wird Ostrazismus eher in Form von Zurückweisung der rechtlichen Verantwortlichkeit oder Verbannung aus der Sippe ausgeübt, wobei letzteres seine moderne Parallele in der Aberkennung der Bürgerrechte findet. Die soziale Gegenseitigkeit zwischen der als unverbesserlich betrachteten Person und seinen Brüdern wird aufgehoben: Die Gruppe entzieht ihm Schutz und Rückhalt. Wenn er einen Menschen tötet, gewährt ihm die Sippe keine Zuflucht. Wenn er getötet wird, rächt die Gruppe seinen Tod nicht. Man erlaubt ihm zu leben, aber die grundlegenden politischen Bindungen fallen fort. Die Hinrichtung stellt nur eine noch entschiedenere Lösung desselben Problems dar. An diesem Punkt wird die Hinrichtung innerhalb der Sippe zur logischen Erweiterung von Ostrazismus. In schriftlosen Gesellschaften entspricht die Todesstrafe in ihrer Funktion den gesetzlich abgesicherten Sanktionen durch als rechtmäßig anerkannte Zwangsmittel in modernen Gesellschaften.

Diese Folgerung beruht auf meiner Interpretation der ethnographischen Daten und auf der Interpretation des Begriffs „Recht". Hoebel vertritt die Ansicht, es herrsche ein Rechtszustand, wenn es ein „Gericht" (und sei es noch so verschieden von unseren modernen Gerichten) und wenn es „rechtmäßigen Gebrauch körperlicher Zwangsmaßnahmen" gibt[34]. Er erläutert dies am Beispiel einer schriftlosen Gesellschaft (einer Eskimogruppe), die Tötung als Rückfallverbrechen mit Hinrichtung bestraft. Bohannan[35] stimmt in seiner Untersuchung über die Eskimos mit Hoebel überein. Fried widerspricht Hoebel und erklärt, das Kriterium „Rechtmäßigkeit" könne man nicht anwenden, da die Personen, welche das Urteil gefällt haben, gleichzeitig „alle Verwandten des Übeltäters umbringen müßten, um nicht Gefahr zu laufen,

[34] E. A. Hoebel: The Law of Primitive Man, Cambridge 1954, S. 470.

[35] N 29.

Opfer von Blutrache zu werden"[36]. Doch hatten die Eskimos dieses Problem durchaus gelöst. Bohannan erwähnt ein Beispiel des Eskimorechts, wo führende Bürger einer Gemeinschaft die Verwandten des Schuldigen baten, das Todesurteil zu vollstrecken, und so eine Fehde verhinderten[37].

Beide Positionen könnten noch weiter diskutiert werden, doch die Rechtssituation in Montenegro kennt diese Zweideutigkeit nicht. Die montenegrinischen Sippen beurteilten regelmäßig die moralische Haltung ihrer Mitglieder[38], wie sie sich in verschiedenen Bereichen ihres Verhaltens äußerte. Sie befaßten sich mit all den Problemen abweichenden Verhaltens, die keine Auswirkungen auf den Stamm als ganzen hatten, und bildeten innerhalb der Sippe ihre Äquivalente zu den Gerichten auf Stammesebene. Eigentlich hätte der *„knez"* (Sippenführer) jeden einzelnen männlichen Erwachsenen aufsuchen und ihn um seine Beurteilung eines anstehenden Rechtsproblems bitten müssen. Doch oft rief er ein „Gericht" zusammen, das aus den geachteten Männern bestand, die normalerweise Mitglieder des *„sub dobrih ljudi"* (Ältestenrat, zusammengesetzt aus 6, 12 oder 24 „Ältesten") waren und über Beendigung von Fehden und andere wichtige Fragen, so auch die Verhängung der Todesstrafe auf Stammesebene entschieden. Diese Form der Rechtsentscheidung auf Sippenebene kann nach Hoebel durchaus als „Gericht" bezeichnet werden, und sie setzte wie jede andere Entscheidung auch einen Sippenkonsens voraus[39]. Das Blutracheproblem bei den Eskimos, auf das Fried hinweist, gab es in Montenegro nicht, da man hier innerhalb der Sippe keine Blutrache ausüben durfte. Jede Tötung innerhalb der Sippe galt als Tragödie, weil sie die Kampfkraft schwächte. Schon deshalb betrachtete man einen Mord innerhalb der Sippe als gerächt, eine Vergeltung hätte das Problem nur noch vergrößert. In Montenegro gab es also Rechtsentscheidungen durch ein „Gericht", und die körperlichen Zwangsmaßnahmen der moralischen Gemeinschaft waren eindeutig rechtmäßig. Nach Hoebel ist dies „Recht". Auch wenn man es noch nicht so bezeichnen will, kommt es m. E. „Recht" doch sehr nahe.

Hieraus ergeben sich zum einen interessante Fragen der Definition von „Recht" sowie Fragen zu der weitverbreiteten Annahme, in Stammesgesellschaften herrsche kein Rechtszustand, weil hier die in Rechtssystemen übliche Verteidigung der Normen durch rechtmäßige Zwangsmittel fehle. Zum anderen verstärken die vorangegangenen Ausführun-

[36] N 31, S. 90.

[37] N 29.

[38] M. Frilley / V. Vlahović: Le Monténégro contemporain, Paris 1876.

[39] N 34.

gen die Annahme, daß man wahrscheinlich ähnliche Methoden und Theorien auch für die vergleichende Untersuchung von sozialer Kontrolle in modernen und schriftlosen Gesellschaften anwenden kann.

VII. Eine methodologische Möglichkeit

Die Theorie der sozialen Kontrolle kann in der Soziologie auf fast ein Jahrhundert formaler Entwicklung zurückblicken[40]. In der Anthropologie wurde soziale Kontrolle in schriftlosen Gesellschaften untersucht[41]. Doch wurde in beiden Disziplinen der quantitativen Messung von sozialer Kontrolle bisher relativ wenig Interesse entgegengebracht. Nach Black ist soziale Kontrolle jedoch eine quantitative Variable: „Unterschiedliche Formen der sozialen Umwelt üben ein unterschiedliches Maß sozialer Kontrolle aus — sei es eine Gemeinschaft, Organisation, Familie, Freundschaft oder eine andere Beziehung. Eine bestimmte Umwelt übt vielleicht mehr Kritik, oder sie straft öfter und härter. Auch zu einer bestimmten Zeit kann mehr soziale Kontrolle ausgeübt werden als zu einer anderen Zeit, sei es eine Epoche, ein Jahrhundert, ein Jahr, eine Jahreszeit, ein Tag, eine bestimmte Stunde. Die verschiedenen Formen sozialer Kontrolle variieren in ihrer Bedeutung auch von Fall zu Fall. So ist in modernen Gesellschaften die soziale Kontrolle durch das Rechtssystem größer als andere Formen sozialer Kontrolle, da die Jurisdiktion speziell auf die Beurteilung abweichenden Verhaltens ausgerichtet ist. Eine gesetzliche Strafe hat schwerwiegendere Konsequenzen als eine bürokratische oder eine informelle Strafe. Ein gewisser Stil sozialer Kontrolle kann strenger sein als ein anderer, wobei Freiheitsentzug an oberster Stelle rangiert, gefolgt von therapeutischer, kompensatorischer und konziliatorischer Kontrolle. Dies variiert auch noch im Vergleich verschiedener sozialer Umwelten miteinander. Diese Variationen sind wiederum in den einzelnen sozialen Umwelten unterschiedlich[42]."

Black diskutiert die relative Stärke oder Schwäche außergesetzlicher sozialer Kontrollmechanismen im Vergleich zum kodifizierten Recht in einer Reihe von Zusammenhängen, errichtet dabei ein typologisches Kontinuum, das von „Respektabilität" auf der einen Seite bis zu „abweichendem Verhalten" auf der anderen Seite verläuft und die Grund-

---

[40] Siehe Ross (1901); Hollingshead (1941); Pound (1942); Parsons (1962); Blake / Davis (1964); Scott (1964); Clark / Gibbs (1965); Black (1976); Roucek (1978); Gibbs (1981).

[41] Z. B. Malinowski (1926); Radcliff-Brown (1933); Nadel (1953); Hoebel (1954); Redfield (1953); Furer-Haimendorf (1967); Peters (1972); Selby (1974); Boehm (1980).

[42] N 1, S. 105 f.

lage bildet für eine Bestimmung dessen, was er „normativen Ort" nennt[43]. Doch findet die Quantifizierung sozialer Kontrolle hier nur intuitiv statt.

Obwohl Blacks Argumentation überzeugend ist und ich als erfahrener Ethnograph auch keine Schwierigkeiten mit einer solch intuitiven Verfahrensweise habe, sollte eine systematische Quantifizierung doch möglich — und vor allem auch nützlich — sein, wenn man die Position verschiedener Menschen auf einer Skala von abweichendem Verhalten bis Respektabilität mißt. Dies könnte der erste Schritt sein hin zu einer neuen Anwendungsmöglichkeit für die Bogardus-Skalierungstechniken, die bei der Messung ethnischer Distanz benutzt wurden.

In einem Forschungsbericht über Theorien sozialer Kontrolle hat Gibbs einige Hinweise zur Untersuchung sozialer Kontrolle gegeben und ist zu dem Schluß gekommen, daß man „enorme Ressourcen aktivieren müßte, wollte man eine wirklich umfassende Studie sozialer Kontrolle in einer noch so kleinen sozialen Einheit vornehmen"[44]. Gibbs stellt eine Liste von Fragen auf, deren Beantwortung viele unmittelbare Auswirkungen eines Akts sozialer Kontrolle beschreiben würde. Doch er identifiziert auch ein ernstes Problem des Zusammenhangs: „Die von mir vorgeschlagenen Untersuchungen würden ein Problem aufwerfen, für das es keine befriedigende Lösung gibt. ‚Normativer Konsens' ist eine quantitative Variable, doch es gibt kein allgemein anerkanntes Verfahren für deren zahlenmäßige Benennung. Man könnte möglicherweise den Mitgliedern einer sozialen Einheit eine Reihe von normativen Fragen stellen und sogar eine vertretbare Formel finden, mit der sich der Grad an Übereinstimmung in den Antworten ausdrücken ließe. Aber hierbei hätte man offensichtlich unendlich vielfältige Formen menschlichen Verhaltens zu berücksichtigen, womit die Unmöglichkeit deutlich wird, in den normativen Fragen alle nur denkbaren Verhaltenstypen anzusprechen; und die Idee einer repräsentativen Erhebungsauswahl von möglichen Verhaltensformen erscheint hier wenig sinnvoll[45]."

Meines Erachtens wäre die Skalierung sozialer Distanz ein hilfreiches Mittel zur Füllung dieser quantitativen Leerstelle. Eine solche Skalierung anhand hypothetischer Beispiele könnte sowohl die durchschnittliche normative Einschätzung verschiedener Arten von abweichendem Verhalten als auch den Umfang und den durchschnittlichen Grad von Mißbilligung messen, den die verschiedenen Sanktionierungsformen implizieren. Ähnliche Verfahren könnten bei der Bewertung tatsäch-

---

[43] Ebd. S. 111 - 113.

[44] Gibbs (1981) S. 159.

[45] Ebd. S. 161.

licher Fälle angewandt werden, die dann als Kontrollmöglichkeit für den Gebrauch der hypothetischen Beispiele dienen würden.

Betrachtet man Intentionalität als einen hoch signifikanten Faktor sozialer Kontrolle, dann gewinnt das Problem der Messung besondere Bedeutung, anders als bei einem institutionalen oder mechanisch-funktionalistischen Ansatz. Den vorangegangenen methodologischen Überlegungen liegt die Annahme zugrunde, daß soziale Kontrolle zum größten Teil absichtlich und bewußt geschieht. Eben dieser Gedanke liegt auch den obigen Interpretationen von Hinrichtungen innerhalb montenegrinischer Sippen als einer besonders starken Form sozialer Sanktionierung, gemessen am Grad der sozialen Distanz, zugrunde. Trifft diese Annahme zu, so erweist sich die Einschätzung der durch solche Sanktionierungen bewirkten sozialen Distanz durch die Einheimischen selbst als sehr nützlich für Untersuchungen zur Sozialstruktur.

In der vorliegenden Analyse wurden anhand einer bestimmten Situation in einem bestimmten Stamm einige allgemeine Probleme untersucht, die wichtig erscheinen für das Studium sozialer Kontrolle. Ich habe weiterhin die Hypothese aufgestellt, soziale Kontrollmechanismen würden bei der Analyse ausgesuchter Gesellschaften auf der ganzen Welt in voraussagbare Konfigurationen zerfallen. Hierbei würde es sich als nützlich erweisen, eine Art Hierarchie-Skala aufzustellen für die relative Härte der verschiedenen sozialen Kontrollmechanismen. Dann würde man die Form dieser Mechanismen und den Grad ihrer Härte korrelieren mit den Formen der abweichenden Verhaltensweisen, welche man bereits unabhängig davon skaliert hätte. Dies müßte zuerst in Hinblick auf eine bestimmte Gesellschaft geschehen, doch könnte man danach gesellschaftsübergreifende Vergleiche anstellen, falls man zu diesem Zeitpunkt über verläßliche Mittel zur Quantifizierung verfügt.

Das scheint jedoch vom methodologischen Gesichtspunkt aus unwahrscheinlich, denn die „Härte" einer Strafe ist natürlich schwer zu quantifizieren. Doch bin ich der Ansicht, Bogardus' grundlegender Ansatz kann auf die Untersuchung der durch soziale Kontrolle vermittelten Distanz ebenso leicht angewandt werden wie auf die Untersuchung der Distanz, welche in Beziehungen von Personen oder Gruppen verschiedener ethnischer Zugehörigkeit zum Ausdruck kommt. Diese Methode wurde ebenfalls benutzt bei der Untersuchung von sozialer Distanz in politischen Beziehungen, in Eltern-Kind-Beziehungen, in professionellen Person-Klient-Beziehungen, in den Beziehungen zu sterbenden Menschen und in Schwester-Patient-Beziehungen[46]. Aber bisher wurde kein Versuch unternommen, die Bogardus-Skalierungstechniken bei der Analyse sozialer Kontrolle anzuwenden.

[46] Siehe Owen / Eisner / McFaul (1981).

Es sollte möglich sein, Skalierungstechniken direkt auf die verschiedenen Formen von Sanktionierung zu beziehen, z. B.: Würden Sie (mit) einer Person (verkehren, enge Freundschaft schließen, heiraten usw.), über die sehr viel geklatscht wird? Eine Person, der die Gruppe verbale Kommunikation verweigert? Eine Person, die gerade nach sechsmonatigem Aufenthalt aus der Besserungsanstalt entlassen wurde? Eine Person, die fünfzehn Jahre im Staatsgefängnis verbracht hat und fünf Jahre vor Beendigung der Haftstrafe wegen guter Führung entlassen wurde, usw.? Aus methodologischer Sicht wäre es dennoch sinnvoll, diese Skalierungstechniken erst einmal direkt auf die verschiedenen Formen abweichenden Verhaltens zu beziehen, z. B.: Würden Sie mit einem (einen) Ladendieb, Einbrecher, Autodieb, Mörder (verkehren, enge Freundschaft schließen, heiraten, usw.)? Dann wäre es möglich, die verschiedenen Formen der Sanktionierung indirekt einer Werteskala zuzuweisen, indem man untersucht, welche Form von abweichendem Verhalten welche Sanktionierung nach sich zieht. Der kombinierte Gebrauch beider Ansätze wäre eine Überprüfung ihrer Tauglichkeit.

Auf diese Weise könnte man eine Hierarchie abweichenden Verhaltens aufstellen entsprechend dem durchschnittlichen Grad sozialer Distanzierung, mit dem die einzelnen Gruppenmitglieder reagieren, und die Werteskala könnte mit einer Hierarchie sozialer Kontrollmechanismen verglichen werden, ebenfalls anhand des Ausmaßes der durch sie bewirkten sozialen Distanzierung. Darüber hinaus wäre es nützlich, den Testpersonen zur Beurteilung eines bestimmten Falles Informationen sowohl über die Art des abweichenden Verhaltens als auch über die Sanktionierungsmaßnahmen zu geben, z. B.: Ein bereits zweimal gefaßter professioneller Autodieb, der eine dreijährige Haftstrafe nach einem Jahr wegen guter Führung beenden konnte. Hierdurch ließen sich einige der bei dem Gebrauch von hypothetischen Fällen erwartungsgemäß auftretenden Probleme beseitigen.

Durch eine richtige Anwendung der Skalierungstechniken von Bogardus sollte es möglich sein, in schriftlosen und modernen Gesellschaften die einer Person entweder informell oder auf formale Weise vermittelte soziale Distanz zu messen, mit der die Gruppe auf abweichendes Verhalten reagiert. Solche Messungen würden den Untersuchungen über soziale Kontrolle zu einer bisher noch fehlenden Exaktheit verhelfen. Natürlich müßte man anfangs die Sanktionierungsmechanismen in intuitive Kategorien einteilen, so wie ich es weiter oben bereits vorgenommen habe, bevor man den Versuch unternehmen kann, das Maß sozialer Distanz allgemein und das durchschnittliche Maß sozialer Distanzierung, bezogen auf eine bestimmte Sanktion, kulturübergreifend zu bestimmen.

Bereits vorhandene ethnographische Daten sind geeignet für eine grobe Klassifizierung von Sanktionstypen, jedoch sind sie oftmals nicht ergiebig genug für eine verläßliche und präzise Bewertung der durch die verschiedenen Sanktionen bewirkten sozialen Distanzierung. Aber es besteht immer noch die Möglichkeit für neue Untersuchungen an noch lebenden autonomen schriftlosen Gesellschaften, die weiterhin als unabhängige moralische Gemeinschaften funktionieren. Bereits wenige derartige Untersuchungen an verschiedenen Gesellschaften auf Sippen- oder Stammesebene würden die Interpretation der bereits vorhandenen ethnographischen Daten wesentlich erleichtern. Hierdurch wäre die Möglichkeit einer Bestimmung von sozialer Kontrolle auf einer weltweiten Grundlage eröffnet, und es würde sich eine ganze Reihe neuer Fragen stellen, z. B.: Gibt es in bestimmten Gesellschaftstypen ähnliche Sanktionierungsmaßnahmen oder ähnliche Sanktionen mit einem ähnlichen Maß an Härte, ein Gedanke, den bereits Furer-Haimendorf aufgegriffen hat. Die Unterschiede zwischen nomadisierenden Jägern und den Bewohnern afrikanischer Königreiche sind offensichtlich, doch es könnten noch wesentlich feinere Unterscheidungen getroffen werden. Es wäre weiterhin möglich, nach Ähnlichkeiten und Unterschieden in der schriftlosen Welt zu suchen in Hinblick auf die Formen abweichenden Verhaltens, welche entweder mit äußerster Strenge oder aber nicht so streng behandelt werden, immer gemessen an der durch die Sanktion bewirkten sozialen Distanz. So scheint es z. B. in den verschiedenen Gesellschaften ein breites Spektrum unterschiedlicher Reaktionen auf das Inzestproblem zu geben.

Die Quantifizierung sozialer Distanz bietet bei soziologischen Untersuchungen von abweichendem Verhalten und sozialer Kontrolle in modernen Gesellschaften ein gleichermaßen nützliches Mittel sowohl für Forschungen über informelle Sanktionierung als auch für Untersuchungen über die Wirkungsweise formaler rechtlicher Institutionen. Je größer die methodologische Übereinstimmung von soziologischer und anthropologischer Forschung, um so höher ist die Wahrscheinlichkeit fruchtbarer interkultureller Vergleiche. Black hat den Weg für diesen nützlichen Ansatz geebnet. Seine Analyse des in modernen Gesellschaften sowohl bei Individuen als auch bei Vertretern des Rechtssystems sichtbar werdenden Weiterlebens von Selbsthilfe-Prinzipien hat gezeigt, wie nützlich die Beobachtung des Verhaltens von Menschen in schriftlosen Gesellschaften — wenn es richtig interpretiert wird — für die Erklärung des Verhaltens der Menschen in den modernen städtischen Gesellschaften ist. Obwohl Black diesem Ansatz keine allgemeine Nützlichkeit zuspricht, so scheint es mir doch bezeichnend, daß gerade die ausgezeichneten Untersuchungen der Rechtsanthropologie einen großen Fortschritt der soziologischen Theorie der sozialen Kontrolle angeregt und neue Zusammenhänge eröffnet haben.

Die anthropologische Literatur über Moral und soziale Kontrolle ist bei weitem nicht so systematisch entwickelt worden wie die Literatur im Bereich der Rechtsanthropologie. Weiterhin ist eine mangelhafte Entwicklung der Theorie erkennbar. Noch gibt es nicht genügend Wissenschaftler, die sich dieses recht vernachlässigten Bereichs annehmen. Doch es existieren immerhin einige sehr anregende Untersuchungen. Malinowskis Arbeit über Verbrechen und Sitte ist ein früher Markstein[47], während Kluckhohn sich mit moralischen Allgemeinbegriffen beschäftigt[48], und Redfield[49] schreibt sehr überzeugend über das traditionelle Moralsystem und seine modernen Wandlungen. In neuerer Zeit hat Furer-Haimendorf[50] gezeigt, daß im Vergleich von Nomaden mit seßhaften Stämmen oder mit Zivilisationen, die großen Religionen anhängen, sehr verschiedenartige soziale Kontrollmechanismen und Methoden der Konfliktlösung zutage treten. Gluckman und Haviland haben deutlich gemacht, wie Klatsch als Instrument sozialer Kontrolle und als System der Informationsverarbeitung dient, das sich — neben anderen Aspekten — mit moralischen Reputationen beschäftigt[51]. Selby[52] hat die Vorstellung der Zapotec-Indianer von abweichendem Verhalten und damit die kulturinterne Perspektive sozialer Kontrolle dieser Gesellschaft aufgezeigt. Meads und Cooleys Konzept des „sozialen Selbst" ist in der Anthropologie weiterentwickelt worden[53], während ich vom „moralischen Selbst" spreche[54] — ein universaler Subtypus von Meads „sozialem Selbst" — als einem Mechanismus, anhand dessen Individuen Sanktionen ihrer moralischen Gemeinschaft antizipieren können. Die ausgedehnten anthropologischen Untersuchungen von „Scham" und „Schuld"[55] haben einigen Einblick in das Problem von Moral und Sanktionierung ermöglicht, obwohl sie von einem vorwiegend psychologischen und weniger soziologischen Ansatz ausgehen. Peristianys Arbeit über Ehrvorstellungen und Briggs' Beobachtungen von sozialer Kontrolle bei Eskimos sollten als nützliche Untersuchungen jüngeren Datums nicht unerwähnt bleiben[56].

---

[47] Malinowski (1926).

[48] Kluckhohn (1953).

[49] Redfield (1953).

[50] Furer-Haimendorf (1967).

[51] Gluckman (1965); Haviland (1974).

[52] Selby (1974).

[53] z. B. Read (1955); Kapferer (1979).

[54] Boehm (1981).

[55] Ausgewertet von Piers und Singer (1971).

[56] N. 28; Briggs (1970).

Ergänzend dazu gibt es eine ganze Reihe eher „zufälliger" ethnographischer Berichte, die, obwohl sehr verschiedenartig, Formen von abweichendem Verhalten und Sanktionierungsmechanismen deskriptiv und zumeist von einem soziologischen Ansatz ausgehend behandeln. Darüber hinaus bleibt zu hoffen, daß sowohl Soziologen als auch Kulturanthropologen von diesen Daten weiteren Gebrauch machen werden, und zwar mit der Absicht, schließlich nicht nur die gesamte Bandbreite abweichenden Verhaltens, sondern die gesamte Bandbreite sozialer Kontrollmechanismen allgemeingültig zu beschreiben. Sobald einmal die allgemeingültigen (oder häufig auftretenden) Faktoren aus dem „Geglitzer" kultureller Unterschiede — die oft exotisch anmutenden unterschiedlichen Lebensstile, die vorrangig unsere Aufmerksamkeit auf sich ziehen — herausgearbeitet sind, verfügt man über eine nützliche Basis für den Vergleich schriftloser mit modernen Gesellschaften. In Hinblick auf diese Zielvorstellung habe ich die Anwendung von Bogardus' Skalierungstechniken empfohlen. Sie wäre nicht nur für weitere Untersuchungen von sozialer Kontrolle in schriftlosen Gesellschaften nützlich, sondern darüber hinaus für die Kodifizierung der großen Anzahl bereits gesammelter Daten.

Ich vertrete die These, daß die weitere Auswertung aller weltweit gesammelten ethnographischen Daten wesentlich einfacher wäre, wenn es gelingen würde, einige vereinheitlichende Konzepte zu entwickeln, die man als gemeinsamen Nenner für gesellschaftsvergleichende Studien benutzen könnte. Ferner müßte man eine Basis schaffen, auf der eine Quantifizierung sowohl des durchschnittlichen Grades der Mißbilligung von verschiedenen Formen abweichenden Verhaltens als auch der durchschnittlichen sozialen Distanzierung der Gemeinschaft möglich wäre, die in der Anwendung unterschiedlicher sozialer Kontrollmechanismen zum Ausdruck kommt. Hier finden sich neue Aufgaben für Soziologen und Kulturanthropologen. Bis solche Weiterentwicklungen stattgefunden haben, bleiben uns nur wenig untersuchte Vorstellungen wie die vom „Inzest-Tabu", von dem man annimmt, es handele sich hierbei um ein absolutes (wenn auch kaum definiertes) Verbot, das in vielen Gesellschaften anscheinend sehr ernst, in anderen wiederum nicht so ernst genommen wird.

Wenn zukünftige anthropologische Untersuchungen von Moral, abweichendem Verhalten und sozialer Kontrolle den qualitativen Standard der anthropologischen Untersuchungen von Recht und Konfliktbewältigung erreichen können, werden sich die Soziologen in einer viel besseren Position befinden bei der Bestimmung des Grades, bis zu dem traditionelle Formen sozialer Kontrolle in der modernen Umwelt erhalten blieben oder wiederbelebt wurden. Besondere Bedeutung kommt hier den in traditionellen Gesellschaften anzutreffenden Formen von Ostrazismus zu. Denn diese Formen sozialer Distanzierung scheinen ihre direkte Entsprechung in modernen Gesellschaften überall dort zu finden, wo soziale Gruppen klein sind und auf signifikante Weise als sich selbst kontrollierende moralische Gemeinschaften funktionieren. Kindergruppen sind hier ein gutes Beispiel, ebenso Kleinstädte und jene subkulturellen Gruppen, die sozial relativ geschlossen sind. Auch unsere formalen Rechtssysteme benutzen soziale Distanz auf vielfältige Weise. Das reicht von der Deponierung eines Betrunkenen für eine Nacht in der Ausnüchterungszelle bis zur Einzelhaftstrafe bei schweren Kriminellen. Ein anderes Problem ist die Todesstrafe, die verschiedenen Motive ihrer Rechtfertigung und die diese begleitenden Gefühle. Gerade anhand jener Gefühle ließe sich soziale Distanz messen.

Durch systematische Untersuchung der Ähnlichkeiten von Distanzierungsmechanismen in einfachen und komplexen Gesellschaften wird man die Umgestaltung sozialer Kontrolle in ihre modernen und gesetzlichen Formen besser bestimmen können. Einige dieser Ähnlichkeiten könnten sich dabei als bloß oberflächlich erweisen, und manche modernen Distanzierungsmechanismen könnten sich als Wiedereinführung und nicht als kulturelle Fortwirkungen herausstellen. Soziale Distanzierung als Mechanismus sozialer Kontrolle ist mit Sicherheit eine sehr alte menschliche Verhaltensweise und wirkt noch heute fort als funktionale Bedingung von Gesellschaft und als ein Phänomen, das die Fähigkeit der Menschen zur Problemlösung durch moralistische Aggression exemplifiziert.

VIERTER TEIL

Die Sicht der Rechtswissenschaft und Politologie

MEIDUNG VOR GERICHT

Über die Grenzen der Freiheitsrechte

Von Margaret Gruter*

I. Meidung und die biologischen Grenzen der Freiheitsrechte

Meidung kommt in vielfältigen Formen vor, die sich nach Intensität (von leichter bis zu schwerer Ablehnung) oder zeitlicher Wirkung (von kurzfristiger bis zu dauernder Abweisung) unterscheiden.

Das Phänomen der Meidung wirft folgende grundlegenden Fragen auf: Welche Rechte auf Teilnahme am gesellschaftlichen Leben hat eine Person? Unter welchen Voraussetzungen können solche Rechte eingeschränkt werden? Gibt es für sie biologische Grenzen?

Das Rechtssystem wird in allen Bereichen menschlicher Interaktion mit dieser Problematik konfrontiert. Meidung wird reguliert, modifiziert, kanalisiert, sie wird heraufbeschworen oder verurteilt und gesetzlich verboten, dies jeweils in Abhängigkeit von der Umwelt und dem ideologischen Zusammenhang. So wird im Familienrecht die Unversehrtheit der Familie in den meisten Kulturen bis zu einem gewissen Grad gesetzlich geschützt, was elterliche Fürsorge wie persönliche und finanzielle Verantwortung gegenüber den Familienmitgliedern erfordert. Daher wird Meidung in diesem Zusammenhang in der Regel mißbilligt.

Obwohl die meisten Rechtssysteme gewisse Formen von Ablehnung verbieten, sind sie als Ausnahme oft klar definiert. In diesem Sinne hat die Sozialgesetzgebung wirksam auf Zurückweisung aufgebaut, um durch moderne Technologie verursachte Ungleichgewichte in den Sozialstrukturen zu verbessern; denn im Laufe der industriellen Revolutionen und als deren Folge haben sich die Arbeitsverhältnisse drastisch geändert: Der Ausschluß eines Arbeitnehmers durch Entlassung kann für den Arbeitgeber bei Mißachtung der gesetzlichen Schranken nachteilige Folgen haben. Umgekehrt aber haben die Arbeitnehmer das Recht auf Ablehnung von früher bindenden Verträgen erhalten; das Streikrecht ist dabei eine ihrer mächtigsten Waffen. Sogar die Gewerkschaften benutzen entsprechende Mittel, einerseits um die Anzahl der

---

* Dr. jur., J. D., Gruter Foundation, Portola Valley (CA).

verfügbaren Arbeiter für bestimmte Tätigkeiten zu begrenzen, andererseits um ihre Verhandlungsposition zu stärken.

Gesellschaftliche Gruppierungen benutzen als soziale Form der Ablehnung die Meidung, um ihren Fortbestand zu sichern oder ihren inneren Zusammenhalt zu stärken. Alle Definitionen von Ächtung enthalten in ihrem Kern den Gedanken des Ausschlusses; einige von ihnen beziehen sich auf das klassische griechische Konzept (wo vermutlich keine moralische Verdammung in die Praxis umgesetzt wurde), andere auf die moderne, an die Psychologie anknüpfende amerikanische Vorstellung, gemäß der die Ächtung auch ein moralisches Urteil einschließt. Ächtung enthält ebenso wie artverwandte Ideen (Meiden, Exil, Ausschluß, Verbannung, Ausweichen etc.) als Grundlage die Zurückweisung durch eine Gesellschaft. Wir können deshalb Meidung als eine Form der Zurückweisung durch eine Gruppe von Artgenossen bezeichnen, welche als Organismus oder als eine einheitlich agierende Gesellschaft irgendein Ungleichgewicht zu korrigieren versucht. Durch Ausschluß nicht-funktionierender oder zerstörerischer Elemente kann eine Gesellschaft jenen Ablauf korrigieren, welcher für ihr in organisatorischer Hinsicht ordnungsgemäßes Funktionieren notwendig ist. Eine Parallele zu biologischen Organismen, welche Fremdkörper oder Parasiten abstoßen, ist offensichtlich. Während es jedoch in der Biologie für eine Abstoßung keine moralische Dimension gibt, neigen wir dazu, Ablehnung als nützlich zu betrachten.

Hier stellt sich die Frage: Was haben Ablehnung und Meidung mit gewissen grundlegenden Elementen der Vorstellungswelt menschlicher Wesen zu tun, mit Elementen wie dem Gerechtigkeitssinn[1] oder dem „Brain-Reward"-Phänomen[2], welches dem folgt, was Hoebel „model matching value judgements" genannt hat[3].

In diesem Aufsatz werde ich einen Fall von Meidung vorstellen, der von einem modernen Gerichtshof im Staate Ohio beurteilt wurde und in dem verschiedene Interessen- und Rechtskonflikte offenkundig werden. Dabei können wir als Konstrukt meiner Analyse von 4 verschiedenen Ebenen ausgehen: einer biologischen, einer individuellen, einer gesellschaftlichen und einer formal-juristischen Ebene. Ich werde auf einige Aspekte dieses Falles hinweisen, welche auf allen 4 Ebenen relevante Fragen näher beleuchten, wobei jede einzelne auf Konflikte zwischen

---

[1] M. Gruter: Florida State University Law Rev. 5 (1977), 181 - 218.

[2] Der Begriff „brain reward" wird in diesem Aufsatz entsprechend der Definition von Aryeh Routtenberg verwandt und nicht übersetzt: A. Routtenberg: The Reward System of the Brain, in: Scientific American 239 (1978), S. 154 - 164.

[3] B. Hoebel: J. Social Biol. Struct. 5 (1982), 397 - 408.

Individuum und Gruppe zurückzuführen ist. (Die meisten Fragen können jedoch nicht beantwortet werden, da hier die entsprechende Forschungsarbeit noch nicht geleistet wurde.)

Wir könnten fragen: Macht das Old Order Amish-Rechtssystem klugen Gebrauch vom Mittel der Zurückweisung? Hat das entsprechende Gesetz (Meidung) einen hohen Grad an Effektivität? Wenn ja: warum und unter welchen Voraussetzungen?

Wir könnten weiter fragen: Was können wir lernen über die Wechselbeziehung zwischen „brain reward" — mit der Folge des Gefühls für Rechtschaffenheit oder Gerechtigkeit — und der Effektivität von Gesetzen oder aber über den Zusammenhang zwischen einem Urteil und seiner Vollstreckung?

II. Meidung unter den Old Order Amish

Bei den Old Order Amish ist Meidung eine Art von Ächtung. Dieser Begriff wird oft mit „Shunning" übersetzt. Seine praktische Anwendung weicht stark von jener des klassischen Griechenland ab, da diese ausschließlich auf kulturspezifischen moralischen Ansichten beruht und keinerlei Versuch einer rationalen Rechtfertigung unternimmt. Der konkrete Fall ereignete sich vor etwa 35 Jahren inmitten eines wohlhabenden Bezirks in Ohio. Weitere Fälle dieser Art gab es sowohl vorher als auch in der Folgezeit. Was diesen speziellen Fall so interessant macht, ist die Tatsache, daß er zu einem Gerichtsverfahren mit Schadenersatzklage vor dem Bezirksgericht Wooster (Wayne County) führte. Das Verfahren war ein Versuch, mit etablierten Ansichten zur Konfliktlösung schweres Unrecht an einem früheren Mitglied der Old Order Amish Church wiedergutzumachen.

Die vier, die Kirche vertretenden Beklagten waren überzeugt, als Arm von Gottes Gerechtigkeit gehandelt zu haben. Ihre Argumente waren auf Glauben gegründet; sie versuchten nicht, ihr Vorgehen rational zu erklären. Die Geschworenen ihrerseits benutzten das Gerechtigkeitsverständnis des „reasonable man", welches dem heutigen Rechtsdenken entspricht.

Der Fall verdeutlicht die enormen Auswirkungen eines einfachen Ausschlusses einer Person durch ihre Verwandtschaft und ihresgleichen. Nicht nur emotionaler Schaden wird hier zugefügt, es ergeben sich daraus auch nachteilige ökonomische Konsequenzen, die bis zu einem finanziellen Ruin führen können.

Am 24. März 1947 reichte Andy J. Yoder vor dem Bezirksgericht Wooster, Ohio, eine Schadenersatzklage auf Zahlung von 40 000 $ ein und ersuchte um eine gerichtliche Verfügung gegen seine Ächtung durch die Vertreter der Old Arder Amish Church, deren Mitglied er früher gewesen war.

Ächtung oder Meidung, wie sie bei den Old Arder Amish üblich ist, geht als ein Gebot dieser Kirche auf das Jahr 1632 zurück, als der Artikel 17 des Doordrechter Glaubensbekenntnisses als Disziplinierungsmittel für die Mitglieder der Kirche eingeführt wurde.

Der Kläger, 33 Jahre alt und Vater von 7 Kindern, wurde durch 2 Anwälte vertreten. Die Lokalzeitung (Wooster Daily Record) beschrieb ihn als einen Mann, der während der Verhandlung einen zerbrechlichen und blassen Eindruck machte, jedoch mit deutlicher Stimme sprach. „Sein Verhalten zeigte Anzeichen von Ächtung, wonach er sich wie ein ‚getretener Hund' fühlte[4]." Andy Yoder erläuterte die Gründe für seine Klage: Seine Tochter Lizzie war 1 Jahr alt gewesen, als er 1942 ein Auto gekauft hatte und als Folge davon geächtet wurde. Aufgrund eines körperlichen Leidens, das ursprünglich einer Kinderlähmung zugeschrieben worden war, benötigte Lizzie zweimal wöchentlich eine medizinische Behandlung in Wooster, ungefähr 15 Meilen von der Farm der Yoders entfernt. Aus Furcht vor den Folgen, die der Kauf des Wagens — eines 37er Chevrolets — verursachen könnte, war Yoder aus der Kirchengemeinde ausgetreten und hatte sich einer liberaleren Gemeinschaft angeschlossen. Der Kläger erklärte dem Gericht, daß er diesen Prozeß angestrengt habe, weil er keine andere Möglichkeit sähe, das Überleben für sich und seine Familie zu sichern. Meidung bedeute, wie er darlegte, in der ländlichen Umgebung, in der er als Bauer lebe, einen „langsamen Tod".

Zum Zeitpunkt der Klageerhebung hatte dieser Boykott gegen ihn bereits 5 Jahre gedauert. Die Bestrafung hatte die beabsichtigten Folgen gezeitigt: Yoder war nicht mehr in der Lage, seinen täglichen Arbeiten als Farmer nachzukommen. Seine Nachbarn und sogar nahe Verwandte durften mit ihm weder reden noch essen, wollten sie nicht Gefahr laufen, selbst ausgeschlossen zu werden; auch der übliche Austausch von notwendigen gegenseitigen Diensten konnte nicht stattfinden, angefangen bei Schuhreparaturen bis hin zur Hilfe beim Pflügen oder Mähen. Yoder behauptete, die Beklagten hätten ihn durch ihr Verhalten jenes Rechtes beraubt, das in der Verfassung der Vereinigten Staaten verbürgt sei, nämlich sein natürliches und unveräußerliches Recht auf Gottesverehrung; außerdem hätten sie seine Gesundheit ruiniert — er hatte Magengeschwüre. Die vier Beklagten — Bischof Helmuth, die Prediger Nisley und Miller und der Diakon Wengered — wurden von keinem Rechtsbeistand vertreten.

[4] William T. Schreiber: Our Amish Neighbors, Chicago 1962.

Nach einer kurzen Gegendarstellung, in der sie darlegten, daß sie in Übereinstimmung mit Art. 16 (Exkommunikation) und Art. 17 (Ausschluß) des Glaubensbekenntnisses von Doordrecht, NL, aus dem Jahre 1632 gehandelt hätten, wurden die vier Beklagten befragt. Sie gaben zu, daß sie Andy Yoder mit einem Bann belegt hatten, und zeigten dabei einen unerschütterlichen Glauben an die Christlichkeit und Richtigkeit der Anwendung des Gebotes zur Meidung. Gottes Gebot verlange die Bestrafung Yoders für seinen Austritt aus seiner Kirche. Seine einzige Möglichkeit der Sühne sei die Rückkehr zu den Gepflogenheiten der Kirche und deren Regeln. Die Beklagten versuchten weder, die Gründe für diese Regeln zu erklären — z. B. warum es Sünde sei, ein Automobil zu besitzen —, noch versuchten sie, ihren Moralkodex zu rechtfertigen. Gottes Gesetz bedürfe keiner Erklärung, ihr Handeln beruhe auf ihrem Glauben. Eine amüsante Einzelheit, über die in der Lokalpresse berichtet wurde, war, daß die Beklagten während des Prozesses in einem Mietwagen zum Gericht gefahren wurden. Lediglich der Besitz oder das Eigentum eines Autos sei Sünde, nicht aber dessen Benutzung.

Die Anwälte des Klägers beschränkten ihre Argumentation auf die Aufforderung, diese „psychologische Kriegsführung" sei zu beenden. Sie bezeichneten den Boykott als die verwerflichste Praktik der heutigen Zeit, als eine Art von Sklaverei. Der Richter Walter J. Mougey (selbst Abkömmling elsässischer Mennoniten) richtete an die Geschworenen, 3 Frauen und 9 Männer, die Frage, ob (1) die Bürgerrechte des Klägers verletzt oder bedroht worden seien und ob (2) sein Schaden und Verlust durch das Handeln der Beklagten verursacht worden sei und welches gegebenenfalls die angemessene Höhe des ihm zustehenden Schadenersatzes sei. Die Geschworenen wurden aufgefordert, ihre Entscheidung auf Art. 1 der Bill of Rights der Amerikanischen Verfassung[5] sowie auf Art. 1 Abs. 7 der Verfassung des Staates Ohio[6] zu stützen. Binnen eineinhalb Stunden verkündete die Jury ein einstimmiges Urteil zugunsten des Klägers, worin ihm 5000 $ als Schadenersatz zugesprochen wurden.

[5] „Der Kongreß darf kein Gesetz erlassen, das auf irgendeine Glaubensgemeinschaft Rücksicht nimmt oder die freie Ausübung des Glaubens verhindert; weder darf die Freiheit von Rede und Presse eingeschränkt werden noch das Recht der Menschen, sich friedlich zu versammeln noch das Recht, die Regierung anrufen zu können, um Wiedergutmachung für erlittene Schäden zu erlangen."

[6] „Alle Menschen haben ein natürliches und unverletzliches Recht auf Ausübung ihres Glaubens, so wie es ihnen ihr Gewissen vorschreibt. Niemand darf dazu gezwungen werden, einer bestimmten religiösen Gemeinschaft beizutreten, sie zu unterstützen oder zu errichten, oder eine bestimmte Art des Gottesdienstes zu pflegen gegen sein Einverständnis. Das Gesetz darf keiner religiösen Gemeinschaft Vorrang geben noch Beeinträchtigungen der Gewissensfreiheit gestatten" (Ohio Code Vol. 11, p. 112).

Der Richter verfügte überdies die Aufhebung des Boykotts der vier Beklagten gegenüber Yoder; dadurch sollten sie daran gehindert werden, Yoder künftig in irgendeiner Weise zu ächten oder zu meiden und ihm so das Recht auf freie Religionsausübung einzuschränken bzw. ihn von irgendwelchen Geschäften oder gesellschaftlichen Beziehungen zu seinen Mitgläubigen auszuschließen.

Die Beklagten erhoben gegen dieses Urteil keine Berufung. Sie trafen aber auch keine Anstalten, die finanziellen Verpflichtungen gemäß dem Gerichtsurteil zu erfüllen. Dieser Umstand führte zum peinlichsten Teil der öffentlichen Auseinandersetzung: dem Verkauf des Eigentums der Beklagten durch den County Sheriff.

Die Ländereien des 1. Beklagten, Bischof Helmuth, waren vom Gerichtsentscheid nicht betroffen, da sie mit einer Hypothek belastet waren. Sein restliches Eigentum jedoch wurde vom Sheriff im Dezember 1947 versteigert. Der Verkauf dieser Sachwerte — alles für einen Bauern lebensnotwendige Güter wie z. B. Hühner, Schweine, Kühe, ein Einspänner, eine Maisschälmaschine, ein Arbeitspferd, ein Handpflug — brachte lediglich eine auf den Urteilstenor von 5000 $ anrechenbare Summe von 2276,51 $ ein. Einen Monat später, im Januar 1948, traf die Abteilung des Sheriffs von Wayne County Anstalten zur beschleunigten Abwicklung des Verkaufs der Eigentumswerte des zweiten Beklagten, Prediger Nisley. Dieser besaß außer beweglicher Habe auch fruchtbares Ackerland, das unbelastet und dadurch der gerichtlichen Sicherstellung unterworfen war. Zwei Tage später bezahlte Nisley den Rest der durch Gerichtsurteil geschuldeten Summe in bar. Die Gesetze des Landes hatten, wie die Old Order Amish Church es interpretiert, erreicht, das Recht eines einzelnen auf freie Religionsausübung gegen das Diktat von Gottes Gesetz zu verteidigen. Andy Yoder erhielt seine 5000 $ Schadenersatz. Aber seine Isolation war damit nicht beendigt. Mit oder ohne Bann: seine Nachbarn gingen ihm weiterhin aus dem Weg. Eine finanzielle Entschädigung hatte zwar stattgefunden — das Geld war übergeben worden —, aber sie allein milderte das Elend nicht. Zurückweisung als offensichtlicher Bestandteil gesellschaftlicher Ächtung scheint in der menschlichen Natur so tief verwurzelt zu sein, daß daraus während Millionen von Jahren für die Organisation und die Sicherung der Stabilität von sozialen Strukturen ein gewichtiger Bestandteil werden konnte. Diese grundlegende Methode der Behandlung sozialer Probleme widerstand all jenen Versuchen weltlicher Rechtsprechung, die darauf gerichtet waren, persönliche Freiheit und Glück zu schützen.

Tragische Ereignisse folgten für die verschiedenen Beteiligten dieses Dramas. Ein Jahr nach dem Prozeß starb Yoders kleine Tochter Lizzie, das Kind, für dessen medizinische Behandlung das Auto, welches zum

Disput geführt hatte, ursprünglich gekauft worden war. Wenige Monate danach starb die Frau des Predigers Nisley. Er selbst starb bald darauf, einige Zeit später auch Bischof Helmuth.

III. Ablehnung, Biologie und Gerechtigkeitssinn

Ablehnung ist als grundlegendes Verhaltensmerkmal in der Tierwelt eine der fundamentalen Formen sozialer Beziehungen. Damit ein einzelner als Mitglied innerhalb einer gesellschaftlichen Gruppe überhaupt in Erscheinung treten kann, wehrt er irgendein Eindringen anderer ebenso ab wie Kontakte mit ihnen. Darüber hinaus kann es auch zu einer Art passiver Ablehnung kommen, indem sich der einzelne zurückzieht. Ein solches Rückzugsverhalten wird vermutlich durch das Grundbedürfnis nach gesellschaftlicher Interaktion begrenzt. Gegenstück ist die aktive Ablehnung durch die Gruppe oder den einzelnen, die zuweilen bis hin zu Aggression führen kann.

Im Verlaufe des Hunderte von Millionen Jahren dauernden Entwicklungsprozesses des menschlichen Gehirns wurden dessen bis dahin entstandenen Teile durch die Ausbildung des Cortex ergänzt[7]. Der Cortex ist jener Teil des Gehirns, welcher dem Individuum die Fähigkeit gibt, zu wählen — und damit auch abzulehnen. Wir dürfen annehmen, daß sich alle diese Teile in jenen Mechanismen, die der Ablehnung dienen, zusammenschlossen, was je nach Ursprung des Ablehnungsimpulses innerhalb des Gehirns diesem Verhalten entgegengesetzte Zwecke gegeben haben mag.

Um in der heutigen westlichen Gesellschaft zu überleben, lernt ein Individuum, zwischen Alternativen zu wählen, es lernt, Schwerpunkte zu setzen. Indem sich das Individuum spezifische Ziele steckt, muß es andere Möglichkeiten ablehnen. Wendungen wie „Laßt die Vernunft entscheiden" oder Begriffe wie derjenige des „Vernünftigen Menschen" in der Rechtswissenschaft, welcher die Richter zu Entscheiden ermahnt, wie sie ein vernünftiger Dritter unter den gegebenen Umständen treffen würde — alle diese Gebote als Ausdruck der westlichen Gesetzgebung betonen die Rolle des Cortex bei der Entscheidungsfindung nachdrücklich.

Ablehnung ist in den vielfältigen Strukturen und Begriffen des Rechts natürlich immer als Werkzeug benutzt worden — sowohl zur Bestrafung als auch zur Selbstverteidigung. Wie die meisten grundlegenden menschlichen Verhaltensweisen ist auch die Ablehnung ein Element der verschiedenen Gerechtigkeitsvorstellungen. Je nach den Umständen und

---

7 P. D. MacLean: J. Social Biol. Struct. 5 (1982), 369 - 380.

dem wirtschaftlichen oder sozialen Druck der Umwelt, dem sich der einzelne gegenübersieht, wird er alles ablehnen, das ihm zu lästig oder bedrückend erscheint, seien es Menschen, Regeln, Gebräuche, Moral oder Gesetze. Und er wird dies im Namen der Gerechtigkeit tun.

Andy Yoder lehnte solche Regeln — die Gebote Gottes, welche den Besitz eines Autos verbieten — zu einer Zeit ab, als sowohl die Gesundheit seines Kindes als auch der finanzielle Druck (das Unvermögen, für Mietwagenkosten aufzukommen) ihm das Gefühl gaben, „richtig" zu handeln, wenn er ein Automobil besäße. Ebenfalls wirtschaftlicher Druck führte den Prediger Nisley zum Sheriff von Wayne County, um weltliche Forderungen trotz seiner bisher gezeigten Mißachtung für diese Art von Gerechtigkeit in bar zu erfüllen. Andy Yoder empfand sein Handeln selbst dann noch als rechtschaffen, als er jene Gesetze übertrat, die seit seiner Kindheit Bestandteil eines wohlgeordneten Lebens gewesen waren. Die gesellschaftlichen Institutionen der Gruppe, in der er lebte, verteidigten diese Gesetze aber mit derselben Vehemenz, mit der Andy seine Stellung als Individuum zu schützen suchte. Viel mehr als der Bann gegen Yoder, der die Gruppe verlassen hatte, war es das angedrohte oder tatsächliche Meiden der Gruppenmitglieder, welches die Isolation und Verzweiflung von Andy Yoder verursacht hatte.

Wohl hätte die Gruppe auch ohne Andy Yoder weiterbestehen können; um aber ein Umsichgreifen persönlicher Entscheidungen, die mit den Gruppengesetzen nicht zu vereinbaren waren, zu vermeiden, setzte diese Gruppe sämtliche Verteidigungsmechanismen ein, ähnlich einem lebenden Organismus, der gegen eine ansteckende Krankheit ankämpft. Den wirkungsvollen Schutz gegen Ansteckung bot einerseits die Isolation Yoders und andererseits die Drohung der Ablehnung gegenüber jenen Gruppenmitgliedern, die sich durch ihren Umgang mit Yoder selbst einer Ansteckung aussetzten. Dabei wurde vor Gericht nicht einmal der Versuch unternommen, diese Reaktion der Gruppe rational zu begründen: Der Entschluß zur Ächtung basierte auf Glauben und brauchte keine rationale Begründung. Der so verstandenen Gerechtigkeit wurde durch Befolgen der „Gesetze Gottes" Genüge getan.

Dieser Fall einer Ächtung verdeutlicht in beeindruckender Weise die Ernsthaftigkeit der Probleme, die durch die Verhaltensweisen zwischen Individuum und einer Gruppe entstehen können, selbst wenn von beiden Seiten identisches Verhalten (nämlich Zurückweisung) gezeigt wird. Zuerst war es Andy Yoder, der die Old Order Amish Church als eine Gruppe ablehnte, was ihm für sich und seine Familie nicht nur nützlich, sondern auch „richtig" schien. Als Antwort darauf wies ihn die Gruppe entsprechend ihren Regeln und Gesetzen zurück. Weder Andy noch die Gruppe handelten aggressiv oder gewalttätig; wie Andy zog sich auch die Gruppe zurück, indem sie den Rückzug seitens aller Gruppenmitglieder durchsetzte.

Konflikte dieser Art ereignen sich täglich, doch ist es selten, daß sie an die Öffentlichkeit geraten und vor einem Gericht verhandelt werden. Im vorliegenden Fall aber schützte das Gericht das Recht des Individuums auf persönliche Freiheit, von den Geschworenen entsprechend ihren eigenen Wertvorstellungen ausgelegt und definiert. Sie entschieden, Andy Yoder sei für die ökonomischen Folgen seiner Entscheidung, sich von der Gruppe zurückzuziehen, durch Geldleistungen zu entschädigen.

Der Richter bemühte sich mit seiner Verfügung, die Isolierung Yoders, ursprünglich verursacht durch seinen Rückzug aus der Gruppe, die ihn daraufhin ihrerseits ablehnte, aufzuheben. Dabei wandte er weltliches Recht an, um Yoders frühere Freunde durch Urteil in ihrem Verhalten zu ändern zu versuchen, während diese statt dessen ihr Handeln mit demselben Recht begründeten wie Andy Yoder seines: nämlich dem Recht auf freie Religionsausübung. Der Begriff der persönlichen Rechte ist immer auf den Glauben zurückzuführen und variiert deshalb in verschiedenen gesellschaftlichen Gruppen und Untergruppen. Rationale Erklärungen können nur insoweit bei der Lösung von Konflikten hilfreich sein, als die Entscheidungsfindung der Vernunft zugänglich ist.

Starke Gefühle, die auf Werturteilen oder ideologischen und religiösen Überzeugungen beruhen, sind für eine logische Argumentation nicht zugänglich. Auch ist es nicht möglich, Konflikte, die durch derartige Gefühle entstehen, durch Gerichtsentscheid oder juristische Argumentation zu lösen. Grundlegende Verhaltensmuster — Zurückweisung ist eines davon — erfüllen wichtige Funktionen für das Überleben. Gesetze, welche die Funktionen solcher Verhaltensmuster ergänzen, neigen dazu, einen hohen Grad an Wirksamkeit zu erreichen. Deshalb setzten sich die Gesetze der Old Order Amish im Ergebnis trotz der Entscheidungen von Richter und Geschworenen durch. Andy Yoder blieb isoliert.

IV. Urteile, deren Durchsetzung und unsere Reaktionen darauf

Ein weiterer Aspekt dieses Falles ist die Beziehung zwischen einem Urteilsspruch und seiner Durchsetzung — ein sehr wichtiger Punkt, wenn wir die Effektivität des Rechts untersuchen wollen. Die Ausübung von Macht oder der Zeitablauf beim Vollzug eines Urteils verhindert oft diese Effektivität. Es ist eine Sache, über einen sadistischen Mörder oder Entführer zu sagen: „Er verdient den Tod." Es ist eine andere Sache, ihn dann auch tatsächlich hinzurichten. Solche Probleme und

Konflikte beschäftigen uns seit langem, und wir werden durch Medien und gesetzgeberische Bemühungen immer wieder daran erinnert, einen Ausweg aus diesem Dilemma zu suchen.

Im vorliegenden Fall wurden durch das zivilprozessuale Urteil — in dem lediglich 5000 $ Schadenersatz zugesprochen wurden — ernsthafte Konflikte in der öffentlichen Meinung des ländlichen Wayne County heraufbeschworen. Die Mehrheit stimmte dem Spruch der Geschworenen insofern zu, als Andy Yoder in seinen bürgerlichen Rechten angetastet und verletzt worden sei und daß er für seine finanziellen Verluste entschädigt werden müsse. Die öffentliche Meinung war aber geteilt, als es an die Versteigerung von Sachwerten eines Bauern ging, um das notwendige Geld aufzutreiben: hier also sein Pflug, seine Kühe, seine Hühner, ja sogar sein Wohnhaus.

Wir müssen noch untersuchen, ob die Verurteilung einer Tat ein vom Vollzug der Strafe abweichender „gedanklicher Vorgang" sei. Dabei werden wir hoffentlich auch Wege finden, um die Wechselbeziehung zwischen „brain rewards" und Zurückweisung zu erforschen[8]. Wenn wir annehmen, daß „brain rewards" uns das Gefühl geben, unser eigenes Handeln oder Vorgänge in unserem Gesichtsfeld als richtig zu empfinden, so können wir uns fragen: Wo liegt der Grund für einen Unterschied zwischen gedanklichen Prozessen, unseren Reaktionen auf ein Urteil und auf die Vollstreckung dieses Urteils? Gibt es eine Prädisposition in unserem Erbe als Primaten, „brain reward"-Empfindungen dann zu haben, wenn wir von einem Verweis oder einer sofortigen Bestrafung wegen Verstoßes gegen unsere ontogenetisch entwickelten Modelle für „richtiges Verhalten" Kenntnis erlangen?

Und wenn wir nur einen Schritt weitergehen: Verlangt diese „brain reward"-Empfindungen freisetzende Prädisposition, daß bestimmtes Verhalten in einer Abfolge auftritt? Die Lösung von Konflikten in nichtmenschlichen Primatengruppen hat oft die Reihenfolge: Dominanz — Unterordnung — Beruhigung. Das Durchspielen dieser kompletten Aufeinanderfolge mag jenes Gleichgewicht wiederherzustellen, welches normale soziale Kontakte erlaubt. Könnte dies als Modell eines Urgesetzes für menschliche Gedankenabläufe angesehen werden, bei dem das Auslösen des „brain reward"-Mechanismus das Gefühl von Rechtschaffenheit und Gerechtigkeit vermittelt? Die Ausübung von Macht (Dominanzverhalten nicht-menschlicher Primaten), gefolgt von unterwürfigem Verhalten, und die wichtige dritte Sequenz, die Beruhigung, könnten eine lebenswichtige Abfolge sein. Mit anderen Worten: Das Urteil (oder die sofortige Bestrafung) kann „brain reward"-Empfindungen auslösen,

---

[8] Siehe Hoebel (N 2) 397 - 408; ebenso Gruter: J. Social Biol. Struct. 2 (1979), 43 - 51; J. F. Danielli: J. Social Biol. Struct. 3 (1980), 87 - 94.

und zwar sowohl durch die gesamte Sequenz als auch durch einen einzelnen Vorgang: Urteil — Bestrafung — Sühne.

Aber die Bestrafung allein ohne direkten Zusammenhang mit dem Grund für die Sühne — verursacht durch den großen Zeitabschnitt, der normalerweise zwischen den verschiedenen Ereignissen liegt — scheint keine „brain reward"-Empfindung zu erzeugen; im Gegenteil könnte dieser Mechanismus ungünstig beeinflußt werden.

OSTRAZISMUS UND DAS EHRVERLETZUNGSRECHT

Von Howard C. Anawalt*

Im antiken Griechenland war Ostrazismus in Form des Scherbengerichts politisch institutionalisiert. Es entstand im 5. Jh. v. Chr. in Athen und scheint ein Mittel zur Zügelung der politischen Macht gewisser Männer gewesen zu sein, die in der attischen Demokratie Berühmtheit und damit viel Einfluß gewonnen hatten. Verfahren und Voraussetzungen sind im Beitrag von Manfred Rehbinder beschrieben.

Auch in der modernen Gesellschaft gibt es Ostrazismus, jedoch auf mehr informelle Weise, indem man sich von einer Person zurückzieht oder ihre Gesellschaft meidet. Dies geschieht mit hoher Wahrscheinlichkeit, wenn ein Mensch in schlechten Ruf gerät. Natürlich sind diese Konsequenzen von Ostrazismus bei weitem nicht so schwerwiegend wie die des antiken Scherbengerichts. Niemand muß mehr seinen Koffer packen und für zehn Jahre das Land verlassen. Trotzdem können die Auswirkungen eines „schlechten Rufes" von weitreichender Bedeutung sein: Eine Bewerbung kann abgelehnt, eine Beförderung zurückgewiesen werden, man bekommt allgemein keine Chancen mehr.

Man kann den Ruf eines Menschen durchaus als sein „alter ego" betrachten. Dieses zweite Selbst ist das Bild, welches sich die anderen Menschen auch dann von einer Person machen und nach dem sie sich auch dann richten, wenn sie das betreffende Individuum und seine Verhaltensweisen persönlich überhaupt nicht kennen. So ist es eine Sache, wenn plötzlich jemand ablehnt, mit seinem Freund ein Spiel zu machen, weil er glaubt, sein Gegenüber mogelt. Doch ist es eine zweite Sache, wenn daraufhin andere Leute ein Spiel mit ihm ausschlagen, weil sie gehört haben, er sei ein „Schwindler". Denn hier hat die betreffende Person bereits einen schlechten Ruf als Spieler. Die Reputation eines Menschen ist eine sehr heikle und wichtige Angelegenheit.

I. Das Ehrverletzungsrecht

Das moderne Ehrverletzungsrecht[1] befaßt sich ausschließlich mit dem guten Ruf. Sagt eine Person einer anderen ins Gesicht: „Ich weiß, Sie

* Professor an der Law School der University of Santa Clara (CA).

haben dieses Geld gestohlen oder unterschlagen", so ist dies keine Ehrverletzung. Hat jedoch eine dritte Person diese Bemerkung mitgehört, kann wegen Ehrverletzung geklagt werden. Ein Prozeß wegen Ehrverletzung hat zum Ziel, eine Wiedergutmachung zu erlangen für den Schaden, den eine nachteilige Bemerkung herbeigeführt hat, insbesondere für die „Ächtung" durch die Mitmenschen. Insofern liegt hier ein spezifisches Rechtsmittel gegen Ostrazismus vor.

Das Ehrverletzungsrecht schützt faktisch jede Form des guten Rufes. Jede Bemerkung, die andere Menschen dazu veranlaßt, eine bestimmte Person zu meiden, kann Grundlage eines Prozesses wegen Ehrverletzung sein. Diese sehr weit gefaßte Möglichkeit für ein Verfahren wegen Ehrverletzung wird aber erheblich eingeschränkt durch die Notwendigkeit, einen genau bestimmbaren ökonomischen Schaden nachzuweisen, den die beleidigende Bemerkung herbeigeführt hat. Mit anderen Worten: Der Nachweis einer diffamierenden Äußerung reicht nicht aus, man muß — von bestimmten Ausnahmen abgesehen — beweisen können, wirtschaftlich Schaden genommen zu haben[2].

Blickt man auf die Art dieser Ausnahmen, so zeigt sich deutlich, daß das amerikanische Ehrverletzungsrecht genauso politisch ist wie der institutionalisierte Ostrazismus im antiken Griechenland: Beide sind Instrumente der Verteilung und Erhaltung sozialer Machtpositionen. Wie früher das Scherbengericht, hat auch der Ehrenschutz des modernen Rechts eine bestimmte politische Wirkung.

Auf die Notwendigkeit, einen wirtschaftlichen Schaden nachzuweisen, wird verzichtet, wenn die Ehrverletzung in schriftlicher Form erfolgte (libel)[3] oder wenn es sich um einen mündlichen Angriff auf bestimmte Aspekte des Rufes eines Menschen handelte (slander), und zwar nach der Rechtsprechung in folgenden Fällen: beim mündlichen Vorwurf, an einer „ekelerregenden Krankheit" zu leiden, eine unkeusche Frau zu sein, ein Verbrechen begangen zu haben, oder nicht in der Lage zu sein, seinen Betrieb zu führen oder seinen Beruf auszuüben. Darüber hinaus gibt es einige Urteile, die davon ausgehen, man könne bereits klagen, wenn eine Person als Kommunist oder Homosexueller bezeichnet wird[4].

---

[1] Das amerikanische Recht unterscheidet sich hier in den Einzelheiten stark vom deutschen (Anm. der Herausgeber).

[2] Siehe *Terwilliger v. Wands*, 17 New York 54 (1858) und *Prosser on Torts*, 4. Auflage, S. 760.

[3] Eigentlich bezieht sich „libel" nicht nur auf schriftliche Aussagen. Jede schriftliche, bildliche oder anderweitig niedergelegte Äußerung sowie einem breiten, entfernteren Publikum über Rundfunk und Fernsehen vermittelte Äußerung ist nach gegenwärtiger Rechtsprechung als libel zu betrachten, siehe 50 ALR 3. 1311.

Mehrere dieser Kategorien von slander beruhen auf allgemeinen Vorstellungen von sozialer Ordnung. Sie wollen allgemeine soziale Normen oder Regeln verstärken, indem sie Personen gegen den Vorwurf schützen, eben diese Regeln verletzt zu haben. Darunter fallen:

(1) *Der Vorwurf, ein Verbrechen begangen zu haben.*

Der Vorwurf kriminellen Verhaltens richtet sich im allgemeinen gegen Personen, die grundlegende Verhaltensregeln innerhalb der Gesellschaft mißachten. Ein Gesetzesbrecher sollte als solcher behandelt werden, ihm sollten von der Gesellschaft keine Vorteile zukommen.

(2) *Der Vorwurf, ein Kommunist zu sein.*

Dieser Vorwurf bewirkt eine ganze Reihe emotionaler Reaktionen, die bezeichnend sind für die Einstellung amerikanischer Bürger gegenüber linken sozialrevolutionären Bewegungen und insbesondere dem „Kreml-gesteuerten" Kommunismus. Im allgemeinen Verständnis ist der Vorwurf des Kommunismus die diffamierende Feststellung, man sei seinem eigenen Volk und dessen Werten feindlich gesonnen.

(3) *Der Vorwurf der Homosexualität.*

Der Vorwurf der Homosexualität bedeutet für einen großen Teil der Bevölkerung, das besagte Individuum erfülle in seinem Sexualleben nicht die „normalen" Anforderungen, es entziehe sich den gewohnten Regeln.

Ich möchte noch einmal ausdrücklich betonen, daß genau die weiter oben beschriebenen Einstellungen erst die Grundlage schaffen für den unbedingt ehrverletzenden Charakter bestimmter Bemerkungen. Diese Einstellungen können begründet oder unbegründet sein. Ob sie es sind, beruht hauptsächlich auf dem politischen, moralischen oder religiösen Standpunkt des einzelnen[5].

Die übrigen Kategorien eines vom Nachweis wirtschaftlichen Schadens unabhängigen slander scheinen den Schutz bestimmter wirtschaftlicher Interessen und Funktionen zu beabsichtigen, nämlich:

---

[4] Siehe 33 ALR 2. 1196, *Nowark v. Maguire*, 155 NYS 2. 318 (1964) und *Moricoli v. Schwartz*, 361 NE 2. 74 (1977), 33 ALR 4. 747 und *Moricoli v. P. und S. Management Co., Inc.*, 432 NE 2. 903 (1982).

[5] Das Problem ist folgendes: Wer der Ansicht ist, homosexuelle oder kommunistische Betätigung sollten erlaubt sein, der müßte eigentlich eine Regelung befürworten, die solche Vorwürfe nicht als an sich ehrverletzend bezeichnet. Diese Dinge sollten nicht zwangsläufig etwas Anrüchiges darstellen. Andererseits kann durch solche Vorwürfe auch viel Leid verursacht werden, da sie den guten Ruf eines Menschen de facto immer schädigen.

(1) *Der Vorwurf, eine Frau sei unkeusch.*

Diese Art der Ehrverletzung ist heutzutage vielleicht veraltet. Ihr Ursprung ist jedoch ganz offen ökonomischer Natur. Früher besaßen Frauen keine garantierten Eigentumsrechte und keinen ökonomischen Status. Der gute Ruf einer Frau war ein wichtiger ökonomischer Wert, von dem andere Dinge abhängig waren.

(2) *Negative Äußerungen über Geschäft oder Beruf.*

Ehrverletzungsklagen in diesem Bereich dienen der Erhaltung des eigenen ökonomischen Wertes und bedeuten eine erneute Versicherung der bestehenden Wirtschaftsordnung. Wer seinen guten Ruf im Geschäftsleben verliert, macht weniger Geschäfte. Damit unterstreicht diese Art einer vom Schadensnachweis unabhängigen Ehrverletzung zugleich die Handels- und Unternehmermentalität des amerikanischen Geschäftslebens. Es werden wohl gerade die Reputationen als unbedingt schutzwürdig angesehen, die „bares Geld" bedeuten.

Äußerungen über eine „ekelerregende Krankheit" fallen weder vollständig unter die erste Kategorie (Stützung der Sozialordnung) noch unter die zweite Kategorie (Stützung der Wirtschaftsordnung). Sie sind eher die Bestätigung einer irrationalen Abscheu vor gewissen Zuständen. Die meisten Menschen empfinden Abneigung gegenüber kranken Personen. Die Rechtsprechung hat diese Kategorie beschränkt auf Krankheiten wie Seuchen, Lepra und Geschlechtskrankheiten. Auch gibt es Überschneidungen zwischen den oben genannten beiden Fallgruppen. So reflektieren die sozialen Spielregeln oftmals die Wirtschaftsordnung. Daher kann die Anschuldigung, jemand sei „Kommunist", ihn als außerhalb der sozialen Spielregeln stehend bezeichnen, weil das eine Bedrohung der Wirtschaftsordnung darstellt.

II. Reputation und soziale Kontrolle

Der institutionalisierte Ostrazismus in Form des Scherbengerichts war ein Instrument offener sozialer Kontrolle. Der Ruf wurde als politisches Gut behandelt. War die Verbannung einer Person allgemein beschlossen, mußte sie Athen für lange Zeit verlassen. Dadurch war ihr politischer Einfluß — zumindest theoretisch — beschnitten. Das Ehrverletzungsrecht behandelt die Reputation eines Menschen mehr indirekt. Es scheint von der Existenz gewisser sozialer Spielregeln und gewisser Wirtschaftsgrundsätze als allgemein verbindlich auszugehen und verstärkt diese Normen, indem es einigen „Standard-Reputationen" eine bessere Chance gibt, vor Gericht verteidigt zu werden. Denkt man an die Prozeßkosten, die Verzögerung, welche ein Gerichtsverfahren immer mit sich bringt, und allgemein an die Schwierigkeiten, ein jeweils günstiges Urteil zu erhalten, so wird der Vorteil solcher Standard-Reputationen deutlich.

Meiner Ansicht nach war die griechische Einrichtung des formalen gesellschaftlichen Ausschlusses durch das Scherbengericht ein wirksames Instrument zur Gestaltung von Politik. Wahrscheinlich wurden hierdurch einige Wegweiser für den Richtungswandel attischer Politik gesetzt. So wurde zum Beispiel Themistokles, der Held einer Seeschlacht bei Salamis gegen die Perser, durch das Scherbengericht verbannt. Solch ein Ereignis konnte mit Sicherheit eine neue Politik begründen. Dieses Phänomen findet man in der heutigen Zeit, wenn ein Premierminister seines Amtes enthoben wird oder ein Mann wie der damalige amerikanische Präsident Nixon durch die „Watergate-Affäre" gezwungen wird, zurückzutreten. Auch bei Anerkennung der zweifellos großen politischen Bedeutung, die das griechische Scherbengericht hatte, bin ich der Überzeugung, daß der heutige informelle Ostrazismus, nämlich die soziale Ablehnung eines Durchschnittsbürgers infolge Zuweisung eines „schlechten Rufes", in seinen politischen Auswirkungen weitaus ernster zu beurteilen ist.

Die ökonomischen und sozialen Normen, die durch das Ehrverletzungsrecht dauernd verstärkt werden, beeinflussen jedes Element der modernen Sozialordnung. Durch die Reputation wird jedes Individuum auf Konformität hin gelenkt in einer Weise, die wesentlich nachhaltiger und wirksamer ist als je zuvor. Das Hauptbeispiel ist die Personalakte, ein wichtiger Bestandteil des Berufsweges heutiger Arbeitnehmer. Für sie wird die Personalakte zu einem „alter ego", das bei Fragen der Aufgabenübertragung, der Beförderung und der Machtbefugnis wichtiger werden kann als die eigentliche Persönlichkeit. Der geringste negative Vermerk kann den beruflichen Aufstieg eines Menschen verhindern. Das gibt den Machern und Bewahrern von Reputationen außerordentliche Macht — den Managern, Regierungsbeamten, Erziehungseinrichtungen und anderen Arbeitgebern.

Man ginge zu weit mit der Behauptung, die Leiter großer Unternehmen und Einrichtungen würden bewußt die Merkmale für eine wünschenswerte Standard-Reputation schaffen. Sie tun dies nicht. Statt dessen rekurrieren sie auf die allgemein anerkannten „sozialen Spielregeln", von denen eben einige im Ehrverletzungsrecht ihre formale Berücksichtigung gefunden haben. Da die Form unserer Gesellschaft durch unausgesprochene, informelle Normen und durch die Rechtsgrundsätze in unseren Gesetzbüchern gleichermaßen bestimmt wird, ist Politik mit Reputation eng verknüpft.

Unser Volk debattiert bewußt über wichtige politische Themen. So hat die amerikanische Bevölkerung unlängst die Probleme der atomaren Rüstungskontrolle, den angemessenen Weg für die Erhöhung allgemeiner Steuereinnahmen und die Gesetzgebung über Möglichkeiten der Abtreibung diskutiert, um nur einige zu nennen. Doch die Formulierung von gesetzlich schützenswerten Reputationen oder Standard-Reputationen wird nicht von dieser Art öffentlicher Auseinandersetzung begleitet. Denn die Vorstellung über zu schützende Reputationen wird eher unauffällig und allmählich durch Gerichtsgebrauch und durch gelegentliche mutige Entscheidungen von Geschworenen entwickelt.

Die für das Berufsleben entscheidenden Elemente der Reputation sind meist gerichtlicher Überprüfung entzogen. Berufliche Chancen werden aufgrund von Zeugnissen eingeräumt. Die Kriterien der Zeugnisse sind nichts Geheimnisvolles — sie sind eine Sache der vorangegangenen Leistung. Sicherlich sollte Leistung entscheidend für eine Beförderung sein. Doch wird sie in der Praxis oft nach subjektiven Gesichtspunkten beurteilt, was dem Urteilenden nicht immer bewußt ist. Zeugnisse werden letztlich reduziert auf allgemeine Formeln wie: „Sie hat ein ausgezeichnetes Verhältnis zur Kundschaft"; „Er ist für diese Position nicht geeignet, weil er nicht mit Menschen umgehen kann"; „Er ist ein Draufgänger"; „Ich bezweifle, ob sie für diese Aufgabe dynamisch genug ist". Diese Feststellungen sind im Sinne wirklicher Information nicht sehr aussagekräftig. Trotzdem entscheiden sie über berufliche Chancen.

Die Arbeitnehmer müssen mit diesen unklaren Beurteilungskriterien fertigwerden. Sie möchten beruflich aufsteigen in einem System, das seine eigenen Aufstiegsregeln nicht klar definiert. Deshalb ist jeder Arbeitnehmer immer wieder gezwungen, auf ganz unterschiedliche Weise einen günstigen Eindruck zu machen, selbst in Bereichen, die eigentlich nicht die berufliche Kompetenz betreffen.

Welche politischen Folgen hat das? In einem demokratischen Land wie den Vereinigten Staaten bedeutet dies die Verstärkung des Status quo. Wer über wirtschaftliche oder politische Macht verfügt, ist meist aufgestiegen, weil er die unausgesprochenen Kriterien für einen guten Ruf erfüllte. Umgekehrt wird er wiederum Menschen nach oben lassen, die ihm subjektiv gefallen. Dies sind im allgemeinen Menschen, die grundsätzliche soziale Spielregeln nicht in Frage stellen und mit den vorherrschenden politischen und ökonomischen Auffassungen übereinstimmen. Dieser Zusammenhang wurde beispielsweise 1983/84 bei den Vorwahlen zur Nominierung des demokratischen Präsidentschaftskandidaten deutlich. In dieser Zeit wurde ein neuer Begriff populär. Ein wichtiger Teil der amerikanischen Bevölkerung wurde als „yuppies" identifiziert. Es sind die „jungen, aufstiegsorientierten (oder auch: großstädtischen) Angestellten und Freiberuflichen" („young, upwardly mobile, or: urban professionals"), eine scharfsinnige Bezeichnung. Diese Personen haben einen großen Einfluß auf die amerikanische Gesellschaft. Die kritische Frage muß lauten: Was macht sie erfolgreich, das heißt aufstiegsorientiert? Die Antwort ist klar: Der kommerzielle und ökonomische Erfolg des aufstrebenden „yuppie" beruht auf dieser kaum definierten Standard-Reputation, von der schon weiter oben die Rede war.

III. Implikationen des modernen Ostrazismus

Menschen sind in erster Linie soziale Wesen. Die Bedeutung der Reputation unterstreicht diese Tatsache — einem Individuum können aufgrund eines schlechten Rufes wichtige Chancen vorenthalten werden. Darüber hinaus haben die Regeln, nach denen Reputationen entstehen, eine politische Funktion.

Das Ehrverletzungsrecht wurde geschaffen, um den guten Ruf eines Menschen zu schützen. Es ist jedoch ziemlich schwach und unvollständig. Es ist teuer und nicht ohne Risiko, sich einen Anwalt zu nehmen und ein Verfahren wegen Ehrverletzung durchzustehen. Das Ehrverletzungsrecht schützt eine Person nur dann, wenn ihr Verhalten dem Standard-Verhalten entspricht oder wenn sie den Beweis für den geschäftlichen Nutzen ihres guten Rufes erbringt. Wird eine Person jedoch aufgrund ihrer politischen Betätigung in linksgerichteten Organisationen gesellschaftlich „geächtet", schützt das Ehrverletzungsrecht sie keineswegs. Ebensowenig werden Menschen geschützt, die wegen persönlicher Eigenheiten gemieden werden, denn hier fällt der Nachweis einer beruflichen Beeinträchtigung schwer. Auch bietet das Ehrverletzungsrecht nur geringen Schutz innerhalb eines Arbeitsverhältnisses. Verschwommene Leistungs- oder Fähigkeitsbeurteilungen können nicht durch Ehrverletzungsverfahren wiedergutgemacht werden.

Wegen der Unzulänglichkeiten des Ehrverletzungsrechts müssen die Betroffenen andere Mittel finden, um sich gegen bestimmte Formen von Ostrazismus zu schützen. Wer wegen seiner Hautfarbe, seines Geschlechts oder seines Alters beruflich diskriminiert wird, kann aufgrund von Antidiskriminierungsgesetzen vorgehen. Diese Gesetze haben sich in der Praxis als sehr hilfreich erwiesen. Jedoch ist es weiterhin schmerzhafte Realität, daß es keinen allgemeinen Rechtsgrundsatz gibt, der gegen übertriebene Subjektivität der Beurteilung bei der Einräumung beruflicher und bildungsmäßiger Chancen hilft. Wird schließlich eine Person gesellschaftlich „geächtet", weil sie sozial oder politisch als „Spinner" gilt, stehen ihr überhaupt keine Rechtsmittel zur Verfügung.

Es ist beunruhigend, wie die Amerikaner mit Ostrazismus umgehen. Im allgemeinen legt das amerikanische Rechtssystem besonderen Wert auf zwei Gesichtspunkte: demokratische Ausrichtung der gesamten Politik und faire Berücksichtigung der individuellen Rechte jedes einzelnen. Das Ehrverletzungsrecht weist in beiden Punkten Schwächen auf. Zum einen scheint es eine unklare Politik zu fördern, die sich wandelt je nach den Vorlieben von Personen mit großer persönlicher oder institutioneller Machtbefugnis[6]. Zum anderen toleriert es Situationen, in denen — aus der Perspektive des Individuums betrachtet — persönliche Anstrengungen und Hoffnungen durch soziale Macht vernichtet werden.

Die griechische Form von Ostrazismus war hart, aber sie wurde bewußt und offen eingesetzt. Eine breite Öffentlichkeit konnte über die Reputation einer prominenten Persönlichkeit urteilen. Der Zweck war politisch, nämlich der Gesellschaft neue Wege zu weisen. Der Vorteil des griechischen Ostrazismus war die Offenheit seines Urteils. Die Fähigkeit unserer Gesellschaft zu bewußter politischer Orientierung könnte verbessert werden, würden die versteckten Prozesse der Definition eines „guten Rufes" offengelegt. Wenn Ostrazismus ein rechtlicher Vorgang ist, sollten den davon betroffenen Personen auch die Gründe für eine derartige Entscheidung genannt werden, damit deren Rechtsgültigkeit überprüft werden kann[7]. Ostrazismus ist ein äußerst wirksames Instrument. Es sollte keinesfalls verborgenen Zielen dienen können, noch sollte es zufällig oder unbedacht den einzelnen schädigen dürfen.

---

[6] Im Amerikanischen bezeichnet als „old boy network".

[7] Manfred Rehbinder hat auf der *Monterey Dunes Ostracism Conference* sehr überzeugend für diesen Ansatz gesprochen.

DISKRIMINIERUNG IM EHELICHEN GÜTERRECHT

Reformbestrebungen zugunsten der gesetzlich „Ausgeschlossenen“

Von June Miller-Weisberger*

Man braucht keine großen Kenntnisse der Rechtsgeschichte, um zu wissen, daß die Geschichte des rechtlichen „Ausschlusses“ der Frauen von einer gleichberechtigten Teilnahme an wichtigen Bereichen des öffentlichen und privaten Lebens weit zurückreicht. Dieser Beitrag beschäftigt sich mit dem letzten größeren Bereich gesetzlicher Diskriminierung von Frauen in den USA, nämlich mit dem Ehegüterrecht in den 41 amerikanischen Einzelstaaten, wo noch das common law gilt[1], und dem District of Columbia. Zunächst werden jedoch andere Bereiche des amerikanischen Rechtssystems untersucht, in denen Frauen von der Rechtsgleichheit ausgeschlossen wurden, um die Diskriminierung im Vermögensrecht zu verstehen. Der Beitrag erläutert, wie eine umfassende Reform von Rechtseinrichtungen, die den geschlechtsbedingten „Ausschluß“ institutionalisiert hatten, durchgesetzt werden konnte, und weist den kumulativen Charakter gesetzlicher Reformen nach.

I. Historische Beispiele für den gesetzlichen „Ausschluß“ von Frauen

Bis in die jüngste Zeit wurden viele der den Männern gewährten gesetzlichen Rechte den Frauen vorenthalten, so in Fragen der Staatsbürgerschaft, der Beschäftigung und des Vertragsrechts. An historischen Beispielen für rechtliche Diskriminierung sind zu erwähnen: das Wahlrecht[2], das Recht auf freien Zugang zu allen Berufen[3], das Recht und die Pflicht, als Geschworener berufen zu werden[4], das Recht, ein Amt, in das man gewählt oder zu dem man berufen wird, auszuüben[5], das Recht verheirateter Frauen, Verträge zu schließen oder ein Geschäft zu

---

* Professor an der Law School der University of Wisconsin, Madison (WI).

1 Wisconsin ist hier nicht mitgezählt, weil dort eine neue gesetzliche Regelung angenommen wurde, welche am 1. Januar 1986 in Kraft trat.

2 Minor v. Happersett, 88 U.S. (21 Wall.) 162 (1875).

3 Goesart v. Cleary, 335 U.S. 464 (1948). Siehe die Diskussion weiter unten, Anmerkung 10.

4 Strauder v. West Virginia, 100 U.S. 303 (1879).

5 Siehe Opinion of the Justices, 150 Mass. 586, 23 N.E. 850 (1890).

führen[6], und das Recht, einen Wohnsitz getrennt von ihrem Ehemann zu begründen[7]. Dem lag eine Weltanschauung zugrunde, welche die Frauen in die Bereiche Haushalt, Gebären und Kindererziehen verbannte. Bezeichnend für dieses frühere Bild von den Geschlechterrollen ist die Urteilsbegründung von Richter Bradley im Falle Bradwell v. Illinois[8]. Dieser Entscheid aus dem Jahre 1873 gestand dem Staat Illinois das Recht zu, Myra Bradwell einzig wegen ihres Geschlechts von der Ausübung des Anwaltsberufes auszuschließen:

„Das Zivilrecht wie auch die Natur selbst haben schon seit jeher den großen Unterschied im jeweiligen Wirkungskreis und in den Bestimmungen von Mann und Frau berücksichtigt. Der Mann ist der Beschützer und Verteidiger der Frau, oder sollte es zumindest sein. Die natürliche und wesenseigene Schüchternheit und das Zartgefühl, das dem weiblichen Geschlecht eigen ist, macht dieses offensichtlich ungeeignet für viele Beschäftigungen des öffentlichen Lebens. Die Beschaffenheit der Familienorganisation, die in der göttlichen Ordnung wie auch in der Natur der Dinge begründet ist, bezeichnet den häuslichen Wirkungskreis als denjenigen, der dem Aufgabenbereich der Weiblichkeit zugeeignet ist. Die Harmonie, um nicht zu sagen, der Gleichlauf der Interessen und Ansichten, die der Institution Familie eigen ist oder sein sollte, ist unvereinbar mit der Vorstellung von einer Frau, die einen unterschiedlichen und von ihrem Mann unabhängigen Werdegang einschlägt. So stark war dieses Gefühl bei den Vätern des common law ausgeprägt, daß es zu einer Maxime dieses Rechtssystems wurde, daß eine Frau keine eigene gesetzliche Existenz unabhängig von ihrem Mann, der als ihr Kopf und Vertreter in der Gesellschaft angesehen wurde, hatte. Trotz einiger Änderungen dieses zivilrechtlichen Status in letzter Zeit stehen immer noch in den meisten Einzelstaaten viele Gesetzesvorschriften, die von diesem Kardinalprinzip ausgehen, in voller Rechtskraft ...

Es ist die höchste Bestimmung und Sendung einer Frau, die noblen und ihr zuträglichen Aufgaben einer Gattin und Mutter zu erfüllen. Das ist das Gesetz des Schöpfers ... und es liegt, meiner Ansicht nach, angesichts der besonderen Eigenschaften, der Bestimmung und Sendung der Frau innerhalb der Zuständigkeit der Gesetzgebung, darüber zu verfügen, welche Ämter, Positionen und Berufe von den Männern eingenommen und verwaltet werden und welcher sie sich entledigen sollten. Denn die von den Männern wahrgenommenen Aufgaben erfordern Kraft und Verantwortlichkeit, Entscheidungsfreudigkeit und Stärke. Von diesen Eigenschaften wird angenommen, daß sie in dem stärkeren Geschlecht vorherrschen."

Somit wurde aus der biologischen Funktion der Frauen auf einen besonderen gesetzlichen Status geschlossen, der durch die Aufgabe des Gebärens bestimmt war. Frauen wurden auch im allgemeinen als dem Mann intellektuell, physisch und moralisch unterlegen angesehen, un-

---

[6] Johnston: Sex and Property. The Common Law Tradition, the Law School Curriculum and Developments Toward Equality, New York University Law Review 47 (1972), 1033 - 1046.

[7] In Sachen Daggett's Testament, 255 N.Y. 243, 174 N.E. 641 (1931).

[8] 83 U.S. (16 Wall.) 442 (1873).

geeignet für die Teilhabe an Regierungsämtern oder sonstigen Berufen, die sie zusammen mit Männern ausüben würden. Entsprechend bedurften Frauen des „Schutzes“ durch die Rechtsordnung.

Diese Gedanken sind auch in der ersten Entscheidung des Obersten Gerichtshofes der Vereinigten Staaten im 20. Jahrhundert zu finden, wo es um Geschlechtsdiskriminierung ging, nämlich im Falle Muller v. Oregon[9] aus dem Jahre 1908. Nur drei Jahre zuvor hatte der Oberste Gerichtshof erklärt, daß ein New Yorker Gesetz, das Höchstarbeitszeiten für alle Bäckereiangestellten festsetzte, mit der in der Verfassung verankerten Vertragsfreiheit unvereinbar sei. Im Entscheid „Muller“ bejahte aber das Gericht die Verfassungsmäßigkeit eines Gesetzes von Oregon, das die Höchstarbeitszeit von Frauen regelte, mit folgender Begründung:

„Es ist offensichtlich, daß die physische Beschaffenheit und die Erfüllung der Aufgaben als Mutter die Frauen im Kampf ums Dasein benachteiligt. Das trifft im besonderen zu, wenn die Lasten der Mutterschaft auf ihr ruhen. Selbst wenn das nicht der Fall ist, wird durch reichlich vorhandene Zeugnisse von Medizinern deutlich, daß stetiges, langes Auf-den-Beinen-Sein bei der Arbeit, und dies täglich wiederholt, schädigende Wirkungen auf den Körper haben kann. Da die Gesundheit der Mütter lebenswichtig für ihre Nachkommen ist, wird das physische Wohlbefinden der Frauen zum Gegenstand öffentlichen Interesses und öffentlicher Fürsorge, um die Kraft und die Vitalität der Art zu erhalten.

Außerdem geht aus der Geschichte hervor, daß die Frau immer vom Mann abhängig war. Am Anfang begründete er seine Herrschaft auf seiner überlegenen physischen Kraft, und in verschiedenen Formen hält diese Herrschaft, wenn auch mit verminderter Intensität, bis zur Gegenwart an. Gerichte betrachten die Frau wie Minderjährige, wenn auch nicht in dem gleichen Ausmaß, als besonderer Fürsorge bedürftig, damit ihre Rechte gewahrt werden. Bildung wurde ihr lange Zeit versagt, und wenn ihr auch nun die Schulen offenstehen und ihre Möglichkeiten, Kenntnisse zu erwerben, groß sind, ist sie trotzdem und trotz ihrer zunehmenden Eignung für das Geschäftsleben dennoch kein gleichwertiger Konkurrent für ihren Bruder. Obwohl gewisse Beschränkungen ihrer persönlichen und vertraglichen Rechte aufgehoben worden sind, hindert sie ihr Wesen an einer umfassenden Wahrnehmung dieser Rechte. Sie wird darin insoweit beschränkt, als gesetzliche Schutzbestimmungen erforderlich sind, um ihr eine wahre Rechtsgleichheit zu sichern. Zweifellos gibt es Ausnahmen, und es gibt viele Bereiche, in denen sie dem Mann gegenüber bevorteilt ist; im Hinblick auf die gesellschaftliche Selbständigkeit ist sie ihm aber nicht gleichgestellt. Da sie sich von dem anderen Geschlecht unterscheidet, erhält sie eine ihrem Wesen entsprechende Stellung in der Gesellschaft und sollten die Gesetze, die eigens zu ihrem Schutz erlassen wurden, aufrechterhalten werden. Es ist unmöglich, die Augen vor der Tatsache zu verschließen, daß sie immer noch zu ihrem Bruder aufsieht und von ihm abhängig ist. Selbst wenn alle Restriktionen ihrer politischen, persönlichen und vertraglichen Rechte aufgehoben würden und sie,

[9] 208 U.S. 412 (1908).

zumindest gesetzlich, auf einer absolut gleichen Ebene mit ihm stünde, würde sie ihr Wesen dennoch zu ihm aufsehen und ihn um Schutz bitten lassen. Ihre physische Beschaffenheit und ihre Aufgabe als Mutter rechtfertigen eine Gesetzgebung, die sie vor der Habsucht sowie vor der Leidenschaft des Mannes schützt. Die Beschränkungen, die das streitige Gesetz ihrer Vertragsfreiheit, nämlich ihrem Recht auferlegt, mit ihrem Arbeitgeber ihre Arbeitszeit frei zu regeln, sind nicht nur zu ihrem Wohl, sondern weitgehend zum Wohle der Allgemeinheit erlassen worden. Viele Worte können dies nicht deutlicher machen. Die beiden Geschlechter unterscheiden sich in ihrem Äußeren, in ihrer sozialen Aufgabe, in ihrer physischen Kraft, in der Fähigkeit zu andauernder Arbeit, vor allem, wenn diese im Stehen ausgeführt wird, im Einfluß ihrer Gesundheit auf die Entwicklung der Art, dem Selbstvertrauen, das zur Behauptung uneingeschränkter Rechte nötig ist, und in der Fähigkeit, sich im Daseinskampf zu behaupten. Diese Unterschiede rechtfertigen eine unterschiedliche gesetzliche Behandlung, weshalb das streitige Gesetz, das als Entschädigung für einige Lasten gedacht ist, die sie zu tragen hat, aufrechterhalten bleibt."

Bei einer noch nicht so lange zurückliegenden Anfechtung der Verfassungsmäßigkeit staatlicher Geschlechterdiskriminierung beim Obersten Gerichtshof entschied im Jahre 1948 Richter Frankfurter im Falle Goesaert v. Cleary[10], daß es dem Staat Michigan freistehe, die Beschäftigungsmöglichkeiten für Frauen in Bars zu beschränken. Nach der allgemeinen Feststellung, daß ein generelles Verbot der Beschäftigung von Frauen in Bars zulässig sei, entschied es im vorliegenden Fall wie folgt:

„Auch wenn die Beschäftigung weiblicher Angestellter in einer Bar nach vertretbarer Auffassung moralische und gesellschaftliche Probleme aufwerfen kann, die präventive Maßnahmen als ratsam erscheinen lassen können, braucht die Legislative nicht alle Frauen betreffende Normen zu erlassen, wenn sie der Ansicht ist, daß bei einer definierten Gruppe von Frauen bestimmte Umstände die moralischen und gesellschaftlichen Probleme, die andernfalls prohibitive Maßnahmen erfordern würden, entweder verhindern oder beschränken. Offensichtlich herrscht in Michigan die Auffassung, daß die Aufsicht, die durch den Besitz einer Bar durch den Ehemann oder Vater einer Bardame sichergestellt ist, die Risiken verringert, denen eine Bardame ausgesetzt sein kann. Es steht diesem Gericht sicherlich nicht an, diese Ansicht des Gesetzgebers von Michigan zu bestreiten."

1961 bestätigte im Falle Hoyt v. Florida[11] der Oberste Gerichtshof ein Gesetz des Staates Florida, das Männer und Frauen dazu verpflichtete, sich als Geschworene zur Verfügung zu stellen, zugleich aber auch vorsah, daß Frauen nur dann berufen würden, wenn sie ihr Einverständnis dazu haben registrieren lassen. In dem Urteil wurde festgehalten, daß „die Frau immer noch den Mittelpunkt von Heim und Familienleben darstellt". Noch im Jahre 1970 kam dieses sich in den zitierten Urteilen widerspiegelnde Weltbild in einer Erklärung des Senators Sam Ervin

---

[10] 335 U.S. 464 (1948).

[11] 368 U.S. 57 (1961).

aus North Carolina zum Ausdruck, die er gegen den bundesstaatlichen Zusatzartikel über die Gleichberechtigung von Mann und Frau abgab[12]:

„Bei der Schöpfung machte Gott physiologische und funktionale Unterschiede zwischen Mann und Frau. So verlieh er dem Mann eine größere körperliche Leistungsfähigkeit, um anstrengende und gefährliche Aufgaben ausführen zu können. Einige Gelehrte vertreten sogar die Auffassung, daß zwischen Mann und Frau auch psychologische Unterschiede bestehen, was sie mit dem Umstand begründen, daß Frauen eine intuitive Fähigkeit besitzen, zwischen Weisheit und Dummheit und zwischen Gut und Böse zu unterscheiden ... Die physiologischen und funktionalen Unterschiede zwischen Mann und Frau befähigen die Männer zur Zeugung und die Frauen, Kinder zu gebären, die in einem Zustand äußerster Hilflosigkeit und Unwissenheit zur Welt kommen und in ihren ersten Lebensjahren Nahrung, Fürsorge und Erziehung von den Erwachsenen erhalten müssen, wenn sie und die Art überleben sollen. Seit Menschengedenken übertragen Brauch und Gesetz den Männern die Verantwortung für die Sorge um Unterkunft und Lebensunterhalt ihrer Frauen und Kinder, damit ihre Frauen in der Lage sind, aus diesen Mitteln einen Haushalt zu errichten und ihren Kindern während der frühen Lebensjahre Nahrung, Fürsorge und Erziehung zukommen zu lassen ... Deshalb verstößt eine Nichtbeachtung dieser Unterschiede bei der staatlichen Errichtung von Institutionen und beim Erlaß von Gesetzen gegen jede Vernunft."

Selbst in der jüngsten Serie von Urteilen des Obersten Gerichtshofs über die Gleichheit vor dem Gesetz — sie begann mit dem Falle Reed v. Reed[13] —, in welcher Geschlechterdiskriminierungen als verfassungswidrig bezeichnet wurden, wurde kein Gebrauch von der Methode gemacht, die von der Rechtsprechung zur Rassendiskriminierung entwikkelt worden war. Während amtliche Erlasse, die eine Rassendiskriminierung enthalten, von Amtes wegen einer strengen richterlichen Kontrolle auf ihre Verfassungsmäßigkeit hin unterliegen, gilt dasselbe für geschlechtsbedingte gesetzliche Ungleichbehandlungen nicht. Für diese wurde die strenge Zulässigkeitsprüfung abgelehnt und eine vermittelnde Methode eingeführt: geschlechtsbedingte Einstufungen müssen wichtigen Zielen der Regierungspolitik dienen und wesentlich mit deren Erreichung zusammenhängen[14].

Dank Verfassungs- und Gesetzesänderungen und einer veränderten Gerichtspraxis sind die Frauen inzwischen nicht mehr vom aktiven Wahlrecht, vom unbeschränkten passiven Wahlrecht als Geschworene, vom Recht, ein öffentliches Amt zu bekleiden, vom Recht, den Anwaltsberuf auszuüben, und von anderen, traditionell den Männern vorbehaltenen Stellungen und Berufen — insbesondere im öffentlichen Bildungswesen — ausgeschlossen. Dennoch geben geschlechtsbedingte Ausschließungen und Ungleichbehandlungen Anlaß zu Prozessen. Davon

---

12 116 Cong. Rec. 19670, 29672 (1970).

13 404 U.S. 71 (1971).

14 429 U.S. 190 (1975).

fallen viele in den beruflichen Bereich. Aktuelle Entscheide betreffen die Beschäftigungsmöglichkeiten für Frauen beim Militär[15], die Einstufung der Schwangerschaft als Behinderung[16], Rentenzahlungen[17] und den Ausschluß der Frauen von bestimmten Berufen aufgrund der schwangerschaftsbedingten Anfälligkeit[18]. Zusätzlich haben sich mit dauernd steigendem Anteil der weiblichen Beschäftigten unter den Arbeitskräften die Streitpunkte bei der Lohndiskriminierung verschoben, nämlich von der Forderung nach gleichem Lohn für gleiche Arbeit zu der Problematik des „vergleichbaren Wertes"[19], einem Konzept, das als Mittel zur Bekämpfung der niedrigen Entlohnung in traditionellen „Frauenberufen" entwickelt wurde.

Aus dem oben Angeführten wird deutlich, daß das Hauptanliegen der in diesem Jahrhundert geführten Rechtsstreite darin bestanden hat, die Schranken gegen die volle Teilhabe der Frauen als Staatsbürger und als bezahlte Arbeitskräfte aufzuheben. Die gesetzlichen Beschränkungen, die in den amerikanischen Regelungen des Ehegüterrechts enthalten sind und die verheiratete Frau ausschließen oder diskriminieren, wurden jedoch bisher kaum in ihrer Problematik erkannt.

II. Vermögensrechtssysteme nach common law

Das geltende Ehegüterrecht in 41 amerikanischen Staaten und dem District of Columbia kann unmittelbar auf das englische Feudalsystem zurückgeführt werden. Wenn ein Mann und eine Frau heirateten, „wurden die beiden eins" und „dieser eine war er". Eine Frau verlor durch die Heirat nahezu alle Vermögensrechte, die sie als unverheiratete Frau gehabt hätte. Der Ehemann hatte das Recht, über die Liegenschaften seiner Frau während der Ehe zu verfügen und den Gewinn daraus zu ziehen. Das bewegliche Vermögen seiner Frau gelangte bei der Heirat in den Besitz sowie unter die Verwaltung und Aufsicht des Ehemannes. Dieser hatte auch das Recht, das Erwerbseinkommen seiner Ehefrau einzubehalten und darüber zu verfügen. Als Gegenleistung für den Verlust ihres Vermögens bei der Heirat erhielt die Ehefrau nicht etwa Ansprüche auf das Grund- oder das bewegliche Vermögen ihres Mannes. Sie war nur, falls sie ihn überlebte, auf Lebenszeit zum Nießbrauch an einem Drittel seines Grundvermögens berechtigt. Sie hatte keine

---

[15] Rostker v. Goldberg, 453 U.S. 57 (1981).

[16] Nashville Gas Co. v. Satty, 434 U.S. 136 (1977).

[17] Morris v. Arizona Governing Committee, 459 U.S. 904 (1982).

[18] Wright v. Olin Corp., 697 F. 2d 1172 (4th Cir. 1982).

[19] County Washington v. Gunther, 452 U.S. 161 (1981); AFSCME v. State of Washington, 33 F.E.P. 808 (1983).

weiteren erbrechtlichen Ansprüche, wenn ihr Ehemann starb, ohne ein Testament zu hinterlassen.

Im 19. Jahrhundert begann man, diese Rechtsunfähigkeit, die nach dem common law für verheiratete Frauen galt, durch verschiedene Gesetze über das Vermögen von Ehefrauen (Married Women's Property Acts) zunächst 1830 in Mississippi, dann allmählich in allen Einzelstaaten mit common law zu modifizieren oder aufzuheben. Ein derartiges Gesetz in Wisconsin[20], das 1850 in Kraft trat, ist ein recht typisches Beispiel für diese Reform. Es gestand der Ehefrau während der Ehe oder im Falle ihres Vorversterbens keinerlei Ansprüche auf das Eigentum ihres Ehemannes zu. Bestimmte Schutzbestimmungen im Todesfall wurden für die Ehefrau nur gültig, wenn sie ihren Ehemann überlebte.

Das traditionelle common law schrieb auch einen zwingend ausgestalteten Ehevertrag für alle Verheirateten vor. Der Ehemann hatte die Pflicht, für den Unterhalt seiner Frau zu sorgen, für gewöhnlich nach einem von ihm selbst zu bestimmenden Lebensstandard[21]. Wenn es der Ehefrau gelang, sich von ihrem als Kaufmann tätigen Ehemann versprechen zu lassen, sie mit dem Nötigen („necessaries") zu versorgen, gab das common law ihr als Gläubiger das Recht, die Schulden vom Ehemann einzutreiben. Mit dieser Ausnahme verfügte die Rechtsprechung unter dem common law kaum über Mittel, um die Unterhaltspflicht des Ehemannes zu erzwingen. Im Gegenzug für die Pflicht zum Unterhalt war die Frau ihrem Ehemann gegenüber zur Erziehung der Kinder, zur Hausarbeit und zum Sexualverkehr verpflichtet[22].

Daher hat, selbst nach der Modifikation des Gesetzes über das Vermögen von Ehefrauen, eine verheiratete Hausfrau ohne eigenes Einkommen und ohne eigenes Vermögen, das ihr vor der Heirat übereignet wurde oder das sie vor der Heirat erworben hatte, nach common law keine anerkannten Vermögensrechte. Eine Hausfrau ist alleine nicht kreditwürdig. Sie ist nicht in der Lage, Schenkungen zu Lebzeiten oder Schenkungen auf ihren Tod hin zu machen, sollte sie zuerst

---

[20] Siehe Kap. 766 des Gesetzesrechts von Wisconsin. Die Gesetzgebung Wisconsins hebt nicht die gesamte gesetzliche Rechtsunfähigkeit von Ehefrauen auf. Siehe z. B. das Gesetz Wisconsins (Wis. Stat. 766.05), das festlegt, daß das Erwerbseinkommen einer Ehefrau der Verwaltung ihres Ehemannes unterliegt und für seine Schulden haftet, sofern der Verdienst aus der Anstellung bei dem Ehemann stammt. Siehe auch das Gesetz Wisconsins (Wis. Stat. § 767.06), das Restriktionen einführt, wenn eine verheirate Frau Geschäfte in ihrem eigenen Namen ausführt.

[21] McGuire v. McGuire, 157 Neb. 226 (1968).

[22] Nach dem common law kann es keine Vergewaltigung durch den Ehemann geben. Einige Einzelstaaten haben in letzter Zeit ihr Strafrecht durch Zusatzartikel ergänzt, um Vergewaltigung durch den Ehemann unter Strafe zu stellen.

sterben. Nur wenn sie ihren Ehemann überlebt, „schützt" sie das Gesetz und erkennt an, daß sie zum Erwerb des ehelichen Vermögens beigetragen hat. Aber selbst dann geschieht diese Anerkennung nur in einer beschränkten, willkürlichen Weise durch das Institut des Pflichtteils (wenn ein gültiges Testament vorhanden ist, das sie nicht mit einem Mindestanteil bedenkt) oder des gesetzlichen Erbteils (wenn kein gültiges Testament, das über das gesamte Vermögen des Mannes verfügt, vorhanden ist). Auch ist der Ehegatte, der über das geringere Einkommen verfügt, gegenüber dem, der das höhere Einkommen hat, benachteiligt. Darüber hinaus gibt es viele legale Methoden, durch die der Ehemann selbst diese beschränkten Rechte der überlebenden Ehefrau umgehen kann, etwa durch Schenkungen zu Lebzeiten oder zahlreiche testamentarische Verfügungen zum Nutzen anderer (z. B. eine Versicherung, gemeinsames Eigentum mit einer dritten Person, lebenslängliche Treuhandverwaltungen, spezielle Sperrkonten usw.)[23].

Nur im Zusammenhang mit Scheidungen wurde es zunehmend rechtlich berücksichtigt, wenn beide Ehegatten wirtschaftlich zum ehelichen Vermögen beigetragen haben, sei es durch Dienstleistungen oder durch Geld[24]. Im übrigen benachteiligt das System des Vermögensrechts im common law den nicht- oder den weniger verdienenden Ehegatten, für gewöhnlich die Ehefrau, weiterhin, sowohl während der Ehe als auch bei deren Auflösung durch Todesfall. Diese geschlechtsbedingten Ungleichheiten sind integraler Bestandteil des Vermögensrechts im common law, obwohl das Rechtssystem seinem Verständnis nach neutral ist.

III. Systeme der Gütergemeinschaft

Ein ganz anderes Vermögensrechtssystem, das sich aus dem spanischen und französischen Zivilrecht herleitet, gilt in den 8 amerikanischen Einzelstaaten, die das Institut der Gütergemeinschaft kennen (Arizona, Kalifornien, Idaho, Louisiana, Nevada, Neu Mexiko, Texas und

[23] Die verbesserte Regelung über den Nachlaß, die im Uniform Probate Code enthalten ist, „kassiert" viele der nicht-testamentarischen Übertragungen zum Zwecke der Vergrößerung der Erbmasse, gegen die der überlebende Ehegatte ein Recht zur Auswahl eines Drittels geltend machen kann. Verschiedentlich hat die Rechtsprechung der Einzelstaaten, soweit der Uniform Probate Code nicht in Kraft gesetzt wurde, ebenfalls versucht, auf bestimmte nicht-testamentarische Übertragungen einzuwirken. Aber bis heute sind die Reformen bescheiden geblieben.

[24] Viele Einzelstaaten mit common law beziehen sich bei dem Vermögen, das ein Gericht bei der Scheidung zu teilen hat, auf das „eheliche Eigentum". Einige Einzelstaaten, darunter Illinois und New York, verfügen über spezifische gesetzliche Definitionen von „ehelichem Eigentum" im Zusammenhang mit der Vermögensteilung bei der Scheidung, die der Definition der Gütergemeinschaft gleichen.

Washington). Bei der Gütergemeinschaft wird die Ehe ganz anders als im common law betrachtet. Das common law sieht eine juristische Verschmelzung von Ehemann und Ehefrau vor, wobei die Ehefrau ihre Selbständigkeit verliert. Nach dem System der Gütergemeinschaft dagegen wurde ursprünglich (noch vor dem englischen common law) die Ehe als eine Partnerschaft oder „Gemeinschaft" aufgefaßt. Es gab keine dominante und keine untergeordnete Rechtsperson. Vermögen, das von einem oder von beiden Ehegatten durch Erbringung einer Gegenleistung („onerous title") erworben wurde, gehörte Ehemann und Ehefrau zu gleichen Teilen. Vermögen, das durch Schenkung („lucrative title") erworben wurde, blieb getrenntes, eigenes Vermögen des Ehegatten, der es erworben hatte. Vermögen, das in die Ehe eingebracht wurde, blieb gleichfalls Eigenvermögen. Die Lehre von der Gütergemeinschaft geht von der gesetzlichen Grundlage aus, daß die Ehegatten gleichermaßen zum Erwerb des gemeinsamen Vermögens beitragen, auch wenn nur einer der Ehegatten es tatsächlich erwirbt, während der andere seine Zeit unbezahlten Dienstleistungen im Hause widmete. Gleiche Berechtigung am gemeinsamen Vermögen wird bei der Scheidung und beim Eintritt des Todes angenommen, ungeachtet dessen, wer zuerst stirbt.

Seit jeher jedoch verwaltete und beaufsichtigte der Ehemann das gemeinsame Vermögen der Ehegatten, und in den meisten Gütergemeinschaftssystemen verwaltete und beaufsichtigte er auch das getrennte eigene Vermögen seiner Frau. Der Erlaß der Gesetze über das Vermögen von Ehefrauen beschränkte in den meisten Staaten mit Gütergemeinschaft das ausschließliche Verwaltungs- und Aufsichtsrecht des Ehemannes über das gemeinsame Vermögen und das Eigenvermögen seiner Frau.

Während der letzten 15 Jahre wurden die Verwaltungs- und Aufsichtsvorschriften für gemeinsames Eigentum in allen amerikanischen Einzelstaaten mit Gütergemeinschaft drastisch revidiert und die traditionelle ausschließliche Verwaltung durch den Mann abgeschafft. Außer Texas, das seine eigenen Verwaltungs- und Aufsichtsvorschriften hat[25], haben alle übrigen amerikanischen Staaten mit Gütergemeinschaft eine gesetzliche Gleichberechtigung bei der Verwaltung und Aufsicht eingeführt[26]. Diese Reformen haben — zusammen mit den bundes- und ein-

[25] Texas war der erste Einzelstaat, der sich von der traditionellen Verwaltung und Aufsicht durch die Männer fortbewegte. Er ermächtigte jeden der Ehegatten, seine oder ihre eigenen Einkünfte zu verwalten. Gemeinsame Einkünfte unterliegen der gemeinsamen Verwaltung und Aufsicht durch beide Ehegatten (gemeinschaftliches Eigentum).

[26] Louisiana war der letzte Einzelstaat mit Gütergemeinschaft, der gleichberechtigte Verwaltungs- und Aufsichtsvorschriften für das gemeinsame Vermögen annahm. Siehe auch Kirchberg v. Feenstra, 450 U.S. 455 (1981), ein

zelstaatlichen Gesetzen über die Gleichberechtigung bei der Kreditaufnahme — in den Staaten mit Gütergemeinschaft diejenigen, die unentgeltlich den Haushalt führen, ebenso kreditwürdig wie den verdienenden Ehegatten gemacht, weil sie nun nicht mehr nur bezüglich ihres Anteils am gemeinsamen Vermögen, sondern auch im Hinblick auf die Verwaltungs- und Aufsichtsrechte gleichgestellt sind.

IV. Der Modellcharakter der Gütergemeinschaft

Die moderne Gütergemeinschaft (mit gleichberechtigter Verwaltung und Aufsicht) dient gegenwärtig als ein Modell bei Gesetzesrevisionen in Staaten mit common law, seitdem die Prinzipien der gemeinsamen Teilhabe am ehelichen Vermögen im Zusammenhang mit der jüngsten Reform des Ehescheidungsrechts in allen Staaten mit common law übernommen worden sind. Der Grundsatz der gemeinsamen Teilhabe am Vermögen, der über die Vermögensteilung bei der Scheidung hinausgeht und auch bei bestehender Ehe sowie beim Tode eines Ehegatten gilt, unabhängig davon, welcher der Ehegatten zuerst stirbt, erhält mittlerweile verstärkte Aufmerksamkeit und Zustimmung bei denjenigen Staaten mit common law, die ihr Ehegüterrecht ändern wollen. In Wisconsin wurde eine Gesetzesvorlage für eine umfassende Reform des ehelichen Güterrechts, das auf dem Modell der Gütergemeinschaft basierte, 1979 erstmals dem Parlament vorgelegt. Spätere Vorschläge in Wisconsin gingen ebenfalls vom Leitgedanken der gemeinsamen Teilhabe am Vermögen aus, obwohl im neuen Güterrechtssystem vom „ehelichen Eigentum gesprochen wird. Auch der Entwurf für einen Uniform Marital Property Act, der von der National Conference of Commissioners on Uniform State Laws im Juli 1983 angenommen wurde, stützt sich hauptsächlich auf die bereits etablierten Grundsätze über die gemeinsame Teilhabe am ehelichen Vermögen.

Was ist an dem Modell der Gütergemeinschaft für Reformer, die dem Ausschluß einer bedeutenden Anzahl verheirateter Frauen vom Vermögensrecht begegnen wollen, so attraktiv? Die Prinzipien der Gütergemeinschaft erlauben es, die eheliche Partnerschaft nicht nur bei der Scheidung zu beachten, bei der diese Partnerschaft aufgelöst werden muß, sondern auch bei bestehender Ehe und wenn die Partnerschaft durch den Tod eines der Ehegatten aufgelöst wird, unabhängig davon, wer von beiden als erster stirbt.

In allen Staaten mit common law verfügt der nicht- oder weniger begüterte Ehegatte (für gewöhnlich die Ehefrau) kaum über einklag-

---

Fall, der unter der traditionellen Regel der Verwaltung durch den Mann aufkam.

bare Rechte, wenn der verdienende oder begüterte Ehegatte (für gewöhnlich der Ehemann) ihm nicht freiwillig eine Beteiligung zugesteht. Gegen dieses legale Unrecht wendet sich das System der Gütergemeinschaft, bei dem die Reihenfolge des Todes der Ehegatten bedeutungslos und bei dem die gemeinsame Teilhabe am ehelichen Vermögen bei Eintritt des Todes sowie zu Lebzeiten wesentlich ist.

V. Der Uniform Marital Property Act und der Wisconsin Marital Property Act: grundlegende gesetzliche Veränderungen

Im Juli 1983 wurde nach vielen Untersuchungen, Diskussionen und zahlreichen Entwürfen der Uniform Marital Property Act (UMPA) von der National Conference of Commissioners on Uniform State Laws angenommen[27]. Dieses Mustergestz, welches die gütergemeinschaftlichen Grundsätze der Gleichberechtigung der Ehegatten am Vermögen enthält, wird mittlerweile in die Parlamente verschiedener Einzelstaaten, besonders der Einzelstaaten mit common law, eingebracht. UMPA wurde nicht nur wegen seines gerechteren Vermögensrechtssystems, sondern auch im Hinblick auf eine Vereinheitlichung der einzelstaatlichen Gesetze propagiert. Besonders die Umstände, daß Verheiratete während ihrer Ehe oft den Wohnsitz (von einem Staat in einen anderen) verlegen und daß Ehepaare unter Umständen Grundvermögen in anderen Staaten besitzen, führten bisher zu unnötigen Komplikationen.

1984 wurde in Wisconsin ein neues Gesetz über das Ehegüterrecht vom Parlament verabschiedet und anschließend vom Gouverneur unterzeichnet. Das Gesetz ist am 1. Januar 1986 in Kraft getreten[28]. Der Gesetzgeber Wisconsins hebt damit das Gesetz über das Vermögen von Ehefrauen aus der Mitte des 19. Jahrhunderts auf und ersetzt es durch eine Neuordnung des Vermögensrechts, die auf dem UMPA und auf den Grundsätzen der Gütergemeinschaft beruht. Dieses Vorgehen wurde durch eine Vielzahl von Frauengruppen und durch die Parteien der Republikaner[29] und auch der Demokraten unterstützt, darunter einige einflußreiche weibliche Abgeordnete[30]. Dagegen wandte sich nur die

[27] Während der Abfassung wurde der UMPA-Entwurf von verschiedenen mit Gesetzgebung befaßten Gruppen überprüft. Repräsentanten verschiedener amerikanischer Anwaltsvereinigungen waren daran sehr beteiligt. Im August 1984 bestätigten die Delegierten des amerikanischen Anwaltsvereins die UMPA-Fassung „als ein angemessenes Gesetz für diejenigen Einzelstaaten, die wünschen, das hierin vorgeschlagene materielle Recht anzunehmen".

[28] 1983 Wisconsin Act 186.

[29] Senator Donald Hanaway, ein Republikaner aus DePere, war im Senat ein bekannter Förderer des auf dem UMPA-Entwurf basierenden Gesetzesvorschlages.

Anwaltschaft Wisconsins, obschon diese von sich behauptet hatte, die Ziele der Reform des ehelichen Güterrechts unterstützen zu wollen.

VI. Schlüsselfaktoren für die vermögensrechtliche Besserstellung verheirateter Frauen

Der Erfolg der Reformbewegung für die Revision des ehelichen Güterrechts in Wisconsin ist verschiedenen Gründen zuzuschreiben. Zunächst wurde die Benachteiligung der Frauen, die durch das bisherige Vermögensrecht verursacht wurde, in den Medien ausführlich dargestellt. Horror-Geschichten über lebende Personen und tatsächliche Ereignisse wurden weit verbreitet und diskutiert. Zweitens wurde die politische Macht der Frauenwählerschaft durch eine sehr erfahrene Schirmorganisation (Wisconsin Women's Network) mobilisiert. Dank der Scheidungsrechtsreform, die die Grundsätze der Gütergemeinschaft bereits seit ihrem Erlaß im Jahre 1977 enthielt, war diese Interessengruppe in der Lage, wirkungsvoll aus der Ironie Kapital zu schlagen, daß in Wisconsin eine gesetzlich verfügte gemeinsame Teilhabe am ehelichen Vermögen auf die Zeit der Scheidung beschränkt war. Zudem wurde die Reform des ehelichen Güterrechts nicht nur als „feministische" Angelegenheit betrachtet. Sie sprach ein breites Spektrum von Leuten an, von Konservativen bis hin zu Liberalen, und bewirkte einen Konsens, weil weithin anerkannt wurde, daß durch die alte Regelung in erster Linie Hausfrauen und mitarbeitende Ehefrauen, die weniger als ihre Ehemänner verdienten, benachteiligt wurden. Drittens befanden sich in Schlüsselpositionen einige sehr einflußreiche Abgeordnete, die diese Revision unterstützten und erfolgreich auch andere davon überzeugten. Diese Abgeordneten waren persönlich davon überzeugt, daß das vorgeschlagene System „richtig", das bestehende hingegen „falsch" sei. Viertens gewann 1983 die Idee der Notwendigkeit einer Reform des ehelichen Güterrechts in Wisconsin an Überzeugungskraft, als der UMPA-Entwurf offiziell angenommen und der Entwurf Wisconsins entsprechend neu gefaßt wurde. Da das vorgeschlagene System des ehelichen Güterrechts zum großen Teil auf Grundsätzen der Gütergemeinschaft fußte, die bereits in dem einen oder anderen Staat mit Gütergemeinschaft in Kraft waren, konnte die Reform außerdem als eine mit konservativen Werten zu vereinbarende allmähliche Veränderung angesehen werden, da ein Viertel der amerikanischen Bevölkerung bereits nach Rechtsgrundsätzen der Gütergemeinschaft lebte und Wisconsin von der Praxis in den Staaten mit Gütergemeinschaft profitieren konn-

---

[30] Rep. Mary Lou Munts, eine Demokratin aus Madison, unterstützte schon früh im Unterhaus aktiv verschiedene Gesetzesvorlagen zur Reform der Gütergemeinschaft.

te. Fünftens gab es hier, wie das auch in anderen Bereichen der Gesetzgebung der Fall ist, eigenartige, aber hilfreiche Verbündete, die diese Reform unterstützten. Dazu zählten verschiedene einflußreiche Gruppen von Kreditgebern, die geschäftliche Vorteile witterten, wenn mehr Frauen kreditwürdig wären. Sechstens wirkte die einflußreichste Gruppe, die in Opposition zu der Gesetzgebung stand — die Anwaltschaft — wenig überzeugend, da ihr Gegenvorschlag schlecht formuliert war und ihr Hauptargument, der Reformvorschlag würde den Anwälten eine Menge Arbeit liefern, mit großer Skepsis betrachtet wurde. Schließlich kann Wisconsin auf eine lange Geschichte als „Pionier" bei sozialen Gesetzgebungsvorhaben zurückblicken. Auf diese Tradition wurde während der öffentlichen Diskussion über das eheliche Güterrecht und der Gesetzgebungsdebatten oft ausdrücklich verwiesen.

Informierte Beobachter glauben, daß zumindest einige der oben angeführten Faktoren gegeben sein müssen, bevor der Erlaß einer ähnlich Gesetzgebung anderswo aussichtsreich sein kann. Die beiden Schlüsselfaktoren, die der Reform in Wisconsin zum Erfolg verhalfen, waren nach Ansicht dieser Beobachter die organisierte Frauenwählerschaft und die aus beiden Parteien kommende Unterstützung durch politisch einflußreiche und angesehene Abgeordnete beiderlei Geschlechts.

VII. Schlußbemerkung

Die erfolgreiche Reform des Ehegüterrechts in Wisconsin stellt ein lehrreiches Beispiel für das Studium von rechtlichen Ausschließungen dar. Obwohl das Ehegüterrecht des common law geschlechtsneutral zu sein scheint, wurden und werden in seiner vergangenen und gegenwärtigen Anwendung die Ehefrauen benachteiligt, die nicht über ein Einkommen verfügen, das in etwa dem des anderen Ehegatten während der gesamten Zeit ihrer Ehe entspricht. Dieser gesetzliche (und wirtschaftliche) Ausschluß wurde in Wisconsin durch die Einführung der Gütergemeinschaft aufgehoben, aber erst nach der Beseitigung vieler weiterer Formen geschlechtsbedingter gesetzlicher Diskriminierung oder Ausschließung.

Politisch erfahrene Frauengruppen, Anwältinnen und weibliche Abgeordnete waren zusammen mit einigen einflußreichen männlichen Helfern in der Lage, in Wisconsin erfolgreich zu handeln und seit langer Zeit etablierte Grundsätze des Vermögensrechts, die im allgemeinen die Männer begünstigten, zu verändern. Die entscheidenden Argumente waren: (1) das geltende Vermögensrecht des common law sei ungerecht, denn es führe nicht dazu, die Beiträge beider Ehegatten während der Ehe und im Todesfall anzuerkennen; (2) die gemeinsame Teilhabe am ehelichen Vermögen („unseres“ im Gegensatz zu „seinem“ und „ihrem“) würde dem Rechtsdenken vieler Verheirateter besser entsprechen; (3) das neue System sei in Staaten mit Gütergemeinschaft und bei der Scheidung in Staaten mit common law bereits in Kraft und stelle daher keine signifikante Abweichung von „Bekanntem“ dar.

In anderen Fällen gesetzlich schlechter gestellter Personengruppen mag sich das Beispiel der Reform des Ehegüterrechts in Wisconsin als Vorbild anbieten. Besonders bemerkenswert ist die kumulative Natur dieser Reform, die sich erfolgreich an früheren Reformen anschloß, wie die Ausweitung des Wahlrechtes auf Frauen, die Berechtigung, ein öffentliches Amt zu bekleiden, den Anwaltsberuf auszuüben und den Anspruch auf einen gleichberechtigten Anteil am ehelichen Vermögen bei der Scheidung.

DIE VERWEIGERUNG SOZIALER KOOPERATION ALS RECHTSPROBLEM

Zu den Rechtsinstituten Ostrachismus und Boykott

Von Manfred Rehbinder*

I. Ausschluß und Meidung als Gegenstand von Freiheitsrechten

Einem Europäer erscheint das Interesse an Ostrachismus und seine Wahl zum Thema der zweiten Monterey Dunes Conference nicht ohne Bezug zur aktuellen Situation der Vereinigten Staaten. Nach 200 Jahren USA ist das Selbstverständnis der Nation als melting pot, so scheint es, in weiten Teilen dieser Gesellschaft endgültig zu Grabe getragen. Statt Streben nach Integration um (fast) jeden Preis, sichtbar an Schulbussen voller Negerkinder auf dem Wege zu den Schulen in den Wohngebieten der Weißen oder sichtbar an Gerichtsverfahren zur Erzwingung der Aufnahme von Juden in den örtlichen Golfclub, werden die Forderungen nach Demokratisierung aller Lebensbereiche jetzt auf Forderungen nach ökonomischer Chancengerechtigkeit reduziert. Statt Schmelztiegel also das friedliche Nebeneinander, eng verknüpft mit dem nostalgischen: small is beautiful und dem Leitbild einer — vorwiegend ökonomischen — deregulation. Diese Welle eines neokonservativen Umdenkens unserer Demokratievorstellungen, die hier in Kalifornien ideologisch wie politisch ihren neuesten Ausgangspunkt hatte, ist seit längerem auch in Europa angekommen. So wurde in der Bundesrepublik Deutschland für den politischen Wahlkampf der Slogan „Mehr Demokratie oder mehr Freiheit?“ geprägt, und zwar von Leuten, die mehr Freiheit wollten, die sich also von den gesellschaftspolitischen Wertsetzungen der demokratischen Mehrheit befreien wollten. Ihr Ziel ist der Rückzug des Staates aus der Gestaltung der Gesellschaft und die Wiederherstellung der Privatautonomie als der Rechtsetzungsfreiheit der einzelnen und der Verbände.

Der Abbau der gesamtgesellschaftlichen Regulierung auf ein Minimum und der Rückzug auf die Selbstbestimmung kleinerer sozialer Einheiten ist ein Vorgang sozialer Desintegration. Dieser Vorgang ist ebenso in der menschlichen Natur begründet wie der Vorgang der sozialen

* Professor an der Fakultät für Rechts- und Staatswissenschaften der Universität Zürich.

Integration. Zwar ist der Mensch ein zoon politikon. Doch hat er seinen Rückzug in das Private und die Verweigerung sozialer Beziehungen als Grund- und Menschenrecht ausgestaltet. My home is my castle trägt der Tatsache Rechnung, daß der Mensch ein Grundbedürfnis hat, alleingelassen zu werden, und daß es Menschen gibt, die „einander nicht riechen können". Sich zu rechtfertigen, warum man mit dem einen soziale Beziehungen aufnimmt, mit dem anderen hingegen nicht, ist häufig rational gar nicht möglich. Auch wer aus der Gemeinschaft ausgeschlossen wird, wie dies von Franz Kafka in der im Vorwort[1] wiedergegebenen Geschichte geschildert wird, wird auf seine Frage: Warum? keine oder nicht die wahre Begründung erhalten, außer vielleicht einem Hinweis auf das Selbstbestimmungsrecht der Gemeinschaft.

Gesellschaft ist dann für den einzelnen, der hier im Namen des Selbstbestimmungsrechts der Gemeinschaft zurückgewiesen wird, nicht nur eine „ärgerliche Tatsache", wie Ralf Dahrendorf in seinem Homo sociologicus schreibt[2], sondern vor allem auch eine grausame Tatsache. Jede Rechtsordnung muß sich daher darüber äußern, wo die Grenze der Privatautonomie als Freiheitsrecht verläuft, in deren Schutzbereich man soziale Beziehungen ohne Angabe von Gründen verweigern oder beenden kann, und wo die Pflicht zur sozialen Kooperation beginnt. Ausschluß und Meidung sind jedoch als Rechtsprobleme zu umfangreich, als daß sie hier in einem einzelnen Kongreßbeitrag umfassend behandelt werden könnten. Ich beschränke mich daher im folgenden auf die nähere Untersuchung zweier Rechtsinstitute, nämlich auf den Ostrachismus als rechtlich geregelte und damit begrenzte Form des sozialen Ausschlusses und auf den Boykott als rechtlich geregelte und damit begrenzte Form der sozialen Meidung.

II. Ostrachismus als Begrenzung der Mehrheitsherrschaft in der attischen Demokratie durch Ausschluß des unterlegenen Parteiführers aus dem Staatsverband

Freiheit lebt vom Spannungsverhältnis zwischen Integration und Desintegration[3]; denn sie setzt soziale Sicherheit voraus, die nur durch eine gewisse soziale Integration gewährleistet ist, und sie zeigt sich am Handlungsspielraum, den das Gesellschaftsintegrat dem einzelnen für Abweichungen läßt. Nicht jede soziale Integration hat aber ihren Sinn im Sicherheitsbedürfnis. Oft ist — wie Kafka zeigt — ein Sinn gar nicht auszumachen. Dieser liegt vielmehr allein im Ausschluß anderer. Das

[1] Siehe oben S. 7.

[2] Ralf Dahrendorf: Homo sociologicus, 12. Aufl., Opladen 1973, S. 17.

[3] Vgl. M. Rehbinder: Rechtssoziologie, 1977, S. 152.

Wir-Gefühl, die „groupness of a group"[4] besteht wesentlich aus dem Ausschluß anderer, ein Umstand, den sich Politiker aller Länder und Zeiten seit jeher zunutze zu machen verstanden haben. Die heute oft gebrauchte Bezeichnung für den Ausschluß aus der Gruppe, Ostrachismus, ist auch die Bezeichnung eines politischen Kampfmittels, und zwar eines Rechtsinstituts der attischen Demokratie.

Dieses Rechtsinstitut wurde im Jahre 496 v. Chr. unter Kleisthenes durch Gesetz in Athen eingeführt[5] und diente als Mittel zur Bereinigung parteipolitischer Konflikte. Anders als bei der Ächtung oder Friedloslegung (Atimia) handelte es sich hier nicht um eine Sanktion für schwerwiegende Straftaten, sondern um eine zeitlich begrenzte (meist 10 Jahre dauernde) „Entfernung eines Menschen, dessen Anwesenheit im Staat für politisch gefährlich oder unerwünscht gehalten wurde"[6]. Sie brachte dem Betroffenen keine Schande, „sondern eher noch Ehre"[7]. Er behielt sein Vermögen, und nach seiner Rückkehr war sein persönlicher Status unversehrt[8]. Jährlich wurde den Stimmbürgern in einer Vorabstimmung die Frage nach einer Hauptabstimmung (Ostrakophorie) gestellt. Wurde diese bejaht, mußten an der drei Wochen später durchgeführten Hauptabstimmung mindestens 6000 der gegen 40 000 Stimmberechtigten teilnehmen und den Namen eines zu verbannenden Parteiführers auf eine Tonscherbe ritzen (daher der Name Ostrachismus = Scherbengericht). Es gab weder Anklage noch die Möglichkeit der Verteidigung oder der Berufung. Auch war die Abstimmung nicht geheim. Zweck des Verfahrens war entgegen verbreiteter Auffassung nicht die Verhinderung der Alleinherrschaft durch hervorragende Staatsmänner, also ein Selbstschutz der Demokratie gegen die Tyrannis, sondern — wie die Ostrakisierung des Thukydides zeigt — die Wahl zwischen zwei Parteiführern und ihrer Politik. Die frühe Demokratie konnte noch nicht das ständige Wirken von Oppositionsparteien ins politische Geschehen integrieren und löste den Parteienkampf durch Verbannung des Führers der Opposition[9]. Durch die Beschränkung auf die Verbannung des Führers wurde eine an sich mögliche weitergehende Unterdrückung der unterlegenen Partei verhindert[10]. Als man mit dem Erstarken der Demokratie lernte, den Parteienkampf ohne das

[4] Karl N. Llewellyn: Jurisprudence, Chicago 1962, S. 357.

[5] Karl Lugebil: Über Wesen und die historische Bedeutung des Ostrakismos in Athen, Jahrbücher für classische Philologie Supplementbd. 4, München 1860, S. 119 - 175, 169.

[6] Paulys Realencyclopädie der classischen Altertumswissenschaft, Stuttgart 1942, S. 1674.

[7] Lugebil (N. 5) S. 133.

[8] Siehe auch den Beitrag von Zippelius mit Nachweisen.

[9] Lugebil (N. 5) S. 154, 158 ff.

[10] Lugebil ebd. S. 160.

Mittel der Verbannung zu lösen, kam das Verfahren daher, etwa seit 418/417 v. Chr., außer Anwendung[11].

Macht man sich klar, daß der Ostrachismus als ehrenvolle Maßnahme eines parteipolitischen Kampfes in den Frühzeiten der Demokratie von Anfang an neben der Atimia als der ächtenden Kriminalstrafe wegen schwerer Verstöße gegen die Rechtsordnung gestanden hat, so wird deutlich, daß es unglücklich ist, den Ausdruck Ostrachismus auf jedwede heutige Formen gesellschaftlichen Ausschlusses zu verwenden. Ausschließlich Betroffene waren damals hohe Parteiführer, die während bestimmter Zeit ihre Bürgerrechte verloren. Ein ehrenvoller Ausschluß aus dem Staatsverband auf Zeit kommt jetzt nicht mehr vor. Zwar pflegen heute noch totalitäre Staaten gewisse Staatsbürger auszuschließen, aber nur als Sanktion diesen vorgeworfener krimineller Handlungen. Es scheint mir auch wenig sinnvoll, den Ausdruck Ostrachismus in einem neuen, erweiterten Begriffsverständnis zu verwenden. Einmal, weil die wirkliche Bedeutung als Scherbengericht mangels griechischer Sprachkenntnisse ohnehin kaum jemandem bekannt sein dürfte und sich verständlichere Ausdrücke finden lassen, und zum anderen, weil man angesichts eines fest umrissenen Bedeutungsgehalts dieses Begriffs als eines Instituts der Rechtsgeschichte stets hinzufügen müßte „im weiteren Sinne" oder „im jetzigen Vertändnis", was unnötig kompliziert ist. Ich plädiere daher dafür, das Wort „Ostrachismus" nur noch zu verwenden, wenn es um die „Verurteilung einer Politik" geht, z. B. wenn eine Partei nach einer Wahlniederlage oder ein sonstiger Verband in Zeiten des Überdenkens seiner Verbandspolitik „Gericht hält".

III. Boykott als Konfliktaustragung durch Meidung seitens Dritter

Im Gegensatz zum Ostrachismus ist der Boykott als rechtlich geregeltes Kampfmittel in Europa nie Gegenstand eines Gesetzes gewesen, sondern bis heute nur Gegenstand des Richterrechts. Auch läßt sich lediglich seine Bezeichnung historisch genau bestimmen, seine Erscheinungsformen sind bereits früher nachweisbar. Die Bezeichnung geht auf den englischen Gutsverwalter Charles Boycott zurück, den die irische Landliga wegen seiner unmenschlichen Härte gegen irische Kleinpächter im Jahre 1879 zur Auswanderung zwang, indem sie durch Aufrufe bewirkte, daß dieser weder Waren noch Arbeitskräfte erhielt und jeder gesellschaftliche Verkehr mit ihm abgebrochen wurde[12]. Erscheinungsformen des Boykotts finden sich aber bereits bei den mittelalterlichen Zünften, die mißliebige Mitglieder durch die Aufnahme in sog. schwarze

[11] Zippelius (N. 8) mit Nachweisen.

[12] Umfassend dazu Alfred Juda: Der Boykott, Diss. Breslau 1928, S. 1 ff.

Listen von der Möglichkeit der Arbeitsaufnahme bei anderen Zunftmitgliedern ausschlossen und in denen Gruppen von Gesellen eine derartige Form der Ächtung als Druckmittel benutzten, um von ihren Meistern günstigere Arbeitsbedingungen zu erkämpfen[13]. Es handelt sich hier um frühe Formen des Arbeitskampfes.

Die realen Erscheinungsformen des Boykotts lassen sich danach unterscheiden, wo die Boykottmaßnahmen Druck ausüben, ob auf dem Arbeitsmarkt und damit auf die Binnenbeziehungen zwischen den Kampfgegnern (Entzug von Arbeitskräften, Einstellungssperre) oder auf dem Markt für Güter und Dienstleistungen und damit auf die Außenkontakte des Gegners (Absatzsperre, Kundensperre)[14]. Geht es um die Binnenbeziehungen der Kampfgegner, so besteht der Druck im Entzug von Arbeitskräften oder umgekehrt in der Verweigerung der Einstellung gewisser Arbeitnehmer. Der Entzug von Arbeitskräften geschieht durch die Verhinderung des Abschlusses neuer Arbeitsverträge (Zuzugssperre) oder durch Einwirkung auf die bisherigen Arbeitnehmer, ihre Arbeitsverhältnisse endgültig[15] zu beenden. Die Zuzugssperre als Absperrung des boykottierten Arbeitgebers vom Arbeitsmarkt ist meist eine begleitende Maßnahme des Streiks, weil ein Streik leicht zusammenbricht, wenn der Arbeitgeber den Betrieb mit anderen Arbeitskräften fortsetzen kann. Die Einstellungssperre als Kampfmittel der Arbeitgeberseite geschieht mit Hilfe von schwarzen Listen oder der Kennzeichnung der Entlassungspapiere und diente insbesondere in den Anfängen der Gewerkschaftsbewegung dazu, Arbeiterführer oder gewerkschaftlich organisierte Arbeitnehmer, die Entlohnung nach Tarifvertrag verlangten, von jeder Tätigkeit auszuschließen. Kollektive Kampfmaßnahmen dieser Art liegen aber auch vor, wenn ein Arbeitgeberverband beschließt, daß Arbeitnehmer, die bei Verbandsmitgliedern unter bestimmten Umständen ausgeschieden sind, nicht von anderen Verbandsmitgliedern eingestellt werden dürfen, oder wenn ein Arbeitgeberverband oder ein einzelner Arbeitgeber in Rundschreiben vor der Einstellung bestimmter Arbeitnehmer warnt. Auch durch den planmäßigen Einsatz von „Büros für Personalinformation", wie sie gegenwärtig in der Schweiz arbeiten, kann es zu Boykottmaßnahmen in Form einer Einstellungssperre kommen. Ferner gehört zu den Fällen einer Einwirkung auf die Binnenbeziehungen die Verdrängung des Arbeitnehmers vom Arbeitsplatz infolge von Auseinandersetzungen innerhalb der Ar-

[13] Max v. Heckel: Der Boykott, in Jahrbuch für Nationalökonomie, 3. F. Bd. X, 1895, S. 481, 482 ff.

[14] Zum folgenden Gerhard Binkert: Gewerkschaftliche Boykottmaßnahmen im System des Arbeitskampfrechts, Berlin 1981, S. 24 - 26.

[15] Ist eine spätere Wiederaufnahme der Arbeitsverhältnisse beabsichtigt, so liegt Streik vor.

beitnehmerseite. Hier wird auf den Arbeitgeber Druck ausgeübt, bestimmte Arbeitnehmer zu entlassen, oft aus organisationspolitischen Gründen (Errichtung eines closed shop). Sollen die Boykottmaßnahmen hingegen den Gegner in seinen Außenbeziehungen treffen, d. h. auf dem Markt für Güter oder Dienstleistungen, dann werden Dritte dazu aufgerufen, mit dem Boykottgegner keine Geschäftsbeziehungen einzugehen, sei es durch Kaufenthaltung auf dem Gütermarkt (sog. Käuferstreik) oder durch Kooperationsverweigerung im Dienstleistungsbereich. Auch hier handelt es sich in der Regel um begleitende Kampfmaßnahmen. Sie sind nur dann wirksam, wenn es gelingt, breitere Konsumentenkreise für die Kampfziele der Boykottveranstalter zu solidarisieren.

Typisch für den Boykott sind demnach zwei Merkmale: Die Konfliktaustragung durch Willensbeugung und die Einschaltung Dritter in das Kampfgeschehen[16]. Der Boykott ist eine Kampfmaßnahme, die sich gegen das wirtschaftliche Verhalten des Gegners richtet[17]; denn Kampfmittel ist der Aufruf zum Abbruch oder zur Nichtaufnahme wirtschaftlich relevanter Beziehungen. Der zugrunde liegende Interessenkonflikt kann hingegen anderer als wirtschaftlicher Natur sein, z. B. politischer oder religiöser[18]. Mit Hilfe der Boykottmaßnahmen soll der Gegner zum Nachgeben im Sinne der mit dem Boykott erstrebten Ziele veranlaßt werden. Eine Schädigungsabsicht gegenüber dem Boykottierten ist hingegen nicht erforderlich, da ein Nachgeben auch ohne Eintritt eines Schadens allein aufgrund der Boykottaufforderung möglich und für die Zwecke des Boykottveranstalters auch ausreichend ist.

Umstritten ist hingegen, ob der Boykott als Kampfmaßnahme durch einen Boykottaufruf an Dritte gekennzeichnet ist, so daß es sich beim Boykott um ein Drei-Parteien-Verhältnis handelt, oder ob es ausreicht, daß sich das Boykottgeschehen allein zwischen den Boykottgegnern abspielt[19]. Der allgemeine Sprachgebrauch verwendet die Bezeichnung Boykott auch dann, wenn keine Dritten beteiligt sind, z. B. wenn bestimmte Inserenten gewisse Presseorgane meiden (Inseratenboykott) oder die Wähler die Urne (Wahlboykott). Es wird aber auch die Bezeichnung Streik nach dem Sprachgebrauch auf Erscheinungen angewandt, die nichts mit dem Streik als Rechtsinstitut zu tun haben, wie beim erwähnten Käuferstreik, beim Tankstellenstreik, Hungerstreik, Steuerstreik, Vorlesungsstreik oder Mieterstreik. Denn nicht jede kol-

---

[16] Zum folgenden siehe Binkert (N. 14) S. 29 - 34.

[17] Es kommen auch sog. gesellschaftliche Boykotte mit dem Ziele der Verhinderung sozialen Kontakts des Boyottierten vor, doch sind diese nicht Gegenstand rechtlicher Beurteilung.

[18] Beispiele dafür aus der deutschen Rechtsprechung der Blinkfüer-Fall (BGH NJW 64, 29) oder der Constanze-Fall (BGHZ 3, 270).

[19] Siehe die Nachweise bei Binkert (N. 14) S. 30.

lektive Leistungsverweigerung ist Streik im Rechtssinne, sondern nur eine solche auf dem Gebiete des Arbeitsrechts[20]. Ebenso ist der Boykott ein über die Ausübung der Privatautonomie hinausreichender Gegenstand rechtlicher Überlegungen, weil er durch die Boykottaufforderung oder Verrufserklärung das Eingreifen Dritter in das Kampfgeschehen veranlaßt. Deshalb wird von der herrschenden Meinung in der Bundesrepublik das Hinzutreten Dritter als spezifisches Boykottmerkmal angesehen. Dabei muß es sich um einen unabhängigen, autonomen Dritten handeln. Verrufer und Adressat der Verrufserklärung dürfen also keine rechtliche oder wirtschaftliche Einheit sein wie etwa Konzernmutter und Tochtergesellschaft[21]. Bei Vertragsverhältnissen mit Weisungsbefugnis kommt es darauf an, ob der konkrete Boykottaufruf durch die Weisungsbefugnis gedeckt ist. Wenn ein Arbeitgeber seine Arbeitnehmer zum Boykott bestimmter Geschäftsbetriebe aufruft, handelt es sich bei diesen gleichwohl noch um autonome Dritte. Schließlich ist Voraussetzung, daß der Adressat des Boykottaufrufs die Sperre oder Abkehr vom Boykottgegner aufgrund der Willensbeeinflussung durch den Boykottaufruf vornehmen soll und nicht aus davon unabhängigen Motiven (Kausalitätsvorstellung).

Boykott ist also ein Interessenkampf, in dem „ein sozialer Konflikt durch wirtschaftliche Kampfmaßnahmen mit dem Ziel ausgetragen wird, den Gegner zu einem bestimmten Verhalten zu bestimmen, (indem) ... auf den Willen autonomer Dritter ... dahingehend eingewirkt wird, daß diese den Kampfgegner meiden, ihn also sperren oder sich von ihm abkehren“[22]. Boykott als Rechtserscheinung bedeutet demnach die Einbeziehung Dritter. Das amerikanische Arbeitsrecht stellt dies klar, indem es stets von secondary boycott spricht, ohne den Begriff primary boycott zu verwenden[23]. Es würde zu weit führen, hier im einzelnen darzulegen, wie die Rechtsordnung den Boykott jeweils bewertet: Wann sie ihn für eine zulässige Ausübung der Privatautonomie und wann sie ihn für einen unzulässigen Eingriff in Rechtspositionen des Boykottierten hält. Ich möchte hier nur dafür plädieren, den Ausdruck Boykott ausschließlich für solche Fälle von Ausschluß oder Meidung zu verwenden, in denen unabhängige Dritte in den Interessenkonflikt eingeschaltet werden. Der aus der Gemeinschaft ausgeschlossene Sechste bei Kafka ist also weder ein Opfer von Ostrachismus noch ein Opfer

---

[20] Vgl. M. Rehbinder: Formen des Arbeitskampfes, in Ekonomi / Rehbinder: Recht und Arbeitskampf, Bern 1980, S. 16.

[21] Siehe BGHZ 19, 72 (77).

[22] Binkert (N. 14) S. 34.

[23] Siehe Douglas L. Leslie: Labor Law in a Nutshell, St. Paul (Minn.) 1979, S. 125 ff. Definition: forcing or requiring one person to cease doing business or handling the products of another.

von Boykott, wohl aber ein Opfer einer willkürlichen, jedoch durch ein Freiheitsrecht der anderen Fünf rechtlich abgesicherten und damit zulässigen Verweigerung sozialer Kooperation.

SOZIALER UND POLITISCHER AUSSCHLUSS: EIN MODIFIZIERTES GEGENSTÜCK ZU BÜRGERLICHEN RECHTEN UND FREIHEITEN IN ENTWICKLUNGSGESCHICHTLICHER SICHT

Von Fred Kort*

In Anbetracht der Tatsache, daß Evolution sich sowohl im Verhalten als auch in der Morphologie zeigt, müssen auch die biologischen Grundlagen von sozialem und politischem Ausschluß untersucht werden. Im folgenden wird dieser Ausschluß im wörtlichen Sinne als erzwungene Trennung von Personen von der Gemeinschaft, in der sie leben, verstanden, und auch im übertragenen Sinne als Ausschluß, der von der Verweigerung bürgerlicher Rechte und Freiheiten auf den Gebieten der Religion, der Rede, der Presse und der Versammlung bis zum systematischen Völkermord reicht. In dieser Beziehung muß ein solcher Ausschluß daher als ein Gegensatz zu bürgerlichen Rechten und Freiheiten angesehen werden. Er ist jedoch ein modifizierter Gegensatz, weil er in manchen Beziehungen, wie z. B. bei der Anwendung des Strafrechts, ganz andere und eigentlich gegenteilige Konsequenzen hat als bei der Verweigerung von bürgerlichen Rechten und Freiheiten. Diese begriffliche Doppeldeutigkeit soll nicht als Zwiespalt, sondern als Ausdruck verschiedener Erscheinungsformen eines einheitlichen Vorganges aufgefaßt werden, mit einem kritischen Punkt, an dem sich der Vorgang von einem für das Rechtssystem funktionalen zu einem dysfunktionalen wandelt.

Im Gegensatz zu Behauptungen, die von den Gegnern der Verhaltenswissenschaften kommen, muß betont werden, daß eine evolutionäre Erklärung menschlichen Verhaltens nicht dazu verpflichtet, sich auf ein bestimmtes genetisches Modell festzulegen. Natürlich gehören genetische Erwägungen zur Studie evolutionärer Vorgänge, zumal als aus Darwinscher Theorie und Mendelscher Genetik die sog. moderne Synthese geworden ist. Wenn man einen individuellen Organismus analysiert, ist die zentrale Frage: Welche genetischen Kombinationen und Mutationen bewirkten die evolutionär anpassenden Formgebungen und Veränderungen im zentralen Nervensystem der untersuchten Art? Mit Bezug auf den sozialen und politischen Ausschluß deutet Masters diese Frage in diesem Buch an, wo er von biologischen Korrelaten der unterschied-

---

* Professor für Politische Wissenschaften an der University of Connecticut, Storrs (Conn.).

lichen Arten sozialer Teilnahme entweder in der Struktur oder in der Chemie des Gehirns spricht. Gruter macht eine ähnliche Bemerkung in diesem Buch, wenn sie eine Korrelation zwischen der Grundlage für ein Glücksgefühl, das zum Gerechtigkeitsgefühl führt, und der Wirksamkeit von Gesetzen vermutet.

Ein evolutionäres Verständnis menschlichen Verhaltens, zu dem natürlich auch der soziale und politische Ausschluß gehört, muß in Betracht ziehen, daß im Hinblick auf körperliche Entwicklung und Verhalten *Homo sapiens* sich zumindest in dreißigtausend Jahren nicht wesentlich verändert hat. Dies ist eine wichtige Grundlage für die Forschung, obwohl die Theorie von Lumsden und Wilson, daß genetische Veränderungen mit bedeutenden Konsequenzen für die Evolution des Verhaltens schon in tausend Jahren vorkommen können, beachtet werden muß[1]. Im Zeitraum der Evolution von *Homo erectus* zu *Homo sapiens*, der länger als eine Million Jahre dauerte und in dem die Menschen Jäger und Sammler waren, vergrößerte sich das menschliche Gehirn ungefähr von 850 auf 1400 Kubikzentimeter. In unserer technisch fortgeschrittenen und hochindustrialisierten Epoche hat *Homo* also dieselbe Gehirnstruktur, die evolutionär zur face-to-face-Gesellschaft von Jägern und Sammlern gehört. Was sind die Konsequenzen dieser Entwicklungsgeschichte für das menschliche Verhalten im allgemeinen und den sozialen und politischen Ausschluß im besonderen?

Die evolutionäre Perspektive weist darauf hin, daß sozialer und politischer Ausschluß positive oder „funktionale“ Konsequenzen für das Leben des einzelnen in Kleingruppen haben kann. Gruters Bemerkung, daß bestimmte Verhaltensweisen dem evolutionären Weiterbestand dienen können, deutet auf diesen Zusammenhang. Die heutige Forschung betont jedoch den grundlegenden Unterschied zwischen Anpassungen, die dem Fortpflanzungserfolg von Personen und ihrer Verwandten dienen, und der „Anpassung“ oder dem „Weiterbestand“ eines ganzen sozialen Systems[2]. Im allgemeinen begünstigt die natürliche Auslese eine Anpassung mit Bezug auf das Individuum. Nur wenn man das strittige Modell einer Gruppenselektion zugrunde legt, kann man von der Überlebensfunktion für eine ganze moderne Zivilisation oder für ein Rechtssystem sprechen. Ein individuelles Merkmal, das sich in menschlicher Evolution entwickelt hat, kann daher Konsequenzen für den Weiterbestand einer Kultur oder eines Rechtssystems haben, die „dysfunktional“ sind — ein soziologischer Begriff, der die Verwechslung von „biologischer Anpassung“ mit „kulturellem Weiterbestand“ vermeidet. Z. B. könnte die Meidung von Andy Yoder, über die Gruter berichtet, ein

[1] Ch. J. Lumsden / E. O. Wilson: Genes, mind, and culture, Cambridge 1981.

[2] R. Alexander: Darwinism and human affairs, Seattle 1979.

Verhalten gewesen sein, das für eine Gemeinschaft von Jägern und Sammlern funktional war, das aber die Lebensdauer der Teilnehmer an dieser Meidung, nämlich Bischof Helmuth und Prediger Nisley, nicht förderte und vielleicht sogar die traditionellen Normen der Amish-Kirche schwächte.

Wie andere Autoren dieses Buches zeigen, ist gesellschaftlicher Ausschluß oft ein Mechanismus sozialer Kontrolle, der zur Aufrechterhaltung der Kultur oder des Rechtssystems beitragen kann. Kann aber dieser Ausschluß auch dysfunktional für ein soziales oder politisches System sein? Sind Erscheinungsformen dieses Ausschlusses funktional oder dysfunktional für moderne Rechtssysteme gewesen? Falls beides der Fall gewesen ist, besteht dieses Institut aus verschiedenen, trennbaren Vorgängen oder ist es eine Einheit, die sich auf einem Kontinuum der Erscheinungsformen von einem positiven zu einem negativen Einfluß auf die Kultur verändert? Die folgende Darstellung wendet sich diesen Fragen zu, indem sie zunächst den sozialen und politischen Ausschluß begrifflich zu erfassen sucht und dann den Einfluß dieses Ausschlusses auf den Weiterbestand organisierter menschlicher Gesellschaften diskutiert.

I. Begriffsbestimmung des sozialen und politischen Ausschlusses

Unter den verschiedenen Anschauungen über sozialen und politischen Ausschluß, die in diesem Buch vertreten werden, ist die Begriffsbestimmung von Masters, der den Ausschluß als erzwungene Trennung einzelner Personen von der Gemeinschaft definiert. Dieser Begriff enthält verschiedene Arten von Ausschluß. Im wörtlichen Sinne bezieht er sich auf die Vertreibung von Personen von der organisierten Gesellschaft, in der sie leben, oder auf die Schaffung von Lebensumständen, die derart unterdrückend sind, daß die Betroffenen von selbst auswandern. Im übertragenen Sinne kann die erzwungene Trennung noch viel ernstere Konseqenzen haben. Wenn Auswanderung aus dem Staat, der die unterdrückenden Umstände auferlegt hat, nicht möglich ist, dann kann man diesen Umständen nicht entfliehen, und diese Umstände können von der Verweigerung von Freiheiten auf den Gebieten der Religion, der Rede, der Presse und der Versammlung reichen bis zum systematischen Völkermord. Die Geschichte bietet viele Beispiele dieser Möglichkeiten. Man kann die Formen sozialen und politischen Ausschlusses theoretisch unterscheiden und ihre äußerste Steigerung in autoritäretatistischen Staaten und ihre Herabsetzung auf ein Minimum in demokratisch-individualistischen Staaten erkennen.

Auf diesem Hintergrund kann sozialer und politischer Ausschluß als das Gegenstück zu bürgerlichen Rechten und Freiheiten gesehen werden. So wie die Zunahme solcher Rechte und Freiheiten einen zunehmenden Einschluß von Personen in die Tätigkeiten der betreffenden Gemeinschaft und die Zuteilung von Status anzeigt, weist eine Intensivierung von sozialem und politischem Ausschluß auf eine Verweigerung von gesellschaftlicher Teilnahme und von gesellschaftlicher Stellung hin. Der Grad des Ausschlusses hängt von der jeweiligen Bedeutung der Beschränkungen der bürgerlichen Rechte und Freiheiten ab. Die Verweigerung von Freiheiten der Rede, Presse und Versammlung wird von vielen ertragen, solange nur die ökonomischen Umstände günstig sind. Beeinträchtigungen der Religionsfreiheit sind im allgemeinen weniger annehmbar und haben die Betroffenen schnell zur Auswanderung bewogen, wenn diese Möglichkeit gegeben war. Die Abschaffung von Rechten im Gerichtsverfahren führt leicht über die Verweigerung eines fairen Prozesses hinaus zur Vernichtung ganzer Bevölkerungsteile. Dies führte Richter Frankfurter zu dem Ausspruch: „Die Geschichte der Freiheit in den USA ist nicht zum geringsten Teil die Geschichte des Prozeßrechts[3]."

Äußerungen moralischer Entrüstung über die Verweigerung der Grundrechte sind weithin bekannt. Doch abgesehen von der evolutionären Grundlage, die diese moralischen Argumente haben mögen, ist es denkbar, daß diese Rechte und Freiheiten auch den Fortbestand des Justizwesens begünstigen[4]. Dieser Zusammenhang wird einsichtig, wenn man bedenkt, wie stark das menschliche Gefühl auf die Verweigerung von Bürgerrechten reagiert. Zu einem großen Teil befaßt sich die Geschichte der Neuzeit mit dem Begriff der „Freiheit". Sogar autokratische Regierungen behaupten, daß sie Freiheit respektierten. Revolutionen werden damit gerechtfertigt, daß die Freiheitsrechte verweigert würden.

Man muß sich nicht auf das analytische Modell von Trivers[5] über altruistische und nicht-altruistische Gene abstützen (obwohl dieses Modell sich vielleicht als theoretische Grundlage von größter Bedeutung herausstellen wird), um den Schluß zu ziehen, daß gegenseitiger Altruismus im biologischen Sinne das Ergebnis morphologisch abhängiger Evolution des Verhaltens ist. Dieser Vorgang kann auch in einer allgemeineren evolutionären Perspektive dahin gedeutet werden, daß der Druck der natürlichen Auslese eine Entwicklung des zentralen Nervensystems begünstigt hat, die es zur Zusammenarbeit befähigte, welche *Homo* zum

[3] Malinski v. New York, 324 U.S. 401, 414 (1945).

[4] F. Kort: Considerations for a biological basis of civil rights and liberties, Journal of Social and Biological Structures 1985.

[5] R. L. Trivers: The evolution of reciprocal altruism, Quarterly Journal of Biology 46 (1971), 35 - 57.

evolutionären Weiterbestand benötigte. Es ist daher glaubhaft, daß gegenseitiger Altruismus im menschlichen Verhalten sich in der Epoche von mehr als einer Mio Jahre entwickelte, die wirtschaftlich durch die Jagd und das Sammeln von Gemüsen und Früchten bestimmt war und in der das menschliche Gehirn sich beträchtlich vergrößerte. Im Grunde genommen hat *Homo* heute noch das Gehirn, das sich damals entwickelte.

Bürgerliche Rechte und Freiheiten stellen in verfassungsmäßigen Demokratien institutionalisierten gegenseitigen Altruismus dar. Die Bürger respektieren die Rechte anderer Personen in der Erwartung, daß ihnen dieselben Rechte gewährt werden. Wenn diese Rechte und Freiheiten nicht eingehalten werden, ist ihre Betonung — zum Beispiel in Urteilen des Obersten Gerichts der Vereinigten Staaten — ein Tadel gegenüber Personen, die Vorteile in „nicht-altruistischer" Weise zu erlangen suchen, die nicht mit dem rechtlich abgesicherten System der Gegenseitigkeit vereinbar sind.

In diesem Sinne begünstigt die Beachtung von Rechten und Freiheiten die Wirksamkeit eines Rechtssystems, in welchem alle Bürger ihre Ansprüche und Rechte mit dem Weiterbestand des politischen Systems verbinden. Formeller Ausschluß gewisser Bürger vom Schutz der Gesetze und von politischer Teilnahme ist dysfunktional. Mit der Ausnahme von Situationen, in denen Personen den Weiterbestand des Staates bedrohen, wie z. B. äußere und innere „Feinde", ist ein solcher Ausschluß willkürlich und ungerechtfertigt. Wenn dieser Ausschluß durch die sozialkulturellen Normen der Gesellschaft nicht gerechtfertigt werden kann, zerstört er auf Dauer den sozialen Zusammenhang der Bevölkerung. Auf diese Weise bewirkte die Unvereinbarkeit der Rechte der Bürger der Kolonialmächte mit den Rechten der Bevölkerung der Kolonien die Revolutionsbewegungen, die zum Fall dieser Mächte führten.

Selbst wenn es scheint, daß die ideologische Rechtfertigung sozialen und politischen Ausschlusses von der Bevölkerung im allgemeinen akzeptiert wird, kann er gleichwohl schädliche Folgen für den Weiterbestand des betreffenden sozio-politischen Systems haben. In technisch und industriell entwickelten Staaten gibt es dafür verschiedene Beispiele. So die Zuflucht, die Künstler und Wissenschaftler von der Sowjetunion in anderen Ländern suchen, und die inländische Verbannung von Sakarov. Der entwicklungsgeschichtliche Sinn solcher Fälle ist, daß der Ausschluß, der für die meisten Gruppen von Primaten funktional war, in modernen Gesellschaftssystemen politisch dysfunktionale Folgen hat.

Es kann jedoch nicht behauptet werden, daß sozialer und politischer Ausschluß in allen seinen Formen das politische oder das Rechtssystem schädigt. In manchen Formen fördert ein solcher Ausschluß sogar im wörtlichen oder übertragenen Sinne den Weiterbestand einer organisierten Gesellschaft. Da gegenseitiger Altruismus nur dann erfolgreich sein kann, wenn Personen, die ihre gegenseitigen Verpflichtungen nicht erfüllen, unter Kontrolle gebracht werden können, ist ein psychologisches System für die Ermahnung und Bedrohung dieser Personen nach der sozial komplizierten Art des *Homo sapiens* notwendig. Trivers beschreibt diesen Vorgang als „moralistische Aggression"[6]. In dieser Beziehung ist gesetzliche Bestrafung, wie Einkerkerung, ein sozialer Ausschluß, der eine Form von „moralistischer Aggression" ist (so Masters in diesem Band). Auch in meinem Beispiel der Entscheidungen des Obersten Gerichts der Vereinigten Staaten in Sachen Bürgerrechte kann man solche „moralistische Aggression" sehen. In diesen Fällen richtet sich die „Aggression" an die, die das Verfassungsrecht nicht befolgt haben.

Bei einigen Arten sozialen Ausschlusses — wie z. B. im Griechenland der Antike (siehe Anawalt, Rehbinder und Zippelius in diesem Buch) — kann angenommen werden, daß weniger moralische Mißbilligung eine Rolle spielt als politischer Widerstand. Andere Fälle jedoch — wie z. B. der Ausschluß Andy Yoders aus der Amish-Kirche (siehe Gruter in diesem Buch) — zeigen deutlich „moralistische Aggression" gegen eine Person, die die Anordnungen der Gemeinschaft nicht befolgt hat. Da gegenseitige Verpflichtungen mehr als nur bürgerliche Rechte und Freiheiten betreffen, richtet sich „moralistische Aggression" auch gegen die Nichteinhaltung von „Rechten" der organisierten Gesellschaft als solcher.

Dies zeigt sich auch in der ständigen Debatte über die Rechte des Angeklagten im Strafprozeß. Wenn nicht genügend Zugeständnisse in Richtung Rechte des Angeklagten gemacht werden, dann sind im Prinzip auch die Grundrechte in anderen Fällen beeinträchtigt und unschuldige Personen können dem zum Opfer fallen. Das wäre ein Beispiel für sozialen und politischen Ausschluß, der dem Rechtssystem zum Nachteil wird. Wenn andererseits der Rechtsstellung des Angeklagten übermäßige Zugeständnisse gemacht werden, dann wird die Sicherheit der Gemeinschaft durch die mögliche Freisprechung einer Person gefährdet, die auch weiterhin anderen Personen Schaden zufügt. Moralische Erwägungen sind in beiden Fällen vorhanden, unterschiedlich beurteilt werden aber die Aussichten für den Weiterbestand des politischen Systems.

Das Dilemma bezüglich der Rechte des Angeklagten im Strafprozeß zeigt sich auch im Recht ganz allgemein. Am Anfang ihres Beitrags stellt Gruter die Fragen: „Hat ein Mensch das Recht auf soziale Teilhabe? Unter welchen Umständen kann er dieses Recht verlieren? Hat

[6] Ebd.

dieses Recht biologische Grenzen?“ Diese Fragen machen deutlich, daß nicht nur prozessuale Rechte, sondern auch materielle Rechte und Freiheiten Grenzen haben. Der Oberste Gerichtshof hat hier den „clear and present danger“-Test entwickelt. Doch ist die Notwendigkeit von Begrenzungen aller Rechte und Freiheiten zum Zweck des Fortbestandes der Gemeinschaft nirgends so eindrucksvoll formuliert worden wie zu Beginn der Herausarbeitung dieses Grundsatzes in der Urteilsbegründung von Richter Holmes im Falle *Schenck v. United States:* „Das weitgehendste Zugeständnis der Redefreiheit würde eine Person nicht berechtigen, in einem Theater ohne Begründung ‚Feuer‘ zu rufen und eine Panik zu verursachen ... Die Frage ist jeweils, ob die Worte unter Umständen und in einer Weise verwendet wurden, daß eine klare und gegenwärtige Gefahr herbeigeführt wurde[7].“

Nach allem ist die Verweigerung von bürgerlichen Rechten und Freiheiten ein sozialer und politischer Ausschluß, der widersprüchliche Wirkungen haben kann. Bürgerliche Rechte und Freiheiten können im modernen Verfassungsstaat eine funktionale Rolle spielen, und sozialer und politischer Ausschluß — besonders wenn er große oder mächtige Gruppen von Bürgern des rechtlichen Schutzes beraubt — kann für den Staat dysfunktional sein. Es kann jedoch auch behauptet werden, daß sozialer und politischer Ausschluß mit den Mitteln des Strafrechts und in Form einer Begrenzung von Rechten und Freiheiten im Interesse des Weiterbestandes des Gesellschaftssystems liegt. Diese doppelte Wirkungsmöglichkeit sollte nicht als Dichotomie begriffen werden; denn was auf den ersten Blick als unterschiedliche Formen des Ausschlusses erscheint, ist in Wahrheit eine Frage des unterschiedlichen Grades. Aus begrifflichen wie aus empirischen Gründen ist es daher angebracht, den Ausschluß als einen Vorgang zu begreifen, der verschiedene Formen auf einem einheitlichen Kontinuum aufweist, mit einem kritischen Punkt, an dem er für Staat und Recht von einem funktionalen zu einem dysfunktionalen Vorgang wird.

II. Ein Begriffsmodell

Die Wirkungen sozialen und politischen Ausschlusses auf den Weiterbestand von kulturellen und politischen Systemen sind also nicht einfach und selbsttätig. Mathematisch gedacht ist daher nicht zu erwarten, daß sie als eine lineare Gleichung und graphisch als eine Gerade dargestellt werden können. Richtiger wäre es, die entgegengesetzten sozialen Ergebnisse derartiger Verhaltensweisen in einer Gleichung zum Ausdruck zu bringen, in der dieselbe Variable Koeffizienten mit entgegengesetz-

[7] Schenck v. United States, 249 U.S. 47, 52 (1919).

ten Vorzeichen hat. Da andere Studien sozialer Vorgänge zu ähnlichen Ergebnissen führten[8], ist es instruktiv zu beschreiben, wie eine nichtlineare Gleichung die entgegengesetzten Konsequenzen sozialen und politischen Ausschlusses für den Weiterbestand eines politischen Systems darstellen kann.

Die passende Gleichung für diesen Zweck ist

$$Y = b_0 + b_1 X + b_2 X^2. \tag{1}$$

In dieser Gleichung bezieht Y sich auf die Aussichten für den Weiterbestand von Staaten und X auf den Grad sozialen und politischen Ausschlusses in diesen Staaten. Die Gleichung ist nichtlinear. Graphisch ist sie nicht als eine Gerade, sondern als eine Parabel zu erfassen, wie in Diagramm 1 dargestellt. Der Koeffizient b_0 bezieht sich auf den Durchschnitt der Parabel mit der Koordinate Y, wie auch aus Diagramm 1 ersehen werden kann.

Diagramm 1

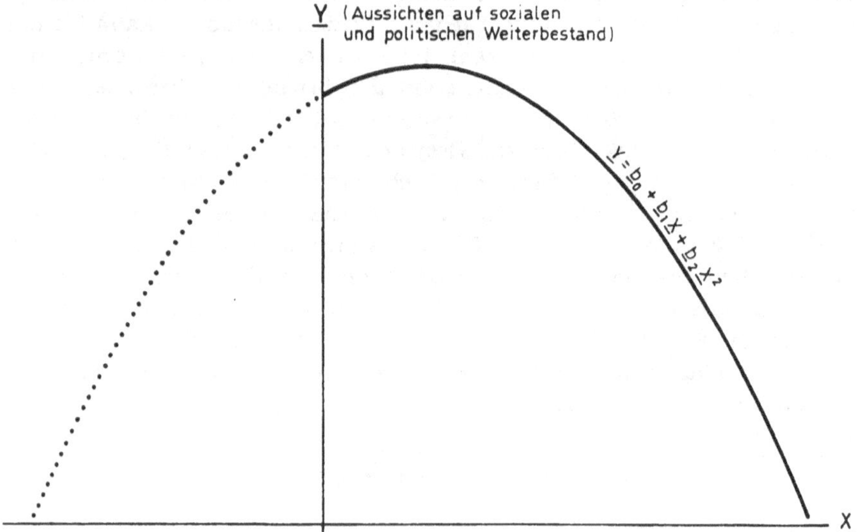

[8] S. S. Ulmer: The longitudinal behavior of Hugo Lafayette Black (1937 - 1971), Florida State University Law Review 1 (1973), 131 - 153; ders.: Dimensionality and change in judicial behavior, in James F. Herndon / Joseph L. Bernd: Mathematical applications in political science VII, Charlottesville 1974, 40 - 67; F. Kort: A special and a general multivariate theory of judicial decision, Beverley Hills 1977.

Die Koeffizienten b_1 und b_2 in Gleichung (1) haben besondere Bedeutung. Um zu erläutern, wie eine solche Gleichung anscheinend widersprechende Wirkungen eines Vorgangs darstellen kann, wollen wir eine Situation auf einem ganz anderen Gebiet menschlicher Beobachtungen betrachten, wo die Funktion in Form einer Parabel ebenfalls gegeben ist. Wir wollen uns vorstellen, daß ein Baseballspieler A einen Ball wirft, der eine Wurfparabel ähnlich der Parabel in Diagramm 1 hat. Wir wollen uns jetzt vorstellen, daß ein anderer Baseballspieler B unter dem Ball so läuft, daß er seine Position mit einer senkrechten Linie, die vom Ball durch die Luft auf den Grund führt, bestimmen kann. Dann ist die Bewegung des Balls in der Beobachtung von B eine senkrechte Gerade, die der Koordinate jedes Punktes der Parabel in Diagramm 1 entspricht. In dieser Beobachtung ist die Position des Balls an jedem Punkt der Bewegung durch eine Gleichung bestimmt, die so ähnlich wie Gleichung (1) ist. X würde sich auf die Zeit beziehen und würde sich in der Gleichung als X und X^2 zeigen. Ein Koeffizient, der b_1 entspricht, würde die Geschwindigkeit des Balls für seine ansteigende Bewegung darstellen, und ein Koeffizient, der b_2 entspricht, würde (multipliziert mit $^1/_2$) sich auf die Schwerkraftbeschleunigung beziehen, die der steigenden Geschwindigkeit des Balles entgegenwirkt.

Durch diesen Vergleich bekommt unser Modell einer Parabel für den sozialen und politischen Ausschluß einen Sinn. In Gleichung (1) kann b_1 als ein Koeffizient begriffen werden, der sich auf die begünstigenden Konsequenzen sozialen und politischen Ausschlusses für den Weiterbestand des Staates bezieht. Weiter kann b_2 als Koeffizient begriffen werden, der auf die dysfunktionale Wirkung dieses Ausschlusses für den Staat deutet. Im allgemeinen haben die Sozialwissenschaften die Tendenz, solche Vorgänge als zweifache Variablen und lineare Zusammenhänge zu sehen. Das hier beschriebene Begriffsmodell zeigt jedoch, daß entgegengesetzte soziale Ergebnisse durch eine kontinuierliche Funktion als einheitliches Ganzes aufgefaßt werden können.

Für die Nutzung dieses Begriffsmodells als Hypothese für einen empirischen Beweis müßten die Grade des Ausschlusses und der Aussichten für den Weiterbestand von Staaten gemessen werden können. Nach dem ersten Eindruck erscheint der Versuch einer Quantifizierung jedoch äußerst schwierig. Vielleicht können aber Näherungswerte entdeckt werden, um zumindest auf die Möglichkeit einer Grundlage für empirische Forschung hinzuweisen. Da in einer Hinsicht sozialer und politischer Ausschluß auf die Verweigerung von bürgerlichen Rechten und Freiheiten gerichtet ist, kann man annehmen, daß der Grad, zu dem Rechte und Freiheiten in einem Staat bewahrt werden, umgekehrt proportional zum Grad des Ausschlusses ist. In dieser Beziehung verdient die Meßziffer, die *Freedom House*[9] jedes Jahr bereitstellt, Aufmerksamkeit. Die Meßziffer von *Freedom House* hat eine Reichweite von 1 bis 7 in hinabsteigenden Graden, zu welchen die Rechte und Freiheiten in verschiedenen Staaten bewahrt werden. Wie der Bericht von *Freedom House* angibt, bezieht sich die Meßziffer auf die ungehinderte Veröffentlichung rationaler politischer Meinungen, auf die Unabhängigkeit der Nachrichtendienste von Regierungspropaganda, auf den Gerichtsschutz von Personen vor Verhaftungen wegen ihrer Überzeugungen und auf die Respektierung von Rechten und Wünschen der Bürger im Hinblick auf Bildung, Beruf, Religion und politische Partizipation. Die Meßziffer ist eine eindrucksvolle Leistung, besonders in Anbetracht ihrer weltweiten Bestimmung für fast zweihundert Staaten. Obwohl jede quantitative Erfassung eines Vorgangs, der im Grunde genommen qualitativ ist, Beschränkungen hat, bietet diese Meßziffer wenigstens eine Grundlage für quantitative Studien von Rechten und Freiheiten in evolutionärer Sicht[10].

Die empirische Überprüfung des vorgeschlagenen Modells erfordert auch eine Meßzahl für die Aussichten auf Fortbestand des Gesellschaftssystems. Es ist hier sogar noch schwieriger, ein adäquates Maß für diesen Zweck zu erlangen angesichts der ungeheuren Kompliziertheit der Wirkungschancen. Die Schwierigkeit wird dadurch vermehrt, daß die Aussichten auf Weiterbestehen eines politischen Systems nicht direkt mathematisch eingeschätzt werden können. Möglicherweise können die Aussichten politischen Weiterbestandes indirekt eingeschätzt werden anhand der Konsequenzen eines individuellen Weiterbestandserfolges für das ganze Gesellschaftssystem. Die Meßziffer für physische Lebensqualität, die von Morris erfunden und vom *Overseas Development Council* weltweit angewendet wurde[11], kann hier ein Vorbild sein. Die Meßziffer hat eine Reichweite von 1 bis 100, in ansteigendem Rang für erwartete Lebensdauer, für Alphabetisierung und für Sterblichkeit kleiner Kinder — drei Seiten des Lebens in organisierten Gesellschaften, die in eine Meßziffer kombiniert wurden. Wie die Meßziffer für Rechte und Freiheiten von *Freedom House* ist die Meßziffer für physische Lebensqualität für fast zweihundert Staaten vorhanden und damit ebenfalls eine eindrucksvolle Leistung. Erwartete Lebensdauer, Kenntnis des Lesens und Schreibens sowie Sterblichkeit kleiner Kinder sind natürlich wichtige Hinweise auf die Aussichten gesellschaftlichen Weiterbestandes, doch andere Merkmale müssen ebenfalls in Betracht gezogen werden.

---

[9] R. D. Gastil: The comparative survey of freedom 1985, 1985.

[10] N 4.

[11] M. D. Morris: Measuring the conditions of the world's poor, New York 1979; J. P. Lewis / V. Kalleb (eds.): U.S. World Policy and the Third World, Agenda 1983, New York 1983.

Selbst wenn die Meßziffer für physische Lebensqualität anzeigt, wie eine organisierte Gesellschaft durch ihr politisches System den (evolutionären) Fortpflanzungserfolg von Personen beeinflussen kann, bestimmen doch noch weitere Umstände den Fortbestand des Staatswesens dieser Gesellschaft. Von besonderer Bedeutung in dieser Beziehung sind die Meinungen und Erwartungen der Bevölkerung. Wenn die Handlungen der Regierung als berechtigt und schlechte Lebensumstände oder hohe Sterblichkeit als unvermeidlich angesehen werden, dann ist es möglich, daß schlechte physische Lebensqualität keine Unzufriedenheit nach sich zieht. Andererseits kann politischer Widerstand entstehen, wenn das Anspruchsniveau steigt, sogar zu einer Zeit, in der sich die Lebensumstände bessern.

Auch internationale Verhältnisse haben Bedeutung für den Fortbestand eines Staates. Machtvolle oder schwache Positionen von Staaten können manchmal eher die Ergebnisse historischer Zufälle als die Resultate poltischer Entwicklung innerhalb der Staaten sein. Äußere Umstände — wie Eroberungen — zeigen für die betroffenen Staaten Wirkungen, die von inländischen Zuständen nicht vorausgesagt werden können. Immerhin hat Alexander behauptet, daß das Gleichgewicht zwischen den Gruppen die Hauptursache für die „Evolution" des Staates war[12].

Um den Einfluß des sozialen und politischen Ausschlusses auf den Weiterbestand einer organisierten Gesellschaft und ihrer Regierungsform festzustellen, muß man also Umstände innerhalb und außerhalb des Gesellschaftssystems in Betracht ziehen. Wenn eine Theorie des gegenseitigen Zusammenhangs verschiedener Variablen entwickelt wird, wird das vorgeschlagene Begriffsmodell die Möglichkeit geben, die Hypothese über die Aussichten auf staatlichen Weiterbestand als nichtlineare Funktion des Grades sozialen und politischen Ausschlusses zu prüfen. Die Ergebnisse würden nicht nur verbesserte Erklärungen des Staatslebens zur Folge haben, sondern auch eine sicherere Vorhersage über die Zukunft von Staaten, insbesondere solcher Staaten, in denen umfassende bürgerliche Rechte und Freiheiten als Grundlage einer verfassungsmäßigen Regierung angesehen werden.

---

[12] N 2.

OSTRAZISMUS, ABWANDERUNG UND WIDERSPRUCH

Die Biologie sozialer Teilnahme

Von Roger D. Masters*

I. Evolutionstheoretische Konzepte und Sozialwissenschaften

Naturwissenschaft — oder, wie man früher sagte, „Naturphilosophie" — war einst das Fundament ernsthaften Nachdenkens über das soziale Leben. Zwar gab es in der Vergangenheit gute Gründe für die Trennung von Biologie und Sozialwissenschaften, doch heute kann es als erwiesen angesehen werden, daß die moderne Evolutionsbiologie zu unserem Verständnis der Gesetze, kulturellen Institutionen und Verhaltensweisen der Menschen beitragen kann[1]. Wenn wir die fruchtlosen Debatten über „Natur" und „Kultur" hinter uns lassen wollen, dann müssen wir uns jedoch klar auf ganz bestimmte Erscheinungen konzentrieren und genau die Ähnlichkeiten und Unterschiede zwischen den Verhaltensweisen der Menschen und den analogen Erscheinungen bei Tieren herausarbeiten[2].

Die Autoren dieses Bandes verwenden unterschiedliche biologische Sichtweisen bei der Betrachtung des Phänomens Ostrazismus. Es handelt sich dabei um eine ganze Reihe von Verhaltensmustern, die mit Ausschließung vom normalen sozialen Umgang mit allen (oder praktisch allen) anderen Gruppenmitgliedern zu tun haben. Ostrazismus kann daher definiert werden als ein Verhaltensmuster, bei dem ein oder mehrere Individuen herausgelöst und vom Geflecht sozialer Beziehungen, an dem sie sonst teilhaben, isoliert werden. Die Beispiele für solches Verhalten reichen von informellen Prozessen wie „Jemandem die kalte Schulter zeigen" in Gruppen von Jugendlichen bis hin zu Bräuchen wie „Meidung". Es scheint daher vernünftig anzunehmen, daß

* Professor am Department of Government, Dartmouth College, Hanover (N.H.).

1 R. D. Alexander: Darwinism and Human Affairs, Seattle 1979; N. Chagnon / W. D. Irons (eds.): Evolutionary Biology and Human Social Behavior, North Scituate (Mass.) 1979; E. White (ed.): Human Sociobiology and Politics, Lexington 1981; M. Gruter / M. Rehbinder (eds.): Der Beitrag der Biologie zu Fragen von Recht und Ethik, Berlin 1983.

2 M. von Cranach (ed.): Methods of Comparing Animal and Human Behavior, The Hague 1976; Schubert in White (N 1).

irgendeine Form von Ostrazismus in allen menschlichen Gesellschaften anzutreffen ist.

Eben weil diese Bräuche und Verhaltensweisen als Störung „normalen" sozialen Lebens anzusehen sind, verlocken sie dazu, die Grundlagen menschlicher Gesellschaften zu erforschen. Doch ist Ostrazismus wirklich nur *ein* Phänomen? Noch wichtiger scheint die Frage, warum die verschiedenen Formen der Isolierung oder des Ausschlusses von Gruppenmitgliedern entstehen und welche Funktion sie für den Fortbestand von Gesellschaften erfüllen. Wenn biologische Sichtweisen des Sozialverhaltens und der in Gesetzen festgelegten Verhaltensmuster sich als nützlich erweisen sollen, dann müssen sie einen Beitrag zur Beantwortung solch umfassender Fragen über grundlegende menschliche Verhaltensweisen leisten.

In einer Reihe von in jüngster Zeit veröffentlichten Arbeiten[3] habe ich die Ansicht vertreten, daß die moderne Evolutionstheorie einen Beitrag zum Verständnis der Grundlagen sozialer Institutionen leisten kann. Oft als „Theorie der Gesamteignung" bezeichnet[4], verwendet dieser Ansatz ein Kosten/Nutzen-Kalkül, um den Ursprung sozialer Kooperation bei Tieren und Menschen zu erklären[5]. Wie in den von rationalen Akteuren ausgehenden Modellen der Spieltheorie[6], der Ökonomie[7] oder der Theorie kollektiver Entscheidungen[8] wird in den Modellen der modernen Evolutionstheorie das soziale Verhalten als Folge individueller Nutzen- und Kostenerwägungen erklärt. Man geht dabei von der Annahme aus, daß die Gruppe keinen „natürlichen" Status oder Anspruch gegenüber ihren Mitgliedern hat.

In der nun folgenden Diskussion werde ich davon ausgehen, daß der Leser mit der eben genannten Literatur vertraut ist. Da „Soziobiologie" jedoch oft mißverstanden worden ist, möchte ich einige Punkte zu Beginn klarstellen. Zunächst können, wie Alexander zu Beginn dieses

---

3 Zuletzt: R. D. Masters: Explaining „Male Chauvinism" and „Feminism": Differences in Male and Female Reproductive Strategies, in Meredith Watts: Biopolitics and Gender, New York 1984.

4 W. D. Hamilton: The Genetical Evolution of Social Behavior, in Arthur Caplan: The Sociobiology Debate, New York 1964, 191 - 209.

5 Alexander (N 1); E. O. Wilson: Sociobiology: The New Synthesis, Cambridge (Mass.) 1975; D. Barash: Sociobiology and Behavior, New York 1977; R. Axelrod / W. D. Hamilton: The Evolution of Cooperation, Science 211 (1981), 1390 - 1396.

6 J. Maynard-Smith: The Evolution of Behavior, Scientific American 239 (1978), 176 - 192.

7 J. Hirshleifer: Natural Economy vs. Political Economy, Journal of Social and Biological Structures 1 (1978), 319 - 337.

8 H. Margolis: Selfishness, Altruism and Rationality, Cambridge (Mass.) 1982.

Bandes darlegt, die mit „Soziobiologie" bezeichneten Erklärungsansätze nicht mit genetischem Determinismus gleichgesetzt werden. Im Gegenteil, die Modelle der Evolutionstheorie sind gerade dann wichtig, wenn es darum geht zu erklären, warum Menschen sich aufgrund individuellen Lernens und kultureller Normen so stark in ihrem Verhalten unterscheiden[9]. Zweitens wird in den Modellen der Evoultionstheorie nicht unterstellt, daß die Individuen sich des vom Wissenschaftler verwendeten speziellen Kalküls voll *bewußt* wären. Man geht lediglich davon aus, daß, als Folge des Wirkens der natürlichen Selektion, Organismen sich so verhalten, daß sie ihren „Fortpflanzungserfolg" optimieren — so als hätten sie die Kosten und den Nutzen verschiedener Alternativen gegeneinander abgewogen[10]. Und schließlich sind solche evolutionstheoretischen Modelle, was jedoch sehr umstritten ist, weder konservativ noch sexistisch[11]. Gute Gründe sprechen vielmehr dafür, daß dieser Theorieansatz letztlich zu einer Wiederannäherung von Natur- und Sozialwissenschaften führen kann[12].

Andererseits läßt sich feststellen, daß Kritikern der Übertragung evolutionstheoretischen Denkens auf die Sozialwissenschaften entgangen ist, wie sehr die auf dem Konzept der „Gesamteignung" beruhenden Modelle mit weithin akzeptierten Ansätzen innerhalb der Sozialwissenschaften übereinstimmen. Zur Erläuterung dieser These werde ich zunächst Ostrazismus mit Hilfe der Begriffe definieren, die Hirschman zur Bezeichnung des Zusammenhangs zwischen Ökonomie und Politikwissenschaft verwendet hat. Wenngleich Hirschmans Theorie sich auf Probleme bezieht, die üblicherweise zum Spektrum der Sozialwissenschaften gerechnet werden, so lassen sich doch Parallelen zu den Kosten/Nutzen-Modellen der natürlichen Selektion wie auch zu ethologischen Untersuchungen des Tierverhaltens aufzeigen. Eine Bereicherung der Ostrazismusforschung durch evolutionstheoretische Sichtweisen kann paradoxerweise zur Aufdeckung unvermuteter Beziehungen zwischen sozialer Teilnahme und den Zwangsmitteln politischer Kontrolle sowie zur Erklärung der *Vielfalt* sozialer und politischer Systeme beitragen. Wir können daher zu einem besseren Verständnis der Funktion des institutionalisierten Ostrazismus gelangen, wenn wir berück-

---

[9] P. P. G. Bateson: Behavioural Development and Evolutionary Processes, in Kings College Sociobiology Group: Current Problems in Sociobiology, Cambridge (Mass.) 1982, 133 - 152.

[10] N 6.

[11] Masters: Is Sociobiology Reactionary? Quarterly Review of Biology 57 (1982), 275 - 292; M. Ruse: Sociobiology: Sense or Nonsense? Boston 1979; M. Bressler: Biological Determinism and Ideological Indeterminacy, in White (N 1), 181 - 191.

[12] A. Rosenberg: Sociobiology and the Preemption of Social Science, Baltimore 1980.

sichtigen, durch welche biologischen und welche kulturellen Zwänge menschliches Verhalten geformt wird.

II. Abwanderung

Vor einigen Jahren veröffentlichte Albert O. Hirschman sein einflußreiches Buch „Exit, Voice, and Loyalty“[13]. Hirschman, von Hause aus Ökonom, zeigte in seiner glänzenden Arbeit, wie die Kluft zwischen Wirtschaftswissenschaft und Politikwissenschaft überwunden werden kann. Er stellte fest, daß die Ökonomie sich traditionellerweise mit *Märkten* als Institutionen befaßt, die es einzelnen Teilnehmern erlauben — ja sogar nahelegen — abzuwandern, sobald die Kosten einer weiteren Teilnahme den Nutzen übersteigen. Hirschman beschreibt die Entscheidung, den Markt zu verlassen, als eine Form der *Abwanderung* (exit). Nur wenn der Kunde aufhört, Güter einer bestimmten Qualität oder Form zum gegenwärtigen Preis zu kaufen, wenn er also den Markt verläßt, kann er den Verkäufer beeinflussen. Märkte als Institutionen werden daher gewöhnlich von politischem Verhalten unterschieden, bei dem die Teilnehmer versuchen, die Gestaltung der Produkte zu beeinflussen, indem sie sich aktiv in den Entscheidungsprozeß einmischen. Politische Institutionen zeichnen sich dadurch aus, daß die Beteiligten von ihrem *Widerspruch*srecht (voice) Gebrauch machen, um gegen allgemein verbindliche Entscheidungen zu protestieren, sie zu unterstützen oder zu vollziehen.

Hirschman führt jedoch aus, daß Abwanderung manchmal in der Politik vorkomme, ebenso wie Widerspruch auch im Bereich der Wirtschaft möglich sei: Politische Dissidenten können auswandern statt zu protestieren, und Kunden in einem Markt können sich über eine Leistung beschweren, statt zu einem anderen Anbieter zu wechseln. In beiden Fällen werden Abwanderung und Widerspruch jedoch oft durch *Loyalität* behindert. Auf dem Markt mögen die Bevorzugung einer bestimmten Marke oder eine Kaufgewohnheit einen Kunden davon abhalten, sich nach Alternativen umzusehen oder sich zu beschweren, was den Produzenten vor den Folgen mangelnder Qualität oder mangelnder Form des Produkts abschirmt. Im Bereich der Politik können ähnliche Loyalitätsbeziehungen jemanden dazu veranlassen, soziale Entscheidungen ohne den Versuch des Widerspruchs oder der Abwanderung hinzunehmen. Die Wirkungen von *Abwanderung* oder *Widerspruch* können deshalb nicht isoliert von der Stärke und der Art der *Loyalitäts*beziehungen zwischen einzelnen Gesellschaftsmitgliedern untersucht werden.

---

[13] Cambridge (Mass.) 1970; deutsche Fassung: Abwanderung und Widerspruch: Reaktionen auf Leistungsabfall bei Unternehmungen, Organisationen und Staaten, Tübingen 1974.

Weil Hirschman mit Hilfe seiner Begriffe zahlreiche überraschende Einsichten formuliert hat[14], wurde sein Buch „Abwanderung und Widerspruch" viel beachtet. Einige Jahre nach Veröffentlichung des Buches hatte ich Gelegenheit, Hirschmans Vorgehensweise mit den Ergebnissen zeitgenössischer ethologischer Forschung zu vergleichen[15]. Auf den ersten Seiten seines Buches führt Hirschman ein Beispiel aus dem Verhalten der Paviane an; beim Studium der Literatur über das Sozialleben der Tiere kam ich zu dem Schluß, daß dieses Beispiel weit größere Bedeutung hat, als Hirschman selbst bewußt war. Meines Erachtens war dieses Buch nicht nur wegen des großen Einfallsreichtums seines Autors so einflußreich, sondern auch, weil seine Konzepte gut zu den wichtigsten Dimensionen tierischen Sozialverhaltens paßten.

In Untersuchungen des Sozialverhaltens anderer Tierarten muß man davon ausgehen, daß einzelne Tiere eine bestimmte Gruppe oder Aktivität verlassen (Abwanderung) oder sich aktiv am Geflecht sozialer Beziehungen beteiligen können (Widerspruch), je nachdem welche Vor- und Nachteile ihnen diese Alternativen bieten. Dies bedeutet jedoch, daß Loyalität weit mehr ist als nur eine „Residualkategorie", wie es bei Hirschman ursprünglich den Anschein hatte. Da Loyalität eine langfristig wirksame Disposition ist, die auf früherer Erfahrung aufbaut, spielt sie für den einzelnen eine kritische Rolle bei der Wahl zwischen Abwanderung und Wderspruch. Man könnte daher sagen, daß es sich bei *Abwanderung, Widerspruch* und *Loyalität* um drei fundamentale Verhaltensweisen handelt, aus denen sich die unterschiedlichsten sozialen und legalen Institutionen herleiten lassen.

Bei diesen drei Begriffen handelt es sich nicht nur um theoretische Konstrukte. Ethologische Untersuchungen haben gezeigt, daß es drei Gruppen oder Dimensionen von Gesichtsausdrücken oder Emotionsäußerungen gibt, durch die ein großer Teil der sozialen Interaktion von Menschen und anderen Primaten moduliert wird: Ermunterung/Freude/Bindung, Zorn/Drohung/Angriff und Furcht/Zurückweichen/Flucht[16]. Diese Kategorien von Gefühlsäußerung durch nonverbale Ausdrucksweisen, die sich bei Menschen und anderen Primaten sehr ähneln, stimmen natürlich mit den von Hirschman verwendeten Begriffen Abwanderung (Flucht), Widerspruch (Angriff) und Loyalität (Bindung) überein. Es lohnt sich daher zu fragen, ob sich die von Hirschman auf theoretischer

[14] Ebd. Kap. 9 - 12.

[15] Masters: Exit, Voice, and Loyality in Animal and Human Behavior, Social Science Information 15 (1976), 78 - 85.

[16] J. A. van Hoof: The Facial Displays of the Caturrhine Monkeys and Apes, in Desmond Morris: Primate Ethology, New York 1969; K. Lorenz / P. Leyhausen: Motivation of Human and Animal Behavior, New York 1973.

Grundlage entwickelten Begriffe durch Beobachtungen an Menschen und anderen Tieren empirisch sinnvoll anwenden lassen.

Vor einigen Jahren habe ich die These aufgestellt, daß sich die Wirkungen nonverbaler Ausdrucksweisen von Politikern aus ethologischer Perspektive untersuchen lassen. In Zusammenarbeit mit einigen Kollegen wurde eine Reihe von Experimenten durchgeführt, in denen erforscht wird, wie der Gesichtsausdruck von Politikern bei einer Übertragung durch das Fernsehen die emotionalen Reaktionen und die Einstellungen der Zuschauer beeinflußt. Wir haben uns auf drei Arten von Gesichtsausdrücken konzentriert: „Freude/Ermunterung", „Zorn/Drohung" und „Furcht/Zurückweichen". Diese Gesichtsausdrücke wurden mit Hilfe objektiver Kriterien sowohl der Primatologie als auch der Sozialpsychologie definiert[17].

Zeigt man Versuchspersonen Fernsehaufnahmen, die die oben genannten nonverbalen Ausdrucksweisen bei einem mächtigen politischen Führer wie Präsident Reagan zeigen, so werden die Gefühlsäußerungen sehr genau beschrieben, ungeachtet der politischen Einstellungen der Zuschauer. Ähnliche Reaktionsmuster wurden durch Aufnahmen der nonverbalen Ausdrucksweisen aller Demokratischen Kandidaten im Präsidentschaftswahlkampf 1984 hervorgerufen[18]. Auch eine Reihe von Aufnahmen mit Präsident Reagan, die auf verschiedene Weise vorgeführt wurden — Bild mit Ton, Bild ohne Ton, Ton ohne Bild, Bild mit gefiltertem Ton, d. h. mit erkennbaren parasprachlichen Merkmalen, jedoch ohne verstehbaren Wortinhalt, und sogar nur der geschriebene Text — ließen ähnliche Reaktionsmuster erkennen[19]. Darüber hinaus konnte festgestellt werden, daß die psychophysiologischen Reaktionen der Zuschauer sich je nach dem Typ der Darbietung unterschieden[20]. Dies trifft auch auf die eigenen von den Zuschauern selbst berichteten emotionalen Reaktionen sowie auf ihre Einstellungen gegenüber dem Politiker zu[21]. Unsere Experimente haben sogar Hinweise darauf geliefert, daß unterschiedliche Darbietungen des Gesichtsausdrucks eines Politikers im Hintergrund regulärer Nachrichtensendungen die emotionalen Reaktionen

---

[17] Masters / D. Sullivan u. a.: Facial Displays and Political Leadership, Beitrag für die Conference on Ethological Contributions to Political Science, Tutzing (BRD), Juni 1984.

[18] J. T. Lanzetta / D. Sullivan u. a.: Viewers' Emotional and Cognitive Responses to Televised Images of Political Leaders, in Sidney Kraus / Richard M. Perloff: Mass Media and Politics, Beverly Hills 1985.

[19] N 17.

[20] G. J. McHugo / J. T. Lanzetta u. a.: The Influence of Nonverbal Expressive Displays of Political Leaders, Journal of Personality and Social Psychology 1985.

[21] N 17; N 18.

und die Einstellungen der Zuschauer noch 24 Stunden nach der Sendung beeinflussen können.

Somit gibt es sowohl theoretische als auch empirische Gründe, um die von Hirschman als Abwanderung (Flucht), Widerspruch (Angriff) und Loyalität (Bindung) bezeichneten Verhaltensweisen als fundamentale — oder sogar biologisch verankerte? — Bestandteile im Repertoire menschlicher Verhaltensweisen zu bezeichnen. Auf den ersten Blick mag es seltsam erscheinen, Flucht oder Abwanderung als eine wesentliche Form sozialer Interaktion anzusehen, da mit der endgültigen Abwanderung ein Punkt erreicht ist, jenseits dessen eine aktive Kooperation mit anderen Gruppenmitgliedern nicht mehr möglich ist. Aus evolutionstheoretischer Perspektive fällt es jedoch nicht schwer, den Sinn dieses Verhaltens zu sehen: Das Verlassen einer Gruppe hat Exogamie zur Folge, und dies hat das Auftreten von Inzucht in den frühen Jäger-Sammler-Gesellschaften begrenzt[22].

Noch wichtiger ist jedoch, welche Rolle Intentionen und Abwanderung signalisierende Darbietungen als Bestandteile normalen sozialen Verhaltens spielen. Abgesehen von nicht mehr rückgängig zu machender Abwanderung sind die Anzeichen einer Fluchtintention klar erkennbar und können zuverlässig aus dem Gesichtsausdruck, aus parasprachlichen Äußerungen und aus sprachlich formulierten Botschaften abgelesen werden. Wir haben Hinweise darauf, daß solche Darbietungen eher negative als positive emotionale Reaktionen beim Betrachter auslösen, unabhängig von seinen bereits vorhandenen Einstellungen zu dem dargebotenen politischen Führer[23].

Diese Reaktion auf Furcht oder Flucht andeutendes Verhalten steht in deutlichem Gegensatz zu den sehr unterschiedlichen Reaktionen auf die Darbietungen von Freude/Ermunterung oder Zorn/Drohung. Zeigt sich in Präsident Reagans Gesicht z. B. Freude und Ermunterung, dann scheint dies negative Reaktionen bei allen Zuschauern zu verhindern, während seine Anhänger in erster Linie mit positiven Gefühlen reagieren. Ein zorniger oder drohender Gesichtsausdruck — von dem angenommen werden darf, daß mit seiner Hilfe die von Ausschließung Betroffenen an den Rand der Gruppe gedrängt werden — weckt bei Anhängern ebenfalls positive Gefühle ,während bei Gegnern negative Gefühle geweckt oder zumindest positive Gefühle verhindert werden. Weitere Untersuchungen haben bestätigt, daß ein zorniger oder drohender Gesichtsausdruck noch am ehesten unterschiedliche Reaktionen bei Anhängern und Gegnern hervorruft, da dieselben Videoaufnahmen, die

---

22 R. Fox (ed.): Biosocial Anthropology, London 1975; C. O. Lovejoy: The Origin of Man, Science 221 (1981), 341 - 350.

23 N 17.

bei Reagans Anhängern positive Gefühle hervorrufen, bei kritisch eingestellten Zuschauern negative Reaktionen zur Folge haben[24]. Die Ergebnisse unserer experimentellen Untersuchungen stimmen daher mit Lorenz' Hypothese überein, daß aggressives oder Drohverhalten die Bindungen zwischen den Mitgliedern einer Gruppe verstärkt[25]. Dies unterstreicht auch die große Ähnlichkeit im Verhaltensrepertoire des Menschen und anderer Primaten.

III. Ostrazismus als erzwungene Abwanderung

Wenn wir von der Annahme ausgehen, daß Flucht oder Abwanderung eine grundlegende Dimension sozialen Verhaltens ist, ebenso wie Drohen oder Ermunterung, dann könnte Ostrazismus als eine Form unfreiwilliger oder erzwungener Abwanderung definiert werden. Was Ostrazismus, aus dieser Perspektive betrachtet, so interessant macht, ist die Tatsache, daß es sich bei diesem Verhalten um eine seltsame Mischung von Abwanderung (unter anderen Umständen normalerweise ein freiwilliges Verlassen einer Gruppe oder Aktivität) und Zwang handelt (dessen typisches Merkmal die Drohung gegen jene ist, deren Bindung an die Gruppe die Flucht verhindert). Diese Sichtweise ermöglicht es außerdem, die Ursprünge und Folgen verschiedener Formen von Ostrazismus aus einer evolutionstheoretischen Perspektive zu interpretieren.

Bei anderen Primaten und den meisten Gesellschaften ohne Schriftsprache kommt es häufig zu Gruppenteilungen und -neubildungen. Abweichendes Verhalten oder Meinungsverschiedenheiten führen daher zur Abwanderung einzelner Personen oder zu Gruppenspaltungen — d. h. zu freiwilligen Formen der Abwanderung[26]. Dieser Vorgang hat mehrere wichtige evolutionäre Funktionen. Erstens wird dadurch, wie oben bereits bemerkt, Inzucht verhindert. besonders bei solchen Tierarten, bei denen die heranwachsenden männlichen Tiere sich, sobald sie älter werden, an den Rand der Gruppe begeben, um sie dann zu verlassen, sobald es zu agonistischen Interaktionen mit den dominanten Männchen kommt[27]. Zweitens wird durch die Abwanderung einzelner und durch Gruppenspaltung die Größe der Gruppe im Gleichgewicht

---

[24] Sullivan / Masters u. a.: The Effect of President Reagan's Facial Displays on Observers' Attitudes, Impressions, and Feelings about Him, Beitrag zum American Political Science Association meeting, Washington, Sept. 1984; ferner N 17, 20, 18; Masters / Sullivan u. a.: Leaders' Facial Displays as a Political Variable, Beitrag zur Konferenz der International Political Science Association, Paris, Juli 1985.

[25] N 16.

[26] Chagnon / Irons (N 1) Kap. 4.

[27] I. DeVore (ed.): Primate Behavior, New York 1965.

gehalten, was Gruppen menschlicher Jäger und Sammler erlaubt, ökologische Randzonen mit beträchtlicher Effizienz auszubeuten. Letztlich besteht die wichtigste und grundlegendste Aufgabe institutionalisierter Abwanderung (von einzelnen oder Gruppen) darin, den Konsens der Gruppenmitglieder in Stammesgesellschaften ohne Schriftsprache und ohne politische Institutionen aufrechtzuerhalten. Diese dritte Funktion macht eine zusätzliche Bemerkung erforderlich.

In vielen Jäger-Sammler-Gesellschaften, die ins zwanzigste Jahrhundert überlebt haben, sowie in anderen Stammesgesellschaften ohne Schriftsprache, die oft als „segmentäre Verwandtschaftssysteme" bezeichnet werden, gibt es keine formalen Regierungsinstitutionen[28]. Entscheidungen werden durch Übereinstimmung aller getroffen, und zwar nach einem informellen Beratungsprozeß. Trivers hat die These aufgestellt, daß dieser Konsens durch Traditionen der Gegenseitigkeit zwischen den Gruppenmitgliedern verstärkt wird („reziproker Altruismus"), ebenso wie durch „moralistische Aggression" oder informelle Bestrafung, die sich gegen Abweichler von der Gruppennorm richtet[29]. Solche Gesellschaften zeichnen sich normalerweise durch informelle Entscheidungsprozesse in face-to-face-Gruppen aus. Abwanderung ist eine lebenswichtige Ressource, weil sie unzufriedenen Mitgliedern einer Gruppe eine glaubwürdige Sanktion an die Hand gibt gegenüber einem allzu ehrgeizigen oder unfähigen Führer. Da solche Gruppen als Modell frühen hominiden Soziallebens vorstellbar sind, macht es Sinn hervorzuheben, daß Abwanderung aufgrund eigener Entscheidung (sei es von einzelnen oder Teilgruppen) für viele Primaten- sowie technologisch primitive Gesellschaften typisch ist.

Mit dem Aufkommen der Landwirtschaft tritt eine radikale Änderung der möglichen Bedeutungen von freiwilliger Abwanderung ein. Mit der Vervollkommnung der landwirtschaftlichen Techniken wird es oft nötig, daß die Felder gemeinsam bestellt und die Ernte gemeinsam eingebracht wird. Es kommt zu Überschüssen, doch müssen diese gespeichert werden. Die Gruppe als ganze wird daher verwundbarer für einen Angriff oder für Beutezüge anderer Gruppen. Unter diesen Bedingungen wird, wie die Geschichte von Moses und dem Pharao belegt (Exodus, 5-15), Abwanderung eher unterbunden oder bestimmten Regeln unterworfen.

Mit zunehmendem Wohlstand wird die Ungleichheit in seßhaften Gesellschaften größer. Wenn es zur Bildung von politischen Institutionen kommt, dann sind normalerweise Mittel vorhanden, um denjenigen, die

---

[28] M. Fortes / E. Evans-Pritchard (eds.): African Politial Systems, London 1940; R. D. Masters: World Politics as a Primitive Political System, World Politics 16 (1964), 595 - 619.

[29] Trivers (N 1); vgl. auch Willhoite in White (N 1).

Macht haben, „selektive Anreize" zu bieten. Die Herrschenden erbringen ihrerseits Leistungen in Form von „kollektiven Gütern", z. B. durch Bewässerung der Felder, Recht und Ordnung und Verteidigung gegen Außenseiter. Formale Institutionen treten an die Stelle informeller Prozesse der Konsensbildung, indem gesetzliche Vorschriften zur Regulierung des Verhaltens erlassen und die entsprechenden Herrschaftspositionen zur Durchsetzung dieser Gesetze geschaffen werden[30].

Solange es den Staat noch nicht gibt, haben unzufriedene Gruppenmitglieder immer die Möglichkeit abzuwandern, wenngleich dies manchmal nicht ungefährlich ist. Fälle von Ostrazismus treten auf, z. B. wenn praktisch alle Mitglieder einer Horde ein ungeliebtes Individuum im Stich lassen[31]. Anders als beim Ostrazismus, den wir aus eigener Erfahrung kennen, konnte es bei frühen Menschengruppen vorkommen, daß jemand, der auf Ablehnung stieß, durch so etwas wie kollektive Abwanderung geächtet wurde, indem die Person, die sich etwas hatte zuschulden kommen lassen, isoliert zurückgelassen wurde. Dies verändert sich mit dem Auftreten der Landwirtschaft und des Staates, da es nun möglich wird, ein Gruppenmitglied, für das Abwanderung aus praktischen Gründen nicht in Frage kommt, Zwangsmaßnahmen zu unterwerfen. Anstelle freiwilliger Abwanderung (der Gefolgschaft eines Führers, die sich entscheidet, diesen zu verlassen, oder eines Führers, der es vorzieht, eine Herausforderung nicht anzunehmen) wird es nun möglich, unfreiwillige oder erzwungene Abwanderung zu organisieren (bei der die Mehrheit einer Gruppe eines der Gruppenmitglieder durch Zwang davon abhält, sich an den normalen sozialen Interaktionen zu beteiligen).

Eine kurze Überlegung macht deutlich, daß dieser auf Zwang beruhende Ostrazismus an Institutionen gebunden ist, die freiwillige Abwanderung blockieren. Wenn Individuen ebenso gut außerhalb wie innerhalb der Gruppe überleben können, dann wird extremer Konflikt zu Gruppenspaltung oder Flucht von einzelnen führen (wie das bei den meisten Primaten der Fall ist). Ostrazismus ist daher eine zugleich wichtige und aufschlußreiche Erscheinung, weil er sowohl die Stärke sozialer Bindungen (Hirschmans Loyalität) wie auch die Mechanismen aufzeigt, durch welche Zwang zur Durchsetzung sozialer Normen eingesetzt werden kann. Während man bei Ostrazismus zunächst an sehr informelle Verhaltensweisen denkt (bloße Vermeidung durch andere Gruppenmitglieder), gehören zu den formellen Ausprägungen dieses Verhaltens Bestrafungen auf der Grundlage von Gesetzen als Folge der Verletzung sozialer Normen.

---

30 Margolis (N 8) Kap. 9; Masters: The Biological Nature of the State, World Politics 35 (1983), 161 - 193.

31 C. Levi-Strauss: Tristes Tropiques, New York 1974, Kap. 28.

So gesehen sind Inhaftierung, Versklavung und Tod besonders drastische Formen von Ostrazismus. Nachdem der Staat entstanden war, konnten Regierungen deutlichere und detailliertere Vorschriften erlassen. Die Vorteile der frühen Staaten (sowohl in Form von Sicherheit als auch besserer Kontrolle der Zuverlässigkeit von Nahrungsquellen und anderen Ressourcen) verliehen den Herrschenden beträchtliche Druckmittel, wodurch Gruppen von einer Größe möglich wurden, wie sie bei anderen Primaten zuvor unmöglich gewesen war[32]. Solche Gesellschaften können nur durch gesetzlich fixierte Normen zusammengehalten werden einschließlich Strafen für abweichendes Verhalten *und* einschließlich Beschränkungen freiwilliger Abwanderung (Emigration). Zwar waren damit Kosten für die Betroffenen verbunden, doch die Vorteile — in Form von „Fortpflanzungserfolg" — lagen so klar auf der Hand, daß sie die Risiken einer Bestrafung überwogen.

Wenn diese Deutung zutrifft, dann sollten wir erwarten, daß die Bedeutung und die Institutionalisierung von Ostrazismus mit dem Auftreten eines zentralisierten und bürokratisierten Staates, der sich die Anhäufung materiellen Wohlstands zum Ziel gesetzt hatte, zunahm. Erscheinungen wie diese könnten daher gut Aufschluß geben über die Formen sozialer Teilnahme, die sich in einer menschlichen Gesellschaft entwickelt haben. Noch interessanter scheint zu sein, daß die Ostrazismusforschung uns Hinweise darauf geben kann, welche evolutionären Kosten und Nutzen jener Typ von hochzivilisierter Gesellschaft mit sich bringt, den wir kaum in Frage stellen.

IV. Die Funktionen von Ostrazismus

Die vorangehende Untersuchung zeigt, daß Ostrazismus weitaus wichtiger ist, als die Behandlung dieses Problems durch die Sozialwissenschaftler vermuten lassen würde. Die klarsten Beispiele von Ostrazismus sind informelle und auf starkem Zwang beruhende Formen sozialer Zurückweisung, wie sie bei dieser Tagung von Boehm, Barner-Barry und Gruter beschrieben wurden. Als Mitglieder komplexer, moderner Gesellschaften halten wir solche Ereignisse eher für „primitiv" oder irgendwie unangenehm. Denkt man darüber etwas länger nach, muß man jedoch zugeben, daß im formalen Rechtssystem des modernen Staates Ostrazismus als Einkerkerung, Todesstrafe oder — in manchen Gesellschaften — Verbannung institutionalisiert worden ist. Ob Ostrazismus oder ähnliche Formen von Ächtung nun in Gesellschaften ohne Schriftsprache und Staat oder in unseren Gesellschaften vorkommen,

---

32 Masters: Social Biology and the Welfare State, in Richard F. Tomasson: Comparative Social Research 1983, Greenwich (Conn.) 1985.

immer scheinen sie die Grenzen des fundamentalen Prozesses der sozialen Teilnahme aufzuzeigen.

Um dies zu erkennen, ist es jedoch wichtig, noch einmal auf den theoretischen Bezug zwischen sozialer Bindung (Hirschmans *Loyalität*) und aktiver Teilnahme an Gruppenentscheidungen *(Widerspruch)* zurückzukommen und verschiedene Formen von freiwilliger und unfreiwilliger *Abwanderung* zu unterscheiden. Definiert man Ostrazismus als erzwungene oder unfreiwillige Abwanderung, so setzt dies das Vorhandensein sozialer Bindungen voraus, die die Flucht einzelner oder Gruppenspaltung erschweren. Je größer die Kosten freiwilliger Abwanderung sind, desto wahrscheinlicher kommt es zu erzwungenen oder unfreiwilligen Formen des Ausschlusses eines Individuums von sozialer Teilnahme. Andererseits wird dort, wo aktive soziale Teilnahme an Entscheidungsprozessen als Konsensbildung in face-to-face-Gruppen vorkommt, Ostrazismus weit eher in informeller Weise praktiziert, die Trivers[33] als „moralistische Aggression“ bezeichnet hat. Es darf angenommen werden, daß im Zuge der Bürokratisierung und Verrechtlichung sozialer Prozesse durch formale Regierungsinstitutionen *beides,* freiwillige Abwanderung und informelle soziale Ächtung, durch gesetzlich festgelegte Strafen ersetzt werden.

Während der letzten 3,5 Millionen Jahre der Hominidenevolution lebten unsere Vorfahren nach den meisten der derzeit vorliegenden Erkenntnisse in ziemlich kleinen Gruppen von 50 - 200 Mitgliedern[34]. Zwar fehlen uns direkte Quellen aus der Vorgeschichte des Verhaltens, doch es ist wahrscheinlich, daß solche face-to-face-Gruppen — wie die ihnen ähnlichen Verbände der noch existierenden Jäger und Sammler — ziemlich offen waren für Spaltung und freiwillige Abwanderung. Da ihnen eine rigide Dominanzhierarchie fehlte, zeichneten sich solche Gesellschaften durch umfassende soziale Teilnahme aus (Widerspruch), entweder in Form von Diskussion, die zu einem sozialen Konsens führte, oder als Herausforderung der dominanten Position des Anführers. Selbst in Schimpansengruppen ist feststellbar, daß die permanente soziale Teilnahme aller Mitglieder der Gruppe durch die Möglichkeit vorübergehender oder endgültiger Abwanderung verstärkt wird[35].

Die Funktionen von Ostrazismus, zunächst der informellen Ächtung, wie sie in Stammesgesellschaften ohne Schriftsprache auftritt, dann aber auch der gesetzlich vorgesehenen Strafen, die uns aus unseren eigenen Gesellschaften bekannt sind, können daher nicht unabhängig von der

---

[33] Trivers (N 1).

[34] R. Leakey / R. Lewin: Origins, New York 1977; Lovejoy (N 22).

[35] J. Goodall: Ordnung ohne Recht, in Gruter / Rehbinder (N 1); F. de Waal: Chimpanzee Politics, London 1982.

zunehmenden Starrheit der sozialen Bindung und der daraus folgenden Erhöhung der Kosten von Abwanderung gesehen werden. In face-to-face-Gesellschaften, in denen die meisten Erwachsenen (oder wenigstens erwachsene Männer) an Entscheidungsprozessen teilnehmen können, tritt Ostrazismus am ehesten als informelle, auf Übereinkunft beruhende Ächtung auf (wie bei der „Meidung" der Amish, die Gruter beschrieben hat). Wo Herrschaft nicht in einem komplexen, bürokratisierten Staat organisiert ist, kann Ostrazismus nicht an speziell für diesen Zweck bestimmte Beamte oder Institutionen delegiert werden (z. B. Gefängnisse). Diese informelle Art und Weise, denjenigen, die als moralisch verwerflich angesehen werden, die Stimme zu entziehen (indem man sie buchstäblich zum „Schweigen" bringt), ist die Kehrseite der sozialen Beziehungen in kleinen Gruppen, in denen enge persönliche Interaktion mit sorgfältig geregelter Gegenseitigkeit einhergeht.

Die Entstehung des bürokratischen Staates hat die Organisation sozialer Beziehungen in erstaunlicher Weise verändert. Die Einrichtung formalisierter, auf Gesetzen beruhender Verfahren in den oft unpersönlichen Massengesellschaften macht es möglich, informelle, auf der Zustimmung aller beruhende Ächtung durch abgestufte formale Strafen zu ersetzen. Deswegen erscheinen zivilisierte Gesellschaften oft als eine Befreiung von den Zwängen der kleinen, Ackerbau treibenden sozialen Gemeinschaft. Der einzelne — und besonders jemand, der im Verhalten von den anderen abweicht — ist nicht länger zusammen mit jedem anderen Mitglied der lokalen Gemeinschaft in das strenge, fein gewebte Netz von Gegenseitigkeit eingebunden. Diffuse „moralistische Aggression" steht daher nicht mehr so ohne weiteres zur Verfügung, um einzelne, die sich nicht in den sozialen Konsens einbinden lassen wollen, zu isolieren und zu kontrollieren.

Nicht alle politischen Systeme haben natürlich dieselbe Struktur; es macht offensichtlich einen großen Unterschied, wie die politischen Institutionen beschaffen sind. Das Zusammenspiel von Teilnahme und Zwang variiert stark, je nachdem, mit welchem politischen System wir es zu tun haben. Konstitutionelle Demokratien wie die Staaten Westeuropas bieten eine beträchtliche Fülle von Möglichkeiten zur sozialen Teilnahme (Widerspruch), selbst für Bürger mit niedrigem Sozialstatus und wenig Macht. Im Gegensatz dazu sind die Teilnahmechancen in rigider organisierten Staaten — in Erbmonarchien wie des *ancien regime* in Frankreich oder in autokratisch regierten Staaten wie der Sowjetunion oder Chile — auf einen kleinen Teil der gesamten Bevölkerung beschränkt.

In zilivierten Gesellschaften sollte ein Verlust an Legitimität und eine Verringerung der Bedeutung relativ spontaner sozialer und politischer Teilnahme (Widerspruch) einhergehen mit einer Stärkung gesetzlicher oder bürokratischer Bestrafung, die sich als institutionalisierter Ostrazismus äußert. In allen Nationalstaaten ist freiwillige Abwanderung heutzutage schwieriger als vor einigen Jahrhunderten: Zur Überschreitung der meisten Grenzen benötigt man einen Paß; für den Aufenthalt in den meisten Gesellschaften braucht man ein Visum oder eine andere Form bürokratischer Einwilligung. Aber in demokratischen Gesellschaften haben die meisten Bürger wenigstens formal das „Recht" abzuwandern (wenn sie nicht wegen eines schwerwiegenden Unrechts verurteilt sind), und rechtlich festgelegter Ostrazismus beschränkt sich normalerweise auf Haftstrafen oder (für die schlimmsten Verbrechen begangen von Mitgliedern sozialer Randgruppen) die Todesstrafe. Im Gegensatz dazu haben die autokratischen und totalitären politischen Systeme *sowohl* strengere Beschränkungen der freiwilligen Abwanderung *als auch* ein größeres Repertoire an Vorgehensweisen, um jene zum Schweigen zu bringen oder zu ächten, deren Teilnahme am Entscheidungsprozeß als illegitim angesehen wird.

Sehen wir uns Deutschland unter nationalsozialistischer Herrschaft an. Nicht nur, daß Abwanderung durch eine Fülle von bürokratischen und politischen Vorschriften behindert war, hinzu kommt, daß institutionalisierter Ostrazismus auf eine Weise praktiziert wurde, die nur selten in konstitutionellen Demokratien vorkommt. Gemeint sind willkürliche Verhaftung, Arbeitszwang, Berufsverbot, Einschränkung der Freizügigkeit und des Zugangs zur Presse, massive Diffamierungskampagnen, kleinliche Schikanen seitens der Bürokratie und — das alles weit übertreffend — die systematische Vernichtung von Juden und anderen, die von Hitlers Regime als „unerwünscht" betrachtet wurden. Ähnliche Formen von durch Bürokratie und Regierungsinstitutionen organisiertem Ostrazismus wurden natürlich auch in der Sowjetunion und anderswo beobachtet. Oft wird ein einzelnes Individuum, wie sich am Lebenslauf von Alexander Solschenyzin ablesen läßt, das Opfer von vielen dieser verschiedenen Spielarten des Ostrazismus (bis hin zur Verbannung wie in diesem Falle). In mehreren von Militärs beherrschten lateinamerikanischen und afrikanischen Staaten scheinen außergesetzliche Gruppen, die von einigen Mitgliedern der Elite mehr oder weniger dazu inspiriert wurden, für das „Verschwinden" (und die Hinrichtung) von vermuteten Gegnern der Regierung verantwortlich zu sein. Wo immer moderne Gesellschaften versuchen, abweichende Meinungen zu unterdrücken und Kritiker der herrschenden Elite zum Schweigen zu bringen, treffen wir wiederholt auf formal institutionalisierten Ostrazismus in durch staatliche oder bürokratische Instanzen organisierter Form.

Aus evolutionärer Perspektive wird das Verhältnis von Widerspruch und freiwilliger Abwanderung, das für die hominiden Horden vor der Entstehung großer Agrargesellschaften charakteristisch war, eher von den konstitutionellen Demokratien des Westens als von autokratischen oder totalitären Systemen erreicht. Durch das Angebot von weitreichenden Möglichkeiten sozialer und politischer Teilnahme und durch die Einschränkung erzwungener Abwanderung auf speziell dafür vorgesehene, öffentlich durchgeführte Verfahren erreichen rechtsstaatlich organisierte Gesellschaften die Vorteile einer hochindustrialisierten Zivilisation, ohne dafür, wie in anderen Gesellschaften, mit stärkerer Unterdrückung zu bezahlen. Im Gegensatz dazu scheinen stark autoritäre oder totalitäre Systeme große Teile ihrer Bevölkerung an der Ausübung von Tätigkeiten zu hindern, die für das Repertoire von sozialen Verhaltensweisen des Menschen typisch sind. Wenn nur ein winziger Teil der Bevölkerung Zugang zu wirksamer politischer Teilnahme hat, dann muß nicht nur die Möglichkeit freiwilliger Abwanderung eingeschränkt, sondern auch Zwang angewendet werden, um mögliche Kritiker zum Schweigen zu bringen und diejenigen zu ächten, die mutig genug sind, eine abweichende Meinung zu äußern.

Hier kann keine umfassende Untersuchung der historischen Ursachen dieser repressiven oder totalitären Systeme geleistet werden. Es mag genügen, darauf hinzuweisen, daß im allgemeinen eine oder mehrere der folgenden Bedingungen erfüllt sein müssen:

1. Der Wunsch muß vorhanden sein, eine große Bevölkerung zu kontrollieren, um dadurch das Ansparen von großen Kapitalmengen zu erzwingen (besonders um damit eine rasche Industrialisierung zu finanzieren).
2. Es muß befürchtet werden, daß eine zuverlässige Bereitstellung von Ressourcen nur durch strikte Kontrolle des Entscheidungsprozesses erreicht werden kann.
3. Es bedarf eines rigiden Systems sozialer Ungleichheit, das durch die Verhinderung von nach unten gerichteter sozialer Mobilität der privilegierten Schichten, deren sozio-ökonomischer Status gefährdet ist, noch verstärkt wird.
4. Es gibt Verärgerung über oder Furcht vor Verlust der nationalen Identität oder Macht.
5. Kulturelle und religiöse Verhaltensmuster brechen zusammen unter dem Druck raschen technologischen und ökonomischen Wandels.

Jede Kombination dieser Faktoren scheint so viel Unsicherheit zu erzeugen, daß große Teile einer Gesellschaft einwilligen, unmittelbare Sicherheit gegen den Verlust des Rechts auf „Widerspruch" einzutauschen: Bereits Toqueville warnte vor 150 Jahren davor, daß moderne Gesellschaften unter dem Deckmantel „egalitärer“ Prinzipien oft ihre politischen Freiheitsrechte zugunsten tyrannischer Systeme preisgeben.

An anderer Stelle habe ich die These vertreten, daß solche Entwicklungen von zwei Faktoren abhängen, die mit Unterschieden im sozialen Verhalten anderer Tierarten zusammenhängen[36]: vom Ausmaß sozialer Schichtung und dem Grad der Ungewißheit der Versorgung mit lebenswichtigen Gütern. Diese aus den Gesamteignungsmodellen der natürlichen Selektion abgeleitete Hypothese behauptet, daß Gesellschaften, die sich ökologischen oder ökonomischen Krisen gegenübersehen und die durch rigide Dominanzhierarchien gekennzeichnet sind, am ehesten auf bürokratische oder totalitäre Formen des Ostrazismus zurückgreifen. Andererseits stärken Überfluß und ungehinderte soziale Mobilität nicht nur individuelle Freiheit und soziale Teilnahme; sie verringern auch das Verlangen nach Ächtung sozialer und politischer „Außenseiter“.

Es wäre nicht korrekt, den bürokratischen Ostrazismus eines totalitären Regimes wie Nazi-Deutschland als „unnatürlich“ zu bezeichnen: leider hat die Geschichte nur zu gut gezeigt, daß dieses Verhalten Teil des menschlichen Verhaltensrepertoires ist. Aber die Behauptung trifft auch nicht zu, daß die Evolutionsbiologie um einer angenommenen „wissenschaftlichen Objektivität“ willen gar nichts über unseren Wunsch nach politischer „Freiheit“, auf dem die konstitutionellen Systeme westlicher Staaten beruhen, zu sagen hätte. Die moderne Biologie liefert Erklärungen für die weitverbreitete Feindseligkeit gegenüber solchen institutionalisierten Formen von erzwungenem Ostrazismus. Wenn die in dieser Arbeit vorgetragenen Argumente zutreffen, dann unterwerfen moderne totalitäre und autokratische Staaten große Teile ihrer Bevölkerung Zwängen, die untypisch für unser Primatenerbe oder das Verhalten der Hominiden während der letzten fünf Millionen Jahre der Evolution sind. Insofern das Repertoire menschlichen Verhaltens sich in den letzten 20 000 Jahren nicht verändert hat, kann man sagen, daß willkürlich und bürokratisch erzwungener Ostrazismus weiter vom Zentrum unseres arttypischen Verhaltensspektrums abweicht als die Formen von Ostrazismus, die in staatslosen Gesellschaften oder konstitutionellen Systemen beobachtet werden können[37].

---

[36] Masters (N 33 und 3).

[37] Auf der Monterey Dunes Conference wurde von einigen Kollegen energischer Widerspruch gegen meine These vorgebracht, daß einige kulturelle oder politische Verhaltensmuster „natürlich“ seien, andere dagegen „unnatürlich“. Die Feststellung jedoch, daß eine Verhaltensreaktion charakteristisch für das Verhaltensrepertoire einer Spezies in ihrer typischen Lebensumwelt ist, bedeutet nicht, daß andere Verhaltensreaktionen nicht ebenso natürlich in anderen Umwelten sind. Ich habe mich in meinen Arbeiten nur dazu ge-

V. Schluß

Die Frage nach der politischen Bedeutung von Ostrazismus hat eine lange Tradition in der politischen Theorie. Die erste umfassende Diskussion der Ausübung von Ostrazismus im Zusammenhang mit dem Recht findet sich vermutlich in Aristoteles' Buch „Politik":

„So wird sich offenbar auch die Gesetzgebung mit den an Herkunft und Fähigkeit Gleichen zu befassen haben. Für die anderen dagegen gibt es kein Gesetz. Denn sie sind selber Gesetz, und wer versuchte, ihnen Gesetze zu geben, würde sich lächerlich machen. Sie würden etwa sagen, was Antisthenes die Löwen sagen ließ, als die Hasen Volksversammlung hielten und für alle gleiches Recht verlangten. Aus eben dieser Ursache haben auch die demokratischen Staaten den Ostrakismos eingeführt. Denn sie scheinen von allen am meisten auf Gleichheit Wert zu legen, so daß sie jene, die übermäßige Macht zu haben schienen (durch Reichtum, viele Freunde oder einen sonstigen politischen Einfluß), ostrakisierten und für bestimmte Zeiten aus dem Staate entfernten. Aus derselben Ursache sollen auch die Argonauten Herakles zurückgelassen haben. Denn er wollte nicht mit den anderen die Argo antreiben, da er viel schwerer wäre als die Mitfahrenden. Darum tun doch wohl jene, die die Tyrannis und den dem Thrasybul von Periander gegebenen Rat tadeln, dies nicht ohne weiteres mit Recht (man sagt nämlich, Periander habe dem zu ihm um einen Rat ausgesandten Herold kein Wort gesagt, sondern durch Abhauen der hervorstehenden Ähren das Getreidefeld ausgeglichen. Der Herold verstand den Sinn dieses Handelns nicht, habe es aber gemeldet, Thrasybul dagegen begriff, daß er die hervorragenden Männer beseitigen solle). Dies nützt nämlich nicht nur den Tyrannen, und nicht nur die Tyrannen tun dies, sondern genauso auch die Oligarchien und Demokratien. Denn der Ostrakismos hat in gewisser Weise dieselbe Wirkung, die Hervorragenden zu unterdrücken und zu verbannen. Dasselbe machen auch die Machthaber in den Staaten und Völkern, die Athener mit den Samiern, Chiern und Lesbiern(denn sowie sie sich der Herrschaft über sie bemächtigt hatten, demütigten sie sie gegen die Verträge), und der Perserkönig hat die Meder und Babylonier und die andern, die stolz waren, weil sie selbst einmal geherrscht hatten, oftmals niedergeschlagen[38].

Nach der hier von Aristoteles vertretenen Ansicht, die die Praxis der Athener, wie sie von Rehbinder in diesem Bande beschrieben wurde, widerspiegelt, handelte es sich beim Ostrazismus um eine politische In-

äußert, unter welchen ökologischen und sozialen Bedingungen mit einem Auftrieb totalitärer oder autokratischer politischer Systeme wahrscheinlich gerechnet werden kann. Daraus folgt aber nicht, daß wir nichts zur Wünschbarkeit bestimmter Verhaltensweisen im Vergleich zu anderen sagen können; ein solcher Schluß wäre ebenso problematisch wie die Behauptung, die Wissenschaft könne nichts über die Wünschbarkeit von Rauchen und Krebs aussagen, weil Krebs naturgegeben sei und die Wahrscheinlichkeit seines Auftretens durch starkes Rauchen größer werde (denn schließlich seien alle diese Behauptungen gänzlich unwissenschaftliche „Wertungen"). Hier ist jedoch nicht der Ort, sich mit den extremen Formen der Dichotomie von Sein und Sollen auseinanderzusetzen.

[38] Aristoteles: Politik, hg. O. Gigon, Deutscher Taschenbuch-Verlag München 1973, 3. Buch (1284 a - b), S. 125 f.

stitution, die in der klassischen Antike weit verbreitet war: Sowohl auf individueller wie auch auf der Ebene ganzer Gesellschaften wurden Menschen, die eine Bedrohung für das politische System darstellten, durch Verbannung oder andere auf Zwang beruhende Unterdrückungsmaßnahmen geächtet. „Das Problem stellt sich für alle Verfassungen, auch die richtigen [die gerechten und die ungerechten, d. h. tyrannischen][39]."

Wie ein moderner Biologe, der das Verhalten einer anderen Tierart untersucht, beurteilt Aristoteles daher die funktionalen Konsequenzen von Ostrazismus ohne Ansehen des jeweiligen Typs von Regierungssystem: „Das Übergewicht ist die Ursache (von Aufständen und Revolutionen), wo einer oder mehrere mächtiger sind, als es der Staat und seine Organisationen ertragen können. In solchen Verhältnissen pflegt eine Monarchie oder eine Dynastenherrschaft zu entstehen. Darum ist auch an einzelnen Orten der Ostrakismos üblich, etwa in Argos oder in Athen[40]."

Zwar trifft es zu, daß Aristoteles die Anwendung dieses Verfahrens in einer „objektiven" Weise beschreibt, doch er empfiehlt zugleich, das Bedürfnis, jemanden zu ächten, gar nicht erst entstehen zu lassen: „Besser ist es freilich, von Anfang an darauf zu achten, daß nicht derart Übermächtige entstehen, als dies geschehen zu lassen und nachher die Lage zu heilen[41]." Politische Teilnahme (Widerspruch in dem von Hirschman gemeinten Sinne) gehört zum Verhaltensrepertoire des Menschen: Wenngleich einige Menschen nicht gut geeignet sein mögen, eine aktive Rolle im Leben der Gemeinschaft zu spielen, bezeichnet Aristoteles unsere Art doch als das „politische Tier" *(zoon politikon)*, eben weil die Teilnahme am sozialen Leben ein zentrales Merkmal der menschlichen Natur ist.

Aristoteles war zwar kein Anhänger des modernen Egalitarismus, doch seine Sichtweise unterscheidet sich nicht allzu sehr von der oben vertretenen. So gibt er wohl zu: „Einen derart hervorragenden Menschen darf man nämlich nicht töten, verbannen oder ostrakisieren oder ihn auch nur abwechslungsweise regieren lassen[42]." Doch er legt nahe, daß zumindest in den griechischen Städten, die er am besten kennt, solche fundamentalen Unterschiede zwischen den Fähigkeiten der Menschen gar nicht existierten: „Da dies aber nicht leicht anzunehmen ist, und es auch nicht vorkommt, wie es Skylax von den Indern berichtet, daß die Könige dort in der Tat die Untertanen in solchem Maß überragen,

---

[39] Ebd.

[40] Ebd. 5. Buch (1302 b), S. 169.

[41] Ebd.

[42] Ebd. 3. Buch (1288 b), S. 135.

so ist es also offenbar aus vielerlei Ursachen notwendig, daß alle in gleicher Weise abwechselnd regieren und regiert werden. Denn für Gleiche gilt das Gleiche, und eine Verfassung, die nicht auf der Gerechtigkeit aufgebaut ist, hat es schwer, sich zu behaupten[43]." Die Ansichten Aristoteles', dessen politische Philosophie vielleicht zum Inbegriff klassischen politischen Denkens geworden ist, stimmen daher im großen und ganzen mit der Sichtweise der modernen Biologie überein.

Festzuhalten bleibt, daß eine evolutionstheoretische Sichtweise von Ostrazismus möglich ist, ohne in genetischen Reduktionismus zu verfallen; mehr noch, wenn man die biologischen Wurzeln von Hirschmans Konzepten *Abwanderung, Widerspruch* und *Loyalität* in Augenschein nimmt, dann entdeckt man oft unvermutete Beziehungen zwischen Ostrazismus, sozialer Teilnahme und der Durchlässigkeit der Grenzen sozialer Systeme. Auf diese Weise können folgende allgemeine Formen von Ostrazismus unterschieden werden:

1. *Drohung, Abwanderung und Gruppenteilung:* Ähnlich wie bei anderen Primaten existieren auch in einfachen Horden von Jägern und Sammlern, bei denen Abwanderung kaum oder nur wenig behindert wird, keine strengen Formen der Ächtung von Abweichlern. Individuen, die nicht kooperieren oder die Vorleistungen anderer entsprechend erwidern, werden dadurch ausgestoßen, daß sie die Gruppe verlassen (sei es als einzelne oder durch Gruppenspaltung), nachdem sie von den anderen bedroht worden sind.
2. *Informeller Ostrazismus:* In seßhaften oder geschlossenen lokalen Gemeinschaften, in denen politische Entscheidungen einstimmig gefällt werden, werden Nonkonformisten durch „moralistische Aggression" bedroht. Daraus entsteht Ostrazismus als Strafe, die durch gemeinsamen Beschluß der „Ältesten" oder anderer Teilgruppen der für Verteidigung zuständigen männlichen Gruppenmitglieder verhängt wird.
3. *Der Staat und das Strafrecht:* Nach der Entstehung formaler politischer Institutionen auf gesetzlicher Grundlage wird informelle „moralistische Aggression" durch spezielle Verfahren und Strafen für abweichendes Verhalten ersetzt. Wie in der Ersetzung der Leidenschaften der Fehde und der Ächtung durch die „Asylstädte" symbolisch zum Ausdruck kommt (Altes Testament, Numeri, 35.9-34), ist die scheinbare „Freiheit" von lokalem Partikularismus mit neuen Formen der sozialen Kontrolle auf breiterer Grundlage verbunden. Für unsere Zwecke lassen sich wenigstens drei Hauptarten von Ostrazismus im Zusammenhang mit staatlichen Institutionen unterscheiden:

[43] Ebd. 7. Buch (1332 b), S. 240.

a) *Soziale Schichtung, Sklaverei und Krieg:* Eine ausgeprägte soziale Schichtung ist typisch für frühe Staaten; nur einige Gruppen haben Zugang zu politischer Macht. Gruppen, die im Krieg unterliegen, werden dadurch geächtet, daß sie als Sklaven gehalten werden oder sich mit der ohnmächtigen Position einer niedrigen sozialen Schicht abfinden müssen. Ostrazismus ist hier allerdings Kollektivschicksal (also nicht mit dem Terror gegen einzelne verbunden, wie dies andernorts der Fall ist).

b) *Moderne konstitutionelle Demokratie:* Bürger können sich stärker am politischen Leben beteiligen und leichter abwandern, haben also Zugang zu einem breiteren Spektrum an politischen Freiheiten. Dem auf Zwang beruhenden Ostrazismus kommt daher geringere Bedeutung zu, da alle Mitglieder der Gesellschaft auch gegenüber dem Staat ihre Rechte geltend machen können.

c) *Totalitäre oder autoritäre Staatsformen:* Im Gegensatz zu konstitutionellen Demokratien werden von repressiven politischen Systemen strenge Überwachungsmaßnahmen eingeführt, die politische Teilnahmerechte und die Freiheit des einzelnen drastisch beschränken — während auf der anderen Seite auf Zwang beruhender Ostrazismus verstärkt wird. Alle Bürger können das Opfer solcher Maßnahmen werden, da konkurrierende Bürokratien entstehen (Geheimpolizei, Armee, Partei), die durch Verbreitung von Furcht und Terror Dissidenten zum Schweigen bringen sollen. Regierungen schalten Regimegegner aus und fordern unbegrenzte Loyalität; Ostrazismus auf der Grundlage von Zwang wird so zum zentralen Mechanismus politischer Kontrolle.

Betrachtet man politischen Wandel aus evolutionstheoretischer Perspektive, dann scheint der Ursprung moderner totalitärer oder autoritärer Systeme in einer Verbindung von sozialer und politischer Ungleichheit einerseits mit unberechenbarer Versorgung mit lebensnotwendigen Gütern andererseits zu liegen[44]. Welche Formen von politischen Systemen entstehen, hängt daher wesentlich von Umweltfaktoren ab. Sowohl starre Formen sozioökonomischer Ungleichheit als auch ökologische Faktoren, die die Versorgung mit lebensnotwendigen Gütern beeinträchtigen, legen den Bindungen an die Gesellschaft *(Loyalität)*, den Möglichkeiten zur Teilnahme an politischen Entscheidungen *(Widerspruch)* und der Freizügigkeit *(Abwanderung)* Grenzen auf. Welche besondere Form der gesetzlich verankerte Ostrazismus annimmt, hängt daher von Faktoren ab, die auch von Evolutionsbiologen herangezogen werden, wenn es um die Erklärung der Vielfalt sozialer Strukturen bei anderen Tierarten geht.

[44] Masters (N 32).

Was immer die Ursachen moderner Tyrannei auch sein mögen, durch sie werden wir daran erinnert, daß Ostrazismus nicht nur ein reizvoller Anachronismus ist, der sich lediglich bei Naturvölkern oder der älteren Generation der Amish finden läßt. Die Mächtigen und solche, die den Wandel fürchten, sind vielmehr immer versucht, jene Kritiker zum Schweigen zu bringen, die die schlechte Kunde bringen, daß nicht alles zum Besten bestellt ist. Während westliche Demokratien im großen und ganzen versuchen, auf Zwang beruhenden Ostrazismus auf gesetzlich vorgeschriebene Strafen für ganz bestimmte Verbrechen zu beschränken, tut man gut daran, sich der Beispiele der Weimarer Republik und der dritten französischen Republik zu erinnern. Institutionen, die das im Laufe der Evolution entstandene Gleichgewicht zwischen freiwilliger Abwanderung und politischer Teilnahme unterdrücken, werden nur allzu leicht ins Leben gerufen, wenn „Recht und Ordnung" durch Faktoren bedroht zu sein scheinen, die sich der Kontrolle durch die Mächtigen entziehen. So kann eine evolutionstheoretische Sichtweise von Ostrazismus zumindest das Verdienst für sich in Anspruch nehmen, uns daran erinnert zu haben, daß Wachsamkeit und andere Anstrengungen erforderlich sind, wenn eine freie und menschliche Zivilisation bewahrt bleiben soll.